Heinz Zahrnt

Warum ich glaube

Heinz Zahrnt

Warum ich glaube

Meine Sache mit Gott

R. Piper & Co. Verlag
München Zürich

ISBN 3-492-02307-X

Gesetzt aus der Garamond-Antiqua
Gesamtherstellung Clausen & Bosse, Leck
Printed in Germany

Für Ursula

»Gott aber hatte seine Fingerspitzen geküßt und zum heimlichen Ärger der Engel gerufen: ›Es ist unglaublich, wie weitgehend dieser Erdenkloß mich erkennt! Fange ich nicht an, mir durch ihn einen Namen zu machen? Wahrhaftig, ich will ihn salben!‹«

Thomas Mann, Joseph und seine Brüder

»Unser Wissen ist Stückwerk, und unser Weissagen ist Stückwerk. Wenn aber kommen wird das Vollkommene, so wird das Stückwerk aufhören. Wir sehen jetzt durch einen Spiegel in einem dunkeln Wort; dann aber von Angesicht zu Angesicht.«

1. Korinther 13,9–12

Inhalt

Verständigung mit dem Leser

Dieses Buch ist für Zeitgenossen geschrieben, nicht nur für Christen, schon gar nicht nur für Theologen. Eben darum aber bedarf es im voraus einer kurzen Verständigung mit dem Leser über einen Begriff, der in dem Buch häufig vorkommt: es ist der Begriff *»Gott«*.

Noch liegt die Zeit nicht lange zurück, in der der Name »Gott« den Menschen als etwas ganz und gar Selbstverständliches und daher Allgemeinverständliches erschien – wie ein Haus, in dem man jederzeit ein- und ausgehen kann. Wer Gott ist und was das Wort »Gott« besagt, darüber wußte jedermann Bescheid – wenigstens meinte man es zu wissen. Und entsprechend groß war in der Philosophie und Theologie die Lust zum Definieren. Damals drohte die Gefahr, daß der Name Gottes durch allzu flinken Gebrauch mißbraucht wurde.

Das ist unsere Sorge nicht mehr. Nichts mehr versteht sich heute von selbst, am allerwenigsten das Wort »Gott«. Wir befinden uns deshalb eher in der umgekehrten Lage, daß wir das Wort »Gott« nicht zu ungescheut gebrauchen, sondern daß wir uns scheuen, es überhaupt noch zu gebrauchen. Gott scheint heute das schlechthin unbekannte Wesen zu sein. Entsprechend haben auch die Definitionen dieses Begriffes in der Philosophie und Theologie abgenommen.

Auch in diesem Buch wird der Leser keine solche Definition finden, obwohl der Begriff »Gott« in ihm reichlich vorkommt. Im Unterschied zu anderen Theologen, auch zu manch einem Gesinnungsfreund unter ihnen, scheint mir das Wort »Gott« für den christlichen Glauben nach wie vor unverzichtbar zu sein.

Und so kann auch ich den geneigten Leser nur um die Gunst bitten, sich bei der Lektüre zunächst einfach auf die Vokabel »Gott« einzulassen. Am Ende wird sich dann zeigen, ob die Wirklichkeit, die hier mit dem Wort »Gott« beschrieben wird, für ihn verständlich geworden ist. Daß aus dem möglichen Verständnis auch ein Einverständnis wird, liegt nicht mehr in der Macht des Autors – diese Unverfügbarkeit ist eine Folge eben jener Wirklichkeit, für die der Name »Gott« steht.

Aus dem theologischen Bemühen um solches Verständnis mit dem Ziel des Einverständnisses ist dieses Buch entstanden. Es ist aus den Gotteserfahrungen eines Zeitgenossen und seinem methodischen Nachdenken darüber erwachsen. Dabei ist mit dem »Zeitgenossen« nicht der vielzitierte »Mann auf der Straße« gemeint, also der andere, als dessen Vormund man sich unwillkürlich fühlt, sondern der Zeitgenosse bin immer zuerst ich selbst, in meiner Situation, mit meinen Fragen, Zweifeln, Anstößen und Schwierigkeiten. In mir selbst findet der Dialog zwischen dem Christen und dem Nichtchristen, zwischen dem Theologen und dem Bürger statt.

Julien Green bemerkt einmal: »Die einzigen Bücher, die zählen, sind jene, von denen man sagen kann, der Verfasser wäre erstickt, hätte er sie nicht geschrieben.« Ob dieses Buch zählen wird, vermag ich nicht zu sagen, wohl aber, daß ich »erstickt« wäre, wenn ich es nicht herausgebracht hätte. Ich habe an ihm sechzig Jahre und zwei geschrieben.

Heinz Zahrnt

EINLEITUNG

Meine Sache mit Gott

Zeit meines Lebens hat mich nichts so sehr fasziniert wie jene Wirklichkeit, die die Sprache des Glaubens »Gott« nennt. Wenn ich gefragt würde, was mich in meinem Leben am stärksten beansprucht habe und immer noch in Anspruch nehme, so müßte ich ehrlicherweise antworten: Gott. Und wenn man mich dann weiterfragte, was in der Theologie für mich die Hauptsache sei, so müßte ich abermals antworten: Gott – was denn sonst? Ich denke über nichts so viel nach wie über Gott, und ich erzähle von niemandem so gern wie von Gott. Im Jargon unserer Tage könnte ich sagen: Gott ist mein »Hobby«, die Kirche mein »Job« – in der Sprache der Bibel heißt Hobby »Saitenspiel« und Job »Mühe und Arbeit«.

Aber wo immer von Gott die Rede ist, dort ist für mich auch von der Welt die Rede – oder es ist eben nicht von Gott die Rede. Denn Gott selbst will nicht ohne die Welt sein, wenigstens nicht der Gott der Bibel und der Christen. Darum kann ich, ein bekanntes Wort Augustins abwandelnd, sagen: Gott und die Welt begehre ich zu erkennen. Sonst nichts? Nein, sonst gar nichts.

Dabei ist mir ebenso wichtig wie die Erkenntnis Gottes und der Welt die Mitteilung dieser Erkenntnis und die Frage ihrer Mitteilbarkeit an den Zeitgenossen. Es gibt für mich nie das eine ohne das andere. Ich bin stets darauf aus, daß das Stück auch gespielt werden kann. Ja, die Frage, wie ich eine erkannte Wahrheit den Zeitgenossen vermitteln kann, beschäftigt mich bisweilen mehr als die Erkenntnis der Wahrheit selbst. Lieber will ich etwas weniger verstehen und dafür etwas verständlicher sein.

Mir ist so sehr am Weitersagen meiner Erfahrungen mit Gott und meines Nachdenkens darüber gelegen, daß meiner theologischen Arbeit fast so etwas wie ein evangelistischer Zug anhaftet: Ich möchte als Theologe ein »Evangelist für die Verständigen unter den Verächtern der Religion« sein. Darum denke ich beim Reden und Schreiben auch sonderlich an die, die sich schwertun mit dem Glauben an Gott, ob Theologen oder Nichttheologen, Christen oder Nichtchristen, Gläubige oder Atheisten. Ihnen gilt allzeit meine besondere Liebe und Aufmerksamkeit, wohingegen mein Interesse leicht zu erlahmen droht und ich nervös zu werden beginne, wenn ich Menschen begegne, die sicher und unerschütterlich auf ihrer kirchlichen oder atheistischen Normalspur dahinfahren.

Nach dem Motiv meines Redens von Gott befragt, warum mir so sehr daran liege, daß auch andere Menschen etwas von Gott erfahren und an ihn glauben, gerate ich in Verlegenheit. Mir ist's nicht ums Bekehren zu tun. Um die ewige Seligkeit der Menschen mache ich mir keine Sorgen – in den Himmel kommen sie auch ohne mich. Das Weitersagen der Wahrheit ergibt sich spontan. Wer etwas für sich als wahr erkannt hat, kann dies nicht für sich behalten; er muß es auch anderen mitteilen. Die Wahrheit ist eine treibende Kraft: sie hat es »in sich«, »aus sich heraus« zu gehen. »Wir können's ja nicht lassen, daß wir nicht reden sollten von dem, was wir gesehen und gehört haben.« (Apostelgeschichte 4,20)

Heute geschieht alles christliche Reden von Gott nicht mehr, wie noch im 19. Jahrhundert, im Horizont eines »universalen Theismus« (Wilhelm Dilthey), sondern im Klima einer allgemeinen Gottlosigkeit. Gottesglaube und Atheismus scheinen ihre Rollen getauscht zu haben. Bisher galt im Abendland, von seiner Geburtsstunde an, der Gottesglaube als die These und der Atheismus als die Antithese. Heute verhält es sich genau umgekehrt. Da erscheint der Atheismus als die allgemeine These und der christliche Gottesglaube als die spezielle Antithese. Reagierte früher einer erstaunt: »Was, du glaubst nicht an Gott?«, so heute umgekehrt: »Was, du glaubst noch an Gott?« Nicht einmal Projektionen Gottes durch den Menschen scheint es noch zu geben – der Mensch projiziert nicht mehr einen jenseitigen Gott, sondern den zukünftigen Menschen.

Als »Antithese« nähert sich das Christentum heute wieder der Stellung, die es einst in seinen Anfängen im Römischen Weltreich innegehabt hat: eine Religion unter anderen Religionen, zwar eingebettet in die herrschende Kultur, als Institution aber nicht unbedingt konform mit der bestehenden Gesellschaft und in seinen Überzeugungen nicht immer kongruent mit den Gesetzen des Staates. Ich empfinde dies als eine Erleichterung, fast als eine Befreiung. Gleichzeitig scheint der Atheismus seinerseits immer mehr in die Rolle dessen zu geraten, der seine Versprechungen nicht gehalten hat.

Daß das Christentum in der gegenwärtigen Weltsituation für die Menschlichkeit des Menschen eintritt, wo immer diese sich bedroht zeigt, gilt heute als selbstverständlich. Davon spricht man kaum noch, höchstens in der Form des Vorwurfs, wenn es nicht geschieht. Was am Christentum allenfalls noch interessiert, ist nicht das Allgemeine, das es mit den diversen anderen Humanismen teilt; es ist das Besondere an ihm, sein »theologischer« Beitrag zur Frage nach dem Menschen und seiner Zukunft: was denn nun der Glaube an Gott zur Erhaltung der Menschlichkeit des Menschen beizusteuern habe, warum er gar zur endgültigen Menschwerdung des Menschen unerläßlich sei. Hier, an dieser Stelle, in der Anthropologie, konkret im Wettstreit um den Menschen und sein künftiges Schicksal, fällt heute für die meisten Zeitgenossen die Entscheidung über Wert und Wahrheit des christlichen Gottesglaubens.

Wer ist das eigentlich, von dem ihr redet, wenn ihr »Gott« sagt? Wie erfahrt ihr ihn? Und wenn ihr ihn erfahren habt, könnt ihr dann auch uns sagen und zeigen, wie wir ihn erfahren können? Das sind die entscheidenden theologischen Fragen, die heute von den Zeitgenossen gestellt werden, und nicht die innerbetrieblichen Probleme des üblichen und manchmal auch üblen kirchlich-theologischen Ping-Pong-

Spiels: Gottessohnschaft, Jungfrauengeburt, leeres Grab, Höllen- und Himmelfahrt – nach der Devise: Haust du meinen Christus, hau' ich deinen Jesus.

Bei allem neuen guten Willen zur »Weltoffenheit« sind die Christen, Theologen wie Nichttheologen, immer noch zu sehr mit ihrer Binnenproblematik befaßt. Wir streiten über die reine Lehre, während unsere Zeitgenossen sich fragen, ob das Leben der Mühe wert ist, gelebt zu werden oder nicht. Wir entwerfen Kirchenordnungen, während es um die Frage geht, ob und unter welchen Bedingungen heute überhaupt noch Kirche möglich ist. Und wir richten unsere Anstrengungen darauf, die Theologie mit Hilfe abstrakter Wissenschaftstheorien mühsam als Wissenschaft zu rechtfertigen, während die Zeitgenossen schlicht von uns wissen wollen, woran sie in der Welt, in der sie leben, mit Gott sind, ob sie an ihn noch glauben können.

Auf diese Frage nach Gott und seiner Erfahrbarkeit in der Wirklichkeit des Lebens und der Welt haben die Christen ihren Zeitgenossen Rede und Antwort zu stehen. Als Dorfweise und Stadtväter, als Marktschreier und Kirchenräte brauchen sie uns nicht. Wenn sie uns überhaupt noch brauchen, dann wollen sie von uns etwas über den Glauben an Gott erfahren, inwiefern er ihnen den Sinn der Welt erschließe und das Leben bestehen helfe. Das ist die Hauptsache und zugleich die einzige Chance, die die Christenheit noch hat. Uns noch mit Nebensächlichkeiten aufzuhalten, erlauben uns weder die Situation der heutigen Welt noch der gegenwärtige Zustand der Kirchen. Jeder muß jetzt den Zipfel christlicher Wahrheit, den er noch in Händen hält, fester fassen und ungescheut bekennen.

Mir scheint der Augenblick gekommen zu sein, von dem Pater Paneloux in Camus' »Pest« sagt: »Meine Brüder, . . . es gilt alles zu glauben oder alles zu leugnen. Und wer unter euch wagte es, alles zu leugnen?« – wobei ich das »alles« freilich nicht auf die ganze Masse der von den Kirchen gehüteten Glaubensgüter beziehen möchte, sondern nur auf die Hauptsache, auf die Sache mit Gott.

Damit kommt das Vorhaben dieses Buches in Sicht. Es möchte sich an dem Bemühen beteiligen, auf die Fragen der Zeitgenossen nach Gott und seiner Erfahrbarkeit in der Welt zu antworten. Meine Antwort soll darin bestehen, daß ich von meinen Erfahrungen Gottes und von meinem Nachdenken über sie erzähle. Auf den Titel meines Buches »Die Sache mit Gott« zurückgreifend, kann ich sagen: Hier möchte ich *meine* Sache mit Gott darstellen – wie ich sie erfahren, geglaubt und bedacht habe.

Die Theologen haben schon immer von sich selbst gesprochen. Nur haben sie dies meist nicht wahrhaben wollen, weil ihr Reden von Gott dann womöglich nicht als objektiv und wahr erschienen wäre. Aber das war eine »Scheinheiligkeit« (Doketismus). Selbst über den objektivsten unter den objektiven Theologen, über Karl Barth, der ständig gefordert hatte, der Theologe müsse als Mensch ganz und gar hinter dem Worte Gottes verschwinden, konnte sein langjähriger Mitarbeiter eine Biographie schreiben, in der er, nur mit einigen verbindenden Sätzen versehen, eine Selbstaussage Barths an die andere reiht. So sehr kreiste sogar Karl Barth um seine eigene gläubige Existenz, war er, der Christ, sich, dem Theologen, interessant.

Aber wird mit dem öffentlichen Erzählen persönlicher Gotteserfahrungen nicht die Grenze vom Schicklichen zum Peinlichen überschritten – ganz abgesehen von der Frage, wie weit sich private Erfahrungen überhaupt an andere weitergeben, sich intersubjektiv vermitteln lassen? Was die Scheu vor der öffentlichen Preisgabe des eigenen Innern betrifft, so kann heute der Theologe vom Psychoanalytiker lernen. Wie der Therapeut in der Gruppentherapie das klassische Therapiearrangement aufgibt, indem er seinen Platz am Kopfende der Couch verläßt und sich in den Kreis der Patienten begibt, so muß auch der Theologe von seinem Hochsitz auf Kanzel oder Katheder herabsteigen und sich zu den Hörern gesellen. Und wie der Psychotherapeut mit dem Übergang zur Gruppenarbeit auf die Seite des Patienten hinübertritt und sich mit seinen Selbsterfahrungen einbringt, so muß künftig auch der Theologe, viel mehr als bisher, seine eigenen religiösen Erfahrungen, seine Ermutigungen und seine Anfechtungen, seine Freude an Gott so gut wie sein Leiden an ihm in seine theologische Arbeit hineingeben. Diese neue Haltung bedingt von selbst auch einen anderen Stil: Statt vom »Menschen« zu sprechen und »man« zu sagen, muß der Theologe lernen, von sich zu reden und »ich« zu sagen.

Wohl will ich in diesem Buch von mir selbst sprechen – insofern ist es, wie man zu sagen pflegt, ein »subjektives« oder »persönliches« Buch. Aber ich will nicht freiweg in ungezügelter Subjektivität bekennen. Vielmehr geht es mir um disziplinierte Subjektivität – diszipliniert durch kritische Selbstreflexion in Zusammenhang und Auseinandersetzung mit den zeitgenössischen Lebens- und Welterfahrungen. Wenn die religiöse Erfahrung auch stets das Primäre und die Theologie das Sekundäre ist, mit anderen Worten, wenn die Theologie nur kritisch zu reflektieren hat, was der religiösen Erfahrung zuvor zuteil geworden ist, dann geht dies nicht ohne die »Anstrengung des Begriffs« ab. Deshalb kann ich mein Vorhaben auch so ausdrücken: Ich will mich anstrengen, meine *religiöse Existenz* auf den *theologischen Begriff* zu bringen. Also wohl eine Einladung zum Glauben – aber nicht eine im Stil der Beteuerung zu einem bedenkenlosen, sondern in der Bemühung um Bewahrheitung zu einem *bedachten Glauben.*

Es geht mir um *theologische Spurensicherung.* Unser Glauben und Erkennen reicht nicht mehr aus, um großartige Systeme zu entwerfen und die ganze Welt – Gott, Natur und Geschichte; Vergangenheit, Gegenwart und Zukunft; das Ganze und seine Teile – in einer umfassenden Schau zu bewältigen. Wir können nur noch Gottes Spuren in der Welt suchen und sichern, damit sie nicht vollends verwehen, damit auch künftige Generationen sie noch erkennen und eines Tages vielleicht sogar wieder Gottes Schritt in der Geschichte vernehmen.

Es ist eine Erfahrung des Schriftstellers, auch des Schauspielers und Regisseurs, wie man bei Gustaf Gründgens nachlesen kann, daß sich das »Negative« leichter und vielfältiger ausdrücken läßt als das »Positive« – worin ich ein verborgenes Zeichen jenes Zustandes zu sehen geneigt bin, den die Theologie mit dem Symbol der »gefallenen Schöpfung« zu bezeichnen pflegt. Und so möchte auch ich mein Vorhaben noch einmal dadurch verdeutlichen, daß ich sage, was dieses Buch *nicht* sein möchte: *Keine Autobiographie*, obwohl ich viel von meinem Leben in es hineingegeben habe; *keine Fundamentaltheologie* oder theologische Methodenlehre, obwohl es davon handelt, wie man in der heutigen Welt Gott erfahren und den Zeitgenossen solche Gotteserfahrung vermitteln kann; *kein Laienkatechismus*, obwohl es sich an jedermann wendet und ihn den christlichen Glauben lehren möchte. Aber wenn von allen drei Gattungen etwas in diesem Buch enthalten ist, dann könnte es sein, daß ich sowohl der theologischen Absicht als auch der literarischen Form, die mir vorgeschwebt haben, nahegekommen bin.

Ich möchte nicht das Rezept, sondern die Arznei eingeben. Darum habe ich mich auch bemüht, das Buch *gemeinverständlich* zu schreiben, so daß der theologisch nicht vorgebildete Leser es zu verstehen vermag, der theologisch gebildete aber auch noch etwas zu denken bekommt. Die Gemeinverständlichkeit des Buches schließt ein, daß es sich zugleich als ein *gemeinchristliches* versteht. Angesichts der heute alle Kirchen bedrängenden und bedrohenden Zentralfrage nach Gott verschwinden die konfessionellen Gegensätze. Wenn es auf diese Frage heute überhaupt eine den Zeitgenossen überzeugende Antwort gibt, dann wird dies bestimmt keine speziell katholische oder evangelische, sondern eine gemeinchristliche sein. Anders wäre es keine Antwort auf die Frage nach *Gott*!

Meine rechtgläubigen Kritiker, die alles, was ich sage und schreibe, mit so großer Treue verfolgen, grüße ich mit dem Rat und der Weisheit des heiligen Augustinus: »Wenn jemandem in meiner Abhandlung etwas mißfällt, so sehe er zu, ob er andere, die sich mit solchen Gegenständen und Fragen beschäftigt haben, versteht, während er mich nicht versteht. Wenn dem so ist, dann lege er mein Buch beiseite oder werfe es weg, wenn er es will, und schenke lieber Zeit und Mühe jenen, die er versteht. Er soll jedoch nicht glauben, ich hätte schweigen sollen . . . Es ist von Nutzen, wenn über die gleichen Fragen mehrere Bücher von mehreren Autoren in verschiedenen Konzeptionen, nicht im verschiedenen Glauben verfaßt werden, damit die dargestellte Sache zu recht vielen gelange, zu den einen auf diese, zu den anderen auf jene Weise.« (De trinitate Dei I, 3,5)

ERSTES KAPITEL

Die Hinreise: Wie es begann

1. Aus Glauben Christ

Die Anfänge der Religion im Leben eines Menschen lassen sich nur schwer ausmachen.

Von vielem in meinem Leben weiß ich den Anfang. Ich kann sagen, wann ich Lesen und Schreiben gelernt habe, wann ich den ersten Toten gesehen habe, wann mir die Trennung der Menschen in verschiedene soziale Klassen aufgegangen ist, wann ich zum erstenmal ein Mädchen geliebt und dadurch Kummer erfahren habe, wann die Liebe zur Seefahrt mich gepackt hat, wann ich das erste eigene Geld verdient habe – aber wann ich zum erstenmal jener Wirklichkeit gewärtig geworden bin, für die das Wort »Gott« steht, das vermag ich nicht zu sagen.

Wer die Entstehung des Glaubens in einem Menschen erforschen will, tut gut daran, nicht oben im Großen und Abstrakten, bei den Ideen, Institutionen, Theorien oder dem allgemeinen Zeitgeist einzusetzen, sondern unten im Kleinen und Konkreten, bei alltäglichen Erfahrungen, unwillkürlichen Einflüssen, milieubedingten Lebensformen und der Begegnung mit einzelnen Menschen. Das erste Datum in der religiösen Biographie eines Menschen ist auch nicht eine eigene Wahl oder bewußte Entscheidung, sondern ein »Datum« im wörtlichen Sinne des Wortes: ein Gegebenes, etwas Vorgegebenes, mithin eine »Übernahme« – eine »Tradition«.

Mein Glaube an Gott ist ein Erzeugnis der christlich-kirchlichen Tradition.

Was wir heute »Christentum« nennen, ist die Quersumme der in der Bibel begründeten und auf Grund der Bibel in der Welt gemachten Gotteserfahrungen. Es sind vor allem die Ausstrahlungen und Schallwellen, die von der Person und Botschaft Jesu von Nazareth ausgegangen sind. Diese Wirkung Jesu und der Bibel hat auch mich erreicht, und so bin ich Christ geworden.

Das ist undramatisch geschehen, ohne Sensationen. Ich bin, gleich anderen Millionen Europäern, in das Christentum hineingeboren worden und habe dann, im Maße des Erwachsenwerdens, meinen zufälligen religiösen Geburtsstand bewußt als eigene Glaubensentscheidung übernommen. Dabei hat kein Sprung oder Sturz in den Glauben stattgefunden; es hat auch keinen Riß im Zusammenhang meines Lebens gegeben; überhaupt nichts Abruptes hat sich ereignet. Vielmehr ist es ganz »natürlich« und »alltäglich« zugegangen, in *allmählicher Entwicklung* und durch *menschliche Vermittlung*. In der unauffälligen Art, in der ich zum Glauben gekommen bin, hat sich für mich der Satz bewahrheitet: »Non cogit, sed trahit« – Gott zwingt nicht, sondern zieht. Er behandelt den Menschen nicht wie einen Stein oder Klotz, sondern er geht mit ihm um als mit einem, der religiös zurechnungsfähig ist. Er läßt ihm Raum für seine eigene religiöse Biographie. Darum überläßt er das Zustandekommen des Glaubens an ihn auch der Vermittlung durch menschliche Instanzen, durch Personen und Institutionen.

Das Wort »Gott« ist zunächst, wie alle Wörter unserer Sprache, ein Wort der Überlieferung. Am Anfang steht nicht ein heiliges Buch oder eine theologische Unterweisung, sondern die gegenwärtige Wirklichkeit, in der unter anderem auch das Wort »Gott«, durch die Umwelt gehindert oder gefördert, vorkommt. Eine Sprache vorstellen heißt, nach Wittgenstein, sich eine Lebensform vorstellen, und er nennt die Einheit von Tätigkeit, Benennung und Sinn ein »Sprachspiel« – durch solchen Vorgang des Gebrauchs der Worte erlernen Kinder ihre Muttersprache. Durch den gleichen Vor-gang habe ich das Wort »Gott«, überhaupt die Grundwörter der christlichen Überlieferung kennen- und verstehen gelernt, bevor ich sie rational zu definieren vermochte. Indem ich in einer von der christlichen Tradition geprägten Lebensform aufwuchs, lebte ich mich wie von selbst auch in das dazugehörige Sprachspiel ein – und umgekehrt.

Am Anfang meines Glaubens stand kein Lehrgebäude, sondern ein Lebensraum, nicht das »Wort« in seiner johanneischen Bedeutung, sondern ein »Sprachspiel« im Sinne Wittgensteins. Das heißt aber dann: *Am Anfang war die Kirche.* Durch die Kirche bin ich zum Wort, zur Bibel, zu Jesus von Nazareth, zu Gott geführt worden. Es war in erster Linie nicht die Kirche als umgrenzte Institution, als organisierte Ortsgemeinde oder als offizielle Heils- und Lehranstalt, sondern als Trägerin und Vermittlerin der christlichen Tradition, in der ganzen Breite ihrer Praxisbezüge und mit ihren vielfältigen Lebensäußerungen, weit ausgefächert und nur unscharf abgrenzbar eingebettet in das Gesamtleben der Gesellschaft. Zwar war der innere Zusammenhang zwischen christlichem Glauben und weltlichem Leben schon gesprengt, aber zwischen »Christengemeinde« und »Bürgergemeinde« bestand noch eine Symbiose, wenigstens im Lokalen – und darum erschien auch das Wort der Kirche noch plausibel.

Die erste Phase meines Lebens fällt schon in den Ausgang der christlich-bürgerlichen Epoche. Das Zusammenspiel von *Elternhaus, Kirche und Schule* klappte zwar noch, aber es war nur noch ein Nachklapp. Ihre Dreiheit bildete einst das »Naturfundament«, auf dem sich die Weitergabe der christlichen Tradition vollzog. Auch mein Glaube ist zum Teil noch ein Ergebnis des Zusammenwirkens dieser drei Größen, wobei ich kaum genau zu unterscheiden vermag, was ich jeweils wem verdanke. Denn eben dies gehörte zur Eigenart jener drei Größen, daß sie wirklich eine »Dreiheit« bildeten, trotz aller verfassungsmäßigen Trennung noch so eng miteinander verflochten, daß die Grenzlinien zwischen ihnen nur schwer zu ziehen waren. Aber es war nur das Kind, das seine Umwelt als heil empfand. Meine Eltern konnten darin bereits nur noch die Trümmer ihrer eigenen einstigen Welt erblicken. Vom heutigen Standort aus würde ich urteilen, daß die zwanziger Jahre in religiös-kirchlicher Beziehung mehr schon der folgenden Zeit als der vorangegangenen zuzurechnen sind. Der Glaube an Gott war schon keine Selbstverständlichkeit mehr: der Umschlag der These in die Antithese hatte längst begonnen.

Die Dreiheit von Elternhaus, Kirche und Schule begegnete dem Kinde nicht als ein Geflecht abstrakter Institutionen, sondern als das tägliche Miteinander einzelner konkreter Menschen aus Fleisch und Blut: Eltern, Verwandte, Lehrer, Pfarrer und Freunde. Und diese Menschen, die ihm den christlichen Glauben vermittelten, wirkten wiederum nicht so sehr durch die absichtliche Weitergabe von Gedanken, Wörtern und Lehren als vielmehr durch ihr selbstverständliches Reden, Sichgeben, Handeln und Sein. Wirkungsvoller bei der Vermittlung als das Destillat war das Fluidum, als die Doktrin die Atmosphäre, als die Idee die Impression.

Auf diese Weise tritt die Wahrheit an den Menschen immer zuerst als Autorität heran. Aber es ist keine »handfeste« Autorität, die durch den Druck wirkt, den sie ausübt, sondern durch den Eindruck, den sie hervorruft, die ungeschuldete Zustimmung: Das stimmt so, wie »die Alten« es sagen; es ist richtig.

Die religiöse Atmosphäre meines *Elternhauses* entsprach der sozialen Stellung unserer Familie: sie war zugleich gut-bürgerlich und mild-christlich. Man hielt sich zur Kirche. Das sah so aus, daß man ab und an, nicht nur zu Weihnachten und am Karfreitag, den Gottesdienst besuchte, die Kinder taufen und konfirmieren ließ und gleichfalls an den übrigen Höhe- und Tiefpunkten des Lebens, in Krisensituationen und an Knotenpunkten, wie Hochzeit, Krankheit und Tod, die diesbezüglichen Amtshandlungen der Kirche in Anspruch nahm. Meine Mutter ging häufiger zur Kirche und blieb bisweilen auch allein zum Abendmahl zurück. Wenn sie dann nach uns nach Hause kam, schaute ich sie neugierig und scheu an, ob sie irgendwie verändert aussehe. Das Abendmahl war für mich eine unbekannte, unheimliche Sache, und von dorther habe ich es später gut verstehen können, als ich aus der Kirchengeschichte erfuhr, daß die ersten Christen wegen der Abgeschlossenheit ihrer Mahlfeiern schändlicher Dinge verdächtigt wurden. Heute fängt man endlich an, auch die Kinder zum Abendmahl »zuzulassen«.

Über religiöse Fragen wurde in unserer Familie kaum offen gesprochen. Es gab auch kein Tischgebet und schon gar nicht eine gemeinsame Andacht. Laut betete nur die Mutter mit den Kindern, solange sie klein waren, abends im Bett zur Guten Nacht; morgens beim Aufstehen geschah Gleiches nicht. Die Bibel spielte in meinem Elternhaus so gut wie gar keine Rolle; ihre Geschichten habe ich, wenigstens bewußt und unmittelbar, erst durch eine Lehrerin in der Grundschule kennengelernt, dann freilich auf sehr eindrucksvolle und unvergeßliche Weise. Zu Hause stand die Bibel ungenutzt im Bücherschrank neben den Werken von Detlev von Liliencron. Das mag vor allem daran gelegen haben, daß meine Mutter vornehmlich in ihrem aus dem Osten mitgebrachten altpreußischen Gesangbuch lebte, der Sinn meines Vaters aber, durch seinen Beruf geprägt, ganz auf das Praktisch-Pragmatisch-Finanzielle gerichtet war.

Mein Vater war ein stiller, beinahe spröder Mann mit einem peniblen Gewissen, aber zugleich auch mit mehr Gemüt, als er gemeinhin nach außen zeigte. Obwohl seine Bank an der Finanzierung der von den Nazis geförderten Siedlungspolitik beteiligt war, hat er, wenn er Mitarbeiter im Hause grüßte, zwar lässig die Hand gehoben, aber niemals »Heil Hitler« gesagt. Über sein Verhältnis zum christlichen Glauben vermag ich kaum etwas zu sagen, nicht weil ich zweifle, ob er überhaupt eine Beziehung zu ihm hatte, sondern weil er sein Inneres scheu verbarg. Seine Mitgliedschaft zur Kirche gehörte zu den nie erwähnten, aber freilich auch niemals in Frage gestellten bürgerlichen Selbstverständlichkeiten. Eine Zeitlang hat er sogar meine Mutter zu den Gottesdiensten und Versammlungen der Bekennenden Kirche begleitet, aber wohl mehr aus politischen oder allgemein humanitären als aus bewußt religiösen Motiven. Er ließ die anderen gewähren, er gab Gedankenfreiheit. Und so hat er auch meinen Entschluß, Theologie zu studieren, zwar nicht gerade begeistert begrüßt, sich ihm aber auch nicht widersetzt.

Viel mehr an Einzelheiten vermöchte ich über die christliche Prägung meines Elternhauses nicht zu berichten – wenn meine Mutter nicht gewesen wäre! Sie gehört zu dem halben Dutzend Menschen, die den stärksten religiösen Einfluß auf mich ausgeübt haben. Sie haben mir die christliche Tradition vor allem dadurch überzeugend nahegebracht, daß sie mir den Glauben an Gott als eine reale Lebensmöglichkeit vor Augen stellten und Gott selbst mir dadurch als eine lebendige Wirklichkeit erschien.

Meine Mutter war, in einen Satz gefaßt, eine »fromme Dame«. Das soll besagen: Sie trug nicht die damals noch üblichen Merkmale weiblichen Christenstandes an sich, sondern lebte der Welt zugewandt, liebte Gesellschaften, kleidete sich elegant, ging leichten Sinnes mit dem von ihrem Manne schwer verdienten Gelde um – und war dennoch eine fromme Frau. Die tragende Mitte ihrer Frömmigkeit bildete ein tiefes Gottvertrauen, und dieses wiederum drückte sich vor allem in einem starken Vorsehungs- und Führungsglauben aus. Sie liebte nicht nur, sondern lebte den Psalmvers: »Befiehl dem Herrn deine Wege und hoffe auf ihn, er wird's wohl machen.« (Psalm 37,5) Darum las sie, oder richtiger, betete sie in ihrem Gesangbuch besonders die Lieder, die unter den Abschnitten »Vertrauen auf Gott«, »Trost in Kreuz und Leid« und »Lob und Dank« standen. Die Rechtfertigung des Sünders vor Gott allein durch den Glauben – der Artikel, mit dem die christliche Kirche nach reformatorischem Bekenntnis steht und fällt – kam bei ihr auch vor, aber mehr im Nachsatz, eher als dogmatische Pflicht denn als fromme Kür. Dann fielen bei ihr auch die gelernten Lehrformeln: »Wir Menschen sind allzumal Sünder, die der Vergebung bedürfen« – »Jesus Christus hat für uns am Kreuz sein Blut vergossen« – »Einst am Tage des Jüngsten Gerichts ...« Das waren für sie zwar keine Leerformeln, nachträglich habe ich jedoch den Eindruck: Meine Mutter lebte in einer so unmittelbaren und innigen Verbundenheit mit »ihrem« Gott, daß es für sie dazu keiner besonderen göttlichen Heilsveranstaltungen und -vermittlungen bedurfte.

Der Gottesglaube meiner Mutter war ein Erbe ihres zwar

nicht eng, wohl aber bewußt christlichen Elternhauses. Von dorther war ihre Frömmigkeit auch fraglos konservativ geprägt. Aber sie war eine viel zu lebendige und selbständige Frau, als daß ihr Glaube ihr nicht zu denken gegeben hätte und ihr bei solchem Nachdenken über ihren Glauben nicht Bedenken gekommen wären. Eine Frage, die sie sich selbst und ihrer Umgebung immer wieder stellte, war die nach der Macht und Herkunft des Bösen in der Welt. Noch heute habe ich ihren fast ärgerlich klingenden Einwurf im Ohr: »In einem Gleichnis Jesu heißt es aber doch: ›Das hat der Feind getan‹ – also muß es doch so etwas wie einen Teufel geben! Wie aber verhält sich Gott dazu? Wie steht es dann mit seiner Allmacht?« Auf diese Frage hat sie ihr Leben lang keine sie zufriedenstellende Antwort erhalten, auch von ihrem Theologensohn nicht. Aber dadurch ist sie in ihrem Gottvertrauen nicht beirrt, sondern eher noch bestärkt worden; sie hat mir gezeigt, daß der Glaube mit unbeantworteten Fragen leben kann.

Wie aber hat sich nun die Vermittlung dieses Glaubens an den Sohn vollzogen? Zunächst wird meine Mutter auf mich einfach dadurch gewirkt haben, daß sie sich nicht nur in der üblichen Weise zur Kirche hielt, sondern den christlichen Glauben umfassender praktizierte und schon damit bekundete, wie ernst es ihr mit ihm war. Das hatte ich täglich vor Augen. Sodann sprach sie auch zu uns Kindern über ihren Glauben. Sie erzählte, wie es in ihrer Jugend – in Elternhaus, Kirche und Schule damals – zugegangen sei und was sie dadurch empfangen habe, welche Erfahrungen sie dann selbst in ihrem Leben gemacht und wie sich der von ihr als Kind empfangene Glaube auch der Erwachsenen bewährt habe.

Wichtiger für die Vermittlung ihres Glaubens an mich als alles dies aber scheint mir die starke Zuwendung gewesen zu sein, die meine Mutter mir – ich war neben zwei Stiefbrüdern und einer Schwester ihr einziger leiblicher Sohn – entgegenbrachte. Darin hat sich wahrscheinlich unbewußt auch so etwas wie eine »Übertragung« ihres Glaubens vollzogen. Wenigstens hat sich für mich in der Erinnerung an meine Mutter ihr Vertrauen auf Gott allzeit mit ihrer Zuwendung zu mir verbunden. Mir ist, als ob ihre Geborgenheit bei Gott sich in der Geborgenheit, die ich bei ihr fand, fortsetzte. Was ich später aus der Psychologie als »Ur«- oder »Grundvertrauen« kennengelernt habe, das ist mir in meiner Kindheit zuteil geworden.

Ohne die *Kirche* als rechtlich-institutionelle Verwalterin der christlich-biblischen Tradition innerhalb der Gesellschaft hätte der Glaube meiner Mutter nicht entstehen können. Mir widerfuhr er unmittelbar von ihr, ohne kirchliche Vermittlung. Meine erste Begegnung mit der Kirche hatte ich zwar bei meiner Taufe als Säugling, aber sie war für mich natürlich unbewußt geschehen. Überdies hat mir die Tatsache, daß ich als Kind getauft worden bin, nie etwas Besonderes bedeutet. Von dorther ist mir weder am Anfang Hilfe zum Glauben noch später in Zeiten des Zweifels und der Bedrängnis Tröstung zuteil geworden. Augenscheinlich ist meine Taufe auch meiner frommen Mutter nicht wichtig gewesen. Sie hat mich wenigstens nie ausdrücklich daran erinnert. Wenn sie überhaupt jemals von meiner Taufe sprach, dann erzählte sie, daß mitten während der häuslichen Tauffeier das Hausmädchen in der Küche die Kaffeemühle habe herunterfallen lassen und daß der Pfarrer dadurch in seiner Ansprache erheitert worden sei.

Dies schreibe ich als einer, der stets für die Beibehaltung der Kindertaufe eingetreten ist und dem das Taufen der eigenen vier Söhne viel bedeutet hat. Die Kindertaufe erscheint mir als ein sinnfälliger Ausdruck des von Jesus erfahrenen und verkündeten Gottes: daß der, den er seinen »Vater« nennt, ein zuvorkommender, dem Menschen von Anfang an zugewandter, auf sein Heil bedachter und um seine Zukunft besorgter Gott sei. Indem die Eltern ihre Kinder durch den Taufakt diesem Gott ausdrücklich anvertrauen, werden sie selbst frei von der totalen Verantwortung für sie, als wenn sie allein es wären, die etwas aus ihnen »machen« müßten, wobei eben doch nur »Machwerke« entstünden. Manchmal frage ich mich, ob die übertriebenen pädagogischen Ängste und Anstrengungen heutiger Eltern nur von der besseren Aufklärung und größeren Verantwortung herrühren oder ob sie nicht auch mit dem Nachlassen des sich einst in der Taufe ausdrükkenden Gottvertrauens zusammenhängen.

Bewußt bin ich der Kirche zum erstenmal in familiärem Rahmen begegnet. Wir wohnten damals in einem halb ländlichen, halb städtischen Vorort, und ich saß in der Grundschule neben dem Sohn des Ortspfarrers. Er wurde mein erster Freund. Daß sein Vater Pfarrer war, spielte für mich zwar keine Rolle – er hätte genauso Kaufmann, Ingenieur oder Arzt sein können –, aber im »Pastorat« bekam ich unversehens einen Einblick in kirchliches Leben – einen Einblick, aber keinen nachhaltigen Eindruck. Was mir am meisten auffiel, war, daß der Vater meines Freundes, im Unterschied zu dem meinen, den ganzen Tag im Hause war. Diese Einheit von Wohnung und Arbeitsplatz gehörte, wie ich später lernte, in das vorindustrielle Zeitalter und bildete somit in der gegenwärtigen Gesellschaft eine Ausnahme.

Durch den Verkehr im Pfarrhaus geriet ich in den Kindergottesdienst und damit in den ersten bewußten Kontakt mit einer kirchlichen Institution. Aber ich besuchte ihn nur unregelmäßig, und mir sind davon auch nur zwei Bilder in Erinnerung geblieben. Das eine war eine Abbildung der Wartburg an der Frontwand des einem Schulzimmer gleichenden Konfirmanden- und Gemeindesaals, in dem der Kindergottesdienst stattfand, in Holz gebrannt, tief dunkelbraun, düster und drückend. Wenn ich das Bild sah, wurde ich traurig, und darum ging ich nicht gern zum Kindergottesdienst. Heller ist die andere Erinnerung: Ich sehe mich beim weihnachtlichen Krippenspiel im Kinderchor mit einem brennenden Licht an einem Tannenzweig in der Hand durch den Gang der Kirche ziehen, während meine beiden älteren Brüder als Hirten mit Schlapphut und Krückstock schon voraus waren und an der Krippe standen. Nur diese beiden Bilder sind mir als Eindruck geblieben, keinerlei Worte. Auch in der evangelischen Kirche, der »Kirche des Wortes«, scheinen am Anfang nicht Worte für das Ohr, sondern Bilder für das Auge zu stehen.

Nicht viel anders als mit dem Kindergottesdienst ist es mir einige Jahre später mit dem Konfirmandenunterricht ergangen. Ich besuchte ihn in der Stadt, in die meine Eltern inzwischen gezogen waren. Weder vom Unterricht ist etwas in mir haften geblieben, noch hat die Konfirmation selbst in mir einen bleibenden Eindruck hinterlassen. Was mich damals jedoch beeindruckt hat und auch bis auf diesen Tag begleitet, ist die Gestalt des Konfirmators. Ich weiß kein einziges einzelnes Wort mehr von ihm, weder aus dem Unterricht noch aus einer Predigt und auch nicht von den anschließenden Abenden, an denen sich ein kleiner Kreis ehemaliger Konfirmanden im Pfarrhaus traf. Geblieben aber ist mir das Bild von einem Mann, den man, je nach Geist und Geschmack, eine »christliche Persönlichkeit« oder einen »Jünger Jesu« nennen könnte. Er war ein liberaler Theologe. Als meine Mutter mit ihrer Familie vor dem Ersten Weltkrieg aus dem Osten in jene norddeutsche Großstadt übergesiedelt war, mieden sie seine Predigten, weil er im Verdacht stand, nicht die volle Gottessohnschaft Jesu zu lehren. Später aber hat auch meine Mutter ihn geschätzt und seine Predigten gern gehört. Was an ihm überzeugte, war seine Menschlichkeit, der man anmerkte, daß sie vom christlichen Glauben geprägt war, ja, ich scheue mich nicht zu sagen, daß sie von einem Menschen ausging, der in der Nachfolge Jesu lebte.

Das waren meine ersten Begegnungen mit der Kirche innerhalb der Dreiheit von Elternhaus, Kirche und Schule – mehr mit Menschen und Bildern als mit Amtsträgern und Lehren.

In der *Schule* habe ich zwölf Jahre christlichen Religionsunterricht genossen, in der Woche regelmäßig zwei Stunden – das macht insgesamt an die tausend Stunden »Religion«. Ich kann nicht wie andere, die das gleiche durchgemacht haben, klagen, daß dieser Unterricht mir religiös geschadet habe; aber daß er mich im christlichen Glauben gefördert habe, vermag ich auch nicht gerade zu behaupten. Zwei Ausnahmen freilich muß ich nennen: die »Biblische Geschichte« bei einer Lehrerin in der Grundschule und die Bekanntschaft mit der historisch-kritischen Bibelforschung durch einen Studienreferendar auf der Mittelstufe des Gymnasiums.

Sonst erinnere ich mich nur an einige Stoffe aus dem Religionsunterricht auf der Oberstufe. Der Lehrer, der ihn erteilte, war als junger Kriegsfreiwilliger noch gegen Ende des Ersten Weltkriegs schwer verwundet worden, und das hatte ihn geprägt. Er las mit uns von Walther Flex »Wanderer zwischen beiden Welten«, von Joseph Wittig »Christus in Palästina, Schlesien und anderswo«, aber auch das »Kommunistische Manifest« von Karl Marx – für ein humanistisches Gymnasium Anfang der dreißiger Jahre eine ungewöhnliche Zusammenstellung. Überdies verdanke ich diesem Lehrer meine erste Begegnung mit Martin Luther, die über das übliche protestantische Heldenepos hinausging, das wir aus Anlaß irgendeines Reformationsjubiläums einmal sogar in lebenden Bildern darstellen mußten. Daß die Reformation in erster Linie keine deutsch-nationale, sondern eine christlich-religiöse Angelegenheit war, die weder mit dem öffentlichen Thesenanschlag noch mit dem Reichstag zu Worms, sondern lange vorher mit den einsamen Seelenkämpfen eines einzelnen Augustinermönchs begonnen hatte, das habe ich damals zu begreifen angefangen.

Religion wurde auf der »Gelehrtenschule«, die ich besucht habe, nicht nur in den eigens dafür angesetzten Unterrichtsstunden, sondern durch die ganze Atmosphäre vermittelt. An jedem Montagmorgen versammelten sich die Lehrer und Schüler zur »Andacht« in der Aula. Meist wurde sie vom Direktor selbst gehalten, in der Form einer kurzen Bibelauslegung – in der Stunde darauf lasen wir bei ihm Homer. Sein Stellvertreter, der Oberstudienrat, der ihn auch in den Andachten manchmal vertrat, war im Ersten Weltkrieg Major der Reserve gewesen und wegen seines tapferen und umsichtigen Verhaltens in der Tankabwehrschlacht von Cambrai im Heeresbericht erwähnt worden, ein vaterländisch gesinnter, heimattreuer, wahrhaft frommer Mann.

Einen bildhaften Ausdruck fand der Geist der Schule in den beiden großen Wandgemälden der Aula, die wir bei den obligatorischen Schulandachten vor Augen oder im Rücken hatten – sie stammten von Anton v. Werner. Das eine stellte eine Szene aus den Befreiungskriegen dar: wie Männer, Frauen und Kinder Geld, Schmuck und Tafelsilber herbeibringen, um sie auf dem Altar des Vaterlandes zu opfern – darunter das Wort aus Schillers »Jungfrau von Orleans«: »Nichtswürdig ist die Nation, die nicht ihr Alles freudig setzt an ihre Ehre.« Das andere Bild zeigte Martin Luther auf dem Reichstag zu Worms vor Kaiser und Reich, die eine Hand aufs Herz gelegt, mit der anderen vor sich auf die Bibel und seine Schriften weisend – darunter der bekannte Ausspruch: »Hier stehe ich, ich kann nicht anders, Gott helfe mir. Amen.«

Was uns durch die Schule vermittelt wurde, war die unteilbare Einheit von griechisch-römischer Antike, Christentum und Deutschtum – es war die Religion eines großen Teiles des deutschen Bildungsbürgertums. Ihre historischen Wurzeln hatte sie im deutschen Humanismus des ausgehenden Mittelalters und der Neuzeit; sie selbst verstand sich religiös und kulturell als »Protestantismus«, bisweilen mit einem antisemitischen und antirömischen Affekt.

Stärker als der Einfluß meines Elternhauses, als die Berührung mit der Amtskirche und als der Religionsunterricht in der Schule hat mich mein Anschluß an die *christliche Jugendbewegung* auf dem Weg zum christlichen Glauben vorangebracht. Als unsere Familie aus dem Vorort in die Stadt gezogen war, trat ich dort, von einigen Klassenkameraden gewonnen, dem »Bund deutscher Schülerbibelkreise«, kurz »BK« genannt, bei.

Überraschend war für mich die Reaktion eines Teiles meiner Klasse auf diesen Schritt. Die beiden Mitschüler, die mich für den BK geworben hatten, waren Pfarrerssöhne – bei ihnen verstand man es, daß sie einem solchen »frommen Verein« angehörten; und auch zwei anderen, Söhnen eines Friedhofsverwalters, sah man es nach, denn »Friedhof« hatte immerhin auch noch etwas mit Gott, Kirche und Ewigkeit zu tun. Aber bei mir, der ich aus einem »weltlichen« Hause kam, verstand man es nicht, sondern reagierte mit Kopfschütteln, teilweise mit Spott. Da ist mir zum erstenmal aufgegangen, daß der christliche Glaube in unserer Gesellschaft längst keine so selbstverständliche Sache mehr war, wie ich ihn in Elternhaus, Pfarrgarten und Dorfschule empfunden hatte.

Das für mich Neue und Wichtige, das ich im BK fand, waren zwei Dinge, die eng zusammengehörten: *Leben in der Gemeinschaft* und *Umgang mit der Bibel*. Wir taten im BK nichts anderes, als was man auch sonst in der Jugendbewegung trieb: Wir hatten unsere »Heimabende«, an denen wir spielten, Geschichten erzählten und sangen, und wir gingen »auf Fahrt«, wanderten, zelteten und kochten ab, veranstalteten am Tage Geländespiele und saßen abends um das Lagerfeuer – nur daß uns im Unterschied zu anderen »Bünden« bei alldem eine bewußt gelebte Beziehung zur Bibel verband. Dabei verhielt es sich nicht so, daß wir dies und das taten und daneben auch noch in der Bibel lasen, aber auch nicht umgekehrt, daß wir uns mit der Bibel beschäftigten und außerdem noch einige andere Dinge trieben. Vielmehr gehörten der gemeinsame Lebensvollzug und der Umgang mit der Bibel zusammen: Es war eine *Lebensgemeinschaft mit der Bibel und um die Bibel herum.*

Was in der Bibel stand, das »ging uns an«. Wir lasen es, ließen es uns auslegen oder versuchten uns auch selber darin, sprachen und stritten darüber, glaubten und zweifelten daran. Dies geschah in der »Andacht« zum Schluß jedes Heimabends, wobei ein Bibelabschnitt gemeinsam besprochen wurde, oder, wenn wir auf Fahrt beziehungsweise im Lager waren, zum Beginn des Tages in den »Morgenwachen«, und später, im Laufe des Tages, in der »Bibelarbeit«, die den Bibelgesprächen an den Heimabenden glich, und schließlich in den Gottesdiensten, die wir gemeinsam besuchten. Bei alldem leitete uns die Frage, ob und wie das, was wir in der Bibel fanden, für unser Leben verbindlich werden könne. Dabei mischten sich »Dogmatisches« und »Ethisches« miteinander. Ich erinnere mich zum Beispiel, daß uns eine Zeitlang die Frage beschäftigte, wie Jesu Versuchung in der Wüste und sein Gebetskampf in Gethsemane zu seiner angeblichen Sündlosigkeit paßten, ob Versuchung bereits Schuld bedeute. Von dorther schlossen wir auf unsere eigenen Versuchungen zurück. Im Unterschied zur neurotisierenden Atmosphäre in anderen christlichen Jugendgruppen kreiste bei uns jedoch nicht alles um das Sechste Gebot, um die »geschlechtliche Reinheit«, gipfelnd im Kampf gegen die Onanie, die angeblich auf Erden das Rückenmark erweichen und im Himmel die ewige Seligkeit kosten sollte.

Auf diese Weise gewann ich eine Lebensbeziehung zur Bibel. Was dabei fehlte, war fast jeder gesellschaftliche und politische Bezug. Wohl gab es die private, einzelne »gute Tat«, aber kein gemeinsames soziales Engagement. Niemals wären wir auf den Slogan verfallen »Make love not war« und kaum auf den Gedanken gekommen, daß christliche Mission »Kolonialismus« bedeuten könne.

Wie wichtig die Bibel privat für manche unter uns war, erhellt folgende Szene: Wir befanden uns auf einer mehrtägigen Wanderung. Eines Morgens war unser Anführer ein Stück hinter dem Haufen zurückgeblieben. Ich gesellte mich zu ihm mit irgendeinem Wort oder einer Frage. Da bat er mich, ich möchte ihn für eine Zeitlang allein lassen, weil er in seinem Neuen Testament lesen wolle. Ich schritt kräftiger aus und ließ ihn hinter mir zurück. Als ich mich einmal umwandte, sah ich, wie er, mit dem schweren Rucksack bepackt, auf der Landstraße dahinzog und in seinem Neuen Testament las.

Die Anführer und Betreuer im BK waren meistens ältere Theologiestudenten oder Philologen mit Religion als Fach. Unter ihnen habe ich – nach meiner Mutter – meine »Väter im Glauben« gefunden. Hier schreibe ich ihre Namen hin: Bernd Thomsen, Martin und Erich Pörksen, Wolfgang (genannt »Wolle«) Prehn. Der erste ist aus dem Kriege nicht zurückgekehrt; die anderen sind Pfarrer geworden und haben es zu Stand und Ansehen in der Kirche gebracht.

Im BK habe ich zwar keine Bekehrung erlebt, aber durch ihn hat mein Leben die entscheidende Kehre zum christlichen Glauben genommen. Seitdem verstehe ich mich als Christ.

Ich bin zum Glauben auf dem Wege der Tradition gelangt. Und ich weiß auch nicht, wie es anders hätte geschehen können oder auch künftig je anders geschehen sollte. Natürlich kann der Weg zum christlichen Glauben biographisch auch anders als bei mir aussehen. Er kann schockartig durch eine Lebenskatastrophe ausgelöst werden oder von einem Freund, gleichwie von einem »Meister« oder »Guru«, begleitet sein; er kann durch die private Lektüre eines Buches, durch die stille Versenkung in ein Bild oder durch die überraschende Begegnung mit einem Menschen zustande kommen. Aber auch in allen diesen Fällen würde es sich – ob nun ohne großes Aufsehen oder durch einen radikalen Bruch – immer um die Weitergabe und Übernahme von Tradition handeln.

Es gibt keinen Fortgang des christlichen Glaubens ohne Tradition, das heißt ohne den Vorgang der »Überlieferung« von einer Generation zur anderen. Der Glaube erbt sich ebensowenig fort wie Lesen und Schreiben – trotz jahrhundertelanger Schulpflicht werden alle Menschen in Europa immer noch als Analphabeten geboren! Aber eben der Prozeß der Überlieferung ist heute im abendländischen Christentum ins Stocken geraten. Zwar gibt es alles, was bei meiner Einwurzelung in den christlichen Glauben eine Rolle gespielt hat, nach wie vor: christlich geprägte Elternhäuser, vorbildliche Pfarrer, Religionsunterricht in der Schule, Konfirmandenunterricht und Jugendarbeit in der Kirche, teilweise sogar in gewandelter, wahrscheinlich sogar methodisch verbesserter Form – dennoch ist die Kontinuität im Vergleich zur Zeit meiner Jugend noch brüchiger geworden.

Die volltönende Redensart, daß Gott sich auch aus Steinen Kinder erwecken könne, erscheint mir angesichts dieser Situation eher als Ausdruck frommer Verzweiflung denn als Hinweis auf einen möglichen Ausweg. Bei Gott ist zwar kein Ding unmöglich – aber das Pochen auf Gottes Allmacht ist auch in diesem Fall, ebenso wie jede zu eilfertige Berufung auf den Heiligen Geist, ein schwaches theologisches Argument. Selbst wenn Gott sich aus Steinen Kinder erweckte oder wenn er seinen Geist sendet, tut er dies durch Menschen aus Fleisch und Blut, durch Institutionen mit ihren Ämtern und Mitteln, durch Bücher mit gedruckten Buchstaben und ihrer Auslegung nach exegetischen und pädagogischen Methoden. Denn wie Gott, nach einem bekannten Wort Einsteins, nicht würfelt, so zaubert er auch nicht. In der Geschichte der christlichen Tradition geht es mit rechten Dingen zu! Ebendarum sieht sich die westliche Christenheit heute vor die Frage gestellt, wie sie die Generationenfolge im christlichen Traditionsprozeß stabilisieren könne.

Jede Tradition – auch die christliche – befindet sich in einem ständigen geschichtlichen Wandel. Aber um eine Tradition in der Geschichte in Gang zu halten beziehungsweise neu in Gang zu setzen, genügt es nicht, sie nur neu auszulegen. Man muß gleichzeitig durch Teilnahme an ihrem Leben in sie eingeführt, ja in sie eingeübt werden. Dabei halten sich Auslegung und Einübung gegenseitig. Wo eine Tradition nicht »von Geschlecht zu Geschlecht« neu ausgelegt wird, dort wird sie langweilig, lebensfremd und unverständlich, und die Einübung in sie erscheint als Zumutung, ja Vergewaltigung – die Folge sind feindselige Abwehr oder völlige Gleichgültigkeit. Wo umgekehrt »von Geschlecht zu Geschlecht« keine Einübung mehr stattfindet, dort bricht eine Tradition schließlich ab, und dann ist auch keine Revision durch Neuinterpretation mehr möglich.

An Versuchen, das Christentum neu zu interpretieren, fehlt es heute wahrlich nicht. Mehr als durch den Mangel an neuer Auslegung scheint mir der Fortgang der christlichen Tradition durch den Abbruch aktiver, lebensvoller Teilnahme bedroht zu sein. Darum genügt es nicht mehr, wenn Theologie und Kirche sich nur der Frage widmen, wie das Überlieferte neu gedacht und gesagt werden könne. Vielmehr kommt es heute immer zugleich auch darauf an, wie das neu Gedachte und Gesagte gelebt, das heißt praktiziert und institutionalisiert werden kann.

Diese Akzentverschiebung vom Lehrinhalt auf den Lebensvollzug bringt, wie fast jede Veränderung im Christentum heute, eine *Verlagerung von der Autorität zur Solidarität* mit sich. Die Vermittlung christlicher Tradition wird künftig statt »väterlich« und damit autoritativ von oben nach unten eher »brüderlich« und damit solidarisch von gleich zu gleich vor sich gehen. Der Weg zum christlichen Glauben führt heute daher meist über die Lebensgemeinschaft in einer

Gruppe mit den in ihr gemeinsam gemachten Erfahrungen und dem gegenseitigen Austausch über sie. In einer solchen engen, wärmenden Gemeinschaft fühlt man sich Jesus und seinem Jüngerkreis näher als in den weiten und kalten Räumen der Kirchen.

Auch künftig werden im christlichen Traditionsprozeß einzelne Personen eine Rolle spielen und Pfarrer oder andere kirchliche Mitarbeiter und Christen eine Schlüsselfigur bilden. Denn religiöse Wahrheit kann – bei allem Ernstnehmen der Bedeutung von Institution, Sitte und Brauchtum – zuletzt doch nur personal vermittelt werden. Freilich kommt es darauf an, daß die in der christlichen Tradition aufbewahrte Gotteserfahrung und Weltdeutung von diesen einzelnen glaubhaft ausgesagt und gelebt wird. Hier mündet der Vorgang der Einübung wieder in den der Auslegung, und es zeigt sich, wie Einübung und Auslegung im christlichen Traditionsprozeß miteinander verschlungen sind und sich wechselseitig bedingen.

Vermittelt durch Elternhaus, Kirche und Schule, vor allem durch einzelne Menschen in ihnen, haben mich die Ausstrahlungen und Schallwellen erreicht, die von der Person und Botschaft Jesu von Nazareth ausgehen. Damit ist auch bis zu mir jene weltweite Glaubensbewegung gelangt, die Jesus vor neunzehnhundert Jahren in Gang gebracht hat und die seitdem ohne Unterbrechung fortgegangen ist: »von Jerusalem an in ganz Judäa und Samarien und bis an das Ende der Erde« (Apostelgeschichte 1,8).

Aus Glauben bin ich Christ geworden – warum aber von Beruf nun auch noch Theologe?

2. *Von Beruf Theologe*

Wenn ich Seeoffizier geworden wäre, wie es einige Zeit mein Wunsch war, hätte ich Ort und Stunde meines Entschlusses so genau angeben können wie andere den Zeitpunkt ihrer Bekehrung. Aber wann und vor allem warum ich mich entschlossen habe, Theologe zu werden, vermag ich nicht mit der gleichen Bestimmtheit zu sagen.

Ich könnte mit einer geradezu klassischen Geschichte von einem frommen Gelöbnis aufwarten. Als Kind von anderthalb Jahren hatte ich eine schwere Lungenentzündung und war von den Ärzten bereits aufgegeben worden. Da hat meine Mutter, eigentlich nur noch meinen Tod erwartend, mich auf den Schoß genommen. In ihrem großen Schmerz aber hat sie dennoch weiter zu Gott um meine Rettung gebetet und dabei, fast in der Weise mittelalterlicher Frömmigkeit, das Gelübde hinzugefügt: »Hilf, Herr, er soll dir auch ganz gehören.« In derselben Nacht noch soll eine Besserung meines Zustandes eingetreten sein.

Das ist in der Tat eine Geschichte von einem Gelübde und seiner Erfüllung von geradezu kirchengeschichtlichem, ja biblischem Format. Nur leider, meine Mutter hat mir diese Geschichte erst erzählt, als ich mein theologisches Studium bereits beendet hatte. Natürlich hat sie mich auch dann noch beeindruckt, allein aus Respekt vor dem frommen Erleben meiner Mutter und ihrer klugen Zurückhaltung. Aber ich habe mich durch sie weder nachträglich im Hinblick auf meine getroffene Berufswahl bestätigt noch später in Zeiten des Schwankens bei dem gewählten Beruf festgehalten gefühlt.

Den Entschluß, Theologe zu werden, habe ich nicht plötzlich, auf Grund eines besonderen äußeren oder inneren Erlebnisses, gefaßt; er ist mir allmählich gekommen. Freilich ist dies schon verhältnismäßig früh geschehen. Bereits mein Konfirmationsspruch lautete: »Ich schäme mich des Evangeliums von Christus nicht; denn es ist eine Kraft Gottes, die da selig macht alle, die daran glauben« (Römer 1,16) – der Pfarrer hatte ihn bewußt im Hinblick auf meinen künftigen Beruf ausgewählt. Ich kann mich eigentlich an keine Periode meiner Schulzeit erinnern, in der ich, seitdem ich bewußt an Gott glaubte, nicht auch Theologe habe werden wollen. Zwischen beidem herrschte ein enger Zusammenhang. Dieselben Personen und Kreise, die mir die christliche Tradition glaubwürdig vermittelten, haben dabei gleichzeitig auf meine Berufswahl eingewirkt, nicht absichtlich, indem sie mir ausdrücklich zum Theologiestudium rieten, sondern ungewollt und gleichsam nebenher, indem sie mich auf meinem Weg zum christlichen Glauben förderten.

Daß ich Theologe von Beruf geworden bin, beruht nicht auf einer Berufung, sondern auf einer Berufswahl – nicht anders, als wenn andere Ärzte, Lehrer oder Richter werden. Als meine heimatliche Landeskirche die Abiturienten meines Jahrgangs, die Theologie studieren wollten, zu einer Freizeit eingeladen hatte, erzählte uns der Jugendpfarrer, der die Tagung leitete, um uns unsere inneren Skrupel zu nehmen, folgende Anekdote: Auf die Frage, warum er Theologe geworden sei, habe ein Pfarrer einmal geantwortet: »Mein Vater meinte, bei der Post sei's überfüllt gewesen« – und der Tagungsleiter fügte ausdrücklich hinzu, daß er ein guter Pfarrer geworden sei. Auch mich hat in meinem Dasein als Theologe durchgehend die Auffassung bestimmt, daß ich gleich anderen einen Beruf auszuüben habe, in dem ich wie jedermann nach Kräften arbeiten, etwas leisten und mir ständig Neues einfallen lassen muß – nicht so sehr nach der bischöflichen Devise »Ein Christ ist immer im Dienst« als vielmehr nach dem Grundsatz eines hanseatischen Kaufmanns, der möglichst gute Ware auf möglichst reelle Weise auf den Markt zu bringen sucht.

Im einzelnen haben meine Beweggründe dafür, daß ich Theologe war und blieb, mehrfach gewechselt, und zwar jeweils im Kontext der allgemeinen geistigen wie meiner eigenen biographischen Situation. Immer aber ist es mir in meiner theologischen Existenz von Anfang bis Ende um die Frage nach der *Wirklichkeit Gottes* gegangen.

Es begann damit, daß ich Pfarrer werden wollte, so, wie man sich Ende der zwanziger, Anfang der dreißiger Jahre einen Gemeindepfarrer vorstellte. Dabei dachte ich, wenn ich mir meinen künftigen Beruf ausmalte, vornehmlich an die Aufgabe der Verkündigung, gewiß auf sehr verschiedene Weise, aber immer doch im vorgegebenen Rahmen einer Kirchengemeinde mit ihren traditionellen Formen wie Gottesdienst, Amtshandlungen, Unterricht, Seelsorge, Diakonie und ihren festgefügten Kreisen wie Kirchenvorstand, Frauenhilfe, Männerwerk, Jugendgruppen und Kindergottesdienst. Aber je länger desto mehr hat mein Weg mich in die Weite geführt, aus dem Distrikt in die Diaspora, aus dem kirchlichen Gehege auf die freie Wildbahn, vom Gemeindeglied zum Zeitgenossen, vom kirchlichen Amtsträger zum Theologen auf eigene Gefahr. Im Gleichschritt mit dieser ständigen Ausweitung meiner theologischen Existenz aber hat sich eine ebenso anhaltende Zentrierung auf die Gottesfrage vollzogen, so daß ich manchmal fast sagen möchte: ich habe »Gott zum Beruf«. Schon als ich mit meinem Studium begann, vor allem aber unter dem Eindruck meiner ersten Semester, habe ich bei der Immatrikulation auf die übliche Frage nach dem Berufsziel nicht »Pfarrer« geschrieben, sondern »Theologe«. Von Anfang an ist mir in meinem Beruf mehr an Gott als an der Kirche gelegen gewesen.

Warum die Gottesfrage für mich ein solches Gewicht hat, warum ich letztlich »um Gottes willen« Theologe geworden und trotz allem geblieben bin, danach werde ich manchmal gefragt. Aber ich weiß dafür keinen einmaligen Anlaß und keinen greifbaren Grund anzugeben. Vielleicht liegt jedoch eine gewisse Disposition dafür in meiner mir von Kindheit an auferlegten Schwermut. Daß dies eine denkbare Erklärung sein könnte, ist mir beim Lesen von Romano Guardinis kleiner Schrift »Vom Sinn der Schwermut« aufgegangen, die meine Frau mir nicht ohne Bedacht schon vor vielen Jahren geschenkt hat.

Es fällt mir schwer, den *Zustand der Schwermut* zu beschreiben und begreiflich zu machen. Aber indem ich diese Schwierigkeit bekenne, habe ich bereits einen entscheidenden Wesenszug der Schwermut festgestellt: es ist die Unbegreiflichkeit, mit der man von ihr ergriffen wird. Plötzlich tritt ein Zustand ein, der sich am besten als »Verstimmung« bezeichnen läßt. Eine verborgen vorhandene dunkle Grundgestimmtheit der Seele bricht unerwartet, um irgendeines geringfügigen Ärgers willen oder auch ohne jeden äußeren Anlaß, als »Verdüsterung« hervor. Es ist keine Weltuntergangsstimmung, auch nicht Angst vor Schuld, sondern ein Bangen um den Widersinn der Welt insgesamt, keine völlige Lebensverneinung, wohl aber das Ausbleiben von Lebensbejahung – alles in allem ein »ontologisches Ohnmachtsgefühl« (Johanna Herzog-Dürck). Eigentlich kann ich das Erleben meiner Schwermut nur in Bildern beschreiben. Es ist wie eine plötzliche Eintrübung der Welt, wie wenn sich eine Wolkenbank unversehens vor die Sonne schiebt: Alles ist noch da wie zuvor, aber alles Dasein wirkt auf einmal trübe und fahl. Oder es ist, wie wenn der Boden der Wirklichkeit jäh unter mir durchbricht und ich in einer Woge von Dunkelheit, in einem schwarzen Meer, versinke. Dabei sehe ich mich selbst und weiß auch, wie ich drinstecke, aber ich kann mich nicht herausziehen. Die Verhangenheit der Seele ist wie ein Verhängnis, wie ein Vorhang, der mit einemmal vor die Welt fällt.

»Schwermut« oder »Melancholie« entsteht wohl aus einer bestimmten Seelenlage, aber nicht aus einem einzelnen Anlaß, sondern aus dem Gewicht des Daseins insgesamt. Sie ist ihrem Wesen nach zwiespältig und spiegelt damit im Grunde den Zwiespalt, der durch die Welt geht, wider. Auf der einen Seite ist sie gekennzeichnet durch ein Ungenügen am »Endlichen«, durch ein Sichreiben an der Wirklichkeit, durch ein Leiden an der allseitigen Begrenztheit des Lebens, durch den Schmerz über alles Unvollkommene und scheinbar Sinnlose in der Welt. Auf der anderen Seite trägt sie ein ebenso starkes Verlangen in sich, dem Absoluten zu begegnen, den Dingen auf den Grund zu kommen, im Endlichen des Unendlichen habhaft zu werden, aus der Zerstreuung und Verflachung ins Einzelne und Zufällige zur Sammlung und Vertiefung auf das Eine und Ganze und damit zum Sinn des Lebens zu gelangen. Auf ihrem tiefsten Grunde ist die Schwermut ganz einfach Sehnsucht nach Erfüllung und Geborgenheit durch Liebe, und zwar in der ganzen Vielfalt ihrer Formen und Facetten. Ich bin überzeugt, daß das Verlangen nach elementarer Sinnlichkeit, nach dem leidenschaftlichsten Liebeserleben, nach dem Umschlingen eines Leibes und die Sehnsucht nach dem Absoluten, ja nach der Liebe Gottes aus der Wurzel derselben Schwermut stammen. Und das ist es, was die Schwermut ambivalent, so bedrohlich und bedrückend zugleich, macht. Die Verwundung durch die Erfahrung, daß er ein endliches und begrenztes Wesen ist, kann einen Menschen zur Grenzenlosigkeit verführen und ihn im Endlos-Unbegrenzten untergehen lassen. Sie kann ihn aber ebenso zu der Erkenntnis leiten, daß die Begrenztheit, die er erfährt, ein Ausdruck seiner Geschöpflichkeit ist, daß er mithin im Grenzbereich des Ewigen, Wand an Wand mit Gott lebt – zwar nur ein *endliches Geschöpf*, aber immerhin das Geschöpf des *unendlichen Gottes*. Und so erwächst aus der Schwermut die Möglichkeit zur Religion, und Religion wiederum gibt die Möglichkeit, die Schwermut zu ertragen.

Durch die frühzeitig geglückte Begegnung mit der christlichen Glaubenstradition erhielt die in mir angelegte Schwermut eine kreative religiöse Qualität. An ihr erfüllte sich das Wort Jean Pauls: »Die Schwermut wird durch einen Widerschein des Unendlichen erzeugt.« Zugleich wurde ich dadurch befähigt, die in mir angelegte Schwermut zwar nicht zu überwinden, aber wenigstens nicht von ihr verschlungen zu werden.

Daß die Melancholie in mir mindestens eine gewisse Disposition für die Religion im allgemeinen und für den Entschluß zur Theologie im besonderen geschaffen hat, das meine ich an zwei bezeichnenden Erfahrungen zu erkennen.

Als Primaner habe ich eine Zeitlang ziemlich regelmäßig den Gottesdienst am Sonntagabend um sechs Uhr besucht, der früher einmal für die »Dienstboten« gedacht gewesen war. Es war ein leise gestimmter Gottesdienst, mit verkürzter Liturgie, auch mit weniger Besuchern. In diesen Abendgottesdiensten habe ich gelernt, was »Andacht« heißt. Beides war darin enthalten: die Erfahrung der Begrenzung und der Beglückung, der Sehnsucht und der Erfüllung, der Bedrängnis und der Bergung, und dies beides durch die Macht einer und derselben Wirklichkeit. Seitdem ist mein Nachdenken über Gott immer zugleich ein *An*denken an Gott, ein *Hin*denken zu ihm. Ich denke gleichsam zusammen mit Gott selbst, im Austausch und Gespräch mit ihm, über Gott nach. Was die Theologie die »Personalität« Gottes nennt, das ist nur die nachträgliche rationale Reflexion dieser ursprünglichen religiösen Erfahrung.

Das andere bezeichnende Beispiel für den Zusammenhang von Melancholie und Religion als Hintergrund und Antrieb für meinen Entschluß zur Theologie ist keine einmalige, sondern eine immer wiederkehrende Erfahrung in meinem Leben. Sie faßt sich für mich in dem Wort »Weihnachten« zusammen. Weihnachten ist mir von Kind an von allen Festen im Kirchenjahr das nächste und die Christvesper am Heiligen Abend von allen Gottesdiensten der liebste. Jedes Jahr gehe ich mit neuer Erwartung in das Fest hinein. Es ist nicht die kleine, sentimentale Erwartung einer gefühlvollen Weihnachtsstimmung, traulich und hold, sondern es ist eine große Sehnsucht und ein starkes Gefühl, fast eine endzeitliche Hoffnung: Einmal, diesmal möchte gelingen, was sonst auf Erden so selten geschieht, daß wenigstens einmal im Leben alles gut ist, daß man etwas umsonst bekommt, ohne zuvor mindestens Entsprechendes geleistet zu haben, daß Leid und Schmerz zwar nicht aufhören, aber Geborgenheit, Gewißheit und Freude sie übersteigen, weil die Welt »im Grunde« dennoch in Ordnung ist und deshalb Anlaß zum Vertrauen besteht.

Als ich ein Kind war, griff meine Vorstellung noch weiter aus. Da stellte sich mir unwillkürlich ein Zusammenhang her zwischen dem erleuchteten Kirchenraum, in dem ich saß, und dem lichten Himmelssaal, von dem in den Gesangbuchliedern die Rede war, und die Toten, die rings um die Kirche begraben lagen, feierten im Himmel mit den Lebenden auf Erden mit. Diese fromm-gläubige Vorstellung des Kindes hat sich verflüchtigt. Aber die alte, starke Sehnsucht nach einer Erfüllung des Lebens wenigstens für einen Augenblick ergreift mich nach wie vor in jedem Jahre neu. Manchmal gelingt es, meistens gelingt es nicht. Doch ob es gelingt oder mißlingt – am Ende bleibt immer die Feststellung einer objektiven Unerfülltheit und einer subjektiven Unzulänglichkeit. Das aber weist auf etwas hin, das mein Interesse an der Gottesfrage und meine Entscheidung für die Theologie als Beruf noch übersteigt.

Die Melancholie, die mich mit ihrem Verlangen nach dem Absoluten für die Wahl des Theologiestudiums disponiert hat, ruft in mir zugleich die Frage hervor, ob es eigentlich genüge, nur von Beruf Theologe zu sein, oder ob es nicht noch einer ganz anderen Hingabe und strengeren Verbindlichkeit bedürfe. Ich nenne dies nach mittelalterlicher Weise gern den »großen Gehorsam«. Dieses Verlangen nach dem großen Gehorsam überfällt mich nicht nur ab und an wie die Attacken eines schlechten Gewissens nach einer bösen Tat oder wilden Nacht, noch weniger allerdings hält es mich dauernd besetzt, aber es hat doch seine Kontinuität in meinem Leben, die sich freilich mehr in dem dumpfen Gefühl eines permanenten Unterlassens als in den gelegentlichen vergeblichen Anläufen äußert.

Was ich mit der heimlichen Sehnsucht nach dem »großen Gehorsam« meine, das finde ich von dem französischen Schriftsteller Julien Green in dem strengen Satz ausgedrückt: »Jemand lieben, daß man daran sterben könnte, jemand, dessen Züge man nie gesehen, dessen Stimme man nie gehört hat – das ist das ganze Christentum.« Ich lese diesen Satz nicht ohne Kritik, weil in ihm die zentrale Wahrheit des Christentums, daß die Sache Gottes immer auch die Sache des Menschen sei, zu kurz zu kommen droht. Dennoch lockt dieser Satz mich und nimmt mich gefangen, weil ich in ihm jene ersehnte totale – um jede sichtbare Beweisbarkeit unbesorgte und alle funktionale Zweckdienlichkeit mißachtende – Hingabe an Gott vernehme, die mein Interesse an der Gottesfrage samt der daraus erfolgten Entscheidung für die Theologie weit übertrifft.

Mein heimliches Verlangen nach dem großen Gehorsam und seine ständige Nichterfüllung, aber auch der etwas phantastische Zug, der diesem Wunsche anhaftet, drückt sich, mit der hier gebotenen Ironie, in dem folgenden Erlebnis aus, das für andere ähnliche steht.

Als Student habe ich einmal von Tübingen aus zusammen mit zwei Kommilitonen die Benediktinerabtei Beuron besucht. Der Pater, der uns durch das Kloster führte, suchte uns das mönchische Leben, so gut er es vermochte, zu erklären.

Dabei betonte er besonders, welche Bedeutung das regelmäßige Chorgebet im Tageslauf der Mönche habe. Als wir uns leicht verwundert darüber zeigten, daß selbst im Benediktinerorden der Gebetsdienst einen solchen Vorrang vor der wissenschaftlichen Arbeit einnehme – die typische Reaktion protestantischer Theologiestudenten, wenigstens damals –, da fügte der Pater hinzu: »Wir glauben, mit unseren Gebeten die Welt zu bewegen.« Diesen Satz habe ich bis heute behalten, wenn ich ihn jetzt auch anders auslege, als jener Benediktinerpater ihn damals gemeint hat. Für mich besagt er, daß gerade eine so extensiv lebende Zeit wie die unsere dringend Menschen braucht, die nicht nur in ihrem Denken, sondern mit der ganzen Weise ihrer Existenz an die notwendige »Intensität« des Lebens erinnern: Sie sammeln nicht mehr wie die Mönche einst einen Schatz verdienstlicher Werke im Himmel, der dann den Weltkindern zugute kommt, sondern sie machen sich dadurch verdient, daß sie auf Erden die Frage wachhalten, worin das Leben gründet und wohin es zielt und was ein Mensch braucht, um als ein Mensch zu leben. Indem sie dies tun, leisten sie einen unverzichtbaren Beitrag zum geistigen Kräftehaushalt der Zeit. Nicht nur die Kirche, auch die Gesellschaft bedarf solcher Menschen, die bereit sind, diesen »großen Gehorsam« zu leisten. Sie sammeln Schätze auf Erden, die weder der Rost noch die Motten fressen. Deshalb halte ich den teilweisen Rückgang der kontemplativen Orden in der katholischen Kirche für einen ökumenischen Verlust.

Doch ich selbst schreibe dies nur als ein Beobachter aus der Etappe: Einige Zeit nach jenem Besuch in Beuron traf ich unterwegs in einer schwäbischen Jugendherberge einen katholischen Theologiestudenten. Wir waren an diesem Abend die beiden einzigen Gäste im Hause und fanden uns daher bald zu einem Gespräch zusammen. Dabei stellte sich heraus, daß der andere sich auf der Fahrt ins Kloster Beuron befand; er wollte dort eine Zeitlang leben, um sich zu prüfen, ob er für den Mönchsstand tauge. Ich hingegen war auf der Fahrt zur Schweizer Grenze, um mich dort mit einer Kommilitonin zu einer Radtour zu treffen. Am nächsten Morgen fuhren wir noch ein Stück Wegs gemeinsam, bis wir an eine Kreuzung kamen, an der sich unsere Wege trennten. Wir winkten einander noch einmal zu, dann fuhr jeder in seine Richtung. Ob mein zufälliger Weggefährte Mönch geworden ist, weiß ich nicht – ich wenigstens war drei Tage später verlobt.

Ich bin aus Glauben Christ und von Beruf Theologe geworden. Beides ist weithin ineins und auf die gleiche Weise geschehen: als einer, der sich seinen Glauben und Beruf gewählt hat, nicht als ein außerordentlich Erwählter. Dennoch wage ich – in gebührendem Abstand, versteht sich – auch für mich in Anspruch zu nehmen, was der Prophet Jeremia von sich gesagt hat: »Herr, du hast mich überredet, und ich habe mich überreden lassen. Du bist mir zu stark geworden und hast gewonnen.« (20,7) Und wie der Prophet aus seinem Amt, so habe auch ich – wiederum in geziemendem Abstand – aus meinem theologischen Beruf auszubrechen versucht und bin am Ende doch dabei geblieben.

Blicke ich auf die Anfänge meines Glaubens und meiner Theologie zurück, so erscheinen sie mir blaß und unbestimmt, noch ohne eigene Akzente und Konturen, wie die unfertigen, noch nicht ausgeprägten Gesichtszüge eines Jünglings. Auch für den Theologen gilt, was man allgemein vom Menschen zu sagen pflegt, im übertragenen Sinne: daß man von einem bestimmten Alter an für sein Gesicht verantwortlich sei. Ich bin eigentlich erst nach dem Ende des Krieges theologisch richtig aufgewacht. Dann aber hat mich die Leidenschaft für die Theologie mit ganzer Macht ergriffen und niemals wieder losgelassen. Gefragt habe ich mich inzwischen nur, und zwar in zunehmendem Maße, ja mit wachsendem Zweifel, ob es gut sei, gerade diese Leidenschaft auch zum Beruf zu haben. Damit deutet der »Hinweg« einen »Rückweg« an: Wohlan, noch einmal?

ZWEITES KAPITEL

Theologische Bestimmung des Ortes, der Zeit und der Art und Weise

1. Westlich von Eden

Wann immer von Gott die Rede ist, hat die Situation ein Wort mitzureden. Ort und Zeit meines Redens von Gott drücke ich in dem Bilde aus: *»westlich von Eden«*. Dieses Bild ist dem alttestamentlichen Mythos vom »Sündenfall« entlehnt. Die biblische Erzählung schließt mit den Sätzen: »Da wies ihn Gott der Herr fort aus dem Garten Eden, daß er den Erdboden bebaue, von dem er genommen war. Und er trieb den Menschen hinaus und ließ östlich vom Garten Eden die Cherube sich lagern und die Flamme des zuckenden Schwertes, den Weg zum Baum des Lebens zu bewachen.« (1. Mose 3,23f.)

Diese Geschichte erzählt nicht ein einmaliges Ereignis aus dem Anfang der Menschheitsgeschichte. Eine Vertreibung des Menschen aus dem Paradies hat »historisch« niemals stattgefunden – dennoch kenne ich keine tiefere, wahrere und ehrlichere Deutung des menschlichen Geschicks als diese biblische Erzählung. Sie zeigt, wodurch alles menschliche Dasein in der Welt zu allen Zeiten bedingt und bestimmt ist. Was wir abstrakt die »Existenz« des Menschen zu nennen pflegen, das wird hier bildhaft und anschaulich beschrieben.

Das Bild von der Vertreibung des Menschen aus dem Paradies bezeichnet die *»Ortszeit«* aller Gotteserfahrung des Menschen und seines Redens davon. Sie lautet: jenseits von Eden, das Paradies im Rücken, in einer gestörten, aber nicht gänzlich zerstörten Beziehung zu Gott, zwar getrennt von Gott, jedoch nicht völlig los von ihm.

Die Existenz *»jenseits von Eden«* ist der Grund dafür,

warum der Mensch ein unruhiges Herz hat, warum er sich mit einem Leben zwischen »Vorort und Fabrik« und mit der »Seele auf der Autobahn« (E. Rosenstock-Huessy) nicht begnügt, warum er im Schweiße seines Angesichts nicht nur nach Brot, sondern auch nach Sinn hungert, warum er es nicht lassen kann, der Wahrheit nachzujagen, warum er über das Einzelne und Alltägliche hinaus nach dem Ewigen und dem Ganzen fragt, warum er der Welt hinter ihr Geheimnis zu kommen und »Gott« zu erkennen trachtet. Zugleich aber ist die Existenz »jenseits von Eden« auch der Grund dafür, warum der Mensch in seinem Herzen keinen Frieden findet, warum er mit seiner Jagd nach der Wahrheit nicht ans Ziel gelangt, warum er nie das Ganze in den Teilen in den Blick bekommt, warum seine Sehnsucht nach dem Ewigen und Absoluten ungestillt bleibt, warum er mit seinen Gedanken an Gott und der Welt immer wieder vorbeitrifft.

Wir sitzen nicht im Paradies unter dem Baum der Erkenntnis, eine Frucht nach der anderen pflückend, sondern wir hocken auf dem Acker der Welt, das Paradies im Rücken, zwischen Disteln und Dornen mühsam nach einigen Früchten grabend – das ist unsere »theologische Existenz heute«!

Besser, als es ein Theologe je rational zu definieren vermöchte, hat Marie Luise Kaschnitz in ihrer Erzählung »Adam und Eva« poetisch ausgedrückt, woher ursprünglich alle Theologie stammt und wie sie selbst einen schwermütigen Mann zum Lachen bringen kann:

»Wir bleiben zusammen, sagte Eva. Wir gehen zurück in den Garten. Und sie legte ihre Arme um Adams Hals und sah ihn liebevoll an.

Ist er denn noch da?, fragte Adam erstaunt.

Gewiß, sagte Eva.

Wie willst Du das wissen?, fragte Adam mürrisch.

Woher meinst Du, fragte Eva, daß ich die Reben hatte, die ich Dir gebracht habe, und woher meinst Du, daß ich die Zwiebel der Feuerlilie hatte, und woher meinst Du, hatte ich den schönen, funkelnden Stein?

Woher hattest Du das alles?, fragte Adam.

Die Engel, sagte Eva, haben es mir über die Mauer geworfen. Wenn wir kommen, rufe ich die Engel, und dann öffnen sie mir das Tor.

Adam schüttelte langsam den Kopf, weil eine ferne und dunkle Erinnerung ihn überkam. Gerade Dir, sagte er. Aber dann fing er an zu lachen, laut und herzlich, zum ersten Mal seit ach wie langer Zeit.«

In der biblischen Erzählung heißt es, daß die Cherubim »östlich vom Garten Eden« lagerten. Wenn ich in Anlehnung daran die Ortszeit meines Redens von Gott als »westlich von Eden« angebe, dann soll dies zum Ausdruck bringen, daß ich in der westlichen Welt lebe und in ihr und ihr entsprechend Gott erfahre und von ihm rede. Was ich zu bieten habe, ist mithin nur Teilwissen, Diasporaerfahrung – die *Theologie eines Christen*, zudem die eines *weißen Mannes*. Solche Differenzierung und Selbstbescheidung gehört heute zur Ehrlichkeit jeder Theologie, gleich welcher Religion und Konfession, welcher Rasse, Nation und Kultur.

2. Eine Welt im Übergang

Ich bin Christ und Theologe, ich glaube an Gott, denke darüber nach und rede zu den Zeitgenossen davon in einer Zeit:

- in der zwei Weltkriege innerhalb einer Generation fünfundsechzig Millionen Tote gekostet haben und ein dritter wahrscheinlich ist;
- in der mehr als neunzig Prozent der Weltbevölkerung ihren politischen und gesellschaftlichen Status gewechselt haben, wobei über ein Drittel der Welt kommunistisch geworden ist;
- in der das Volk Israel sich wieder in Palästina gesammelt und neu als Staat konstituiert hat;
- in der die Weltbevölkerung sich fast verdoppelt und die Viermilliardengrenze überschritten hat und zwei Drittel der Menschheit vom Hunger bedroht sind;
- in der die Einführung chemischer Ovulationshemmer, der sogenannten »Pille«, die Maßstäbe des sexuellen Verhal-

tens gründlich verändert hat;
- in der mit Hilfe der Wissenschaft und Technik der Zustand der Mangelwirtschaft grundsätzlich überwunden ist und trotzdem der Gegensatz zwischen Arm und Reich immer krasser wird;
- in der die Quantentheorie einen Umsturz im Weltbild der Physik verursacht hat, indem sie das kausalmechanische Denken des klassischen Materialismus mit seinem strengen Determinismus durchbrach;
- in der erst die wirkliche Größe des Weltalls entdeckt worden ist: daß es Milliarden von Milchstraßensystemen gibt und der Kosmos sich mit rasender Geschwindigkeit ausdehnt;
- in der die erste Atombombe gezündet wurde und das atomare Waffenpotential ausreicht, um, wenn auch nicht das Leben der Menschheit auszulöschen, so doch ihre Geschichte zu beenden und die Erde in eine Ruine zu verwandeln;
- in der die »Weltraumfahrt« begonnen hat und Menschen zum erstenmal auf dem Mond gelandet sind;
- in der dem Menschen durch die nahegerückte Möglichkeit einer Manipulation des genetischen Codes ein Eingriff in die eigene Evolution möglich ist;
- in der die Psychoanalyse das Unbewußte entdeckt hat;
- in der durch die modernen Nachrichtenmittel alle Menschen in allen Teilen der Erde zur gleichen Zeit in der gleichen Weise das Gleiche erfahren können;
- in der infolge des Eingriffs des Menschen in die Natur die Biosphäre durch eine ökologische Katastrophe bedroht ist;
- in der Depressionen zu einer Epidemie zu werden drohen und die Seelenärzte aller Art nicht ausreichen;
- in der der Atheismus zu einer globalen Massenerscheinung und einer organisierten totalitären Ideologie geworden ist;
- in der die Bevölkerung der Erde schneller wächst als die Christenheit;
- in der die meisten und größten Christenverfolgungen in der Kirchengeschichte stattgefunden haben, so daß die Zahl der christlichen Märtyrer im 20. Jahrhundert höher liegt als

die aller früheren Jahrhunderte zusammengenommen;
- in der selbst Theologen den »Tod Gottes« nicht als Problem, sondern als Programm verkünden, so daß ihre Theologien streckenweise zu Nachrufen auf Gott geraten.

Früher pflegte man zu sagen, um die zeitliche Bedingtheit menschlichen Redens und Tuns auszudrücken: »Rebus sic stantibus« – so wie die Dinge stehen; heute müßten wir eigentlich sagen: »Rebus sic fluentibus« – so wie die Dinge im Fluß sind. Die Veränderlichkeit alles Lebens scheint nur noch das einzige Unveränderliche zu sein. In diesen Strom der Veränderlichkeit, ja Vergänglichkeit ringsum her mußte auch das Christentum hineingerissen werden – die Religion, deren Gottesglaube so streng wie in keiner anderen sonst auf die Geschichte bezogen ist.

Meine theologischen Studien- und Berufsjahre sind daher sämtlich in eine Zeit gefallen, in der ohne Unterbrechung, eher noch sich steigernd, das Gefühl herrschte, daß sich das Christentum in einer *Krise* befinde, ja daß es vielleicht sogar bereits seinen Todeskampf kämpfe. Und nicht nur das Ende der christlichen Religion, sondern das Ende der Religion als einer Epoche in der Menschheitsgeschichte überhaupt sollte gekommen sein. Dieser Eindruck, Zeuge einer späten Phase in der Geschichte des Christentums, seines Abstiegs, ja womöglich Endes zu sein, hat mich in meiner Existenz als Christ und in meiner Arbeit als Theologe stark bestimmt, und zwar hat es mich sowohl angefochten als auch angefacht.

Ich erinnere mich: Im Winter 1938/39 hatte ich als Vikar zunächst im Theologischen Seminar, sodann vor einer Kirchengemeinde einen Vortrag über Johann Hinrich Wichern zu halten, über seine Idee einer Erneuerung der Gesellschaft durch die Innere Mission aus der Kraft des christlichen Glaubens. Vor der Gemeinde schloß ich meinen Vortrag mit dem Appell, wir sollten, wenn wir als Christen schon keine Zukunft mehr vor uns sähen, dann doch wenigstens den Mut haben, als seine letzten Reiter ehrlich und tapfer unterzugehen. Das war natürlich ein grausliches, Edwin Erich Dwinger abgegucktes tragisches Helden- und Untergangspathos, aber jene seltsame Ermutigung an die Gemeinde gab meine damalige Stimmung immerhin ungefähr wieder. Später habe ich mich, den ziviler gewordenen Zeiten mich anpassend, manchmal nicht mehr als einen der letzten Reiter, sondern als einen der letzten Verkäufer empfunden – eines Artikels, der sich nur noch schwer an den Mann bringen läßt.

Immer wieder erlebe ich es: Ich habe irgendwo ein Referat gehalten, über moderne Theologie, Kirchenreform, Weltverantwortung oder was sonst immer; die offizielle Diskussion ist zu Ende, nur ein kleiner Kreis von »Berufschristen« – kirchlichen Mitarbeitern und ihren Freunden – sitzt noch beisammen. Da scheint die Stunde der Wahrheit gekommen zu sein. Sie erzählen von ihrem Amt, was sie alles zu tun hätten, wieviel davon vergeblich sei und wie sie sich täglich daran wundrieben. Sie gleichen Frontoffizieren, die in verbissenem Einsatz den ihnen zugeteilten Abschnitt verteidigen – aber Schritt für Schritt werden sie zurückgedrängt. Trotz aller Mühe gelingt es ihnen nicht mehr, den vorhandenen Bestand zu halten. Alles in allem hat man den Eindruck: Hier geht etwas zu Ende, wenn auch nicht grundsätzlich und insgesamt, so doch in seiner bisherigen Form und Struktur.

Nun aber trägt jede geschichtliche Krise zugleich beides, Tod und Leben, sowohl Untergang als auch Erneuerung, in sich. Daher muß ich meine erste Feststellung, daß meine theologischen Studien- und Berufsjahre sämtlich in eine Zeit gefallen seien, in der das Christentum sich ununterbrochen in einer Krise befunden habe, sogleich durch die andere ergänzen: Ich bin Christ und Theologe zu einer Zeit, in der das Christentum eine *Wandlung* durchmacht – wie auch sonst an Wendepunkten der Geschichte.

Die gegenwärtige Situation des Christentums erinnert mich an das Wendemanöver beim Segeln: wenn das Großsegel losgemacht und das Ruder herumgelegt ist und das Kommando »Re« ertönt und man darauf wartet, daß der Wind die Segel wieder von der anderen Seite füllt und das Boot sich auf den neuen Kurs legt. Das ist jedesmal ein heikler Durchgangspunkt, ein erregender Moment – Ende und Wende zugleich.

In einem ähnlichen Übergang scheint sich mir heute nach

zweitausend Jahren das Christentum zu befinden: Auf den ersten Blick hat man den Eindruck, daß hier etwas zu Ende geht, nicht in einem rapiden Verfall, von heute auf morgen, wohl aber in einem langsamen, unaufhörlichen Verebben. Gleichzeitig jedoch erkennt man auf den zweiten Blick Zeichen des Fortgangs und der Erneuerung. Derselbe Weltzustand, der das Christentum überflüssig zu machen scheint, eröffnet ihm zugleich neue Möglichkeiten der Bewahrheitung und Bewährung.

Das ist sicher: wie es gewesen ist, wird es niemals wieder werden. Das Christentum wird keinen zentralen Platz mehr in der Gesellschaft einnehmen und keinen direkten, autoritären Einfluß mehr auf die politische Ordnung und das kulturelle Leben ausüben. Auch die Zeit der großen Zahlen ist vorüber. Die Kirchen werden nur noch eine bescheidene Rolle in der Welt spielen. Statt selbst das Brot für die ganze Welt backen zu wollen, werden sie nur noch verborgen wie der Sauerteig im Brot wirken.

Mit dieser neuen Intensität aber würde wie von selbst das Christliche im Christentum wieder stärker zur Geltung kommen, das, was das Christentum von den Angeboten wissenschaftlicher Welterklärung und politisch-sozialer Weltgestaltung unterscheidet und ihm allein Daseinsberechtigung gibt. Das Christentum könnte sich dadurch neu bewahrheiten und bewähren, daß es auf den Riß hinweist, der sich durch alles Sein zieht; daß es die Ecken und Winkel der technisch-wissenschaftlichen Welt und ihrer sozialen Riesenbauten nach vergessenen menschlichen Problemen ausleuchtet; daß es die Fragen wachhält, die auf das Ganze gehen und die Person betreffen; daß es an die Fundamente erinnert, auf denen der Mensch steht und die er sich selbst immer wieder untergräbt; daß es die Sinnfrage stellt und den Tod dabei nicht zudeckt; daß es alle Welt- und Menschenbilder offenhält, damit kein System den Schlußstein im Weltgebäude setzt und den Menschen einmauert.

Wohin weist dies alles aber anders als an jenen Ort, an dem der christliche Glaube die Frage nach Gott vernimmt?

3. Wende der Gotteserfahrung

Solange ich Theologe bin, bin ich mir bewußt, an einer Wende der Gotteserfahrung zu leben. Dies ist auch der entscheidende Grund, warum ich in meiner theologischen Existenz so stark durch die Erfahrung geprägt bin, daß sich das Christentum in einer Krise befindet, ja daß womöglich sein Ende in Sicht ist. Denn den Kern jener Krise des Christentums bildet der scheinbar unaufhaltsame Schwund einer lebendigen Gottesgewißheit. Wenn ich über unsere Zeit ein Motto setzen sollte, so würde ich das Bibelwort wählen: »Und zu der Zeit ... war des Herrn Wort selten, und es gab kaum noch Offenbarung ... Die Lampe Gottes (aber) war noch nicht erloschen.« (1. Samuelis 3,1.3)

Wer meint, es handle sich bei der »Wende der Gotteserfahrung« nur um einen Wandel der menschlichen Erfahrungen Gottes, unter anderem also auch der Vorstellungen und Bilder, die Menschen sich von Gott gemacht haben, der irrt. Er übersieht, welche Wechselbeziehung zwischen dem Sein Gottes und der menschlichen Gotteserfahrung besteht. Für den Menschen geht es dabei um Gott selbst! Denn der Mensch »hat« Gott immer nur in seiner Erfahrung Gottes: Wie er Gott erfährt, so ist er für ihn da; und wenn er Gott nicht mehr erfährt, dann ist er für ihn eben nicht mehr da. Martin Luther hat diesen theologischen Sachverhalt in den von ihm vielfach variierten Satz gefaßt: Glaubst du, so hast du; glaubst du nicht, so hast du nicht – jeder hat immer gerade so viel von Gott, wie er glaubt!

Ganz gewiß existiert Gott auch außerhalb der Glaubenserfahrung des Menschen – das gehört sogar entscheidend zur Gottesgewißheit, gerade daran hängt sie. Aber dies weiß ein Mensch eben nur »im Glauben«: Glaubst du, so hast du! Wenn seine Glaubenserfahrung aufhört, dann hat auch Gott selbst für ihn aufgehört zu existieren: Glaubst du nicht, so hast du nicht! »Wende der Gotteserfahrung« bedeutet demnach für die Betroffenen nicht mehr und nicht weniger als eine *Wende Gottes* selbst: Jeder hat immer gerade so viel von Gott, wie er glaubt!

Die Wende der Gotteserfahrung, die heute im Gange ist, ist universal. Nicht nur ein einzelnes Gottes*bild* ist verdunkelt – es herrscht eine allgemeine »Gottesfinsternis« (Martin Buber). Die Wirklichkeit, die der christliche Glaube mit dem Wort »Gott« benennt, wird von vielen Zeitgenossen nicht mehr erfahren, und weil das Wort »Gott« für sie durch keine Erfahrung mehr gedeckt ist, darum »besagt« es ihnen nichts mehr. Ja, nicht nur das Wort »Gott« ist für sehr viele Menschen nichtssagend geworden, selbst die Frage nach Gott erscheint ihnen nicht mehr belangvoll, weil sie nicht zu erkennen vermögen, was diese Fragestellung mit den Fragen des Lebens, das sie täglich führen, zu tun hat. Manche haben sich an den Zustand der Gottlosigkeit schon so gewöhnt, daß sie Gott nicht nur nicht vermissen, sondern seinen Verlust nicht einmal mehr bemerken, geschweige denn ihn beklagen. Sie stehen nicht mehr an einer Wende der Gotteserfahrung, sondern befinden sich bereits jenseits der Gottesproblematik überhaupt; sie leben nicht in einem nach-theistischen, sondern in einem nach-atheistischen Zeitalter.

Es gibt keine ehrliche zeitgenössische Erfahrung Gottes, die auf ihrem Grunde nicht mitbestimmt und bedroht wäre von dem »unendlichen Schmerz« um den möglichen »Tod Gottes«. Früher hatten die Gläubigen Angst *vor* Gott, wie sie mit ihrem Leben vor ihm bestehen könnten; heute haben sie Angst *um* Gott, ob er wohl standfest bleiben und die Krise der Religion durchstehen werde. Ich muß gestehen, daß auch ich mich von dieser Angst nicht ganz frei fühle.

Für die allmähliche Verflüchtigung des Gottesglaubens bis hin zu seiner völligen Auflösung gibt es zahlreiche Gründe. Was mich in meinem Glauben an Gott am meisten anficht, das ist die *Unsichtbarkeit* Gottes inmitten einer Welt, in der nur noch Sichtbares zu gelten scheint: »nackte« Tatsachen, »handfeste« Resultate, »greifbare« Erfolge, »reale« Fakten – es muß alles hundertprozentig öffentlich-sichtbar wahrnehmbar sein. Fast von selbst ergibt sich daraus ein Ausfall an Gotteserfahrung, und dieses Defizit bestimmt nach wie vor – trotz aller gleichzeitigen Wiederentdeckung der Religion rings umher – die religiöse Situation unserer Zeit.

Viele meiner Freunde sind Ärzte, der mir nächste ist Internist. Wenn er seine abendlichen Hausbesuche beendet hat und beim Vorbeifahren bei uns noch Licht brennen sieht, kommt er manchmal herein. Wir tauschen uns dann über die Erlebnisse aus, die jeder von uns im Laufe des Tages in seinem Beruf gehabt hat. Meist enden solche Gespräche, wie es zu gehen pflegt, in Klagen. Die häufigste neben der über zu viel Arbeit ist die, daß jeder von uns sich in seiner Art darüber beschwert, wie unerkennbar letztlich der Gegenstand seiner Wissenschaft bleibt. Der Arzt klagt darüber – und dabei wird seine Klage fast zur Selbstanklage –, daß er so wenig vom Menschen wisse, daß er trotz Stethoskop, Röntgenapparat, Laboruntersuchungen und aller möglichen immer raffinierteren diagnostischen Mittel und Methoden nicht in den Menschen hineinzusehen vermöge und darum letzten Endes immer im Ungewissen, in Unsicherheit und Zweifel bleibe. Aber dann übertrumpfe ich ihn mit dem Einwand, daß die von ihm beklagte Unsichtbarkeit immer noch im Bereich des Sichtbaren bleibe, daß spätestens der Pathologe feststellen werde, was »unsichtbar« im Innern des Patienten vor sich gegangen ist, während ich ständig von einem redete, den ich niemals gesehen hätte, den auch nie jemand sehen werde.

Wenn man sich, das Studium eingeschlossen, über vierzig Jahre in einer Wissenschaft bewegt, die so unanschaulich und abstrakt ist, daß man sie nicht nur als »geistig«, sondern als »geistlich« zu bezeichnen pflegt, dann verspürt man ein unstillbares Verlangen nach Konkretion, Anschaulichkeit, Körperlichkeit, handfester Praxis, ja alltäglicher Banalität. Wie gern würde ich, statt ständig nur mit existentiellen Erweisen aufzuwarten, einmal mit mathematischen Beweisen kommen! Wie gern würde ich, statt immer nur mit Worten überzeugen zu müssen, einmal klipp und klar erklären: $a^2 + b^2 = c^2$ – und damit basta! Wer das nicht annimmt, der ist eben dumm! Am Tage sein Tun haben und es bei solchem täglichen Tun gewiß auch mit Gott zu tun haben, aber Gott nicht täglich mehr zum Beruf haben – das ist kein richtiger Theologe, der sich dies in seinem Leben nicht wenigstens einmal gewünscht hätte und deshalb lieber Ingenieur oder Chirurg geworden wäre!

Mit einem Berufswechsel jedoch wäre das Problem nicht gelöst. Denn die Verlegenheit, um die es sich hier handelt, bestünde ja fort; die Unsichtbarkeit Gottes ist nicht nur eine spezielle Berufsnot der Theologen, sondern sie bildet das Grundproblem alles christlichen Glaubens in unserer Zeit.

Gewiß hat die Unsichtbarkeit Gottes den Gläubigen zu allen Zeiten zu schaffen gemacht. In jedem Menschen steckt ein ursprüngliches Verlangen nach Sehen und Sichtbarkeit. Auch die Bibel ist voll von Klagen darüber, daß die Frommen von ihrem Gott in der Welt so herzlich wenig zu sehen bekämen. Heute aber hat sich dieses Dilemma über die Maßen verschärft. Die Unsichtbarkeit Gottes ist zum Haupteinwand gegen den Glauben geworden und damit die Frage der »Evidenz«, der Beweiskraft des Gottesglaubens, zum Kernpunkt der Auseinandersetzung. Ob es sich um den Vorwurf der Projektion handelt: daß Gott nur der Entwurf eines menschlichen Wunschbildes an den Himmel sei; ob um das Theodizeeproblem: daß das Leid in der Welt die Liebe Gottes widerlege; ob um die Leugnung der Transzendenz: daß nichts in der Welt über sie hinausweise; ob um den Ideologieverdacht: daß Gott nur den Widerschein verkehrter gesellschaftlicher Zustände bilde – immer geht es um das Problem der *Evidenz des Gottesglaubens.* Die Frage ist, wie ein Glaube, obwohl er sich auf Unsichtbares richtet, in einer Welt, in der nur Sichtbares gilt, so mitgeteilt und als wahr erwiesen werden kann, daß er einleuchtet und Zustimmung findet.

Hier kommt es unausweichlich zum Konflikt zwischen dem Wahrheitsanspruch des christlichen Glaubens und dem herrschenden Wahrheitsbewußtsein der Zeit. Die klassische Definition des Wesens des christlichen Glaubens lautet: »Es ist aber der Glaube eine gewisse Zuversicht des, das man hofft, und ein Nichtzweifeln an dem, das man nicht sieht.« (Hebräer 11,1) Das herrschende Wahrheitsbewußtsein der Zeit kann man dagegen auf die genau entgegengesetzte Formel bringen: Ich kann nur glauben, was ich sehe.

Wie im 19. Jahrhundert ein milder Idealismus den meisten Wissenschaften als weltanschauliches Vehikel gedient hat, so heute ein allgemeiner Positivismus. Aber dieser *Positivismus* ist nicht mehr nur eine bestimmte Wissenschaftstheorie oder philosophische Richtung, überhaupt nicht mehr nur eine akademische Angelegenheit; er ist längst aus den Studierstuben, Hörsälen und Laboratorien ausgewandert und unter das Volk gegangen. Ohne Übertreibung kann man von einem »Volksgeist des Positivismus« sprechen, der das geistige Klima der Zeit beherrscht: Als wahr gilt nur das Vorhandene, das man sichtbar wahrnehmen und beweisen kann – gemäß der Forderung der Evidenz, wie sie auf dem Felde der exakten Naturwissenschaften herrscht. Und so wird denn alle Wahrheit durch das Sieb einer einseitigen Erkenntnistheorie gepreßt. Im reinen Rückgang auf die Fakten hält man sich allein an das Sichtbare, Meßbare, Wägbare, Berechenbare, Wiederholbare.

Dieser Positivismus bildet im Grunde nur die weltanschauliche Widerspiegelung der wissenschaftlich-technischen Welt, in der wir täglich leben, die Theorie zu der Praxis, die unseren Alltag bestimmt. Zu seinem Sieg haben sicher auch die sichtbaren Erfolge und imposanten Eroberungen der naturwissenschaftlichen Forschung und technischen Planung beigetragen. Wenn sich eine Erkenntnismethode auf einem einzelnen Wissenschafts- und Lebensgebiet, zudem noch auf einem so wichtigen und umfangreichen, als derart erfolgreich erwiesen hat, dann darf man hoffen, mit ihr auch die ganze übrige Wirklichkeit aufarbeiten zu können – also erhebt man sie zum universalen erkenntnistheoretischen Postulat. Und so wird – in einer Art geistigem Kurzschluß – die Gesamtheit aller wahren Sätze der Welt identisch mit der Gesamtheit der Naturwissenschaften.

Für den Glauben an Gott ist im Rahmen dieses Weltbildes kein Platz. Wo nur das empirisch Gegebene, das rational beweisbar Vorhandene gilt, dort ist Gott eine unerlaubte Größe, wissenschaftlich nicht zu beweisen und also überhaupt nicht vorhanden. Freundlich ausgedrückt, gleicht der religiöse Glaube einer Fußbank, auf die das kleine Kind sich stellt, um weiter sehen zu können. Je mehr das Kind aber wächst, desto weniger bedarf es der Fußbank. Genauso kann der Mensch auf den Glauben verzichten, wenn er erwachsen geworden ist und die Dinge vom eigenen Standpunkt aus so sieht, wie sie sind. Der wissenschaftliche Positivismus versteht sich als das Erwachsenenstadium in der Geschichte der Menschheit – also muß die Fußbank weg!

Die entscheidende Frage ist, wie die negativen Anzeichen der gegenwärtigen Gotteswende zu deuten sind: ob sich in der allmählichen Abnahme des Gottesglaubens seine völlige Auflösung ankündet, so daß die Wende in Wahrheit ein Ende wäre – oder ob sich in der derzeitigen Verflüchtigung der Gotteserfahrung ein neues, tieferes und umgreifenderes Erfassen Gottes und der Welt durch den Menschen vorbereitet, so daß das Ende tatsächlich eine Wende anzeigt.

In der Theologie selbst läßt sich eine *neue Konzentration auf die Gottesfrage* beobachten – nicht als Trotzreaktion auf den Zeitgeist, sondern als Antwort auf die gewandelte Welterfahrung und die durch sie bedingte Wandlung der Gotteserfahrung. Ich sehe einen solchen Wandel vor allem an zwei Punkten, die eng zusammengehören: in einer neuen Beziehung zwischen Gott und Welt und damit zugleich in einem neuen Verhältnis zwischen Gott und dem Menschen.

Meine Generation ist theologisch mit der Faustregel aufgezogen worden: Gott ist Gott, und Mensch ist Mensch; und Gott ist im Himmel und der Mensch auf der Erde. Die unendliche Entfernung zwischen *Gott und Welt* galt als das Gütezeichen aller wahren christlichen Gotteserkenntnis. Gewiß, Gott hat sich offenbart – schließlich verstand sich alle Theologie als »Offenbarungstheologie« –, aber die Offenbarung glich eher einem Befehlsempfang oder höchstens einem Kontaktgespräch, sie eröffnete keine wirklich wechselseitige Beziehung zwischen Gott und Mensch. Entsprechend mußte alle Theologie »oben« einsetzen, bei Gott und seiner Offenbarung im Wort, und nicht »unten«, bei den Menschen und ihren Erfahrungen in der Welt, schon gar nicht bei ihren religiösen Erfahrungen. So blieb auch der offenbare Gott der ferne und jenseitige, der ganz anders ist als alles sonst in der Welt.

Daraus ergab sich, in gegenseitiger Entsprechung, die Vorstellung von einem *Gott ohne Welt* und einer *Welt ohne Gott*. Diese Entfremdung zwischen Gott und Welt mußte zu einem stärkeren Auseinanderfallen von Gotteserfahrung und Welterfahrung führen. Die Gotteserfahrung drohte rein im Abstrakten zu bleiben, auf eine jenseitige Wirklichkeit gerichtet, ohne Anhalt an der konkreten Erfahrung der hiesigen Weltwirklichkeit. Umgekehrt, in noch stärkerem Maße, blieb die Welterfahrung, Gott aus dem Auge verlierend, auf die Welt beschränkt, sich selbst genug.

Die Wende der Gotteserfahrung, die ich im Gange sehe, besteht darin, daß Gott nirgendwo anders mehr als in der Welt gesucht und gefunden werden kann, so daß Gotteserfahrung und Welterfahrung sich gegenseitig durchdringen. Der Zeitgenosse erfährt Gott, falls er ihn überhaupt noch erfährt, nicht mehr über und jenseits der Welt, sondern diesseits inmitten der Welt. Auch die Christen sind in dieser Hinsicht »Weltkinder« geworden.

Gott nicht über der Welt, sondern *in* der Welt – das bedeutet mehr als nur einen Ortswechsel Gottes beziehungsweise eine Richtungsänderung der menschlichen Gotteserfahrung. Darin wird die Entfremdung zwischen Gott und der Welt überwunden und Welterfahrung als Gotteserfahrung möglich. Nicht mehr Trennung, sondern *Vermittlung* zwischen Gott und der Welt kennzeichnet die neue Konzentration der Theologie auf die Gottesfrage. Ursprünglich Christliches tritt damit wieder ans Licht.

Zugleich mit der Beziehung zwischen Gott und der Welt wird auch das Verhältnis zwischen *Gott und dem Menschen* neu erfahren.

Verweltlichung der Welt und Mündigwerden des Menschen, Säkularisierung und Autonomie, bilden in der neuzeitlichen Aufklärung einen einheitlichen Vorgang. Wer sich von fremdem Zwang befreit und, wie Kant es gebietet, sich seines Verstandes ohne Leitung eines anderen zu bedienen gelernt hat, betätigt diese Mündigkeit eben darin, daß er die Welt mit der Vernunft zu durchdringen und nach seinem Willen zu gestalten sucht. Aber wie Weltbemächtigung und Selbstverwirklichung des Menschen, Säkularisierung und Autonomie am Beginn der Neuzeit zusammen entstanden sind, so drohen sie heute auch gleichzeitig zum Stillstand zu kommen. Die Lust des Menschen, sich der Welt zu bemächtigen, gerät mehr und mehr in Widerspruch zu seinem Verlangen, sich selbst zu verwirklichen.

Dieselbe Weltbemächtigung, die infolge der wissenschaftlichen Erklärung und biologisch-technischen Planung und Gestaltung der Welt einen Ausfall an Gotteserfahrung verursacht hat, droht jetzt zugleich auch das Leben des Menschen unmenschlich zu machen. Zwar ist die Welt »hominisiert«, aber sie ist nicht »humanisiert«, das heißt, sie ist zwar zu einer Welt des Menschen, nicht aber zu einer menschlichen Welt geworden. Zuerst ist Gott in die Krise geraten, dann hat er den Menschen samt seiner Welt nachgezogen.

Einstmals schritt im Abendland der Mensch – in der »Nachfolge Christi« (Thomas a Kempis) oder auf der »Pilgerreise« der Seele zu Gott (John Bunyan) – innerlich kräftig fort, und die Welt blieb, äußerlich fast unverändert, stehen. Dann aber wechselte der Fortschritt: Jetzt schritt die Welt in raschem Tempo äußerlich zu immer größerer Vollkommenheit voran, während der Mensch innerlich nicht mehr Schritt hielt, sondern zurückblieb, mit verkümmerter Seele. Die *Aneignung der Welt* durch den Menschen droht zur *Enteignung des Menschen* durch die Welt zu führen. Und so begegnen wir heute weltweit einer neuen Sorge um die Erhaltung der Menschlichkeit des Menschen: Der Mensch möchte kein Übermensch mehr sein, freilich auch kein Untermensch, sondern einfach nur Mensch – endlich einmal nichts anderes als ein Mensch!

Ein neuer – diesmal nicht gelehrter, sondern gesellschaftlicher – *Humanismus* hat die Menschen ergriffen, gleichgültig, welcher Rasse oder Nation sie angehören, zu welcher Weltanschauung oder Religion sie sich bekennen. Dieser universale Humanismus verkörpert sich freilich weniger in der Vertretung eines gemeinsamen positiven Ziels als in dem gemeinsamen Protest gegen vorhandene Inhumanitäten, in der Auflehnung gegen jede Form von Entmenschlichung. Der Widerstand gegen die Bedrohung der Menschlichkeit des Menschen bildet die gemeinsame Basis des neuen weltweiten Humanismus.

Christen sind von dem neuen zeitgenössischen Humanismus nicht weniger ergriffen als andere Zeitgenossen. Für viele von ihnen wird die »Mitmenschlichkeit« zur entscheidenden Gotteserfahrung und die Humanisierung der Erde zum wichtigsten Ziel ihres Glaubens und Handelns. Daß der Mensch Mensch sein soll, ein Geschöpf nach Gottes Ebenbild – diese göttliche Verheißung ist für sie noch nicht ausgeschöpft; das volle Bild des Menschen ist in der Geschichte noch nicht »herausgekommen« – es ist noch nicht erschienen, was der Mensch sein soll. Und so bemühen sich Christen zusammen mit den Nichtchristen, den wahren Menschen hervorzubringen.

Diese Hoffnung auf die endgültige Menschwerdung des Menschen zieht von selbst einen Wandel im Verhältnis zwischen Gott und dem Menschen nach sich. An die Stelle der einseitigen Herrschaft tritt die Partnerschaft: Der Mensch ist nicht mehr der untertänige Knecht Gottes, sondern sein verantwortlicher Mitarbeiter – und an die Stelle des einseitigen strikten Gehorsams tritt der freie gegenseitige Umgang: Der Mensch ist nicht mehr Gottes naiv ergebenes Kind, sondern sein vernünftiger, mündiger Sohn.

Dieses veränderte Verhältnis des Menschen zu Gott wirkt wiederum auf seine Beziehung zur Welt zurück. Der Mensch beginnt ein neues Verhältnis zu ihr zu gewinnen. Er versteht sich nicht mehr nur autoritär als der Herr und Gebieter der Natur, sondern zugleich solidarisch als ihr Schicksalsgefährte und Helfer. Und deshalb fühlt er sich auch so wie vielleicht noch niemals zuvor verpflichtet, an der Erhaltung der Schöpfung Gottes mitzuwirken und ihren Sinn neu zu verantworten – nicht mehr nur als etwas, das allein für seinen Konsum da ist, sondern das seinen Daseinswert auch ohne ihn, allein in sich selbst hat. Damit werden die Menschlichkeit des Menschen und die Weltlichkeit der Welt zugleich gewahrt.

Im 16. Jahrhundert glaubt der Mensch an Gott.

Im 17./18. Jahrhundert glaubt der Mensch an Gott und den Menschen.

Im 19. Jahrhundert glaubt der Mensch an den Menschen.

Im 20. Jahrhundert glaubt der Mensch weder an Gott noch an den Menschen.

Im 21. Jahrhundert wird der Mensch entweder an nichts mehr oder neu an Gott glauben und sich um den Menschen und die Welt sorgen.

4. Zeitgenössische Erfahrungstheologie

Wenn das Wort »Gott« für viele Menschen heute eine nichtssagende, unverständliche Chiffre geworden ist, weil sie es durch keine Erfahrung in ihrem Leben mehr gedeckt sehen, wenn die »Unsichtbarkeit« Gottes und der Mangel seiner Beweiskraft daher ihren Haupteinwand gegen den christlichen Gottesglauben bilden, dann gibt es für die Theologie darauf nur zwei mögliche Reaktionen:

Entweder die Theologie hört auch ihrerseits auf, von Gott zu reden, und ersetzt, um aktuell zu bleiben, ihre einzige Hauptsache durch eine oder mehrere Nebensachen. Damit hörte sie nicht nur auf, Theologie zu sein, gerade damit verlöre sie im selben Augenblick auch ihre Aktualität. Denn es gibt für eine Gesellschaft, auch für die Wissenschaft in einer Gesellschaft, nichts Uninteressanteres und Überständigeres als eine Theologie, die keine »Wortführerin Gottes« mehr sein will, die sich nur noch als eine Humanwissenschaft unter anderen versteht, die die Welt und den Menschen nur noch »bedenkt«, sie aber nicht mehr »ins Gebet nimmt«.

Oder aber die Theologie stellt auch ihrerseits den Aspekt der Erfahrung neu in das Zentrum ihres Nachdenkens über Gott und konzentriert ihr Bemühen darauf, den Zeitgenossen neue Möglichkeiten der Gotteserfahrung zu erschließen und zu vermitteln. Eben dies erscheint mir in unserer Zeit als der einzig mögliche Weg. Und so ergibt sich für mich als Fazit der gegenwärtigen Gotteswende mit ihrem anhaltenden Ausfall an Gotteserfahrung die *Notwendigkeit einer neuen zeitgenössischen Erfahrungstheologie.*

Die Sache der Theologie ist das Bedenken bisheriger Gottes-

erfahrungen zwecks Erschließung neuer, künftiger Gotteserfahrung. Der Glaube gibt zu denken!

Die Forderung einer zeitgenössischen Erfahrungstheologie darf nicht als ein Rückzug erscheinen, als eine Flucht vor der Rationalität in die Irrationalität, vor der Weltlichkeit des Glaubens in die Innerlichkeit des Glaubenden: Da sucht man sich vor der rationalen Kritik zu schützen, indem man nur um so lauter und leidenschaftlicher die subjektive Ehrlichkeit der christlichen Glaubensaussagen beteuert.

Hier wird auch nicht, aus Enttäuschung über eine erstarrte Frömmigkeit und eine einseitig intellektualisierte Theologie, Zuflucht zu einer neuen Naivität genommen. Voller Neid blicken abendländische Christen heute hinüber zu anderen Kontinenten, vor allem nach Afrika und Südamerika, auf die dort herrschende Unmittelbarkeit religiösen Erlebens und kultischen Feierns und erhoffen sich vom Import solcher spontanen Religiosität eine Auffrischung ihres eigenen altgewordenen Christentums. Die theologischen Anführer dieses neuen kultischen Reigens in Europa und Nordamerika verführen den Geist, indem sie ihn zum Tanze führen. Ich glaube nicht, daß eine unreflektierte Naivität für den abendländischen Menschen je wieder erreichbar ist. Auch in Zukunft wird die Wahrheit im Christentum nicht ertanzt werden!

Das Kennzeichen einer neuen zeitgenössischen Erfahrungstheologie besteht vielmehr gerade in dem Bemühen, durch die Berufung auf die Erfahrung die Verständlichkeit und Verbindlichkeit der christlichen Glaubensaussagen zu erweisen: daß diese nicht allein aus dem frommen Herzen, aber auch nicht aus den tanzenden Beinen oder anderen unteren Regionen der Gläubigen stammen, sondern einen Grund in der Wirklichkeit haben und darum auch gute rationale Gründe. Es geht um die intersubjektive, zwischenmenschliche Vermittlung der christlichen Gotteserfahrung durch ihre Bewahrheitung in der menschlichen Welt- und Lebenserfahrung.

Christliche Gotteserfahrung gibt es nie allgemein und gleich als Erfahrung des Ewigen in der Zeit, sondern immer nur konkret und deshalb stets neu als Erfahrung des Ewigen in der Zeit zu einer bestimmten Zeit. Das verleiht jeder christlichen Erfahrungstheologie die Grundstruktur einer *Doppelpoligkeit*: Ihren einen Pol bildet die biblische Tradition, ihren anderen die gegenwärtige Situation.

Der Anstoß zu einer Erfahrung muß uns allemal von außen treffen, wenn es wirklich zu einer neuen Erfahrung bei uns kommen soll. Selbst wessen Kind er ist, kann ein Mensch nicht aus sich selbst wissen, indem er in sich hineinhorcht, sondern es muß ihm von einem anderen, also von außen, gesagt werden, sonst wüßten mehr Kinder in der Welt, wer ihr Vater ist. Diese Angewiesenheit gilt auch für die Gotteserfahrung des Menschen. Wer erfahren will, was der Name »Gott« innerhalb unserer Geschichtswelt besagt, muß sich deshalb an jene Geschichte halten, in der Gott selbst sich nach christlicher Tradition einen Namen in der Welt gemacht hat. Aus diesem Grunde bleibt für jede neue zeitgenössische Erfahrungstheologie die *biblische Botschaft* Ursprung und Anhalt der Gotteserfahrung.

Die in den biblischen Zeugnissen gespeicherten menschlichen Gotteserfahrungen sind wie Viren, die sowohl latent bleiben als auch virulent werden können. Wenn sie virulent werden sollen, dann müssen sie so auf die gegenwärtigen Lebenserfahrungen bezogen werden, daß sie diese tiefer erschließen und deuten helfen. Damit kommt von selbst der andere Pol christlicher Erfahrungstheologie in Sicht: die *gegenwärtige Situation* mit ihren Möglichkeiten zu gegenwärtiger Gotteserfahrung.

Soll in der Gegenwart neues Reden von Gott geschehen und also neu Glaube an Gott entstehen, so muß ein Kontakt zwischen beiden Polen hergestellt werden, zwischen dem historischen Zeugnis der Bibel und den in ihm erhaltenen Gotteserfahrungen einerseits und der gegenwärtigen geschichtlichen Situation und den in ihr enthaltenen Welterfahrungen andererseits. Der Kontakt zwischen beiden Polen ist dort gelungen, wo ein Mensch, angesteckt und angeleitet durch die biblische Gotteserfahrung und Weltdeutung, in seinen eigenen Welt- und Lebenserfahrungen Gott entdeckt und sich so frische, gegenwärtige Gotteserfahrung entzündet, die die in der Bibel niedergelegte weiterträgt und entfaltet.

Es steht einer zeitgenössischen Erfahrungstheologie methodisch frei, je nach Gelegenheit und Anlaß, bald bei diesem, bald bei jenem Pol einzusetzen. Aber ob sie mit dem biblischen Zeugnis oder mit der gegenwärtigen Situation anfängt, auf jeden Fall setzt sie nicht »oben« ein, bei Gott im Himmel, bei seinem göttlichen Wort oder gar beim dreieinigen Monolog zwischen Vater, Sohn und Heiligem Geist, sondern »unten«, beim Menschen auf der Erde, bei seinen Gotteserfahrungen und seinem Reden davon.

Wer eine solche zeitgenössische Erfahrungstheologie vertritt, gilt als ein *»Vermittlungstheologe«* und gerät damit zwischen die Fronten. Und so gelte ich in den Augen strenger Rechtgläubiger als ein »Ketzer«, während die Linksradikalen unter den politischen Theologen mich einen »Pietisten« oder »Scheißliberalen« schelten. Beiden Seiten gegenüber berufe ich mich auf Schleiermachers bange, immer noch zeitgemäße und unbeantwortete Frage: »Soll der Knoten der Geschichte so auseinandergehn: die Wissenschaft mit dem Unglauben und das Christentum mit der Barbarei?«

5. *Die Kunst, von Gott zu erzählen*

Als der junge Adolf Harnack, der später vom Kaiser geadelte große Kirchenhistoriker, Papst des deutschen Kulturprotestantismus, in seine erste Professur nach Gießen berufen worden war, sagte er zu dem Studenten, der ihm beim Aufstellen seiner Bibliothek half: »Die Dogmatiker stellen wir zur schönen Literatur.« Dieser Satz war ironisch gemeint. Aus ihm sprach eine leise Verachtung; es war der Verdacht des Historikers, bei den Dogmatikern möchte die historische Forschung und Kritik zu kurz kommen und es ihnen daher an der nötigen wissenschaftlichen Strenge und Methode fehlen. Ich kann in Harnacks Bonmot, die Dogmatiker zur schönen Literatur zu stellen, hingegen nur ein dringendes theologisches Erfordernis unserer Zeit und im Falle seiner Erfüllung eine hohe Auszeichnung der Theologie erblicken.

Wenn die religiöse Erfahrung den beherrschenden Platz in der Theologie einnimmt, dann gewinnt damit das erzählende Element in ihr von selbst an Bedeutung: Erfahrung ist nicht einfach gespeichertes Erleben. Was das Erlebnis aus einem bloßen Widerfahrnis zu einer Erfahrung macht, ist die Deutung, die dem widerfahrenen Erlebnis zuteil wird, und eben dies geschieht in der Erzählung und teilt sich durch sie mit. Erzählen heißt, Erfahrungen austauschen. Durch solchen Austausch von Erfahrungen kommt es zum »Weitersagen« in der Geschichte und damit zur Bildung von Tradition.

Entsprechend ist die zweitausendjährige Geschichte der christlichen Tradition ein ununterbrochener Erfahrungs- und Erzählprozeß. Von Anfang an haben die Christen dadurch Menschen für ihren Glauben zu gewinnen gesucht, daß sie ihnen die Geschichte vom Ursprung des christlichen Glaubens erzählten, und zwar stets so, als handelte es sich dabei um die Geschichte ihres eigenen Glaubens und Lebens. Die Kirche ist eine Erinnerungs-, Erfahrungs- und Erzählgemeinschaft.

Schon im Alten Testament besteht der Gottesdienst Israels weithin im Erzählen von Gottes Taten vor der Gemeinde: »Kommt her, höret zu alle, die ihr Gott fürchtet, ich will erzählen, was er an mir getan hat.« (Psalm 66,16) Das setzt sich im Neuen Testament fort.

»Und das Gerücht von ihm erscholl alsbald umher im ganzen galiläischen Land« (Markus 1,28; vgl. Matthäus 4,24; 9,26 u. ö.) – damit beginnt die Geschichte der christlichen Tradition. Sie kommt in demselben Augenblick in Gang, in dem Jesus ein Wort gesagt oder eine Tat getan hat, und läuft von dort fort, gleichsam als eine Propaganda von Mensch zu Mensch, von Mund zu Mund, bis auf den heutigen Tag, bis zu irgendeiner Predigt, einem Vortrag, einer Rundfunksendung, einem seelsorgerlichen Gespräch – oder auch bis zu diesem Buch.

Es ist der protestantischen Theologie seltsam ergangen. Eigentlich sollte man annehmen, daß einer Theologie, die sich fast völlig in Historie verwandelt hat, der Mund vor lauter

Erzählen übergehe. Aber ihre Vermählung mit der Historie hat die Theologie, wie manche Männer in der Ehe, eher verstummen lassen als beredt gemacht. Die akademische Theologie redet heute zwar viel, aber sie erzählt kaum. Es gibt in ihr nur wenig »Handlung«, dafür aber viele »Ab-handlungen«. Die überlieferten biblischen Geschichten werden im Workshop der Theologen alsbald aus »stories« zu »statements« – wie übrigens in einem großen Teil der Geschichtswissenschaft selbst: wo wird denn in ihr heute noch erzählt?

Man sollte meinen: Wenn Gott handelt, gibt es etwas zu erzählen – Gottes Handeln eigne sich schlecht zur Substantivierung. In der gegenwärtigen akademischen Theologie aber scheint das Gegenteil der Fall zu sein. Da droht nicht mehr das einstige Geschehen selbst ausgelegt zu werden, sondern nur noch die verschiedenen Auslegungen des einstmals Geschehenen. Der Stil verrät es: Die Verben fehlen – stattdessen herrschen die adverbialen Bestimmungen. Die Sätze bilden zumeist nur eine Anhäufung von Substantiven, die durch Präpositionen mehr aneinandergereiht als miteinander verbunden sind. Die Folge ist, daß in den Sätzen nichts mehr »vorgeht«, sondern daß die Vorgänge in ihnen zum Stillstand gekommen sind und ihre Aussagen daher »abgestanden« wirken.

Sören Kierkegaard erinnert einmal daran, daß es zweierlei sei, Schilder aufzustellen »Hier wird Wäsche gewaschen« und Wäsche zu waschen. Von der heutigen akademischen Theologie, und zwar keineswegs nur von der protestantischen, könnte der Zeitgenosse leicht den Eindruck gewinnen, daß sie nicht Wäsche wäscht, sondern nur Schilder herstellt mit der Aufschrift »Hier wird Wäsche gewaschen«, ja daß sie fast schwermütig darüber grübelt und streitet, wie die Schilder beschaffen und beschriftet sein müssen, welche versichern, daß hier Wäsche gewaschen werde.

Die Folge ist, daß in der Theologie an die Stelle konkreter Tatsachen gedankliche Abstraktionen treten, an die Stelle der Bilder die Schilder, an die Stelle des Ergriffenwerdens das Begreifen und daß damit das »Erzählen« von selber aufhört – und dies ausgerechnet in einer Religion, die sich nicht auf einen in sich ruhenden, ewig gleichen, sondern auf einen aus sich herausgehenden, »handelnden und wandelnden« Gott beruft; die sich auf ein Buch gründet, in dem fast auf jeder Seite etwas geschieht; ja, die in der Geschichte der Menschheit überhaupt erst die »Geschichte« entdeckt hat!

Diese Abstraktheit der akademisch-theologischen Lehre und Forschung erinnert an den sexuellen Aufklärungsunterricht, wie er heute durchgängig in den Schulen erteilt wird: viel Biologie, aber keine Liebeskunde. Der körperliche Vollzug der Liebe wird naturwissenschaftlich ausführlich – anatomisch, physiologisch, biologisch, psychologisch – dargestellt, es fehlt auch nicht an Soziologie und Moral. Was aber zu kurz kommt, ist die Liebe als personale Begegnung und geschichtliches Schicksal und damit ihr Leben in Poesie und Biographie: in Gedichten, Erzählungen, Briefen, Tagebüchern und Lebensbeschreibungen. Alles in allem: ein Unterricht über die Liebe, in der die Liebe selbst nicht zur Sprache kommt.

Mit all dem erweist sich wieder einmal, daß Gott etwas mit der Grammatik zu tun hat: Wo die Theologie von Gott zu *erzählen* aufhört, dort muß man befürchten, daß sie Gott auch zu *erfahren* aufgehört hat. Auf diesen Zusammenhang zwischen Erfahrung und Erzählung kommt es deshalb heute neu an. Ihn wiederherzustellen, darum geht es in der zeitgenössischen Theologie.

Seit einiger Zeit kündet sich, nicht mehr nur hier und da in kleinen Rinnsalen, sondern fast schon zu einem Fluß geworden, eine neue Art von Theologie an, nicht um alle anderen theologischen Stile und Methoden zu verdrängen, wohl aber um sie zu ergänzen und zu korrigieren. Sie nennt sich *narrative*, das heißt erzählende Theologie.

»Narrative Theologie« verkündet nicht von oben her die Offenbarung Gottes in Jesus Christus als ein zeitlos-überirdisches Geschehen – das tut »proklamative« oder »kerygmatische« Theologie. Sie ruft auch nicht zum Bau des Reiches Gottes in der Nachfolge Jesu unten auf der Erde und damit zu einem zeitlichen menschlichen Tun auf – das tut »appellative« oder »politische Theologie«. Vielmehr erzählt narrative Theologie von dem, was Menschen in ihrem *irdisch-zeitlichen*

Geschick an *göttlicher Wirklichkeit* erfahren haben: *Theologie als die Kunst, Menschen von menschlichen Erfahrungen mit Gott zu erzählen.* Für sie gilt die Faustregel: *Gott läßt sich nicht abstrakt definieren, von Gott kann man nur konkret erzählen; was nicht erzählbar ist von Gott, das zählt nicht in der Theologie.*

Wo sich die Theologie neu in der Erzählkunst des Glaubens übt, dort wird der Zeitgenosse, statt nur dogmatisch angepredigt, historisch belehrt oder moralisch angefeuert zu werden, eingeladen, sich an einem gemeinsamen Erfahrungsaustausch zu beteiligen und seinerseits die von ihm gemachten – gleichen oder gegenteiligen – Erfahrungen mit Gott und der Welt auszusprechen. Theologie als Erzählkunst des Glaubens meint mithin keinen elitär-aristokratischen Monolog frommer Seelen unter sich, sondern den populär-demokratischen Dialog zwischen Zeitgenossen, die an Gott glauben, und solchen, die es gleichfalls noch oder nicht mehr tun.

Auf solche Weise wird die autoritative Struktur des Angebots der Wahrheit abgebaut. Es erzählt zwar nur *einer* – trotzdem ist die Erzählung ihrem Wesen nach kein Monolog. Der andere hört zu, aber er gehorcht nicht; er wird nicht sprachlos, sondern fällt ins Wort und erzählt mit seinen Worten weiter. Beim Erzählen geht die Wahrheit »in die Runde«.

Die Verfassung der Theologie als Erzählkunst des Glaubens gründet in der Art, *wie die Bibel verfaßt ist.* Zwar enthält die Bibel viele verschiedene Stilmittel und -elemente: Geschichten, Berichte, Gleichnisse, Briefe, Listen, Gesetze, Lieder, Gebete, Bekenntnisse, Weisheitssprüche, Prophezeiungen – vor allem und in allem aber ist sie ein erzählendes Buch. Von der ersten bis zur letzten Seite wird in ihr *erzählt.* Die Schöpfung der Erde wird erzählt und ebenso ihr Ende, die Geschichte des Volkes Israel wird erzählt und ebenso die Anfänge der Kirche, das Leiden Hiobs und die Zweifel der Psalmisten an Gott werden ebenso erzählt wie die Erkenntnisse der Weisheitslehrer und die Offenbarung Gottes in Jesus Christus. Und nicht nur die Vergangenheit und Gegenwart, sogar die Zukunft wird in der Bibel erzählt.

Narrative Theologie hat christologischen Grund. Weil Jesus, anders als etwa Sokrates, nicht nur theoretisch und daher gesprächsweise Gedanken vermittelt, sondern praktisch und daher leibhaftig, in Wort und Tat, in seinem Geschick, Gottes anschauliches, lebendiges Gleichnis ist, darum bringt er einen Erzählprozeß in Gang. Und so tritt Jesus uns aus den Evangelien entgegen als ein Erzähler, von dem erzählt wird, inmitten einer Erzählgemeinschaft.

In den »Evangelien« hat das Evangelium sich eine eigene, so nur in der Bibel vorhandene Literaturgattung geschaffen: Sie verkündigen Jesus Christus als Gottes Heil, indem sie von seinen Worten und Taten, von seinem Geborenwerden, Leben, Lehren, Leiden, Sterben und Auferstehen *erzählen.* Zwar enthalten die Evangelien auch eine Menge Redenstoff, aber einmal ist dieser wiederum meistens eingebettet in einen Rahmen von Erzählungen, und zum anderen wird auch in den Reden selbst faßbar und farbig erzählt: Jesu Gleichnisse sind spannende, randvoll mit Leben und Alltag gefüllte Geschichten.

Jesus ist ein gefährlicher Erzähler. Er erzählt Geschichten, die die bestehende religiöse, soziale und politische Ordnung gefährden. Und darum ist er zugleich ein gefährdeter Erzähler: er hat sein Geschichtenerzählen schließlich mit dem Leben bezahlt. Jesus ist an seinen Gleichnissen gestorben.

Die Theologie kann den Erzählstil der Bibel gewiß nicht einfach unreflektiert nachahmen, als ob es niemals eine Aufklärung mit historischer Forschung und Kritik gegeben hätte. Wohl aber kann sie die historische Forschung und Kritik bis ans Ende »durchdenken« und auf diese Weise eine neue, gleichsam zweite erzählende Unschuld gewinnen, die weiß, was sie tut. Daß es dem Wesen und Vermögen des Menschen entspricht, Geschichten zu hören und zu erzählen, ist auch von der Aufklärung nicht überholt.

Auch der moderne, mündige Mensch lebt nicht allein von Argumenten und Begriffen, sondern ebenso von Bildern und Geschichten. Er hat nicht nur Ohren, sondern auch Augen im Kopf; er besitzt nicht nur Verstand, sondern auch ein Herz. Er will nicht nur hören, sondern auch fühlen, nicht nur denken, sondern auch schauen, nicht nur begreifen, sondern auch ergriffen werden. Dies geht durch alle Altersstufen und soziale Schichten. Immer wieder erlebt man es, ob bei einer Predigt in der Kirche oder bei einer Veranstaltung auf akademischem Gelände: Sobald der Redner auf der Kanzel oder dem Katheder zu erzählen beginnt, besonders von sich selbst, merken plötzlich alle auf und sind aufmerksam bei der Sache.

Theologie als »Erzählkunst des Glaubens« hat ihre Aufgabe noch nicht damit erfüllt, daß sie die biblische Geschichte möglichst anschaulich und konkret nacherzählt. Weil ihr Ziel die Erweckung neuen, gegenwärtigen Glaubens ist, muß sie die in der Bibel gespeicherten und durch die kirchliche Tradition an uns gelangten Gotteserfahrungen nicht nur nach- und weiter-, sondern immer auch *um*- und *neu*erzählen.

Der Kindermord von Bethlehem findet seine zeitgemäße Fortsetzung im Schicksal der Anne Frank oder in dem Bericht über ein SOS-Kinderdorf, der Auszug des Volkes Israel aus Ägypten in den Befreiungsbewegungen, aber auch in den Vertriebenen- und Flüchtlingszügen unseres Jahrhunderts, die Erzählung von Daniel in der Löwengrube in Bonhoeffers Gestapohaft oder im Archipel Gulag, das Gleichnis vom barmherzigen Samariter in dem Report über eine Randgruppenarbeit in der Bundesrepublik oder ein Entwicklungsprojekt in Übersee.

Wie könnte dies auch anders sein, wenn man die Geschichte Gottes mit der Menschheit nicht mit der Kanonisierung der beiden Testamente abgeschlossen sein läßt, sondern damit rechnet, daß diese Geschichte seitdem noch fortgegangen ist und künftig auch noch fortgehen wird? Fragt sich nur, ob die Christen heute noch Gotteserfahrungen machen und ihren Zeitgenossen also noch etwas zu erzählen haben! Andererseits kommt es zu neuen Gotteserfahrungen nur, wenn man die überlieferten biblischen Geschichten nicht nur einfach wiederholt, sondern genügend Geistesgegenwart besitzt, um sie neu- und umzuerzählen. Erfahren und erzählen halten sich dabei gegenseitig in Gang.

Eine Erzählung ist dann ans Ziel gelangt, wenn sie die

Hörer in das erzählte Geschehen hineinnimmt und sie zu Teilnehmern und Tätern macht. Wo dies gelingt, führt sie zu einem doppelten Schluß: zur »Kontemplation« und zur »Operation«, zu »Liturgie« und »Diakonie«. Theologie als Erzählkunst des Glaubens zielt auf die Anbetung Gottes: »Sie priesen und lobten Gott um alles, was sie gehört und gesehen hatten« – und auf die Erfüllung seines Willens: »Gehe hin und tue desgleichen!«

Es geht nicht darum, »narrative« und »reflexive Theologie« einander gegenüberzustellen oder gar gegeneinander auszuspielen. Erzählen und reflektieren gehören in der christlichen Theologie von ihrem Ursprung her zusammen. Christliche Theologie hat, wenigstens im Abendland, mindestens eine zweifache geistesgeschichtliche Wurzel: eine »hebräische« und eine »griechische«. Die hebräische Denkart ist durch das Interesse an der Geschichte der Welt bestimmt und drückt sich entsprechend im Erzählen aus; griechisches Denken bezieht sich dagegen auf das Sein der Welt und reflektiert es. Die Spannung zwischen diesen beiden Denkweisen macht die Lebendigkeit der abendländischen Theologie aus und gibt ihr ihren besonderen Reiz. Darum wäre es nicht gut, wenn diese Spannung durch die Überbetonung einer der beiden Seiten aufgelöst würde.

Die narrative Theologie soll die reflexive nicht ausschließen, aber sie kann ihr zur Korrektur dienen. Alles Argumentieren verführt dazu, abstrakte Argumente zu häufen und sich selbst womöglich hinter ihnen zu verschanzen. Wo dies geschieht, bricht die narrative Theologie durch die Mauer der abstrakten Argumente hindurch und rückt dem Menschen mit konkreten Gegebenheiten auf den Leib.

Ein glänzendes Beispiel »narrativer Theologie« bietet die Art, wie Lukas das Gleichnis vom barmherzigen Samariter einführt (10,25 ff.): Ein Schriftgelehrter provoziert Jesus mit der zwar existentiell klingenden, in Wahrheit aber abstrakten theologischen Frage: »Was muß ich tun, daß ich das ewige Leben ererbe?« Jesus läßt sich zunächst auf diese Art des Theologisierens ein und fragt zurück: »Was steht im Gesetz geschrieben?« Darauf antwortet der Schriftgelehrte theologisch korrekt: »Du sollst Gott, deinen Herrn, lieben von ganzem Herzen . . . und deinen Nächsten wie dich selbst.« Damit ist für Jesus das theologische Gespräch beendet. Jetzt, nachdem gleichsam die »Orthodoxie« festgestellt ist, kommt es auf die »Orthopraxie« an: »Tue das, so wirst du leben.« Der Schriftgelehrte aber verharrt in seiner abstrakt-distanzierten Haltung und verschanzt sich sogleich hinter einem neuen Argument: »Wer ist denn mein Nächster?« Und da erzählt Jesus ihm, um ihn endlich aus seiner Reserve zu vertreiben, eine Geschichte: »Es war ein Mensch, der ging von Jerusalem hinab nach Jericho und fiel unter die Räuber . . . Ein Samariter aber reiste und kam dahin; und da er ihn sah, jammerte ihn sein . . .« Jetzt wird »narrativ« argumentiert, und damit wird es theologisch konkret. Nicht vom »Gesetz« ist mehr die Rede, sondern von einem halbtot am Wegrand Liegenden, nicht von der »Frage nach dem ewigen Leben«, sondern von gehen, sehen und sich jammern lassen, nicht von der »Liebe«, sondern von verbinden, Öl und Wein, von einem Reittier, einer Herberge und zwei Silberstücken.

Ob sie erörtert oder erzählt – um der guten Nachricht willen, die sie den Menschen von Gott zu bringen hat, rechnet die Theologie in jedem Fall zur »schönen Literatur«. Vollends gehört sie dazu, wenn die Theologen die gute Nachricht von Gott den Zeitgenossen nicht nach Art der Schriftgelehrten wie ein Glaubensgesetz von außen überstülpen, sondern wenn sie ihnen in der Weise der Schriftsteller davon erzählen.

Die beste Bestimmung des Ortes, der Zeit und der Art und Weise heutiger Theologie habe ich in einem Hörspiel von Günter Eich gefunden: Festianus, keiner von den großen Märtyrern, sondern einer von den kleinen, unbedeutenden, befindet sich im Himmel. Aber er fühlt sich dort nicht glücklich, weil er zu viele von denen vermißt, die er auf Erden gekannt oder auch nicht gekannt hat: seine Eltern Faustinus und Faustina, den Schankwirt Salpicius, die Kellnerin Octavia, und wenn nicht die Kellnerin Octavia, dann Saufeja, und wenn nicht Saufeja, dann Titus, und wenn nicht Titus, dann alle die, die er nie gesehen hat. Er spricht mit Laurentius, einem der großen und berühmten Heiligen, über seine Einsamkeit und Unruhe. Doch Laurentius versteht ihn nicht, denn er ist sehr genau und schaut auf die Einzelheiten, er zweifelt nicht an der Richtigkeit der Maße und Gewichte. Da macht sich Festianus auf den Weg durchs Tor, durchs Dorngestrüpp, über die breite Straße hinab in die Hölle. Dort trifft er alle die, die er im Himmel vermißt: Faustinus und Faustina, Salpicius, Octavia, Saufeja, Titus und alle die vielen anderen, die er nicht kennt – und er sieht, wie sie leiden. Laurentius geht ihm nach, und sie sprechen miteinander von den Freuden des Himmels im Angesicht der Leidenden in der Hölle. Da sagt Festianus mit einemmal zu Laurentius: »Nun geh. Und sage Petrus, ich sei zu den Irrtümern zurückgekehrt. Von den Heiligen zu den Fischern und Zeltmachern. Geh zurück in die Herrlichkeit, die keiner Liebe bedarf. Ich weiß nicht, woran es liegt, aber die Armen und Kranken kommen mir nicht aus dem Sinn.« Und so bleibt Festianus bei denen, die in der Hölle sind.

Und was hat Festianus in der Hölle getan? Ich denke, er hat dort den Leuten von Gott erzählt, und darüber ist ihnen die Hölle zum Himmel geworden.

DRITTES KAPITEL

»Es steht geschrieben« – steht es noch geschrieben?

1. Geschichten vom lieben Gott

Das Rückgrat der christlichen Tradition bildet die Bibel. Christliche Frömmigkeit heißt daher immer zugleich Bibelfrömmigkeit. Die Geschichte des Christentums ist identisch mit der Wirkungsgeschichte der Bibel.

Wie in jeder Tradition der geschichtliche Erschließungsakt einer Wahrheit autoritative Bedeutung besitzt, so auch im Christentum. Weil dem *historischen* Anfang um seines »eröffnenden« Charakters willen eine besondere *sachliche* Qualität zukommt, darum wird aus dem einmaligen *zeitlichen Vorgang* ein dauernder *authentischer Vorrang*. Der geschichtliche Ursprung der Wahrheit wird zur bleibenden Quelle, aus der alle nachfolgenden Generationen schöpfen.

Die Wahrheit, deren Erfahrung sich in der Bibel erschließt, hat von der ersten bis zur letzten Seite – trotz aller Vielfalt, Verschiedenheit und sogar Widersprüchlichkeit der erzählten Ereignisse und ihrer Deutungen – ein und dieselbe Pointe. Diese besteht nicht in einer universalen Idee, sondern in einer unaufhaltsamen Bewegung: in der liebenden Zuwendung Gottes zu den Menschen. Wo diese Pointe fehlt, dort handelt es sich nicht um eine »christliche« Geschichte, mag sie auch in der Bibel stehen. Und so weiß ich, um den Wahrheitsgehalt der Bibel auszudrücken, keine treffendere Formulierung als den Buchtitel *»Geschichten vom lieben Gott«*. Damit wird die Wahrheit der Bibel nicht verharmlost oder gar gelästert. Es ist ihr nur die düstere Strenge menschlicher Rechtgläubigkeit genommen, der Ernst göttlicher Wahrheit aber belassen.

Wenn die Bibel das Rückgrat der christlichen Tradition bildet, dann scheint dieser Tradition heute das Rückgrat gebrochen zu sein. Denn wir befinden uns in einem *Abbruch der biblischen Tradition* ohnegleichen. Die Entkirchlichung der Kirche und die religiöse Auszehrung des privaten Lebens, ja die religiöse Versteppung unserer gesamten geistigen Landschaft scheinen mir entscheidend mit diesem Traditionsabbruch zusammenzuhängen. Wo die Bibel nicht mehr im Schwange geht, gerät der Glaube ins Schwanken.

Einstmals war die Bibel für uns wirklich das »Buch der Bücher«, und zwar nicht nur in der Theorie, vor allem auch in der Praxis: wir lebten mit ihr. Welche praktische Bedeutung die Bibel für unser Leben hatte, zeigte sich an der Rolle, die die tägliche »Bibellese« für uns spielte – zunächst im Schülerbibelkreis, dann in der Studentenzeit während des Kirchenkampfes im »Dritten Reich« und schließlich nach dem Kriege in der Studentengemeinde. Viele von uns trugen ständig ein kleines ledernes Neues Testament, ein sogenanntes »Taschentestament«, bei sich, um es immer zur Hand zu haben. Das meine hat mich durch die Nazizeit, den Krieg und noch darüber hinaus begleitet, bis ich es Conrad Ahlers in die Untersuchungshaft geschickt habe.

Der Kirchenkampf im »Dritten Reich« wurde sozusagen mit der Bibel in der Hand geführt. »Bibelwochen« fanden statt, bei denen an jedem Abend in allen Gemeinden der gleiche Text ausgelegt wurde, und auch auf den »Evangelischen Wochen«, den großen Treffen der Bekennenden Kirche, spielten die »Bibelarbeiten« eine zentrale Rolle. Hinter diesem intensivierten Umgang mit der Bibel stand die Absicht, die Laien aktiver als bisher an der Auslegung der Bibel zu beteiligen und sie zu selbständigem Bibellesen zu befähigen. Aus dem gleichen Grunde erschienen zahlreiche biblische Kommentarreihen für Nichttheologen. Und wenn der Religionsunterricht vornehmlich als »evangelische Unterweisung« verstanden wurde, dann bedeutete dies gleichfalls vor allem Bezeugung des biblischen Zeugnisses durch den Lehrer vor der Klasse.

Diese beherrschende Stellung der Bibel in der Lebenspraxis

der Christenheit fand ihre Entsprechung und Rechtfertigung im Lehrbetrieb der theologischen Fakultäten. Die den theologischen Ton angebende »Theologie des Wortes« war weithin eine Theologie des Bibelwortes, und so wurde die Exegese, die wissenschaftliche Auslegung der alt- und neutestamentlichen Texte, zur maßgebenden theologischen Disziplin. Während meines Vikariats hat mein »Vikarsvater«, wie man damals sagte, mit mir dreimal in der Woche den Propheten Hesekiel im hebräischen Urtext gelesen.

Wie weit scheint dies alles zurückzuliegen!

Vieles, sogar das meiste gibt es auch heute noch: Die Bibel bildet nach wie vor die Lebensader der Christenheit – Quelle und Inhalt des christlichen Glaubens, Antrieb und Maßstab der kirchlichen Praxis, Gegenstand und Leitfaden der theologischen Forschung. Immer noch lesen zahlreiche Menschen täglich die Bibel oder wenigstens die aus ihr ausgewählten »Losungen« der Herrnhuter Brüdergemeine, lernen Theologiestudenten die drei alten Sprachen Hebräisch, Griechisch und Latein, um die Bibel im Urtext zu lesen, finden moderne Bibelübersetzungen weite Verbreitung, zählen die Bibelarbeiten auf den Kirchentagen zu den zentralen und meistbesuchten Veranstaltungen.

Dennoch hat sich in den letzten Jahren etwas geändert! Der Stellenwert der Bibel hat sich verschoben: vor allem ihre Stellung im öffentlichen Leben, aber auch ihr Stellenwert in der Christenheit selbst, das Verhältnis vieler einzelner Christen zu ihr ebenso wie ihre Geltung innerhalb der Theologie.

Bedeutete die »Bibelarbeit« in den Jahren nach dem Kriege in den Studentengemeinden die zentrale gemeinsame Veranstaltung, so bildet die Beschäftigung mit der Bibel heute nur noch die Angelegenheit spezieller »Kleinkreise«. Bestand der Religionsunterricht früher vornehmlich in der Weitergabe der biblischen Überlieferung, so ist er heute meistens an anderen Stoffen und Lernzielen orientiert, mag es in jüngster Zeit bei den Schülern auch Anzeichen eines neuen Interesses an der Bibel geben. Galt die Bibelexegese noch bis vor kurzem als die erste unter den theologischen Disziplinen, so beginnt die praktische Theologie heute die exegetische zu überflügeln.

Kein Vikar würde heute mehr bereit sein, mit seinem Vikariatsleiter das Alte Testament im hebräischen Urtext zu lesen, freilich auch kaum ein Vikarsausbilder noch auf einen solchen Gedanken verfallen. Und schließlich habe auch ich mir nicht wieder ein neues Taschentestament angeschafft, nachdem ich das meine weggegeben hatte.

Der gegenwärtige Abbruch der biblischen Tradition ist zunächst ein Teil der allgemeinen Autoritätskrise und der mit ihr verbundenen Skepsis gegenüber jeder literarischen Überlieferung: Man will sich nichts mehr »vorsetzen« lassen, nicht den »Faust« und auch nicht die Bibel. Eine Tradition hat den Schein der Wahrheit heute immer zunächst gegen sich, und die zusätzliche Berufung »Es steht geschrieben« wirkt eher noch als Abschreckung denn als Empfehlung.

Aber mit dem Hinweis auf die allgemeine Autoritätskrise ist der radikale Abbruch der biblischen Tradition in unserer Zeit noch nicht zureichend erklärt. Es kommt noch etwas anderes, Besonderes mit ins Spiel: das ist der Zusammenhang zwischen Bibel und Kirche. Hier scheint in Jahrhunderten ein Trauma gesetzt, Seelen eine Verwundung zugefügt worden zu sein, die sich nicht nur auf ein, zwei Generationen erstreckt: Die Kirche rechtfertigte die Geltung, die sie in der Gesellschaft beanspruchte und besaß, mit der Allgültigkeit der von ihr verkündeten Wahrheit, und diese wiederum führte sie auf die Autorität der Bibel zurück. Die Folge war, daß die Autorität der Bibel und die Autorität der Kirche ineinanderflossen. So bestand zuletzt ein festes Band, gleichsam ein »ewiger Bund« zwischen Bibel, Kirche und politischer Macht. Die Bibel war das Herrenbuch einer Herrenkirche in einem einstimmigen Herrschaftssystem. Wer sich auf die Kunst ihrer Auslegung verstand, besaß Herrschaftswissen und übte mit dem Trostamt zugleich Herrschaft aus. Sobald dieses einstimmige Herrschaftssystem zerbröckelte, mußte sich die Kritik an der Kirche daher zugleich gegen die Bibel wenden und mußte auch sie ihre bisherige Autorität verlieren. Dabei diente die Bibel gleichzeitig häufig als der kritische Maßstab, an dem Kirche und Gesellschaft miteinander gemessen wurden.

Ausmaß und Wirkung des Abbruchs der biblischen Tradition sind noch nicht abzusehen. Während man noch vor zehn Jahren eine Bibelstelle, sei es ein Spruch, ein Gleichnis oder ein Wunder, nur anzudeuten brauchte, muß man heute ausführlich zitieren oder erzählen, wenn man verstanden werden will. Es handelt sich dabei um einen Unheilszirkel: Je mehr die Bibel an Geltung und Wirkung in der Öffentlichkeit verliert, desto weniger werden biblische Begriffe wie Glaube, Hoffnung und Liebe, Gnade, Sünde, Schuld und Heil noch verstanden und als eine Lebenswirklichkeit erfahren. Und umgekehrt: In dem Maße, in dem Glaube, Hoffnung und Liebe, Gnade, Sünde, Schuld und Heil nicht mehr als eine gegenwärtige Lebenswirklichkeit erfahren werden, drohen auch die biblischen Zeugnisse, die diese Begriffe einst mit Leben und Wirklichkeit erfüllt haben, nicht mehr verstanden zu werden. Damit erst kommt das Dilemma des Abbruchs der biblischen Tradition in seinem vollen Ernst in Sicht: es handelt sich nicht um die Änderung einer Lesegewohnheit, sondern einer Lebenseinstellung.

Angesichts des Abbruchs der biblischen Tradition taucht die gleiche Frage auf wie angesichts des Ausbleibens von Gotteserfahrung heute: *Handelt es sich um ein Ende oder um eine Wende?* Konkret gefragt: Führt der Abbruch zu einer endgültigen Austilgung, so daß die Bibel eines nicht allzu fernen Tages nur noch ein Literaturdenkmal sein wird, Gegenstand des Interesses und der Forschung einiger weniger Religions- und Kulturhistoriker – oder bahnt sich in dem gegenwärtigen Abbruch der biblischen Tradition nur ein Umbruch ihres Verständnisses an?

Ich selbst habe die Erfahrung gemacht, daß der Abbruch der biblischen Tradition – trotz aller persönlichen Verzichte und Enttäuschungen, die er mit sich bringt – eine Wandlung und Reinigung des Bibelverständnisses bedeuten und deshalb zu einer tieferen Erfassung und selbständigeren Aneignung der biblischen Wahrheit führen kann. Daher weiß ich für das, was die Bibel ist und durch allen Abbruch hindurch immer mehr werden soll, keinen besseren Ausdruck als jenes Wort

Schleiermachers aus seinem Brief an Friedrich Heinrich Jacobi: »Die Bibel ist die ursprüngliche Dolmetschung des christlichen Gefühls und eben deswegen so feststehend, daß sie nur immer besser verstanden und entwickelt werden darf. Dieses Entwicklungsrecht will ich mir als protestantischer Theologe von niemandem schmälern lassen.« (30. März 1818)

Wenn ich mein eigenes Verhältnis zur Bibel bedenke, so scheinen sich mir in meinem Leben die verschiedenen Phasen des Bibelverständnisses der Kirchen- und Theologiegeschichte wiederholt zu haben – entsprechend einer Auffassung der modernen Psychoanalyse, wonach ein Mensch in seiner Kindheit, gleichsam im Zeitraffertempo, für sich noch einmal die Entwicklung der Menschheit durchläuft. Mein Bibelverständnis begann in meiner frühen Jugend mit einer »naiven Imagination« und endet heute – nach dem Durchgang durch verschiedene Erkenntnisstufen – vorläufig bei einer »reflektierten Imagination«.

2. Das Wort ward Bild (naive Imagination)

Meine erste Begegnung mit der Bibel hatte ich in der Grundschule, im Alter zwischen sechs und acht Jahren. Eine Lehrerin erzählte uns die biblischen Geschichten. Sie tat dies so anschaulich und »eindrücklich«, daß ich mir die von ihr erzählten Geschichten leibhaftig in meiner Umwelt vorstellte: Jesus predigte, heilte Kranke und erweckte den Jüngling zu Nain auf dem Hof hinter unserem Hause; der Gichtbrüchige wurde durch das Dach ins Treppenhaus herabgelassen und dann, schräg auf der Treppe liegend, geheilt; Jesu Einzug in Jerusalem bewegte sich auf der Straße an unserem Hause vorbei in Richtung der Kirche. Das Paradies befand sich jenseits der Johannisbeerhecke im Nachbargarten, der dichter und dunkler war. Dort nistete die Schlange; dort lebten, arbeiteten und sündigten Adam und Eva. Niemals wieder haben die biblischen Geschichten meine Phantasie so angeregt und einen solchen »Eindruck« in mir hinterlassen.

Ich kann mich jedoch nicht erinnern, jemals eine der biblischen Geschichten nachgespielt zu haben. Dies fällt mir um so mehr auf, als ich wenig später durch die Bücher über den Ersten Weltkrieg, die ich damals verschlang, in meiner Phantasie ähnlich angeregt wie durch die Geschichten der Bibel, zusammen mit meinen Brüdern und Freunden nach Kräften Krieg und Kriegsschiff gespielt habe. Wir haben, als lägen wir vor Verdun, in Flandern oder sonst irgendwo an der Westfront in Stellung, im Garten Schützengräben ausgehoben, Drahtverhaue gespannt und ganze Tage im Unterstand zugebracht, aber wir haben niemals den Auszug der Kinder Israel aus Ägypten, die Gesetzgebung des Mose am Sinai oder die Passion Jesu im Spiel wiederholt. Wir haben im Stall mit seinen Türen, Luken und Boxen wer weiß wie oft die Skagerakschlacht geschlagen, Kaperkrieg geführt und englische Kreuzer an Backbord und Steuerbord versenkt, aber wir haben niemals am gegenübergelegenen Teich den Fischzug des Petrus oder sonst eine biblische Szene vom See Genezareth nachgespielt. Eine Ausnahme bildete nur die Geschichte von der Geburt Jesu in Bethlehem, aber die fand nicht als alltägliches Spiel zu Hause im Stall, sondern als weihnachtliches Krippenspiel am Altar in der Kirche statt.

Wie kommt es, daß ich mir die biblischen Geschichten wohl in meiner nächsten Umgebung anschaulich vorgestellt, sie aber, im Unterschied zu den Geschichten aus dem Ersten Weltkrieg, nie auch dargestellt habe? Einmal mag dies an der größeren zeitlichen und räumlichen Nähe der Kriegsgeschichten gelegen haben. Auch waren die Kriegsschiffe ja im nahen Hafen zu sehen, und sie haben auf mich eine Zeitlang fraglos eine stärkere Anziehungskraft ausgeübt als die Gestalten und Ereignisse der Bibel, immerhin so stark, daß ich zuerst, und zwar auch noch über das übliche Lokomotivführeralter hinaus, Seeoffizier werden wollte. Manchmal habe ich mich heimlich im Verdacht, ich könnte vielleicht nur deswegen nicht Seeoffizier, sondern Theologe geworden sein, weil ich ein schlechter Turner war.

Die biblischen Geschichten waren für mich zwar nicht von einer geringeren Realität als die Kriegsgeschichten, wohl aber doch von einer anderen, fremderen, darum auch nicht einfach nachzuahmen und zeitlich und räumlich ins Spiel zu setzen. Hier fiel die Identifikation – die unentbehrliche Voraussetzung allen kindlichen Nachbildens – schwerer. Und das mag der Grund gewesen sein, warum ich die biblischen Geschichten nicht nachgespielt habe.

Übrigens kann ich mich auch nicht entsinnen, die Geschichten der Bibel je mit Märchen und Sagen vermengt und also Maria mit Frau Holle, die zwölf Jünger mit den sieben Zwergen, die Wunder und die Auferweckung Jesu mit irgendwelchen Mirakeln von Zauberern und Verwandlungen von Prinzen zusammengebracht zu haben.

Die Geschichten der Bibel, ihre Figuren und Begebenheiten, haben sich mir damals unvergeßlich »eingeprägt«: *Das Wort ward Bild.* Deshalb bezeichne ich diese erste Stufe meines Umgangs mit der Bibel als *naive Imagination.* »Imagination« soll besagen, daß es sich hier im ursprünglichen Sinne des Wortes um »Einbildungen« handelte: das Erzählte hat sich in mir zu Bildern verdichtet. »Naiv« hingegen soll bedeuten, daß die Umsetzung vom Wort ins Bild unmittelbar geschah und daß sich auch hernach nicht das Wort durch Reflexion vom Bilde wieder löste. Erzählung und Einbildung, Wortgeschehen und Bildgeschehen verliefen synchron und blieben auch weiterhin ungetrennt. Die durch die Bibel erschlossene Wahrheit wurde durch das Bild »zur Erscheinung gebracht«, und es gab sie für das Kind nicht ohne das Bild.

Am stärksten »eingebildet« hat sich mir damals schon die Gestalt Jesu von Nazareth. Seitdem sehe ich Jesus immer irgendwie vor mir, wenn von ihm die Rede ist, ohne jedoch, wie von anderen historischen Personen, ein festes Bild von ihm zu haben, das ich zu beschreiben vermöchte. Ich kann es nur vage so ausdrücken: Wenn ich von Jesus sprechen höre, dann ist für mich von ihm nicht nur die Rede, sondern dann ist er für mich immer auch irgendwie in Sicht. Indem er »zu Wort« kommt, kommt er zugleich »ins Bild«.

Die naive Imagination hat in meinem Leben die religiöse Basis gelegt, auf der alle spätere theologische Rationalisierung beruhte. Und bis heute ist die theologische Denkarbeit für mich von »Sehakten« durchsetzt. Gott selbst bleibt unsichtbar, aber die Wahrheit über ihn muß stets so gedacht und gesagt sein, daß es etwas zu sehen gibt.

3. Verbuchte Wahrheit (verbale Inspiration)

Die Geschichten der Bibel wurden von mir im Vergleich zu den Geschichten, die ich als Kind sonst las und hörte, zwar als anders, vielleicht sogar als fremd empfunden, nie aber als etwas »Heiliges«, vor dem Ehrfurcht oder gar Vorsicht geboten war. Das änderte sich, sobald die Bibel als *Buch* in meinen Gesichtskreis trat.

Zwar spielte die Bibel in meinem Elternhaus nur eine geringe Rolle und wurde auch kaum benutzt. Sobald aber irgendein spöttisches Wort über sie fiel oder einer die Bibel auch nur wie ein gewöhnliches Buch, als ein Buch unter Büchern, behandelte, erklang die Warnung, man solle mit heiligen Dingen keinen Spott treiben. Daraus sprach genau die Einstellung, die man verschämt zur Bibel hatte: ein »heiliges Ding«, das, wenn auch nicht in Gebrauch zu nehmen, so doch in Ehren zu halten war. Diese Einstellung war ein letzter Nachklang der Stellung, die die Bibel in der Geschichte der Kirche während ihrer längsten Zeit innegehabt hatte und die sie für zahlreiche Christen heute noch hat: ein heiliges Buch, eben die »Heilige Schrift«, heilig nicht nur wegen ihres Inhalts, sondern heilig an sich, ein heiliger Gegenstand. Vor ihrem Gebrauch galt es, wenigstens im Geist, sich die Hände zu waschen.

Etwas von dieser Tabuisierung der Bibel habe ich später selbst noch unter aufgeklärten Gebildeten angetroffen. Ihr Umgang mit der Bibel richtete sich nach der Devise: besitzen, aber nicht benutzen, nur still verehren. Entsprechend nahm die Bibel in ihrer Bibliothek gleichsam einen samtenen Ehrenplatz ein.

In der christlichen Jugendbewegung, im »Schülerbibelkreis« (BK), ist mir die Bibel zum erstenmal als ein Buch begegnet, mit dem man wie auch sonst mit einem Buch umgehen kann. Ich schlug die Bibel auf und begann in ihr zu lesen. Richtiger, wir lasen zusammen die Bibel an jedem Heimabend oder auf Fahrt und im Lager. In jenen Jahren kam der Ausdruck »Bibelarbeit« auf: man »erarbeitete« gemeinsam einen Text, jeder die aufgeschlagene Bibel vor sich.

Die Autorität, die die Bibel für uns besaß, wurde zwar nicht mehr mit der Verbalinspiration begründet; keiner von uns glaubte noch daran, daß die Bibel Wort für Wort, womöglich gar bis in den einzelnen Buchstaben hinein, von Gottes Geist eingegeben sei. Aber das »Es steht geschrieben« stand doch noch mächtig über uns. In dem Buch lag Wahrheit – wie hätten wir sonst so eifrig in der Bibel nachschlagen können, um für unsere Glaubensüberzeugungen Belegstellen zu finden! Wenn auch der Wortlaut der Bibel für uns nicht mehr Wort für Wort eingegeben war, so hatten es ihre Worte für uns doch noch »in sich«: die Wahrheit war in ihnen »verbucht«.

Die älteren Theologie- und Philologiestudenten, die den »BK« leiteten, teilten uns von dem, was sie in ihrem Studium über die historische Bibelkritik erfahren hatten, kaum etwas mit. Sie verschwiegen es uns nicht, weil sie uns schonen wollten, sondern weil die Frage nach der historischen Echtheit eines Textes neben der Leitfrage nach seiner Bedeutung für das gegenwärtige Leben bedeutungslos erschien. Wohl tauchten bei unseren Zusammenkünften im BK ab und an auch kritische Fragen nach der historischen Echtheit einer biblischen Überlieferung oder nach der Glaubwürdigkeit eines bezeugten Ereignisses auf, aber sie wurden nach kurzer Debatte durch die eingeübte Fragerichtung, was der Text uns heute zu sagen habe, rasch wieder verdrängt – ähnlich wie wir einige Jahre zuvor bei unseren kindlichen Spielen im Pfarrgarten unsere Spekulationen darüber, wie die Kinder zustande kämen, mit der frommen Feststellung zu beschließen pflegten, daß sie trotz allem zuletzt doch aus Gottes Hand kämen.

In meiner Beziehung zur Bibel erkenne ich die Aufeinanderfolge von altprotestantischer Orthodoxie, Pietismus und Aufklärung in der Kirchengeschichte wieder. Die theologische Leistung des geschichtlichen Pietismus bestand darin, daß er gegenüber der altprotestantischen Orthodoxie mit ihrer einseitigen Betonung der reinen Lehre, gründend auf dem göttlich inspirierten Bibelbuchstaben, wieder die persönliche Glaubenserfahrung hervorhob, dabei aber die Autorität der Bibel nicht auflöste, vielmehr beide, persönliche Glaubenserfahrung und biblische Überlieferung, aufeinander bezog. Auf diese Weise wurde die Bibel aus einem Lehrbuch der orthodoxen Dogmatik zu einem Lebensbuch der frommen Praxis. Jede historische Bibelkritik blieb dabei noch draußen vor. Trotzdem trat durch die Betonung des subjektiven Erfahrungsmoments im Umgang mit der Bibel eine erste Erweichung des strengen Buchstabenglaubens ein, und die verbale Inspiration wurde wenigstens gemildert.

Diesem Anfangsstadium des Pietismus entsprach unser Umgang mit der Bibel in der christlichen Jugendbewegung: Auch für uns war die Bibel vor allem ein Lebensbuch und ihr Inhalt historisch noch unbestritten. Der Akzent lag auf der persönlichen Glaubenserfahrung und damit auf der subjektiven Lebensbeziehung zur Bibel. Gegen diese subjektive Bindung kam eine objektive historische Kritik, sofern sie überhaupt auftauchte, vorerst noch nicht an.

Aber wie in der Geschichte der Kirche, so brach die Aufklärung mit ihrer historisch-kritischen Fragestellung auch in meinen friedlichen Umgang mit der Bibel ein und stellte das bisher unbefragte Fundament in Frage. Was man die Krise des protestantischen Schriftprinzips und mit ihr die Grundlagenkrise der neuzeitlichen evangelischen Theologie überhaupt zu nennen pflegt, das hat in meinem Leben angefangen, als ich etwa fünfzehn Jahre alt war. Damals ist meine religiöse Kindheit unter dem Einfluß des modernen historischen Bewußtseins zu Ende gegangen.

4. Es wackelt alles (historisch-kritische Interpretation)

»Meine Herren, es wackelt alles!« hat der junge Ernst Troeltsch einmal in der Diskussion nach einem Vortrag in die allzu selbstsichere akademische Versammlung hineingerufen und alsdann mit einigen knappen, kräftigen Strichen die entscheidende Problematik der Theologie und Kirche in der Neuzeit aufgerissen: die Bestreitung des Offenbarungsanspruchs der Bibel durch die historisch-kritische Forschung und damit die Bedrohung des christlichen Glaubens durch das geschichtliche Denken insgesamt. Es wackelt alles – mit diesen Worten hätte ich auch meine eigene Reaktion beschreiben können, als ich zum erstenmal mit dem Konflikt zwischen geschichtlichem Denken und christlichem Glauben in Gestalt der historischen Bibelkritik konfrontiert wurde.

Es war im Religionsunterricht auf der Sekunda (10./11. Klasse), als der junge Referendar, der den Unterricht erteilte, eines Tages in die Klasse kam und uns mit der Anwendung der historisch-kritischen Methode auf die Bibel fast überfiel. Dabei ging er ganz praktisch vor. Er ließ uns einfach einige Texte aus den Evangelien lesen, sie miteinander vergleichen und die zwischen ihnen bestehenden Übereinstimmungen und Unterschiede feststellen – eben da begann für mich »alles zu wackeln«.

Ich erfuhr, daß keines der vier Evangelien von einem Jünger Jesu, also unmittelbar von einem Augenzeugen, stamme, daß vielmehr alle vier Evangelisten sich auf literarische Vorlagen stützten, daß das vierte Evangelium in seinem historischen Aufriß und seiner theologischen Absicht von den ersten drei so stark abweiche, daß eine Harmonisierung zwischen beiden Darstellungen ehrlicherweise unmöglich sei, daß, falls überhaupt, dann die drei ersten Evangelien, die sogenannten »Synoptiker«, die größere historische Treue bewahrt hätten, daß der Verfasser des kirchlich so hoch geschätzten vierten Evangeliums mithin niemals der Lieblingsjünger Jesu namens Johannes gewesen sein könne.

Diese erste Konfrontation mit der historisch-kritischen Bibelforschung wirkte wie ein Schock auf mich. Seitdem kann ich verstehen, daß Menschen, die nicht historisch zu denken geübt sind – und das ist immerhin die überwiegende Mehrheit –, durch die historische Bibelkritik in ihrem christlichen Glauben ernsthaft beirrt werden können. Für mich klang jener erste Schock zunächst noch wieder ab, weil die persönliche Lebensbeziehung, die ich im Schülerbibelkreis zur Bibel gewonnen hatte, sich vorerst noch als stärker erwies als die kritische Aufklärung in der Schule.

Verstärkt und systematisch und diesmal unausweichlich und endgültig brach die Woge der historischen Bibelkritik zum Beginn meines Theologiestudiums über mich herein. Da erfuhr ich, was ich auf der Schule nur von ferne und vorübergehend vernommen hatte, ausführlich, methodisch und radikal: Für die Schriften des Alten und Neuen Testaments gelten dieselben historischen und literarischen Überlieferungsgesetze und deshalb auch die gleichen wissenschaftlichen Forschungsmethoden wie für jedes andere historische Dokument und literarische Erzeugnis, wie für Homer, Herodot, die Edda oder das Nibelungenlied. In dem theologischen Hörsaal, in dem das Johannesevangelium oder ein Paulusbrief ausgelegt wurden, geschah demnach methodisch nichts anderes als in dem Hörsaal nebenan, in dem ein Dozent Plato, Aristoteles, Cicero, Kant oder den »Faust« interpretierte. Die Kreuzigung Jesu vor den Toren von Jerusalem wurde genauso zu einem Gegenstand der historisch-kritischen Forschung wie die Ermordung Cäsars auf dem Kapitol in Rom.

Wo blieb da die Autorität der Bibel, wo ihre Heiligkeit und Wahrheit zugleich? Die naive Imagination war für mich längst dahin, und einer so massiven historischen Bibelkritik vermochte auch keine noch so gemilderte Inspirationslehre standzuhalten.

Bis dahin hatte die Autorität der Bibel, ihre Gültigkeit als göttliche Offenbarungsurkunde, ganz selbstverständlich die Übereinstimmung von Text und Ereignis vorausgesetzt: daß sich tatsächlich auch ereignet hat, was der Bibeltext berichtet, ja daß es sich Wort für Wort so zugetragen hat, wie die Bibel es erzählt, kurzum, daß »historisch stimmt«, was »geschrieben steht«. Jetzt aber tat sich mit einemmal eine *Differenz zwischen Text und Ereignis* auf, zwischen dem, was »buchstäblich« geschrieben steht, und dem, was sich »tatsächlich« ereignet hat. Jetzt schien historisch längst nicht mehr alles zu stimmen, was in der Bibel geschrieben steht.

Was mir fast zwei Jahrzehnte lang in Elternhaus, Kirche und Schule als christliche Wahrheit vermittelt worden war, das wurde jetzt bestritten, wenn nicht gar widerrufen. Jetzt, auf der Universität, vernahm ich: Abraham und die übrigen Erzväter haben niemals gelebt, und der Auszug Israels aus Ägypten samt der Landnahme in Kanaan hat sich ganz anders vollzogen, als im Alten Testament erzählt wird. Jesus ist weder von einer Jungfrau im Stall zu Bethlehem geboren worden, noch ist er am Ende seiner Erdentage vom Ölberg in den Himmel aufgefahren. Er hat auch längst nicht alles gesagt und getan, was die Evangelien von ihm berichten. Selbst in der Bergpredigt stammt nur weniges von ihm; ja, nicht einmal das Vaterunser, sozusagen das »Allerheiligste« der Christenheit, steht in seinem ursprünglichen Wortlaut fest. Nicht nur die Synoptiker und Johannes schließen sich teilweise gegenseitig aus, die Synoptiker selbst sind untereinander uneins, weil jeder, von einem eigenen »dogmatischen Interesse« geleitet, den ihm vorliegenden Überlieferungsstoff gestaltet hat, so daß die Frage entsteht, ob Jesus von Nazareth als Initiator des Glaubens an den Anfang der neutestamentlichen Überlieferung oder nicht vielmehr als Produkt des Glaubens an ihr Ende gehört. Von den neutestamentlichen Briefen schließlich geht die überwiegende Mehrzahl gar nicht auf jene Apostel zurück, deren Namen – Paulus, Petrus, Johannes, Jakobus – jeweils eingangs als Verfasser genannt werden ...

Dies und noch mehr erfuhr ich fast alles gleich im ersten Semester. Das war ein schmerzhafter Lernprozeß, falls es überhaupt schon ein Lernprozeß war und nicht nur ein großes Zerstörungswerk. Ich erinnere mich, wie ich in den Ferien nachts durch die Straßen meiner Heimatstadt gelaufen bin, in meinem Glauben an die Bibel erschüttert und nach einem Ausweg suchend.

Die *historische* Entdeckung, daß in der Bibel Text und Ereignis, geschriebenes Wort und tatsächliches Geschehen, nicht übereinstimmen, sondern daß eine Kluft zwischen beiden besteht, hatte schwerwiegende *theologische* Folgen. Damit geriet die Autorität des biblischen Kanons ins Wanken; die göttliche Wahrheit war jetzt nicht mehr »verbucht«. An die Behauptung des Glaubens: »Es steht geschrieben!« hängte sich fortan die kritische Frage: »Steht es geschrieben?« Wenn aber in einem heiligen Buch auch nur ein Bruchteil nicht mehr als wahr gilt, dann droht das ganze Buch seine Heiligkeit und Wahrheit zu verlieren.

Die Frage nach der historischen Echtheit der biblischen Überlieferung hat mich anfangs zwar schwer bedrängt, mich im Laufe der Jahre aber mehr und mehr losgelassen. Ich erinnere mich an ein Gespräch mit dem Kirchenhistoriker und Neutestamentler Hans Freiherr von Campenhausen zu Anfang des Krieges in Wien. Wir kamen vom gemeinsamen Mittagessen und standen noch eine Weile vor dem Gebäude der Theologischen Fakultät in der Liebiggasse beisammen. Unser theologisches Gespräch über dies und das war aus irgendeinem Grunde bei der historischen Echtheitsfrage gelandet: welche Schriften im Neuen Testament von den angegebenen Verfassern stammten und welche nicht. Ich sehe Herrn von Campenhausen noch vor mir stehen, mit seinem Handstock heftig auf das Pflaster stoßen und dabei in seinem breitesten Baltisch verkünden, welche Schriften des Neuen Testaments er ein für allemal für echt und welche für unecht zu halten gedenke – und damit basta! Bereits damals habe auch ich mir vorgenommen, mir künftig keine Sorgen mehr um solcherart Fragen zu machen.

Historische Echtheitsprobleme haben mich später wohl noch beschäftigt, aber nicht mehr beschwert. Heute erscheinen sie mir wie das Notenlesen oder die Fingerübungen vor dem eigentlichen Klavierspiel, zwar niemals aufzugeben, aber wichtig nur als unerläßliche Voraussetzung für das nachfolgende Spiel.

Dagegen hat mich die andere Kluft, die das neuzeitliche geschichtliche Denken aufgerissen hat, zeitlebens bedrängt: *die Distanz zwischen der biblischen Vergangenheit und der eigenen Gegenwart*, zwischen der Glaubens- und Lebenswelt der Bibel und den heute veränderten Lebensbedingungen und Denkvoraussetzungen. Hier geht es nicht mehr nur um die Frage, ob eine biblische Überlieferung auf Grund ihrer Entstehung historisch echt oder unecht und darum wahr oder unwahr sei, sondern ob ihr Inhalt unter den veränderten Lebens- und Verstehensbedingungen der Gegenwart überhaupt noch als Wahrheit angenommen und wiederholt werden könne. Welche auf die Bibel sich gründende christliche Glaubensaussage – von der göttlichen Erschaffung und Lenkung der Welt über die Erwählung des Volkes Israel und die endgültige Offenbarung Gottes in Jesus Christus bis hin zu Totenauferstehung und Jüngstem Gericht – wäre hier aber nicht betroffen?

Wie einem Seemann dadurch »Seebeine wachsen«, daß er sich der schwankenden Bewegung des Schiffes nicht entgegenstemmt, sondern ihr nachgibt und sich ihr überläßt, so bin auch ich dadurch zu einem eigenständigen Theologen geworden, daß ich mich der Wirkung der historischen Bibelkritik, daß »alles wackle«, nicht widersetzt, sondern mich auf sie eingelassen habe. Ebendieselbe historisch-kritische Methode, die meinen Glauben an die Bibel erschüttert hat, hat mir dazu verholfen, die in der Bibel erschlossene Wahrheit festzuhalten. Rückblickend muß ich konstatieren: *Ich wüßte nicht, wie ich ohne historisch-kritisches Bibelverständnis hätte Christ bleiben können.*

Ich kann für meine theologische Biographie im kleinen bestätigen, was man von der Theologiegeschichte des 19. und 20. Jahrhunderts im großen gesagt hat: Die historisch-kritische Bibelforschung hat trotz allen »Wackelns« am Ende nicht zur totalen Auflösung, sondern zur größeren Vergewisserung des christlichen Glaubens und seiner Wahrheit geführt.

Zuerst hat es bei dem Aufprall des neuzeitlichen Geschichtsdenkens auf den traditionellen Bibelglauben zwar eine gewaltige Explosion gegeben, deren Druckwelle auch ich in meiner theologischen Existenz heftig zu spüren bekommen habe. Hinterher aber hat sich gezeigt, daß gerade durch diese Explosion die harte Schale der falschen Heiligkeit der Bibel zertrümmert und der feste, unzerstörbare Kern ihrer Wahrheit ans Licht gebracht worden ist. Die Konfrontation des traditionellen christlichen Bibelglaubens mit der historischen

Bibelkritik hat einen theologischen Lernprozeß in Gang gesetzt, dessen Ertrag in einer *Befreiung und Reinigung des christlichen Glaubens* besteht, in seiner Befreiung vom Zwang des Buchstabens und in seiner Reinigung von unterchristlichen Elementen.

Zur *Befreiung vom Zwang des Buchstabens* hat die historisch-kritische Forschung dem christlichen Glauben durch die Aufdeckung der Unterschiede, ja klaren Widersprüche und krassen Gegensätze in der Bibel verholfen. Diese reichen von unterschiedlichen Orts- und Zeitangaben über widersprüchliche sittliche und religiöse Verhaltensweisen bis hin zu gegensätzlichen Aussagen über Gott.

Zum Beispiel:

Das eine Mal erhält das Volk Israel das Gesetz von Gott sogleich nach dem Auszug aus Ägypten (2. Mose 19,1 ff.) – das andere Mal wird ihm das Gesetz erst am Ende der Wüstenwanderung, unmittelbar vor der Landnahme in Kanaan gegeben (5. Mose 1,1 ff.)

Die Propheten Amos, Hosea, Jesaja und Jeremia üben scharfe Kritik am Tempelkult, nicht nur an seinen Entartungen, sondern grundsätzlich – die Propheten Haggai und Sacharja fordern nach der Rückkehr aus der babylonischen Gefangenschaft den Wiederaufbau des Tempels geradezu als Vorbedingung für Jahwes neue Gegenwart.

Mose heißt wegen der Zuchtlosigkeit des Volkes die Söhne Levi mit dem Schwert sich gürten und durch das Lager gehen, vom einen Tor zum andern, und Bruder, Freund und Nächsten, insgesamt dreitausend Mann, erschlagen (2. Mose 32,25 ff.) – Jesus spricht, als man eine Ehebrecherin vor ihn bringt: »Wer unter euch ohne Sünde ist, der werfe den ersten Stein auf sie«, und rettet ihr das Leben unter Einsatz seines eigenen (Johannes 8,3 ff.) – in den Briefen des Neuen Testaments und vor allem in der Offenbarung des Johannes wird Gottes Zorn und Strafe dann wieder reichlich auf alle Gott- und Zuchtlosen herabbeschworen.

Der Prophet Jeremia betet zu Gott im Blick auf seine Feinde: »Laß mich deine Vergeltung an ihnen sehen; denn ich habe dir meine Sache befohlen« (20,12) – Jesus von Nazareth befiehlt sich am Kreuz gleichfalls Gott, aber er betet: »Vater, vergib ihnen, denn sie wissen nicht, was sie tun« (Lukas 23,34) – Paulus wiederum verflucht jeden, der ein anderes Evangelium predigt als er (Galater 1,8f.), und der zweite Johannesbrief verbietet es, einen Irrlehrer selbst zu grüßen, geschweige denn, ihn ins Haus aufzunehmen.

Nach der einen Vorstellung des Neuen Testaments ist Jesus unmittelbar vom Kreuz oder aus dem Grab, ohne die besondere Erwähnung einer »Auferstehung«, zu Gott in den Himmel erhöht worden und erscheint den Jüngern von dorther – nach einer anderen Version wird Jesus aus dem Grabe erweckt, verkehrt mit seinen Jüngern noch eine Zeitlang auf Erden und fährt erst dann in den Himmel auf.

Von der Wiederkunft Jesu heißt es im Neuen Testament nebeneinander und durcheinander, daß sie noch zu Zeiten der jetzt lebenden Generation erfolgen solle (Markus 9,1; Matthäus 16,28); daß sie erst später, aber doch schon bald stattfinden werde (Markus 13; Matthäus 24); daß kein Mensch, nicht einmal der Sohn selbst, sondern allein der Vater im Himmel, die Stunde kenne, daß vor Gott aber tausend Jahre wie ein Tag seien (Markus 13,32; Matthäus 24,36; 2. Petrus 3,3ff.); daß es zu wachen gelte, weil der Christus plötzlich wie ein Dieb in der Nacht kommen werde (Matthäus 24,42ff.; 2.Petrus 3,10); daß die Christen, ob sie wachen oder schlafen, schon jetzt in der Gemeinschaft mit Jesus und deshalb auch künftig mit ihm leben werden (1.Thessalonicher 5,10).

Und so weiter, und so weiter.

Diese Unterschiede und Widersprüche in der Bibel lassen sich durch keine noch so raffinierte theologische Deutung aus der Welt schaffen, sondern allein mit Hilfe der historisch-kritischen Methode erklären. Dann ergeben sie sich aus der jeweiligen geschichtlichen Situation, in der die einzelnen biblischen Überlieferungen entstanden, durch die sie bedingt und geprägt sind.

Damit deckt die historische Bibelkritik den menschlichen Anteil am göttlichen Offenbarungsgeschehen auf und leistet so einen Beitrag zur theologischen Entlastung Gottes. Man darf nicht alles, was in der Bibel geschrieben steht, für bare

Münze, das heißt für Gottes Wort, nehmen; es gibt auch reichlich menschliches Wechselgeld in ihr. Ohne historische Kritik wäre die Wahrheit der Bibel nicht als Wahrheit *Gottes* festzuhalten!

So führt die Aufdeckung der Unterschiede und Widersprüche in der Bibel durch die historische Kritik nicht in Unsicherheit, sondern in die Freiheit. Sie hält die Theologie zum eigenen freien, schöpferischen Umgang mit der biblischen Tradition an.

Zugleich trägt die historisch-kritische Forschung durch ihre Bibelkritik zur *Reinigung des christlichen Glaubens* bei. Sie hindert den Glauben daran, daß er aus der Bibel alles unbesehen übernimmt. Für vieles, was im Alten und Neuen Testament geschrieben steht, gibt es als einzig mögliche theologische Erklärung nur noch das Urteil der Bibel selbst: »Das Alte ist vergangen.«

Zum Beispiel:

Wenn der Apostel Paulus über die Frauen sagt, daß sie zu Hause ihren Männern gehorchen und in der Gemeinde schweigen sollten, dann spricht daraus eher der Zeitgeist als der Heilige Geist und mehr der Junggeselle als der Apostel.

Wenn Jahwe ein »Kriegsmann« oder ein »Held im Kriege« genannt wird, der Israel in den Kampf voranzieht und seine Feinde vernichtet, dann genügt nicht die bloße Feststellung, daß Israel seine militärischen Siege als eine Gabe Gottes verstanden habe und daß sich darin die »Weltbezogenheit« seines Glaubens bekunde, sondern dann kann die Interpretation nur in Einspruch und Protest münden: Mag solcher Glaube auch weltbezogen sein, gottbezogen ist er bestimmt nicht!

Wenn Jahwe über die Amalekiter den Bann verhängt und gebietet, keinen zu verschonen, sondern das ganze Volk auszurotten, dann bezeichnen wir dies heute als »Völkermord«, und da gibt es keinerlei theologische Rettung durch Um- oder Neuinterpretation, sondern unsererseits nur den theologischen Bann.

Wenn auf Geheiß und im Namen Gottes Greueltaten begangen werden, wenn Gott selbst ein Schlachtfest unter den Völkern zu veranstalten gedenkt, bei dem die Menschen ihm als Opfer dienen sollen, so daß »ihr Blut auf seine Kleider spritzt und sein ganzes Gewand besudelt«, und wenn im Gegenbild zu einem solchen Rächergott die Gläubigen gleichfalls auf Rache sinnen und mit Gottes Hilfe ihren Feinden, den Gottlosen, nicht nur den eigenen Tod, sondern die Austilgung ihrer gesamten Nachkommenschaft wünschen – dann kann man heute nur noch »schriftgemäß« darüber predigen, indem man da*gegen* predigt.

Aber auch wenn Elia Feuer vom Himmel fallen und Elisa Eisen im Wasser schwimmen läßt, wenn auf Jesu Befehl ein Feigenbaum augenblicks verdorrt, wenn die Berührung mit dem Schatten des Petrus oder mit den Binden des Paulus genügt, um Kranke zu heilen, wenn Ananias und Saphira auf der Stelle tot umfallen, weil sie vom Erlös aus dem Verkauf ihres Ackers heimlich etwas für sich behalten haben, statt alles an die Gemeinde abzuliefern – dann gehen wir an solchen magischen, eher wunderlichen als wunderbaren Vorkommnissen rasch vorüber wie in einer Gemäldegalerie an Bildern, die uns nicht zusagen, weil sie uns nichts zu sagen haben.

Gerade die beinahe besessene Sorgfalt der historisch-kritischen Forschung im Umgang mit den biblischen Texten hat uns die Möglichkeit eröffnet, mit den Texten theologisch freier umzugehen. Ich kann den theologischen Ertrag der historisch-kritischen Methode daher in die These fassen: *Wir sollen die Bibel beim Wort, aber wir sollen sie nicht wörtlich nehmen.*

Wie eine Revolution einem Lande zunächst Befreiung bringt, hinterher aber häufig bald Hörigkeit und neue Knechtschaft erzeugt, so hat auch die Einführung der historisch-kritischen Methode nach der Befreiung des Schriftgebrauchs aus den Fesseln der Verbalinspiration zu Restauration und neuer Tyrannei geführt. Hier teilt die Theologie das allgemeine Schicksal des Historismus. Durch die historische Forschung und Kritik wurde sie fast von selbst dazu verführt, den Blick in die Vergangenheit, in die Entstehungssituation der biblischen Texte, zurückzulenken und darüber den Gegenwartsbezug der in ihnen bezeugten Wahrheit aus dem Auge zu verlieren.

Dadurch drohte das Christentum in neuer Weise zu einer »Buchreligion« zu werden.

»Der Text« – das war fast wie ein Fanal, wie eine Zauberformel. Der Text galt als das Ein und Alles in der protestantischen Theologie. Er stand in ihr an derselben Stelle wie in anderen Religionen der Altar; und wie es in anderen Religionen darauf ankommt, das Opfer möglichst genau, nach vorgeschriebenem Ritual, zu vollziehen, weil es sonst nicht wirkt, so hatte alles, was in der Theologie geschah, nur dem einen Zweck zu dienen, das, was im Text geschrieben steht, möglichst genau herauszufiltern und es so wortgetreu wie möglich zu wiederholen.

»Wissenschaftlich« ist in der Theologie auch heute immer noch fast gleichbedeutend mit »historisch exakt«, und als »sauber« gilt eine Theologie, wenn sie den biblischen Ansatz möglichst rein herausarbeitet und durchhält, die Übertragung in das Heute aber weithin der existentiellen Leistung des einzelnen überläßt. Zwar betont man in der Theorie, daß alle Auslegung historischer Texte, also auch der biblischen Zeugnisse, im Horizont gegenwärtigen Daseins zu geschehen und somit eine »Horizontverschmelzung« stattzufinden habe; in der Praxis aber bleiben die Neutestamentler dann doch, wenn sie zum Beispiel die Korintherbriefe auslegen, im Frühjahr 55 oder 56 nach Christus stehen und sehen darin sogar noch einen Ehrenstandpunkt.

Ich erinnere mich an ein nächtliches Gespräch mit einem befreundeten Neutestamentler, der keineswegs nur ein enger Fachwissenschaftler ist. Er sollte in einer Kommentarreihe den Römerbrief auslegen und klagte darüber, wie schier unmöglich diese Aufgabe sei, wenn man die Auslegung des Textes durch die Geschichte, von seiner Entstehung bis zur Gegenwart, verfolgen wolle. Ich versuchte ihm Mut zu der von ihm befürchteten »Unwissenschaftlichkeit« zu machen: Er solle die historische Situation, in der der Römerbrief entstanden ist, und auch die Tradition seiner Auslegung durch die Jahrhunderte gewiß nicht außer acht lassen, vor allem aber doch, geleitet von den Fragen der Zeitgenossen, den Sinngehalt des Textes für die Gegenwart herausarbeiten. Ich erinnerte ihn daran, daß die bedeutsamsten Auslegungen des Römerbriefes solche gewesen seien, denen Neutestamentler vom Fach exegetische Willkür und wissenschaftliche Ungenauigkeit vorgeworfen hätten – zum Beispiel die Römerbriefvorlesung Martin Luthers und der Römerbriefkommentar Karl Barths, beides keine historisch und philologisch exakten Exegesen, wohl aber großartige religiöse Urkunden, Wiedergeburten des Römerbriefes aus dem Geiste des christlichen Glaubens in einer jeweils veränderten Welt.

Die tiefsten theologischen Erkenntnisse – wahrhafte Gottesgelehrtheit – sind oft genug ohne alle historisch-kritische Forschung, manchmal sogar gegen ihre heute allseits anerkannten Methoden und Resultate zustande gekommen. Wo die historisch-kritische Methode in der Theologie die Vorherrschaft ausübt, dort geschieht im Grunde das gleiche wie im Ahnenkult: Die Abgelebten regieren aus den Gräbern und dem Jenseits die Gegenwart.

Alle Religion aber verlangt Gegenwart! Darum scheint es mir heute an der Zeit, nachdem wir so lange die befreiende und reinigende Wirkung der historisch-kritischen Methode für den christlichen Glauben gepriesen haben, nunmehr an ihre *Grenzen und Gefahren* zu erinnern und also nicht nur den Nutzen, sondern auch den *Nachteil der Historie für die Religion* zu bedenken.

Historische Forschung macht nicht nur Vergangenheit gegenwärtig; sie kann auch Gegenwart in die Vergangenheit entrücken.

Zum Beispiel:

Das Vaterunser stammt aus der ältesten Phase der neutestamentlichen Überlieferung. Damals lebte ein Teil der Christen noch ganz und gar in der Erwartung der unmittelbar bevorstehenden Ankunft des Reiches Gottes. Ich kann mir vorstellen, daß diese Christen morgens mit dem Gedanken aufgewacht sind: »Heute könnte es geschehen, daß Er kommt!« Entsprechend ist das Vaterunser von Anfang bis Ende ein Gebet um das Kommen des Reiches Gottes. »Unser tägliches Brot gib uns heute« meint nicht die Mittel, die zur geschichtlichen Selbstbehauptung des Menschen gehören, sondern nur gerade das Allernötigste zur Fristung des Lebens, solange der endgültige Anbruch des Reiches Gottes noch aussteht. »Vergib uns unsere Schuld, wie auch wir vergeben unsern Schuldigern« denkt nicht nur an die Vergebung von Sünde und Schuld durch Gott, sondern auch an den gegenseitigen Erlaß einforderbarer Schulden, weil für Geschäfte bis zur Wiederkunft Christi keine Zeit mehr ist. »Führe uns nicht in Versuchung, sondern erlöse uns von dem Bösen« bedeutet nicht allgemein Rettung aus Anfechtung und Not, sondern Bewahrung vor den besonderen Prüfungen der Endzeit. So wird das vertraute Gebet durch die historische Forschung eher in eine ferne und fremde Vergangenheit entrückt. Ich hielte es daher für falsch, wollte man das ursprüngliche Verständnis des Vaterunsers wiederherstellen und sich damit zugleich die Enderwartung der Urgemeinde mühsam anquälen – auf diese Weise würde das Vaterunser aus dem »Gebet der Christenheit« zu einem Relikt der christlichen Religionsgeschichte.

Wie es durch historische Forschung eine Entrückung in die Vergangenheit geben kann, so umgekehrt eine Überwindung der Distanz zwischen einst und heute ohne jede historische Kenntnis und Erläuterung. Da schlägt ein Bibeltext durch Zeiten, Länder und Kulturen unmittelbar bis in die Gegenwart durch.

Ich erinnere mich: Am Himmelfahrtstag 1945, wenige Tage nach dem Tode Hitlers und der Kapitulation Deutschlands, habe ich im Gottesdienst auf einer Krankensammelstelle zum Eingang das Triumphlied über den Sturz des Königs von Babel aus Jesaja 14 gelesen. Darin heißt es:

»Wie bist du vom Himmel gefallen,
du schöner Morgenstern!
Wie wurdest du zu Boden geschlagen,
der du alle Völker niederschlugst!
Du aber gedachtest in deinem Herzen:
›Ich will in den Himmel steigen
und meinen Thron über die Sterne Gottes erhöhen . . .
Ich will auffahren über die hohen Wolken

und gleich sein dem Allerhöchsten.‹
Ja, hinunter zu den Toten fuhrest du,
zur tiefsten Grube! . . .
›Ist das der Mann, der die Welt zittern
und die Königreiche beben machte,
der den Erdkreis zur Wüste machte
und seine Städte zerstörte
und seine Gefangenen nicht nach Hause entließ?‹ . . .
Du aber bist hingeworfen ohne Grab
wie ein verachteter Zweig,
bedeckt von Erschlagenen, die mit dem Schwert
erstochen sind
wie eine zertretene Leiche . . .
Denn du hast dein Land verderbt
und dein Volk erschlagen . . .
Richtet die Schlachtbank zu für seine Söhne
um der Missetat ihres Vaters willen,
daß sie nicht wieder hochkommen und die Welt erobern
und den Erdkreis voll Trümmer machen.«

Der Eindruck dieses Liedes auf die Zuhörer war so stark, daß ich den Gottesdienst gleich nach seiner Verlesung ohne Predigt hätte beschließen können. Hinterher gab es eine heftige Diskussion, fast ein Getümmel – so schroff stießen Betroffenheit und Empörung aufeinander. Viele hatten gar nicht begriffen, daß sie einen zweieinhalb Jahrtausende alten Text gehört hatten, der von einem altorientalischen Großkönig handelt; sie meinten, es sei ein zeitgenössisches Spottgedicht auf Adolf Hitler gewesen, und hatten sich deshalb darüber so aufgeregt.

So gibt es in der Bibel zahlreiche Texte, die ohne alles historische Wissen, ohne Palästinakunde, Archäologie, Religionsgeschichte oder historische Kritik, unmittelbar verständlich sind. Ja, manche Bibelstellen »treffen« uns überhaupt nur, wenn sie aus ihrem Kontext und ihrem geschichtlichen Zusammenhang herausgelöst werden. An wieviel hohen Geburtstagen und bei wieviel Goldenen Hochzeiten haben Pfarrer zum Beispiel das Wort ausgelegt: »Um den Abend wird es licht sein« (Sacharja 14,7)! Schlügen die also Angeredeten dieses Wort in der Bibel nach, so würden sie verwundert feststellen, daß dort nicht vom friedlichen Abendlicht eines Tages oder des Lebens die Rede ist, sondern vom »Tag des Herrn« mit Kampfgetümmel, Eroberung, Ausrottung, Schändung, Erdbeben und Flucht.

Zu den Grenzen der historisch-kritischen Methode und zu den Nachteilen der Historie für die Religion gehört auch die *Überschätzung des kritischen Maßstabs »historisch echt – historisch unecht«*. Ein Bibeltext kann historisch unecht und trotzdem religiös wahr sein, und er kann umgekehrt historisch echt sein und für uns dennoch keinerlei religiöse Wahrheit enthalten.

Zum Beispiel:

Von den sechs Antithesen der Bergpredigt – »Ihr habt gehört, daß zu den Alten gesagt ist – ich aber sage euch . . .« – hält die kritische Forschung drei, nämlich die Verbote des Tötens, des Ehebruchs und des Schwörens, für ursprünglich, das heißt von Jesus selbst stammend, die drei anderen Anweisungen hingegen, die von der Ehescheidung, der Vergebung und der Feindesliebe handeln, für sekundär, das heißt von der Gemeinde Jesu gebildet. Gleiches gilt für die Seligpreisungen, mit denen die Bergpredigt beginnt. Kein heutiger Bibelleser aber wird zwischen den angeblich »echten« und »unechten« Antithesen beziehungsweise Seligpreisungen einen Unterschied bemerken und sich in seinem religiösen Urteil dadurch beirren lassen. Denn er vernimmt aus ihnen allen, ob historisch echt oder unecht, den Geist derselben Wahrheit.

Und hängt die Wahrheit der Botschaft, die das Gleichnis vom verlorenen Sohn oder das vom barmherzigen Samariter ausspricht, wirklich davon ab, daß Jesus selbst diese Gleichnisse gesprochen hat? Oder würde sich der religiöse Wahrheitsgehalt der lukanischen Erzählung von der Geburt Jesu in Bethlehem, der sogenannten »Weihnachtsgeschichte«, erhöhen, wenn Archäologen den Stall und die Krippe samt den Knochen von Ochs und Esel in Bethlehem ausgrüben und so sich herausstellte, daß es sich hier um keine Legende, sondern um ein »tatsächliches« Geschehen handelt? Ich wäre auch jederzeit bereit, über die Geschichte von der Auferweckung des Jünglings zu Nain zu predigen, obwohl ich sie für eine Legende, mithin für historisch unecht halte, weil ich die Wahrheit, daß Jesus Spender ewigen Lebens sei, in ihr überzeugend ausgedrückt finde.

Daß die Frage nach der Wahrheit oder Unwahrheit des christlichen Glaubens sich zuletzt an einem anderen Maßstab als an dem der historischen Echtheit oder Unechtheit der biblischen Überlieferung entscheidet, beweisen die zeitgenössischen Bestreiter des Christentums.

Ich erinnere mich an eine Fernsehdiskussion mit Rudolf Augstein über sein Buch »Jesus Menschensohn«. Gleich zu Beginn fragte ich Augstein, ob er zu einem anderen Urteil über Jesus von Nazareth gelangt wäre und die christliche Botschaft als Wahrheit für sich anerkannt hätte, wenn die von ihm als Späher ausgesandten »Spiegel«-Redakteure mit dem Ergebnis zurückgekehrt wären, daß die neutestamentliche Überlieferung von Jesus historisch echt und zuverlässig sei. Er antwortete mir darauf mit einem ehrlichen, glatten Nein. Das zeigt, daß ihm – wie auch anderen Bestreitern des Christentums – die historisch-kritische Argumentation nur als ein Mittel dient, um eine Wahrheitsentscheidung, die sie zuvor aus weltanschaulichen Motiven getroffen haben, nachträglich auch noch historisch zu begründen. Entscheidend ist auch für sie zuletzt nicht, ob die christliche Botschaft historisch zuverlässig ist, sondern ob auf sie im Leben und Sterben Verlaß ist. Und mit diesem Wahrheitskriterium haben sie uneingeschränkt recht!

Die historisch-kritische Methode kann mit ihren Mitteln zwar den Inhalt der biblischen Überlieferung richtig herausarbeiten, nicht aber den Glauben an ihre Wahrheit begründen. Ich bin davon überzeugt, daß die im Neuen Testament berichteten Erscheinungen des Auferstandenen zu den bestbezeugten Ereignissen der antiken Geschichte gehören, daß wir hier mit den historischen Zeugnissen so nahe an das Ereignis selbst herankommen wie sonst nur selten in der Antike – dennoch vermag mir diese historische Überzeugung nicht jene Gewißheit zu verleihen, die stärker ist als die Angst vor dem Tode. »Aber die historischen Zeugnisse sind echt!« –

das tröstet keinen, wenn er auf dem Sterbebett liegt.

Der Hinweis auf die Grenzen der historisch-kritischen Methode und auf den Nachteil der Historie für die Religion deutet einen Fortschritt in der Theologie an. Er führt von der Historie weiter zur Religion. Damit kommt zugleich die vierte, vorerst letzte Stufe meines eigenen Bibelverständnisses in Sicht: die »reflektierte Imagination«, die die naive des Anfangs »aufhebt«, indem sie sie auf einer höheren Stufe wiederkehren läßt.

5. *Von der Historie zur Religion (reflektierte Imagination)*

Was die historische Fragestellung und kritische Forschung der Theologie an vermehrter wissenschaftlicher Erkenntnis und auch an vertiefter religiöser Einsicht eingebracht haben, soll nicht vergessen sein. Religiöse Vorstellungen und historische Überlieferungen, die sich einmal als mythologisch oder unhistorisch erwiesen haben, können niemals wieder als Geschichte ausgegeben werden. Wohl aber kann ihre *religiöse* Bedeutung und Wahrheit in der *Geschichte* neu zur Sprache und Geltung gebracht werden.

Der Bund der Theologie mit der Geschichtswissenschaft soll nicht aufgekündigt werden. Auch eine zeitgenössische Erfahrungstheologie bleibt an der historisch-kritischen Erforschung der biblischen Überlieferung theologisch interessiert; denn ihr theologisches Interesse richtet sich ja darauf, wie die Menschen in der Bibel Gott erfahren haben – und dies herauszufinden, ist eine Aufgabe der historischen Forschung. Aber die Theologie muß sich von der Vorherrschaft der historisch-kritischen Methode befreien. Fortan nimmt an Stelle der historisch-kritischen Forschung die religiöse Erfahrung den beherrschenden Platz in der Theologie ein. Die Historie wird zu einer Hilfswissenschaft für die Theologie. Ihre Funktion besteht nach wie vor darin, die überlieferten biblischen Zeugnisse nach allen Regeln der historischen Kunst zu erforschen, jedoch allein zu dem Zweck, die in ihnen sich bekundende göttliche Wirklichkeit klarer erkennen zu helfen.

So bleibt die Historie mit der Religion verknüpft, aber die Historie gebietet der Religion nicht länger mehr, was künftig zu glauben sei, sondern sie bietet ihr nurmehr an, was einst geglaubt worden ist – als Impuls, Motiv und Inhalt heutigen neuen Glaubens. Dieser Platzwechsel bedeutet mehr als nur eine einzelne Akzentverschiebung. Er zeigt ein Fortschreiten der Theologie im ganzen an – *von der Historie weiter zur Religion.*

Fragt man, was die neununddreißig alttestamentlichen und siebenundzwanzig neutestamentlichen Schriften, insgesamt mehr als zweitausend Seiten und in einem Zeitraum von mehr als tausend Jahren entstanden, zusammenhält und was sie trotz ihrer Vielfalt, ja Widersprüchlichkeit zu einer so einheitlichen Wirkung gebracht hat, so ist es der Glaube an den gleichen Gott, genauer, die Botschaft von der Zuwendung Gottes zu den Menschen, die in allen diesen mannigfaltigen, teilweise widersprüchlichen Texten Ausdruck gefunden hat.

Die Bibel erzählt Geschichte, aber nicht in ihrer nackten Tatsächlichkeit – die Bibel entstammt nicht einem Dokumentationszentrum oder einer Datenverarbeitungszentrale –, sondern in einer bestimmten Auffassung und Deutung. Die Bibel ist kein Lehr-, sondern ein Lebensbuch; sie vermittelt nicht Wissensstoff, sondern Glaubensweisheit. Man könnte sie als die Sammlung von Bruchstücken einer großen Konfession bezeichnen. Diese Konfession besteht in einer in allen Überlieferungsstücken durchscheinenden gleichen Welt- und Geschichtsinterpretation: *Die Bibel erzählt die Welt als die Geschichte Gottes mit den Menschen.*

Diese Geschichte Gottes mit den Menschen aber spielt sich in lauter Geschichten von Menschen mit Gott ab! In den biblischen Zeugnissen hat sich niedergeschlagen, was Menschen – als einzelne oder als Gruppe, als Sippe, Kultverband, Gemeinde, Volk oder Kirche – mit Gott erfahren haben, allen voran der eine Jesus von Nazareth, den die Kirche deshalb als den Christus Gottes bekennt. Gottes Geschichte mit den Menschen, aufbewahrt im Gedächtnis von Menschen – das ist die Bibel: ein großes *menschliches* Erinnerungsbuch, aber ein Buch voll menschlicher Erinnerungen an *Gott* – memoria Dei in memorabilibus hominum.

Getrieben von der »maßlosen Frage« nach dem Sinn, hat das Volk Israel in immer neuen Anläufen und Ansätzen über seine Geschichte nachgedacht. »Sinn« aber kam diesem Volke allein von seinem Gott her. Und darum hat es seine Geschichtsüberlieferungen immer wieder im Glauben neu gedeutet und umgestaltet. Auf diese Weise ist das Alte Testament entstanden: nicht ein Bericht über den Lauf der Geschichte, sondern ein Bekenntnis zu Gottes Führung durch die Geschichte – *geglaubte Geschichte*, Geschichte als ein immerwährendes Gespräch mit Gott. Die Ausdrucksform der Darstellung ist darum nicht die Dokumentation, sondern die Erzählung, nicht das Protokoll, sondern der Hymnus, nicht die Chronik, sondern die Konfession.

Mit der neutestamentlichen Überlieferung von Jesus verhält es sich grundsätzlich nicht anders. Auch sie enthält keine Tatsachenberichte, sondern Glaubenserfahrungen, nicht »Reports«, sondern »Credos«. Das Neue Testament bietet memoria Jesu – Gedenken an Jesus im Gedächtnis von Menschen. Das aber heißt: Aus den neutestamentlichen Texten erfahren wir nicht unmittelbar, was Jesus gesagt und getan hat. Zwischen dem Ereignis und dem Text steht vielmehr der Glaube der ersten Christen, und diese überliefern Jesu Worte und Taten nicht historisch getreu, sondern eben im Glauben reflektiert und moduliert. Die Schriften des Neuen Testaments sind ein Niederschlag der Glaubensbewegung, die Jesus von Nazareth ausgelöst hat – Reflexe des Jesusgeschehens und seiner Wirkung auf verschiedene Menschengruppen. Wir finden die Spuren des Lebens Jesu auf den Spuren der Jünger, die in seiner Nachfolge wandeln.

So begegnet die Geschichte Gottes mit den Menschen in der Bibel nicht anders als auch Geschichte sonst: nicht in ihrem reinen »Sein«, sondern in ihrer Widerspiegelung im menschlichen »Bewußtsein«. Wir haben auch die Geschichte der Offenbarung Gottes immer nur in menschlichen Reflektionen und also in indirekten Zeugnissen. Entsprechend ist die Bibel nicht die Urkunde der Offenbarung Gottes selbst, sondern die *Urkunde des Glaubens* von *Menschen an Gottes Offenbarung.* Wir hören aus ihr nicht unmittelbar Gottes Stimme, sondern nur mittelbar im vielfachen Echo menschlicher Stimmen. Selbst wo es in der Bibel heißt: »Gott hat geredet«, geschieht solches Reden immer durch Menschen. Das gilt sogar für Gottes »Selbstoffenbarung« in Jesus Christus – worin besteht sie anders als in der Mitteilung eines Menschen von seinen Erfahrungen mit Gott?

Wenn die Bibel ein *menschliches* Erinnerungsbuch an *Gott* und die Auslegung einer biblischen Geschichte daher immer schon die Interpretation einer Interpretation ist – verliert der christliche Glaube dann nicht seinen festen geschichtlichen Grund? Löst sich der reale Ereignischarakter der Offenbarung Gottes damit nicht in bloßes menschliches Bewußtsein, in lauter Gedanken, Gefühle oder gar nur Einbildungen von Menschen auf?

Die Bibel bietet nicht *Außenansichten* der Geschichte, sondern *Innenansichten*, genauer *Innenansichten der Außenansicht.* Womit die Bibel *Geschichte* gemacht hat, ist ihre *Deutung von Geschichte!* Was wäre Israel ohne seine gläubige Geschichtsdeutung, was selbst Jesus von Nazareth ohne die Glaubenszeugnisse der ersten Christengemeinden? Damit rückt das historische Geschehen der Deutung mindestens gleichrangig neben das gedeutete historische Geschehen. Das gedeutete historische Geschehen kann sich unter Umständen sogar als völlig »unhistorisch« erweisen.

Zum Beispiel:

Der Erzvater Abraham, im Alten Testament ebenso wie im Neuen, für die Christenheit nicht minder als für Israel das Urbild des Vertrauens auf Gott schlechthin, ist keine historisch erkennbare und datierbare Gestalt, weit weniger noch als Wilhelm Tell in der Schweiz. Was sich in den von ihm handelnden Geschichten spiegelt, ist die Gotteserfahrung und Weltdeutung des biblischen Erzählers und seiner Zeit, nicht der Glaube und Gehorsam eines historischen Abraham. Es handelt sich also wohl um »Geschichte«, aber nicht um die Biographie eines Ahnherrn namens Abraham, sondern um die Geschichte des Glaubens Israels in der davidisch-salomonischen Ära.

Aber wird die Glaubenserfahrung, die sich in der Abraham-Erzählung niedergeschlagen hat, etwa darum geschichtslos und damit zugleich wertlos, weil sie sich nicht als eine Glaubenserfahrung Abrahams, sondern des »Jahwisten« erweist? *Auch die Deutung von Geschichte ist ein geschichtliches Geschehen, und auch Erfahrungen sind Ereignisse!* In jedem Fall macht nicht das Historische selig, sondern der Glaube – aber auch der Glaube ist stets etwas Historisches! Damit ist endgültig das Ergebnis der historisch-kritischen Forschung theologisch ernstgenommen: daß die Bibel eine Glaubensurkunde ist, daß wir es in ihr nicht mit objektiven historischen Berichten, sondern mit Glaubenszeugnissen zu tun haben, daß aber auch der Glaube Geschichte ist und daß die Bibel allein um ihres Glaubenszeugnisses willen Geschichte gemacht hat und auch nur darum für uns heute noch von geschichtlicher Bedeutung ist.

Um das für die biblische Überlieferung charakteristische Miteinander, ja Ineinander von Ereignis und Erfahrung, von Geschichte und Deutung auszudrücken und in der Theologie kräftiger als bisher zur Geltung zu bringen, bezeichne ich die vierte Stufe meines Bibelverständnisses als *reflektierte Imagination.*

»Imagination« soll besagen: Die Geschichtsinterpretationen der Bibel sind nicht »Abbildungen«, sondern »Einbildungen« von der Geschichte. »Abbildungen« kommen auf dem Wege von außen nach innen zustande, indem die Wirklichkeit auf den Menschen wie auf einen unbelichteten Film trifft und sich in ihm »wirklichkeitsgetreu abbildet«. »Einbildungen« hingegen kommen nicht umgekehrt allein auf dem Weg von innen nach außen zustande, sondern sie entstehen durch einen gleichzeitigen Vorgang in beiden Richtungen. Und eben diese doppelte Bewegung soll das Wort »reflektiert« wiedergeben. *»Reflektiert«* heißt einmal, daß sich im Menschen eine außerhalb seiner selbst gelegene Wirklichkeit widerspiegelt und in ihm eine »Impression«, einen »Ein-

druck« hervorruft. Zum anderen bedeutet »reflektiert«, daß der also Betroffene die außerhalb seiner selbst gelegene Wirklichkeit nicht einfach »unbedacht« in sich eingehen läßt, sondern sie »reflektiert«, das heißt sie bedenkt, prüft, einordnet und deutet, sie also seinerseits widerspiegelt und ihr seinen »Ausdruck« verleiht.

Der Unterschied der reflektierten Imagination zur naiven besteht darin, daß der Mensch nicht nur die von außen auf ihn eindringenden biblischen Bilder aufnimmt, sondern daß er dabei zugleich sich selbst reflektiert und sich so in der Begegnung mit den Zeugnissen der Bibel selber durchsichtig wird.

Ich könnte im Hinblick auf die »Machart« der biblischen Überlieferung mit gutem Gewissen auch von *Inspiration* sprechen. Nur fasse ich diesen Begriff im Unterschied zur Verbalinspiration der alten und neuen Orthodoxie geschichtlich und damit menschlicher auf. Inspiration schafft kein geistiges Vakuum im Menschen. Sie löscht den Geist des Menschen nicht aus, sondern bewegt und erfüllt ihn gerade. Darum geht das von einem biblischen Autor Geschriebene auch nicht zeitlos ins Allgemeine, sondern ist stets – je nach Charakter und Temperament der Person sowie nach dem Umstand des Ortes und der Zeit – »historisch« geprägt und »persönlich« gefärbt.

Die Bibel erzählt alle Ereignisse so, daß darin immer zugleich ihre »Ereignung« an den Menschen, denen sie widerfahren oder die von ihnen erzählen, eingeschlossen ist. Die Ereignung eines Ereignisses an einem Menschen aber nennen wir »Erfahrung« und, wenn die aneignende Kraft der Glaube ist, »Glaubenserfahrung«. Glaubenserfahrung schließt jedoch stets ein: nicht allein kraft eigener Vernunft, sondern zugleich aus Gottes Geist und Kraft. Und deshalb scheue ich mich nicht, im Hinblick auf die Entstehung und Weitergabe der biblischen Überlieferung von »Inspiration« zu sprechen: Nicht das einzelne Bibelwort ist spirituell eingegeben; die Bibel insgesamt ist ein spirituelles Geschehen.

Inspiration aber ist nicht nur ein Vorrang der biblischen Zeugen in der Vergangenheit, sondern ein jederzeit möglicher Vorgang auch in der Gegenwart. Wo immer Zeitgenossen, animiert durch die in der Bibel gespeicherten Glaubenserfahrungen, heute ihrerseits an Gott glauben, dort wiederholen sich nicht einfach die Gotteserfahrungen der biblischen Zeugen, sondern dort finden neue, eigene Erfahrungen Gottes statt. Was aber bedeutet dies anderes, als daß sich hier heute »Inspiration« ereignet?

Damit wird der von radikalen Offenbarungstheologen behauptete unendliche Abstand zwischen den biblischen Autoren und heutigen Christen und Theologen zwar nicht aufgehoben, aber doch wesentlich gemildert. Gewiß will ich mich nicht mit Amos, Jesaja, Jeremia, Petrus, Paulus, Johannes oder einem der anderen großen Propheten und Apostel in der Bibel vergleichen. Sie sind mir dreifach überlegen: Sie stehen in einer größeren zeitlichen Nähe zum entscheidenden göttlichen Offenbarungsgeschehen – sie besitzen eine mir weit überlegene religiöse Begabung und Ausdruckskraft – sie haben für ihren Glauben einen sehr viel größeren Lebenseinsatz gewagt. Aber mit einigen der kleinen Propheten und Briefschreiber im Alten und Neuen Testament will ich es wohl aufnehmen. Was zum Beispiel die Propheten Obadja und Nahum oder die Verfasser des zweiten Petrus-, des Judas- und der beiden kleinen Johannesbriefe mir voraushaben, inwiefern sie im Unterschied zu mir »direkt« mit der göttlichen Offenbarung konfrontiert sein sollen, vermag ich nicht einzusehen.

Wenn göttliche Inspiration sich auch heute noch ereignet, dann heißt es für die Gottes- und Welterfahrung der Bibel nicht: Wohlan, noch einmal!, sondern: Fortsetzung folgt.

6. Festschreibung oder Fortschreibung der biblischen Botschaft?

Nach dem Polenfeldzug 1939 waren in allen Gemeinden Deutschlands »Siegesgottesdienste« angesetzt. Auch ich hatte an diesem Sonntag zu predigen. Dabei war mir ganz und gar nicht nach Sieg zumute. Erst wenige Tage zuvor war ich mit meiner Frau von der Beerdigung ihres jüngsten Bruders, der von den Polen verschleppt und ermordet worden war, zurückgekehrt. Dort, in Posen, hatte ich gesehen, wie man mit einem geschlagenen Volk umgeht – und ich wünschte doch die Niederlage Deutschlands. Daher hatte ich für meine Predigt statt des kirchlich verordneten Textes den 126. Psalm gewählt, der mit den Worten beginnt: »Wenn der Herr die Gefangenen Zions erlösen wird, dann werden wir sein wie die Träumenden . . .« Jetzt, nach der Predigt auf dem Rückweg von der Kirche ins Pfarrhaus, war mir doch leicht bänglich ums Herz. Aber im Amtszimmer erwarteten mich keine Gestapobeamten, sondern die Eltern des eingezogenen Pfarrers, den ich zu vertreten hatte. Auf dem Tisch lag eine aufgeschlagene Bibel – sie deuteten mit dem Finger darauf und fragten mich, ob in meiner Bibel im 126. Psalm nicht auch das Wort »Zion« stehe. In der Tat hatte ich dieses Wort in meiner Predigt gänzlich außer acht gelassen, weil mir nicht an der Wiederholung, sondern an der Vergegenwärtigung des Bibeltextes gelegen war und ich es nun einmal nicht mit Israel, sondern mit Deutschland zu tun hatte. Daß ich in meiner Predigt den »Blitzkrieg«, den »Endsieg« und »unseren Führer« mit keinem Wort erwähnt hatte, zählte gegenüber der Auslassung des Wortes »Zion« für sie nicht.

Wie oft habe ich es seitdem erlebt: Da habe ich irgendwo einen Vortrag gehalten, die Diskussion ist eröffnet, und sofort kommen die Fragen: Warum haben Sie nichts von der Jungfrauengeburt gesagt – glauben Sie nicht, daß Jesus Gottes Sohn ist? Warum haben Sie nicht vom Blut Christi gesprochen – glauben Sie nicht, daß Christus für unsere Sünden gestorben ist? Warum haben Sie das leere Grab nicht erwähnt – glauben Sie nicht, daß Jesus Christus auferstanden ist? Und wo bleibt bei Ihnen die Wiederkunft Jesu am Ende der Tage, wo die Totenauferstehung und das Jüngste Gericht? Dazu jedesmal mindestens eine Bibelstelle, wortwörtlich aufgesagt.

Dieses Festhalten am Wortlaut der Bibel erinnert an Kinder, die beim Erzählen von Märchen streng darauf achten, daß alles jedesmal genau gleich erzählt wird, daß nichts hinzugefügt und nichts weggelassen wird. Hier geschieht keine Berufung auf die Wahrheit der Schrift, sondern die Beschwörung eines heiligen Textes. Ähnliches findet sich in primitiven Religionen: Die Formeln müssen peinlich genau wiederholt werden, wenn sie wirken sollen. Religionssoziologisch betrachtet, ist dies das Verhalten der »Sekte«. Indem man sich hinter dem Text verschanzt, verteidigt man ängstlich den eigenen religiösen Besitzstand und begegnet zugleich den eigenen Sektengenossen mit Mißtrauen. Im Grunde liest man die Bibel nicht, sondern man spiegelt sich in ihr. Der Text dient nur als Wand, auf die sich das eigene fromme Bewußtsein projiziert.

Bemühe ich mich, die gestellten Fragen zu beantworten, und zwar nicht mit einem glatten Ja, sondern mit einem »Ja – aber«, um der eigenen Ehrlichkeit willen und wegen der Zeitgenossen im Saal, damit sie verstehen, was in der Bibel geschrieben steht, und es als heutige Wahrheit erkennen – dann gerate ich bei den Fragestellern vollends in den Verdacht des Unglaubens: Es steht geschrieben – ein für allemal, da gibt es kein Aber! Das Wort ist Schrift geworden: Druck und Papier – die Schriftwerdung Gottes.

Jetzt aber wird die Mehrheit im Saal ungeduldig und meldet sich zu Wort. Sie will endlich ihre eigenen Fragen stellen. Es sind ehrliche, persönliche, zeitgenössische Fragen, und sofort ändert sich auch das Klima des Gesprächs: es wird ernsthaft, sachlich, konkret. An diesem Gespräch aber nehmen die ersten Fragesteller nicht mehr teil. Entweder sind sie ihm nicht gewachsen, oder sie interessieren sich nicht dafür.

Festschreibung oder Fortschreibung der biblischen Botschaft? – das ist hier die Frage. In der Bibel selbst findet ständig eine »Fortschreibung« der Überlieferung statt. Zwar sagt Mose bei der Übergabe des Gesetzes an Israel: »Ihr sollt nichts dazutun zu dem, was ich euch gebiete, und sollt auch nichts davontun, auf daß ihr bewahrt die Gebote des Herrn eures Gottes« (5. Mose 4,2) – in Wirklichkeit aber hat man im Gang der biblischen Überlieferung allzeit sowohl dazu- als auch davongetan. Man ist mit den überlieferten Stoffen höchst elastisch umgegangen und hat sie jeweils nach Umstand, Ort und Zeit selbstbewußt und eigenwillig neu gedeutet und umgestaltet. Da wird gereinigt und verbessert, laut widersprochen oder stillschweigend übergangen. Bibelkritik findet durchaus schon in der Bibel selbst statt – Wahrheit ist mitten im Streit!

Zum Beispiel:

Wie wenig zimperlich haben die Prophetenschüler im Alten Testament die Botschaften ihrer Lehrer weitergebildet, damit sie aktuell blieben und nicht in den Archiven verkämen! Und wie ungeniert sind Matthäus und Lukas, aus Rücksicht auf ihre Leser, mit ihrer Vorlage Markus umgegangen!

Die Propheten haben, um ihre Botschaft von Gottes neuem Handeln in der Geschichte auszudrücken, die alten geschichtlichen Überlieferungen Israels neu und durchaus verschieden gedeutet. Deuterojesaja zum Beispiel, der dem Namen nach unbekannte Prophet im babylonischen Exil, stellt den von ihm angekündigten Auszug der Gefangenen aus Babylon dem einstigen Auszug Israels aus Ägypten an die Seite. Von dem Heilsereignis, auf dem bisher aller Glaube Israels beruht hat, lenkt er den Blick seiner Volksgenossen weg auf ein neues, mindestens ebenso großes, wenn nicht noch größeres Geschehen: »Gedenkt nicht an das Frühere und achtet nicht auf das Vorige! Denn, siehe, ich will ein Neues schaffen; jetzt wächst es auf – erkennt ihr's denn nicht?« (Jesaja 43,18f.) Mit dieser Parallelisierung der beiden Heilsereignisse hat Deuterojesaja das Grundbekenntnis Israels angetastet. Das ist genauso, wie wenn heute in der Christenheit jemand aufstünde und die Offenbarung Gottes in Jesus Christus mit der Ankündigung einer neuen, noch größeren Heilstat Gottes zu überbieten wagte.

Im Neuen Testament findet gleichfalls eine ständige Neu- und Weiterbildung, eine »Fortschreibung« der Überlieferung von Jesus statt. Am Anfang steht hier nicht die Einheit, sondern die Vielfalt – ein buntes Ganzes, nicht nur von Nuancen, sondern durchaus auch von Gegensätzen. Da gibt es nicht nur Markus, Matthäus und Lukas, obwohl als »Synoptiker« bezeichnet, dennoch untereinander verschieden, und nicht nur Paulus und neben Paulus, wieder ganz anders, nicht nur Johannes, sondern auch noch eine vorpaulinische, vormarkinische, vorjohanneische Tradition, dazu die Überlieferung der »Redenquelle« (Q) in einer älteren aramäischen und einer jüngeren griechischen Fassung, nicht gerechnet die diversen Sondertraditionen. »Judenchristen«, »Heidenchristen«, »Hellenisten«, »Samaritaner«, »johanneischer Kreis« – jeder deutete die Überlieferung von Jesus gemäß seiner Herkunft und Hoffnung und bildete sie auf diese Weise weiter. In manchen Gegenden hat das Christentum sogar nicht mit der Rechtgläubigkeit, sondern mit der Ketzerei begonnen, das heißt nicht mit einer großkirchlichen Gemeindebildung, sondern mit einer gnostischen Sekte.

Fortschreibung, nicht Festschreibung der biblischen Botschaft ist eine Tendenz dieses ganzen Buches. Deshalb genügt an dieser Stelle zur Verdeutlichung ein einzelnes konkretes Beispiel.

In dem Schöpfungsbericht, mit dem die Bibel beginnt, heißt es: »Und Gott segnete sie und sprach zu ihnen: ›Seid fruchtbar und mehret euch und füllet die Erde und macht sie euch untertan‹.« (1. Mose 1,28) Kaum von einem anderen Bibeltext sind so große geschichtliche Wirkungen ausgegangen wie von diesem. Er hat die Welt gestaltet; zumindest hat er dazu beigetragen, daß die Welt heute so ist, wie sie ist.

Hinter dem Auftrag Gottes an die Menschen steht eine doppelte Absicht: einmal die Erhaltung des Menschengeschlechts und zum anderen – durch die Herrschaft des Menschengeschlechts – die Erhaltung der Erde. Entsprechend galt Kinderreichtum bislang auf seiten des Menschen als ein Beweis des Gehorsams und als ein Zeichen des Segens von seiten Gottes. Die Erde aber ist durch die Hand des Menschen fast zu einem menschlichen Produkt, zu einer zweiten Schöpfung geworden. Heute nun ist die Menschheit an die »Grenzen des Wachstums« gestoßen. *Festschreibung* der biblischen Tradition würde in dieser Situation heißen: Weitermachen wie bisher. Die Folgen wären unvorstellbare Hungerkatastrophen unter der Menschheit und die endgültige Ruinierung der Erde. Darum ist heute an dieser Stelle eine *Fortschreibung* der biblischen Botschaft wahrhaft »vonnöten«: Im Gehorsam gegen denselben Auftrag Gottes, gegen seine Absicht, die

Menschheit zu erhalten und durch die Hand der Menschheit die Erde, heißt die Forderung nicht mehr religiös motivierte Bevölkerungsvermehrung, sondern rational kontrollierte Bevölkerungsplanung, nicht mehr stürmische Überwindung, sondern vorsichtige Einhaltung der Grenzen des Wachstums. Nachdem in der christlichen Tradition jahrhundertelang die Herrschaft des Menschen über die Erde betont worden ist, ist es heute an der Zeit, die andere, sich in der Bibel zwar nur andeutende Linie zu erkennen, die in der Geschichte der Christenheit bisher zu kurz gekommen ist: daß der Mensch nicht nur die Krone der Schöpfung bildet, sondern daß er auch Kreatur unter Kreaturen ist und daß er deshalb mit der übrigen Kreatur solidarisch leben und leiden sollte, wie diese es schon stets mit ihm getan hat. In diesem Zeichen hat das achthundertjährige Gedenken an Franz von Assisi (1976) gestanden, und aus diesem Grunde gelangt Albert Schweitzer heute zu neuen theologischen Ehren.

Dabei kann die Fortschreibung der biblischen Botschaft aber auch zur »Abschreibung« geraten. Von *Abschreibung* der biblischen Botschaft ist dann zu sprechen, wenn einer nicht mehr, von der in den biblischen Zeugnissen gespeicherten Gotteserfahrung und Weltdeutung geleitet, nach neuer entsprechender Erfahrung Gottes in der Welt sucht, sondern wenn er umgekehrt die biblische Gotteserfahrung und Weltdeutung dem herrschenden Zeitgeist einfach anpaßt. Im Falle des in der biblischen Schöpfungsgeschichte an die Menschen ergehenden Auftrags würde »Abschreibung« bedeuten: Kein Vertrauen mehr haben, um überhaupt Kinder in die Welt zu setzen, keinerlei Unterschied mehr zwischen Mensch und Tier anerkennen und ganz und gar in der Natur versinken. Da heißt es dann am Ende: »wenn du nicht wirst wie der geringste dieser schimpansen, wirst du nicht in das Reich eingehen« (Carl Amery). Das bedeutet nicht mehr Fortschreibung, sondern Abschreibung der biblischen Botschaft, nicht ihre Wandlung, sondern ihre Auflösung. Fortschreibung meint das, »was der Fall ist«, und nicht, »wie es euch gefällt«.

An der Frage der Festschreibung oder Fortschreibung der

biblischen Botschaft scheiden sich heute die Geister in der Kirche. Mit welchen Namen immer man die kirchlichen Parteiungen belegen mag, ob man von »Konservativen« und »Progressiven«, von »Orthodoxen« und »Liberalen«, von »Evangelikalen« und »Modernen«, von »Rechten« und »Linken« spricht – stets handelt es sich um dasselbe Grundproblem: um eine unterschiedliche Gewichtung der beiden Pole christlicher Theologie – der biblischen Tradition und der gegenwärtigen Situation. Während die einen ihr Augenmerk vornehmlich auf die biblische Tradition richten und den Bibeltext bis in den Wortlaut hinein zu wiederholen trachten, fassen die anderen gleichzeitig die gegenwärtige Situation ins Auge und suchen den Bibeltext vor allem zu aktualisieren.

Diese Spannung innerhalb der Kirche ist nicht erst von heute. Sie findet sich bereits in der Bibel. Wenn Jesus in der Bergpredigt bei Matthäus sagt: »Bis daß Himmel und Erde vergehe, wird nicht vergehen der kleinste Buchstabe noch ein Tüpfelchen vom Gesetz« (5,18), dann spricht daraus die Sorge der christlichen Urgemeinde um die Identität und Kontinuität der biblischen Botschaft, und sie drängt deshalb auf ihre »Festschreibung«. Wenn Jesus dagegen in den Abschiedsreden bei Johannes spricht: »Wenn aber jener, der Geist der Wahrheit, kommen wird, der wird euch in alle Wahrheit leiten« (16,13), dann hat der Evangelist dabei die Vielfalt und Weiterbildung der christlichen Botschaft im Auge und rechtfertigt damit seine eigene »Fortschreibung«.

Diese Spannung zwischen Identität und Variabilität, zwischen Festschreibung und Fortschreibung der christlichen Botschaft setzt sich in der Geschichte der Christenheit fort. Wir erkennen sie wieder in der Auseinandersetzung zwischen Petrus und Paulus, zwischen Origenes, dem größten griechischen Theologen, und seinem alexandrinischen Bischof Demetrius, zwischen Abälard und Bernhard von Clairvaux, zwischen Luther und dem päpstlichen Legaten Cajetan, zwischen Lessing und dem Hamburger Hauptpastor Goeze, zwischen Kierkegaard und Bischof Mynster, zwischen Harnack und dem preußischen Oberkirchenrat.

Identität und Variabilität, Festschreibung und Fortschreibung der biblischen Botschaft werden in der Theologie und Kirche niemals in eine spannungslose Gleichgewichtslage gelangen. Auf *einer* Hüfte wird immer jeder hinken, sofern er in seinem Glauben und Denken ein lebendiger Mensch von Fleisch und Blut geblieben und nicht zu einem theologischen Computer oder einer reinen Glaubensmaschine geworden ist.

Mein eigenes theologisches Interesse richtet sich vornehmlich auf die *Fortschreibung* der biblischen Botschaft. Ich leugne nicht, daß ich unter Umständen die biblische Überlieferung zu »verkürzen« bereit bin, damit der Zeitgenosse wenigstens etwas von ihr versteht, statt daß er kopfschüttelnd von dannen geht. Mir ist immer noch lieber, daß jemand Jesus für einen »guten Menschen« hält, als daß er ihn für nichts achtet. Wer das Evangelium von der Liebe Gottes aus Liebe zu den Menschen anders ausdrückt, als dies in der Bibel geschieht, bezeugt eben damit die von der Bibel überlieferte Wahrheit, das Evangelium von der Liebe Gottes. Wenn wir heute dasselbe sagen wollen, was die Bibel sagt, dann müssen wir es nicht nur anders sagen, als es die Bibel sagt, dann müssen wir unter Umständen sogar anderes sagen.

Zu einem Gleichnis dafür wird mir der folgende religiöse Brauch: In Neuguinea gibt es einen Stamm, der sich seine Mythen in Tagträumen aneignet und sie dann in kunstvoll gefertigten Masken darstellt. Diese Masken werden jedes Jahr verbrannt, um der Phantasie Raum zu lassen, damit sie neue lebendige Mythen schaffe und sie wiederum in Masken darstelle. Dasselbe Verfahren sollte, im übertragenen Sinne, auch für die Auslegung der biblischen Überlieferung gelten. Wir kennen Gott auch immer nur unter der Maske der Bilder und Vorstellungen, die wir uns auf Grund unserer Erfahrungen von ihm machen, und wir müssen diese Masken verbrennen, wenn Gott unter ihnen nicht mehr erkennbar ist, um Raum zu schaffen für neue Erfahrungen Gottes und neue Bilder von ihm.

Die Notwendigkeit einer ständigen Fortschreibung der biblischen Botschaft zieht einen *Wandel der Autorität* des Bibelbuches nach sich, vielleicht keine geminderte, wohl aber eine gemilderte Autorität, keine so starre und strenge mehr, sondern eine biegsame, weil lebensvollere.

Die Bibel bildet fortan kein Kursbuch des christlichen Glaubens, mit festgelegtem Heilsfahrplan auf unverrückbaren Schienen. Sie gleicht jetzt eher einer Seekarte, auf der zwar auch Routen und Kurse eingezeichnet und abgesteckt sind, aber breitere, mit mehr Raum zu eigenem Navigieren, je nach Gezeiten und Wind. Vielleicht ist die Bibel heute sogar noch treffender mit einem Logbuch zu vergleichen, in das frühere »Fahrensleute« ihre Positionen, Beobachtungen, Widerfahrnisse und Erfahrungen eingetragen haben, nicht wörtlich zu wiederholen, schon gar nicht anzubeten, wohl aber gut und nützlich zu lesen für jedermann, insonderheit für alle jene, die nach Spuren Gottes suchen, um ihm neu zu begegnen.

Mit der Bibel verhält es sich wie mit dem Brotgetreide: Das Stroh überwiegt, aber von den Körnern leben wir – und die Körner stehen auf Halmen, die zu Stroh werden. Eines können wir nicht tun: das Korn dreschen, das Stroh verbrennen und die Körner speichern. Wir haben das Korn immer nur zusammen mit dem Stroh. Und Jahr für Jahr müssen wir die Körner neu aussäen, um neues Korn zu ernten, das uns zum Brot des Lebens werden kann.

VIERTES KAPITEL

Ich glaube Jesus seinen Gott

1. Feuer vom Himmel

Am Anfang des Christentums steht nicht ein Buch, die Bibel, sondern eine Person, Jesus von Nazareth, den die Christenheit als den »Christus« bekennt. Der holländische Religionshistoriker G. van der Leeuw formuliert einmal: »Es gibt religiöse Erlebnisse, die wie ein Funke im Pulverfaß wirken. Diese nennen wir ›Stiftung‹.« Genau das ist durch Jesus von Nazareth geschehen. Er hat selbst von sich gesagt: »Ich bin gekommen, ein Feuer auf Erden anzuzünden« – und er hat hinzugefügt: »Was wollte ich lieber, als es brennte schon!« (Lukas 12,49) Wenn ich ein Motto über das Leben und Wirken Jesu setzen sollte, würde ich dafür dieses Wort wählen.

Von allen Religionsstiftern hat Jesus von Nazareth am kürzesten gewirkt, und auch kein anderer ist so jung gestorben wie er. Er wird etwas über dreißig gewesen sein, als er hingerichtet wurde. Nach dem zeitlichen Aufriß der Evangelien hat sein öffentliches Wirken zwischen einigen Monaten und drei Jahren betragen. In dieser kurzen Zeit hat Jesus gleichsam einen Brand in die Welt geworfen, der dann weiter gezündet hat. Ich habe mir immer eine möglichst kurze Wirkungszeit Jesu gewünscht, weil mir dies noch mehr die Einmaligkeit, Radikalität und Dringlichkeit dieses Mannes und seiner Botschaft zu unterstreichen scheint.

Es liegt etwas Abruptes, Zeichenhaftes in der Erscheinung Jesu. Er verkündet kein geschlossenes System, sondern redet in Gleichnissen; er bietet keine festen Formeln an, sondern weist auf Zeichen hin; er verficht keine Prinzipien, sondern entscheidet von Fall zu Fall; er vermittelt kein religiöses

Wissen, sondern spricht den einzelnen in seinem Gewissen an; er besitzt kein fertiges Sendungsbewußtsein, sondern horcht immer neu auf die Stimme seines Vaters im Himmel; er heilt die Welt nicht in Bausch und Bogen, sondern macht einige Kranke gesund; er stiftet keinen neuen Kult, sondern hält Tischgemeinschaft mit solchen, die nicht als kultfähig gelten; er gründet keine religiöse Organisation, sondern beruft einzelne Menschen in seine Nachfolge. Alles in allem macht Jesus den Eindruck eines Mannes, der wenig Zeit hat, der in sehr kurzer Frist etwas ganz Wichtiges, höchst Dringliches auszurichten hat.

Jesus hat sich nicht selber gepredigt. Hört man freilich die heutige Orthodoxie sowie die aller Zeiten, dann kann man fast den Eindruck gewinnen, Jesus sei im Lande umhergezogen, habe dabei dauernd mit dem Finger auf sich gezeigt und nur von sich selbst geredet: »Ich bin, ich bin, ich bin . . .« Das Gegenteil ist der Fall. Er hat nicht gesagt: »Ich bin«, sondern: »Gott ist . . .«

Jesus von Nazareth, ein jüdischer Rabbi, läßt sich auf Gott ein wie kein Mensch vor und nach ihm. Er hat bis in die letzte Tiefe hinab erfahren und erlitten, wer und wie Gott ist. Was er dabei an unser Statt von Gott erkannt hat, das hat er mitgeteilt, damit alle daran teilhaben. Seine Stellvertretung ist zugleich Vermittlung: Sein von ihm erworbenes Glauben und Wissen von Gott kommt allen Menschen zugute. Seitdem haben wir endgültig Gewißheit, wer und wie Gott für uns ist. Die von Jesus erbrachte Gotteserfahrung bildet den Ursprung und Kern aller christlichen Theologie insgesamt und ihrer Christologie im besonderen.

Das Schlüsselwort der neuen Botschaft Jesu von Gott heißt *»Evangelium«*. Es besagt, daß es eine gute, erfreuliche Nachricht sei, die Jesus den Menschen von Gott zu bringen hat. Die neutestamentlichen Evangelien, wenigstens die ersten drei, lassen Jesu öffentliche Wirksamkeit mit einem Jubelruf, fast mit einem Jauchzer beginnen: »Die Zeit ist erfüllt, das Reich Gottes ist herbeigekommen. Kehret um und glaubt an das Evangelium!« (Markus 1,15; vgl. Matthäus 4,17; Lukas 4,14ff.). Das bedeutet keinen kategorischen Imperativ, keinen letzten moralischen Appell an die Menschheit, sondern ein Befreiungsmanifest, die Ankündigung einer universalen Amnestie. Die Freiheit hat schon begonnen!

Jesus kündet Gottes Nähe augenblicklich und hier an: Gott kommt, Gott will da sein für alle, für jeden so, wie er ihn gerade nötig hat und braucht, vor allem aber für die, die ausgeschlossen scheinen von seiner Gunst, die Zukurzgekommenen, die kein Glück in ihrem Leben gehabt haben, die von den Frommen daher für von Gott verlassen gehalten werden. Jesus nennt diese endgültige Zuwendung Gottes zu den Menschen in der Hoffnungssprache seiner Zeit *»Reich Gottes«*. Jedermann ist dazu eingeladen. Freilich muß einer die Einladung annehmen. Darum: Kehret um! Ändert euren Sinn! Glaubt an das Evangelium!

Mir gibt Jesus von Nazareth Antwort und damit Mut in bezug auf drei Fragen:

1. Er gibt mir Antwort auf die Frage nach der *Gegenwart Gottes* und ermutigt mich, an Gott zu glauben – angesichts der scheinbaren Abwesenheit Gottes in der Welt.

2. Er gibt mir Antwort auf die Frage nach der *Zukunft des Menschen* und ermutigt mich, die Welt menschlicher gestalten zu helfen – angesichts der Unmenschlichkeiten in der Welt.

3. Er gibt mir Antwort auf die Frage nach dem *Sinn des Lebens* und ermutigt mich, Sinn zu suchen und zu bekennen – angesichts des Leides und Todes in der Welt.

Darum glaube ich Jesus seinen Gott.

2. *Christologie von unten*

Wie man einen Fluß sowohl von der Quelle bis zur Mündung als auch von der Mündung bis zur Quelle verfolgen kann, so läßt sich auch der Weg Jesu in beiden Richtungen, sowohl »von oben nach unten« als auch »von unten nach oben«, beschreiben. Beides ist in der Geschichte der christlichen Theologie geschehen. Es gibt in ihr sowohl eine »himmlische Christologie« von oben nach unten als auch eine »irdische

Christologie« von unten nach oben. Aber da die Menschheit, wie schon Jesus geklagt hat, ein zeichenwütiges und wundersüchtiges Geschlecht ist, hat die himmlische Christologie auch bei Christenmenschen meistens die größeren Chancen gehabt.

Was himmlische und was irdische Christologie heißt, das ist mir auf einer Israelreise anschaulich geworden. In Bethlehem und Jerusalem, an den Geburts- und Todesgedenkstätten Jesu, herrschte eine drangvoll enge, teils liturgisch würdige, teils drastisch abergläubische Verehrung der himmlischen Herrlichkeit Christi. Was sich hier abspielte, war »Christologie von oben« – trotz Krippe, Kreuz und Via dolorosa. Ich war tief enttäuscht – das war nicht »mein Jesus«.

Anders dagegen erging es mir in Galiläa, an den Ufern des Sees Genezareth und in den Bergen rings herum. Als ich dort saß, stand es mir beinahe handgreiflich vor Augen: Hier ist er gewandelt – dort unten auf dem Weg ist er entlanggegangen, in dem Dorf da drüben hat er einen Kranken geheilt, dort am See hat er gepredigt und ist dann mit dem Boot ans andere Ufer gefahren, und vielleicht hat er sogar an dieser Stelle, an der ich jetzt hier sitze, auch einmal gesessen und sich ausgeruht. Das war für mich »Christologie von unten« – meine Christologie.

Die *Christologie von oben* setzt im Himmel, beim göttlichen Ursprung Jesu, ein, und sie endet auch wieder im Himmel, mit seiner Erhöhung zur Rechten des Vaters. Dazwischen, zwischen Jungfrauengeburt und Himmelfahrt, liegt das »Leben Jesu« – wenn es denn wirklich ein Mensch ist, der hier lebt, leidet und stirbt, und nicht nur ein göttliches Wesen in menschlicher Gestalt, ein Gott in Menschenhaut. Selbst Leiden und Sterben, das menschlichste Kennzeichen jedes Menschengeschicks, drohen ins Überirdische zu entschwinden. Der Kreuzestod Jesu ist nur noch ein Mittel zur Durchführung des göttlichen Erlösungsplans, und die Auferstehung macht hinterher gleich alles wieder gut.

Diese christologische Konzeption, die weithin das bis heute geltende altkirchliche Christusdogma geprägt hat, ist von hellenistischem Geist durchweht. Damals, am Ende der antiken Welt, wurden vor allem Leid, Schicksal, Tod und Vergänglichkeit als Unheil erfahren. Und eben als Antwort auf diese Unheilserfahrung bot die Kirche das göttliche Heil in der Gestalt der Menschwerdung Gottes an: Gott wurde Mensch, damit der Mensch Gott werde.

Aber wer will das heute noch? Unser Interesse geht genau in die umgekehrte Richtung. Von Übermenschen jeglicher Art haben wir genug – sie erzeugen nur Unmenschlichkeiten. Weil die Unheilserfahrung unserer Zeit die Unmenschlichkeit ist, darum sehnen wir uns nach Menschlichkeit als dem universalen Heil für die Menschheit, und wir erwarten sie nicht von einem Übermenschen, auch nicht von einem Gott mit etwas Menschlichem herum, sondern gerade von einem wahren Menschen. So verwandelt sich das Wort des Pilatus über Jesus »Siehe da, ein Mensch!« für uns in eine Verheißung, in das Versprechen, daß Menschlichkeit wahr werden soll. Und das hat Konsequenzen auch für das Nachdenken des Glaubens über Jesus von Nazareth.

Schon seit einigen Jahren bahnt sich, und zwar gleichzeitig in der protestantischen und der katholischen Theologie, ein Umschwung in der Christologie an. Er läßt sich äußerlich an einem veränderten Sprachgebrauch erkennen: Statt »Jesus Christus« sagen heute immer mehr Christen »Jesus von Nazareth«. Hinter diesem Sprachwandel verbirgt sich ein neuer christologischer Ansatz: anstelle der traditionellen »Christologie von oben« eine zeitgenössische »Christologie von unten«.

Die *Christologie von unten* setzt auf der Erde, in Raum und Zeit, ein, bei der Geschichte Jesu, bei seinen Worten und Taten, bei seinem Glauben, Verkündigen und Verhalten, seinem Leiden, Sterben und Auferstehen, genauer, bei dem »Eindruck«, den die Jünger davon hatten, wie er sich in den neutestamentlichen Glaubenszeugnissen niedergeschlagen hat. Das ist nicht gleichzusetzen mit einem primitiven »Jesuanismus«. Die Christologie von unten präsentiert nicht einen Jesus ohne Gott, unter Fortfall jeglicher Transzendenz. Sie leitet Jesu Gottesbeziehung nur nicht abstrakt aus einem ihm angestammten unzerstörbaren göttlichen Charakter ab, sondern erschließt sie aus seiner Gotteserfahrung und einer entsprechenden Lebenspraxis.

Durch diese »Vermenschlichung« wird die Gottesbeziehung Jesu lebensvoller, anschaulicher, realer und damit überzeugender. Wenn ein solcher Mensch zu mir von Gott redet, wenn er es zudem so wie Jesus tut und wenn er dafür auch noch leidet und in solchem Leiden noch für sich selber etwas über Gott hinzulernt, dann glaube ich ihm eher als einem schicksalslosen, unverwundbaren Himmelsboten.

Jedem Christen steht das Recht zu, sich über die ewige Herkunft, das gegenwärtige Befinden und die endgültige Zukunft Jesu seine Gedanken zu machen. Diese Gedanken sind frei und müssen frei bleiben – man kann sich über sie wohl austauschen und meinetwegen sogar streiten, aber keiner darf seine diesbezüglichen Antworten für andere verbindlich machen. Von mir muß ich allerdings gestehen, daß ich derlei Spekulationen wenig schätze, und zwar nicht aus frommer Scheu, sondern aus Mangel an theologischem Interesse. Mich interessiert theologisch nur, was dem Leben dient. Darum reizt es mich auch nicht, hinter die Geburt Jesu in die Ewigkeit zurück- beziehungsweise über die Erscheinungen des Auferstandenen hinweg in die Ewigkeit vorauszublicken.

Mir genügt zum Leben und, wie ich hoffe, dereinst auch zum Sterben ein Christusglaube, der von der Geburt Jesu bis zu den Erscheinungen des Auferstandenen reicht. Was die Herkunft Jesu angeht, so befriedigt mich die Auskunft, daß er von Gott gesandt sei, und was seinen gegenwärtigen Verbleib betrifft, so beglückt mich die Zusage, daß, wo zwei oder drei in seinem Namen versammelt sind, er unter ihnen sei.

3. Gleichnis Gottes und des Menschen

Man könnte von Jesus von Nazareth an Hand der Evangelien ohne Mühe zwei entgegengesetzte Bilder entwerfen: Auf der einen Seite ein Jesus, der ganz und gar auf Gott bezogen lebt, der schon als Kind von sich sagt, daß er sein müsse in dem, was seines Vaters ist, und der als Erwachsener wiederholt, daß es seine Speise sei, den Willen des zu tun, der ihn gesandt hat, der das Recht, Gott »Vater« zu nennen, für sich in besonderer Weise in Anspruch nimmt, der in jeder Stunde seines Lebens gehorsam auf Gottes Stimme lauscht, der jedes Wort, das er sagt, und jedes Werk, das er tut, aus Gottes Hand und Mund empfängt, der sich den Menschen immer wieder entzieht und dann die Nacht auf einem Berge einsam im Gebet verbringt, kurzum, der sich allein Gott verpflichtet weiß und nichts anderes im Sinn hat, als die Menschen gleichfalls zum Glauben an Gott zu bewegen.

Dem steht ein Jesus gegenüber, der ganz und gar den Menschen zugewandt ist, der sich in Kreise wagt, in die sonst kein Frommer geht, der aus Liebe zu den Menschen sogar Gottes Gebot übertritt, der für die Armen und Entrechteten Partei ergreift, der sich mit den von der Gesellschaft Verachteten und Ausgestoßenen, mit Zöllnern und Sündern, zusammen an einen Tisch setzt, der für Frauen und Kinder eintritt und sich schützend selbst vor Dirnen und Ehebrecherinnen stellt, der Kranke heilt, Hungrige speist und sogar die Feinde lieben heißt, kurzum, der sich auch noch des geringsten Menschenkindes annimmt und alle Menschen auffordert, es ihm gleichzutun.

Nur wer diese beiden Bilder miteinander in Einklang bringt, darf in Anspruch nehmen, daß er Jesus von Nazareth verstanden hat. Ursprung und Quelle der neuen *Auslegung Gottes und des Menschen* durch Jesus bildet die zentrale Gotteserfahrung, die sein ganzes Leben, seine Predigt und seine Praxis, bis in den Tod hinein bestimmt hat.

Jesus hat in einer einzigartigen, bis dahin so nicht gekannten Weise Gott als *Vater* erfahren. Ihren charakteristischen Ausdruck findet diese Erfahrung in der von ihm gebrauchten Anrede Gottes als »Abba«, was man am besten mit »Lieber Vater« übersetzt. Das aramäische Wort »Abba« stammt nicht aus der Kultsprache, sondern weist in die Alltagssphäre des Hauses und der Familie. Wenn Jesus Gott mit dem im täglichen Leben der Familie üblichen Vaternamen anredet, so zeigt dies die Innigkeit und Unmittelbarkeit seines Gottesverhältnisses an: Gott ist ihm so nahe und vertraut wie dem Sohn im Hause der Vater mit seiner Fürsorge, Obhut, Belehrung und Autorität.

Jesu »Abba-Erfahrung« bedeutet das Durchbruchserlebnis zu einer *neuen Gotteserkenntnis.* Daß es sich hier um etwas Neues, in dieser Verdichtung bisher Unbekanntes handelt, macht schon ein statistischer Vergleich zwischen dem Alten und dem Neuen Testament deutlich: Im dreimal so umfangreichen Alten Testament wird Gott knapp siebzehnmal, im Neuen Testament dagegen über hundertsiebzigmal »Vater« genannt. Daß Jesus zu Gott »Vater« sagt, versteht sich mithin nicht als eine allgemeine religiöse Wahrheit von altersher, sondern ist im wahrsten Sinne des Wortes »neuen Datums«.

Die Quelle für das Bild von Gott als Vater ist im Neuen Testament nicht das allgemeine menschliche Vater-Kind-Verhältnis, sondern Jesu besonderes Gottverhältnis. Jesus hat nicht die paternalistische Struktur seiner Umwelt auf Gott übertragen, sondern er hat nur, was er in seinem Umgang mit Gott erfahren hat, im Bilde der paternalistischen Struktur seiner Umwelt ausgedrückt. Jesus sagt zuerst »mein Vater« und erst dann »euer Vater« – nur so wird Gott »unser Vater«.

Es gibt in den Evangelien einen Satz, der den genauen Gegen-Satz zur vulgärchristlichen Rede von Gott als Vater bezeichnet. Er lautet aus dem Munde Jesu: »Ihr sollt niemanden euren Vater heißen auf Erden; denn nur *einer* ist Vater: der im Himmel ist.« (Matthäus 23,9) Hier wird der üblichen Übertragung einer idealistisch übersteigerten menschlichen Vaterschaft auf Gott und der entsprechenden Gegenübertragung der Vaterschaft Gottes auf allerlei irdisch-menschliche Vaterschaften jäh der Boden entzogen. Damit ist Gottes Vaterschaft auf einmal ganz und gar nichts Selbstverständliches, Natürliches mehr, sondern die göttliche Ausnahme, die zwar alle menschliche Vater- und Sohnschaft begründet, die deshalb aber noch nicht alle irdischen Vaterverhältnisse und ihren Anspruch auf Autorität von vornherein sanktioniert, sondern sie eher gerade in Frage stellt. Welche gesellschaftskritische Kraft hätte von solcher Verkündigung Gottes als

Vater ausgehen können, statt alle möglichen und unmöglichen menschlichen Ansprüche auf gottväterliche Autoritäten, voran Familien-, Landes- und Kirchenväter, zu rechtfertigen und ihre entsprechenden Institutionen zu befestigen!

Das Vaterbild Gottes empfängt sein Profil in den Evangelien entscheidend nicht vom Schöpfungsgedanken und damit von der Herkunft des Menschen, sondern von Jesu Reich-Gottes-Botschaft und damit von der Zukunft des Menschen: Gott ist Vater der Menschen vornehmlich nicht, weil er ihr Erzeuger ist, sondern weil er sich ihnen in Liebe zugewandt hat. Jesu Ankündigung, daß die Menschen darum nicht mehr Knechte, sondern Söhne sein sollen, weist auf noch Ausstehendes, Zukünftiges hin; es beansprucht, die Erfüllung alles dessen zu sein, was Menschen je von Gott geglaubt und für die Menschheit erhofft haben. Damit fällt von selbst alles Niedliche, Infantile, Archaische ab, das der Vorstellung von der Gotteskindschaft, nicht ohne Schuld der christlichen Verkündigung, bis auf diesen Tag anhaftet. Gotteskindschaft ist keine Kindergottesdienstangelegenheit und gilt auch nicht nur für eine begrenzte Epoche in der Geschichte der Menschheit, für das Stadium ihrer »selbstverschuldeten Unmündigkeit« (Kant). Es ist vielmehr gerade die Bezeichnung für ein *mündiges* Gottesverhältnis und damit der Ausweis des endgültigen Erwachsenseins des Menschen, die letzte Stufe seiner Menschwerdung. Wer zu Gott »Vater« sagt, ruft nicht kindlich einen Urahn an, duckt sich auch nicht ängstlich oder schutzsuchend unter ein Über-Ich, sondern spricht mit Gott vertrauensvoll und intim wie ein Sohn mit seinem Vater.

Dieser Ausdruck der unmittelbaren Gemeinschaft mit Gott stellt eine mündige Menschheit »in Aussicht«, die, weil Gott ihr Vater sein will, sich untereinander als Bruderschaft versteht. Richtig verstanden, hätte die neuzeitliche Autonomie deshalb Gott nicht als Vater zu entthronen brauchen. Mündigkeit verändert zwar den Umgang mit dem Vater, führt aber nicht in jedem Fall zu seiner Absetzung.

Die Veränderung im Umgang mit dem Vater weist für mich in die Richtung des Begriffes »Freundschaft«, wie ja auch in der menschlichen Vater-Sohn-Beziehung der Vater mit der wachsenden Mündigkeit des Sohnes immer mehr zum Freunde wird. »Gottesfreunde« erscheint mir denn auch als eine in unserer Zeit besonders treffende und glückliche Bezeichnung für Leute, die an Gott glauben.

Die Vorstellung von Gott als »Freund« könnte auch eine Schwierigkeit beheben, mindestens erleichtern helfen, die mir in meiner theologischen Existenz erst verhältnismäßig spät aufgestoßen ist. Ich meine die Tatsache, daß Gott im Christentum einseitig als *Mann* verstanden wird. Natürlich hatte ich immer schon gewußt und wie andere auch davon geredet, daß in der katholischen Kirche das dem Christentum abhanden gekommene weiblich-mütterliche Element durch Maria, »Unsere liebe Frau«, die »Mutter Gottes«, ersetzt worden sei. Aber daß die Männlichkeit Gottes ein theologisches Problem bedeuten kann, ist mir erst schlagartig bewußt geworden, als die Frau eines Freundes einmal im Gespräch unvermittelt einwarf: »Ich kann mir gar nicht vorstellen, wie das ist, wenn man mit Gott gleichen Geschlechtes ist.«

Seit jenem spontanen Hinweis auf Gottes Maskulinität habe ich über diese Frage immer wieder einmal nachgedacht, ohne sie freilich allzu ernst zu nehmen. Theologisch liegt die Sache ziemlich klar. Wegweisung kann hier die berühmte Stelle im biblischen Schöpfungsbericht bieten: »Gott sprach: ›Lasset uns Menschen machen, ein Bild, das uns gleich sei . . .‹ und Gott schuf den Menschen zu seinem Bilde, zum Bilde Gottes schuf er ihn; und er schuf sie als Mann und Weib.« (1. Mose 1,26f.) Damit ist eindeutig gesagt: In Gott ist beides – Mann und Frau. Das heißt nicht, daß Gott ein geschlechtlicher Zwitter wäre, sondern daß er sowohl männlich als auch weiblich ist, also sowohl »unser Vater« als auch »unsere Mutter«. Und warum sollte es dann eines Tages nicht auch möglich sein, zu Gott vertrauensvoll »unser Vater und unsere Mutter« zu sagen?

Indem Jesus Gott in neuer, noch nicht dagewesener Weise als Vater erfährt und verkündet, hat seine Auslegung Gottes von vornherein eine bestimmte Tendenz. Diese Tendenz geht in Richtung auf die Menschen. Während die antiken Götter selig nur in sich selbst sind, will der Vater Jesu von Nazareth gerade nicht ohne die Menschen sein. Darum tritt er aus sich heraus und setzt sich zu ihnen »in Beziehung«. Gott ist für Jesus daher mehr ein *Geschehen* als ein Sein, weniger ein Begriff als eine *Bewegung.* Es geht Jesus nicht um Gott in seiner Existenz an sich, sondern um Gott in seiner *Zuwendung zu den Menschen.* Der Gott, der sich als Vater zu erkennen gibt, tut eben darin kund, daß er ein Gott der Menschen sein will, daß er eine Leidenschaft für die Menschen hat, daß er auf des Menschen Menschlichkeit bedacht ist und sich um seine Zukunft sorgt, kurzum, daß er ein menschlicher Gott ist – ein »Deus humanus«.

Diese *Menschlichkeit Gottes* bildet sich ab in Jesu *Lebenspraxis der Mitmenschlichkeit.* Das von Jesus verkündete Reich Gottes trägt sein Gesicht. In seinem Auftreten, durch sein Verkündigen und Verhalten, hat Jesus Gott unter den Menschen »ereignet«. Jesus spricht zu den Menschen nicht über Gott, sondern er spricht ihnen Gott zu.

Diesem »draufgängerischen« Stil seiner Verkündigung entspricht sein Verhalten: Jesus geht auf die Menschen zu. Deutlich unterscheidet er sich darin von Johannes dem Täufer. Der Täufer weilt draußen am Jordan und läßt sich dort von den Menschen aufsuchen – die Sünder müssen zu ihm hinausgehen. Jesus dagegen zieht im Lande umher und sucht die Menschen auf – er geht zu den Sündern hin.

Johannes der Täufer bietet den Allgemeinfall der Religionsgeschichte: Gott darf sich nur nahen, wer Gottes würdig ist. Der Zutritt zum Heiligen verlangt die Erfüllung bestimmter Bedingungen – kultischer Vorschriften und sittlicher Gebote. Dies gilt ebenso für Juden wie für Heiden. An einigen Stellen des Alten Testaments scheint noch das Formular einer »Torliturgie« durch. Da stand der Wallfahrer am Tempeltor und fragte nach den Einlaßbedingungen. Darauf gab der den Eingang hütende Priester zur Antwort: »Wer nach meinen (Gottes) Gesetzen lebt und meine Gebote hält, daß er danach tut« – »Wer unschuldige Hände hat und reines Herzens ist; wer nicht bedacht ist auf Lug und Trug und nicht falsche Eide schwört« – »Wer untadelig lebt und tut, was recht ist . . . Wer die Verworfenen für nichts achtet, aber ehrt die Gottesfürchtigen.« (Psalm 15; 24,3-6; Jesaja 33,14-16; Hesekiel 18,5-9) Fast wörtlich gleich lauten Tempelinschriften, die man auf hellenistischem Boden gefunden hat. Auch sie nennen als Bedingung für den Eintritt in das Heiligtum: »Wer reine Hände hat« – »Wer frei ist von allem Frevel« – »Wer sich keines Bösen bewußt ist« – »Wer wohl und recht gelebt hat«, der und nur der darf der Gottheit begegnen.

Jesus von Nazareth dagegen spricht: »Wer zu mir kommt, den werde ich nicht hinausstoßen.« (Johannes 6,37) Er reißt die Zäune, die die Religion zwischen Gott und Mensch und dementsprechend auch zwischen Mensch und Mensch aufgerichtet hat, nieder und bekundet eine *grenzenlose Offenheit.* Er ladet alle vorurteilslos ein: die Armen, die vor lauter Arbeit für Religion keine Zeit haben, ebenso wie die Reichen, die sich mit Geld oder Politik ihre Hände schmutzig gemacht haben; die Gesunden, die keinen Arzt zu brauchen meinen, ebenso wie die Kranken, die vergeblich nach einem Arzt suchen; die Gerechten, die ihre guten Werke vor Gott aufzählen, ebenso wie die Ungerechten, die kaum zu Gott aufzublicken wagen; die Frommen, die nur ihresgleichen an ihrem Tisch dulden, ebenso wie die Sünder, die draußen vor der Tür bleiben müssen. Dabei zeigt sich bei Jesus deutlich ein »Zug nach unten«. Seine Einladung ergeht vor allem an die, die auf der Schattenseite des Lebens wohnen, deren Leben sich an der unteren Kante der menschlichen Gesellschaft bewegt: Er ruft die Unbehausten von den Straßen und Zäunen herein, er läßt die Kinder zu sich kommen, er tröstet die Mühseligen und Beladenen, er nimmt die »Kleinen« vor den Mächtigen in Schutz, er verkehrt mit moralisch Verdächtigen und politisch Unzuverlässigen und droht den Schriftgelehrten und Pharisäern, daß die Zöllner und Huren vor ihnen in das Reich Gottes eingehen würden.

Seinen sichtbaren, geradezu symbolischen Ausdruck hat Jesu offener, vorurteilsfreier Umgang mit allen Menschen in den *gemeinsamen Mahlzeiten* gefunden, die in seinem Leben einen bedeutsamen Platz einnehmen. Bezeichnenderweise haben ihm seine Gegner gerade diese Mahlzeiten verübelt, einmal, weil er überhaupt normal aß und trank und sich nicht wie ein Asket benahm, zum anderen, weil er bei der Auswahl seiner Tischgenossen keine religiösen und sozialen Unterschiede machte, sondern sich mit jedermann zusammen an den Tisch setzte, mit seinen Jüngern ebenso wie mit seinen Gegnern, mit Pharisäern und Schriftgelehrten genauso wie mit Zöllnern und Sündern. Bei diesen Mahlzeiten aß und trank man miteinander, man unterhielt sich aber auch und führte Gespräche, zum Teil Lehr- und Streitgespräche – einen Teil seiner Gleichnisse hat Jesus bei Tisch erzählt –, so daß man sagen kann: Während Jesus mit seinen Tischgenossen aß und trank, sprach er mit ihnen darüber, daß der Mensch nicht vom Brot allein lebe.

Neben diesen gemeinsamen Mahlzeiten brauchte es für mich nicht eigens noch eine besondere Einsetzung des Abendmahls zu geben. In ihnen verdichtet sich mir der Kern des Evangeliums zum Sinnbild: Daß hier Menschen, die sonst durch vielerlei Schranken – religiöse, soziale, politische und rassische – voneinander getrennt sind, an einem Tisch zusammensitzen und miteinander essen, trinken, sprechen und beten, weist auf die Mitmenschlichkeit des Einen hin, der unter ihnen sitzt, der sie zusammengeführt hat. In der Mitmenschlichkeit dieses Einen aber spiegelt sich die Menschenfreundlichkeit Gottes wider.

Celsus, der erste große Spötter über das Christentum, hat später den Gott der Christen mit einem Räuberhauptmann verglichen, der eine Verbrecherbande um sich sammle. Mit dem Scharfblick des Feindes ist hier der Kernpunkt herausgegriffen, wird das Neue, Fremdartige, ganz und gar Andere erkannt, das alles, was die Menschen sonst über Gott denken, auf den Kopf stellt, das aller Religion stracks entgegen ist und jeder Moral ins Gesicht schlägt. Während Gott sonst nur die Gerechten und Heiligen in seinem Bannkreis duldet, liebt der Vater Jesu von Nazareth gerade die Ungerechten und Sünder; während von Gott sonst gesagt wird, daß er die Sünden der Väter heimsuche bis ins dritte und vierte Glied, ist dieser Gott gerade daran interessiert, die Sünder und Ungerechten vor seinem eigenen Gericht in Schutz zu nehmen.

Für die Zuwendung Gottes zu den Menschen, wie Jesus sie erfahren und in seiner Lebenspraxis der Mitmenschlichkeit bewahrheitet hat, steht im Neuen Testament das Wort *»Liebe«*. Für mich ist es das Hauptwort des christlichen Glaubens. Ich bin bereit, vieles andere im Christentum zu riskieren – nur die Liebe Gottes nicht: sie riskiert sich selbst. Alles andere in der Welt mag relativ und nur mutmaßlich sein – dieses Eine ist absolut gewiß.

Was in der Verkündigung Jesu »Liebe« heißt, wird mir deutlich, wenn ich bedenke, was zur Liebe im Kontrast steht. Den Kontrast zur Liebe bildet bei Jesus *das Böse*. Böse ist alles, was den Menschen »kaputt macht«, was ihn kränkt, schmerzt, knechtet, erniedrigt, beleidigt, entrechtet, kurzum, was den Menschen »entmenschlicht« und damit Gottes Ebenbild in ihm entstellt.

Liebe Gottes – das ist der Deus humanus in Aktion, das ist Gott selbst im Auftritt gegen die Entmenschlichung des Menschen, wie man es an Jesu Eintreten für die Menschen ablesen kann. »Reich Gottes« ist mithin überall dort in der Welt, wo Liebe unter den Menschen geschieht, wo die Liebe die letzte, unbedingte Macht über allem menschlichen Dasein ist. Die Christenheit hat den Menschen nur diese Liebe zu verkündigen, die ineins die Liebe Gottes und die Liebe zu den Menschen ist – das ist ihr einziges wirklich eigenes Thema. Alles andere weiß die Welt selbst und kann sie sich selber sagen, teilweise sogar besser. Aber die Kirche scheint nicht bei ihrem Thema geblieben zu sein – wie hätte man sie sonst mit einer moralischen Anstalt verwechseln und das Pfarrhaus zwischen Polizeirevier und Schule ansiedeln können? Augenscheinlich hat man aus der Predigt der Kirche lauter die Sünde der Menschen als die Gnade Gottes herausgehört, so daß die Christen mehr an die Sünde als an die Gnade zu glauben scheinen.

Für die Erscheinung Jesu insgesamt dünkt mich die treffendste Bezeichnung der Ausdruck *»Gleichnis Gottes und des Menschen«*. Es ist die knappste und einfachste Christologie, die sich denken läßt. Aus seiner Erfahrung Gottes als Vater gewinnt Jesus gleichzeitig beides: Seine Sensibilität für Gott treibt ihn in die Solidarität mit den Menschen.

Als die gebräuchlichste Charakterisierung Jesu kann heute wahrscheinlich die Formulierung Dietrich Bonhoeffers gelten: *Jesus – der Mensch für andere.* In der Tat mag es in einer Zeit wie der unseren, in der immer mehr Menschen zu Gott selbst »adieu« sagen, angeraten erscheinen, die Erzählung von Jesus nicht mit seiner Gottesbeziehung, sondern mit seiner Lebenspraxis der Mitmenschlichkeit zu beginnen. Aber auch wer hier einsetzt, wird sich früher oder später die Frage stellen müssen, woher Jesus Antrieb und Kraft genommen habe, um sich auf eine so unbedingte Mitmenschlichkeit einzulassen und sie selbst im Scheitern noch durchzuhalten. Auf seinen »Grund« befragt, würde Jesus selbst auf Gott verweisen. Er ist das Kraftfeld seines Lebens, Handelns und Sterbens.

Aus den Zeugnissen des Neuen Testaments tritt uns, trotz aller historischen Unstimmigkeiten und noch vor allen theologischen Deutungen, überall ein und dasselbe Bild von Jesus entgegen: Ein Mensch, der »nichts von sich selber hat«, der nichts errafft und nichts an sich reißt, sondern der alles, sich selbst, seine ganze Existenz, jedes Wort, das er spricht, und jede Tat, die er tut, in jedem Augenblick seines Lebens, sogar noch im Scheitern, von Gott empfängt. Als der total Angewiesene und absolut Empfangende lebt er in ungebrochener, vertrauensvoller Einheit mit seinem »Vater«. Darum macht Jesus auch nicht den Eindruck eines angestrengten, sondern eines gelassenen Menschen. In ihm ist keine große Anspannung, sondern eine große Ruhe und Kraft.

Aus der unmittelbaren und vertrauten Art, in der Jesus mit Gott umgegangen ist, mußte sich der christlichen Gemeinde der Sohnesname fast von selbst ergeben. Gerade weil Jesus Gott so zentral als *»Vater«* erfahren und verkündigt hat, gehört er als *»Sohn«* in das Evangelium mit hinein. Als Widerspiegelung und Echo seiner »Abba-Erfahrung« ist die Bezeichnung Jesu als »Sohn« ebenso historisch verständlich wie theologisch gerechtfertigt. Dabei ist es ganz und gar gleichgültig, ob Jesus sich selbst als »Sohn Gottes« bezeichnet hat oder nicht – er hat es mit an Sicherheit grenzender Wahrscheinlichkeit nicht getan.

So muß man hinter der Formulierung »Jesus – der Mensch für andere«, sie durchschauend, immer zugleich die andere erkennen: *Jesus – der Mensch für Gott.* Man muß diese *zweifache Transzendenz* in Jesu Leben und Wirken festhalten, wenn man ihn ganz erfassen will: Jesus empfängt sich ganz und gar von Gott und gibt sich ganz und gar an die Menschen hin – darin hat er nicht seinesgleichen. Die Christologie ist deshalb kein Sonderfall der Anthropologie, sondern ihr exemplarischer Modellfall. Jesus ist nicht so, wie die Menschen nun einmal sind, sondern die Menschen sollten so sein, wie nur einmal Jesus ist. Jesus ist der »Vor-gang«, der »Vor-fall« der Menschwerdung des Menschen – nicht bloßer Mensch, sondern der wahre Mensch.

Nun kann man natürlich die Jesus eigentümliche Beziehung zu Gott, seine Erfahrung Gottes als Vater, als Illusion abtun. Nur, dann ist auch das, was Jesus über den Menschen sagt, eine Illusion! Dann wird seine Verheißung einer endgültigen Befreiung des Menschen aus allen Unmenschlichkeiten zum vollen, wahren Menschsein grundlos und seine eigene Lebenspraxis der Mitmenschlichkeit sinnlos. Was übrigbleibt, ist zwar immer noch ein respektabler Humanismus – aber allein als eine Leistung und Anstrengung des Menschen und damit »wie gehabt«: ein hehres humanistisches Ideal, jedoch ohne Verheißung einer Erfüllung und darum ohne Hoffnung im Scheitern. Warum aber dann als Anstifter ausgerechnet Jesus von Nazareth, dieser Fremde vom See Genezareth?

Wie Gottesbeziehung und Mitmenschlichkeit im Leben Jesu zusammengehen, zeigt die Zusammenstellung zweier neutestamentlicher Texte.

Der erste ist die Geschichte von der *Versuchung Jesu* in der Wüste (Matthäus 4,1 ff.; Markus 1,12 ff.; Lukas 4,1 ff.). In ihr weigert Jesus sich, mit Hilfe göttlicher Kraft Steine in Brot zu verwandeln. Er hält dem Versucher entgegen: »Der Mensch lebt nicht vom Brot allein, sondern von einem jeglichen Wort, das durch den Mund Gottes geht.« Damit stellt Jesus sich ganz auf die Seite Gottes. Er bekundet ein Vertrauen, das alles von Gott erwartet und bereit ist, das ganze Leben in jedem Augenblick zu empfangen.

Angenommen nun, Jesus hätte die Versuchung in der Wüste nicht bestanden und Steine in Brot verwandelt – was wäre dann? Dann hätte die Menschheit einen weiteren Messias, der ihr Brot gibt, aber einen Messias ohne Gott, einen »Brotmessias«. Einen »Brotmessias« nenne ich einen politischen oder sozialen Verführer, der die Menschen allein dadurch, daß er sie mit Brot versorgt, aus den Zwängen der Unmenschlichkeit zum vollen Menschsein zu befreien meint, der sie in Wahrheit aber nur zu Werkzeugen seiner Herrschaft macht und ihnen auf diese Weise gerade ihr Menschsein raubt.

Nun aber hat Jesus die Versuchung in der Wüste bestanden und ist ein Christus im *Namen Gottes* geworden. Weil er aber ein Christus im Namen Gottes ist, darum ist er zugleich ein Christus *für die Menschen*, denn Gott will für die Menschen da sein. Darum hat die Geschichte von der Versuchung Jesu in der Wüste eine Fortsetzung: Derselbe Jesus, der es für sich selbst abgelehnt hat, sich mit Hilfe göttlicher Kraft Brot zu verschaffen, tut eben dies wenig später, ebenfalls an einem wüsten Ort, für andere: *Er speist die Fünftausend* (Matthäus 14,13–21; Markus 6,31–44; Lukas 9,10–27; Johannes 6,1–13). Aber er handelt dabei nicht wie ein politischer oder sozialer Messias, der die Menschen dadurch, daß er ihnen Brot gibt, aber Gott verweigert, unter seine Herrschaft bringt, sondern wie ein Sohn und Bruder, der an seine Brüder weiterreicht, was er selbst auch nur von seinem Vater empfangen hat. Er läßt die Hungernden sich lagern, das heißt, er bittet alle so, wie sie da sind, an seinen Tisch; dann dankt er Gott, bricht das Brot und läßt es herumgehen.

Was geschieht hier: Werden hier Menschen sattgemacht, oder wird hier Abendmahl gefeiert? Volksspeisung oder Sakrament, Brotzeit oder Eucharistie – »Gottesliebe« oder »Menschenliebe«? Daß man beides nicht voneinander trennen kann, sondern daß beides zusammengehört: die Liebe Gottes und die Liebe zu den Menschen – das ist der Inhalt der

Botschaft Jesu vom Reiche Gottes. Fortan gilt, daß beides nicht nebeneinander hergeht: theologisch – und dann meistens auch politisch – »rechts« Gott und die Beziehung des Menschen zu ihm, und theologisch – und dann meistens auch politisch – »links« der Mensch und sein Verhalten zum Mitmenschen, sondern da beides in einem geschieht, daß Gott den Menschen liebt und selbst im Menschen geliebt sein will.

4. Jesu Sterben

Wer an die Wurzel von allem geht, der geht allem an die Wurzel. Niemand aber kann tiefer greifen, als Jesus von Nazareth es getan hat. Er hat an die Wurzel des geltenden Gottesglaubens gerührt und damit am Fundament der bestehenden Ordnung gerüttelt. Wenn der Begriff »Systemveränderer« auf jemanden zutrifft, dann auf Jesus und seine Ankündigung des Reiches Gottes.

Indem Jesus Gott als Vater verkündet, ruft er die Menschen in die Freiheit. Diese Freiheit ist nicht nur ein innerer religiöser Zustand, sondern sie breitet sich wie eine Befreiungsbewegung über das ganze Leben aus, vom Religiösen bis ins Soziale und Politische hinein – als Freiheit von Dogma und Kultus, von gängiger Moral und herrschenden Ideologien, vom Denken im Freund-Feind-Verhältnis und von der Bindung an Klassen und Clans. Aber eben dieser Ruf zur Freiheit hat Jesus in Konflikt mit dem herrschenden »System« gebracht. Hier steht Gottesbild gegen Gottesbild, Religion gegen Religion, das Evangelium gegen das Gesetz.

Es konnte mit Jesus von Nazareth kein gutes Ende nehmen. Wer einen anderen Gott verkündet als den offiziell verehrten des Systems, der lästert Gott und rührt die Welt auf. Auf Gotteslästerung und Aufruhr aber steht der Tod – bis auf diesen Tag, auch wenn die offiziell verehrten Götter nicht mehr im Himmel, sondern auf Erden, im »Braunen Haus«, am »Roten Platz« oder am »Platz des himmlischen Friedens« wohnen.

Jesu Tod ist die logische Konsequenz seines Lebens. Damit

fallen sogleich zwei Verharmlosungen dahin: Jesu Tod ist weder nur ein göttlicher Einfall noch nur ein menschlicher Zufall gewesen.

Man darf Jesu Sterben nicht von seinem Leben, von seinem Glauben und Wirken, abtrennen und es zu einer in sich selbständigen und für sich selbst verständlichen Heilstatsache machen. Der Tod Jesu ist nicht auf Grund einer innertrinitarischen Verabredung zwischen dem Vater und dem Sohn zustandegekommen. Jesus hat nicht wie ein Schauspieler auf sein Stichwort gewartet. Dann wäre sein Leben nur ein Vorspiel auf dem göttlichen Welttheater gewesen, ein bloßes Tun-als-ob, nur ein Programmhinweis auf das eigentliche Heilsdrama. Andererseits aber ist Jesu Tod auch kein reiner Zufall gewesen. Schließlich ist Jesus nicht an einem Herzinfarkt im Bett gestorben oder bei einem Verkehrsunfall ums Leben gekommen, sondern er ist hingerichtet worden.

Jesus hat durch sein Verkündigen und Verhalten seinen Tod »provoziert«. Er wollte und konnte für seinen Anspruch, eine neue, die endgültige Auslegung Gottes zu bringen, keine Legitimation vorweisen, die die Wächter über den rechten Glauben, die Frommen im Bunde mit den Herrschenden, überzeugt hätte. Aber wie soll man auch einen Gott sichtbar legitimieren, dessen Stärke gerade seine Schwäche für die Menschen ist? Ein solcher Gott wird eben wegen seiner Menschlichkeit immer nur menschlich, allzu menschlich erscheinen.

Die Frage nach dem Recht seines Anspruchs mußte für Jesus gleichbedeutend mit der Frage nach der Wahrheit seiner Botschaft sein. Ursprung und Quelle alles Glaubens, Lebens und Lehrens Jesu war seine »Abba-Erfahrung«, jene neuartige Gotteserkenntnis ohnegleichen: daß Gott Vater sein will, ein menschenfreundlicher Gott, allen gnädig zugewandt, insonderheit jedoch jenen, die nach bisher geltender Religion und Moral von der Nähe Gottes ausgeschlossen schienen. Statt dessen aber muß Jesus jetzt erleben, daß sein »Vater« ihn offensichtlich im Stich läßt, daß er nicht nahe, sondern sehr fern ist. Wenn Gott sich ihm jetzt aber nicht als Vater bewahrheitete, dann mußte dies bedeuten, daß das neue Bild, das er von Gott entworfen hatte, falsch war, daß Gott seinerseits es verworfen hatte.

In dieser Situation – von den Menschen verurteilt, in seinem Glauben angefochten und so, wie es aussieht, selbst von Gott verlassen – geht Jesus in die Knie – in die Knie vor Gott! Am Kreuz hängend, betet er den 22. Psalm: »Mein Gott, mein Gott, warum hast du mich verlassen . . .«

Dieses Gebet spiegelt wider, wie Jesus sich mit seiner Situation auseinandergesetzt, wie er sie verstanden und schließlich angenommen hat. Der Psalm beginnt mit der Klage des Beters über das ihm widerfahrene Leid, insonderheit über das ihm von seinen Feinden angetane Unrecht. Aber schlimmer noch als alle ihm von den Menschen zugefügten Kränkungen quält den Psalmisten seine Gottverlassenheit: er sucht Gott in seiner Not und kann ihn nirgends finden. Dann aber wandelt sich seine Klage in die Bitte um Rettung, und sein Vertrauen wächst wieder, bis er Gottes schließlich aufs neue gewiß ist. Der Psalm endet in Lob und Dank, mit der Bezeugung der Treue Gottes.

In Jesu Mund bedeutet dieser Psalm weder nur einen Verzweiflungsschrei noch nur eine Vertrauenskundgebung. Jesus ist weder sterbend in seinem Glauben zusammengebrochen, noch ist er mit einem Triumph auf den Lippen untergegangen. Vielmehr hat er bis in die letzte Tiefe hinein erfahren, was es heißt, von den Menschen verworfen und von Gott verlassen zu sein. Nicht, daß Jesus größere körperliche Schmerzen als andere Menschen erdulden mußte! Ich weiß nicht, was schlimmer ist, neun Stunden lang am Kreuz zu sterben oder sich einen Tag und eine Nacht lang mit einem Bauchschuß im Niemandsland die Seele aus dem Leib zu schreien. Aber weil Jesus sich mit Gott und den Menschen in einzigartiger Weise verbunden wußte, weil er Gott seinen »Vater« nannte, wie sonst kein Mensch zu Gott »Vater« sagen kann, und weil er sich an seine Mitmenschen hingab, wie sonst kein Mensch sich auf einen Mitmenschen eingelassen hat, darum mußte er auch tiefer als je ein Mensch erfahren, was es heißt, von Gott und den Menschen verlassen zu sein.

Aber in seiner Menschen- und Gottverlassenheit ruft Jesus

nun gerade zu Gott und wirft sich ihm in die Arme: »Mein Gott, mein Gott, warum hast du mich verlassen?« Das bedeutet: Jesus hat seine Abba-Erfahrung durchgehalten; richtiger: seine Abba-Erfahrung hat ihn durchgetragen. Sie hat den schwersten Härtetest bestanden; selbst in der Stunde der Gottverlassenheit hat sie sich bewahrheitet. Inmitten allen Bruches, den Jesu Scheitern und Tod bedeuten, ist etwas *Bleibendes* zu erkennen: *Gottes Treue und Jesu Trauen.*

Das Neue Testament bietet für den Tod Jesu eine ganze Menge verschiedener, teils sich mischender, teils sich widersprechender, *Deutungen.* Es ist, als faßte die Welt nicht genug Bilder und Begriffe, um diesen einen Tod zu sichten und zu deuten. Und so hat die junge Christenheit ringsher aus ihrer Umwelt – aus dem kultischen, sozialen, juristischen, ökonomischen, politischen, militärischen und privaten Bereich – zahlreiche Kategorien entliehen und den Tod Jesu entsprechend als Sühneopfer, Passahopfer, Stellvertretung, Genugtuung, Versöhnung, Sieg, Friedensschluß, Loskauf, Befreiung und so weiter gedeutet.

Im Laufe der Kirchengeschichte hat sich von allen Konzeptionen die »Satisfaktionstheorie« am stärksten durchgesetzt und ist zur normativen Erlösungslehre der abendländischen Christenheit in allen Konfessionen geworden: Die übergroße Schuld des Menschen gegen Gott verlangt eine Genugtuung, eine »Satisfaktion«, die der Mensch niemals zu leisten vermag. Um seiner Liebe willen ist Gott die Bestrafung seines Geschöpfes unmöglich, um seiner Gerechtigkeit willen aber kann er auf die Genugtuung nicht einfach verzichten. Darum ist die Menschwerdung Gottes logisch notwendig. Der Gottmensch leistet die Genugtuung für die Schuld des Menschen durch die Hingabe seines Lebens, und Gott rechnet, weil er gerecht ist, dieses Verdienst des Gottmenschen den Menschen an. So oder ähnlich denken heute noch viele Christen über den Tod Jesu – und Nichtchristen halten ihnen dies als grotesk, magisch und gotteslästerlich vor. Die Kritik geschieht zu Recht. Zur Zeit ihres Entwurfs im 11. Jahrhundert war Anselms juridisch gedachte Satisfaktionstheorie modern, ja progressiv; heute aber bietet sie schon längst keine überzeugende, weder religiös zureichende noch intellektuell zumutbare Deutung des Todes Jesu mehr.

Aber auch die meisten im Neuen Testament verwendeten Bilder und Begriffe sind heute nicht mehr einfach zu wiederholen, und zwar nicht nur, weil sie intellektuell nicht mehr zumutbar sind, sondern weil sie vor allem durch den Fortgang des Christentums selbst religiös überwunden worden sind. Dies gilt besonders für alle aus der Rechts- und Kultsphäre stammenden Denkkategorien. Sie sind im Grunde schon vorher durch Jesus selbst widerlegt worden: Wer alle Vermittlung zwischen Gott und Mensch allein auf die Liebe stellt, schließt damit von vornherein sowohl alle Rechtsmittel als auch alle kultische Vermittlung aus der Beziehung zwischen Gott und den Menschen aus.

Zumal die bei vielen Christen immer noch beliebte Rede vom »Blut Christi« halte ich religiös und theologisch für gleichermaßen unerträglich. Daß bei der Kreuzigung Jesu Blut geflossen ist, hat keinerlei Bedeutung. Wäre Jesus heute hingerichtet worden, hätte man ihn gehängt, erschossen oder in die Gaskammer geschickt. Dabei wäre dann kein Blut geflossen. Auf das Blut kommt es beim Tode Jesu also nicht an. Daß Blut ein »ganz besonderer Saft« sei, daß ihm sühnende oder versöhnende Kraft innewohne, ist ein ganz und gar heidnischer Gedanke, den sich kultische, militärische und studentische Männerbünde einstmals leisten mochten – christlicher Glaube aber kann das Blut so hoch unmöglich schätzen!

Von allen im Neuen Testament auf den Tod Jesu angewandten Bildern und Begriffen scheint mir der Gedanke der *Stellvertretung* heute noch der plausibelste zu sein. Was Stellvertretung heißt, erfahren wir in unserer arbeitsteiligen Gesellschaft jeden Tag. Ob eine Schwester Kranke pflegt, ein Lehrer Schüler unterrichtet, ein Anwalt einen Angeklagten vor Gericht vertritt, ein Pfarrer Kinder tauft, Straßenkehrer und Müllkutscher den Dreck wegschaffen – in jedem Fall tut ein anderer etwas »für uns« und stellt uns auf diese Weise davon frei: sein Tun kommt uns zugute. »Stellvertretung« ist ein Lebensgesetz des menschlichen Daseins überhaupt. Daß ein Menschenleben das andere nicht nur begrenzt und verdrängt, sondern auch für es eintreten und einstehen kann, davon ist eine Ahnung und Erfahrung unter den Menschen vorhanden.

Auf Formosa gibt es in der Nähe von Tainan eine eigenartige Gedenkstätte. Sie erinnert an den Stammesfürsten, dem es hier vor einigen Jahrhunderten gelungen ist, die Kopfjägerei abzuschaffen. Schon seine Vorgänger hatten diesen Greuel mit Gewalt einigermaßen unterdrückt. Aber als wieder ein großes Götterfest bevorstand, für das man früher frische Menschenschädel zu schlagen pflegte, wollten die Männer des Stammes es sich nicht mehr verbieten lassen. Der Fürst erlaubte ihnen, den Mann zu erjagen, den sie am nächsten Morgen durch den Wald reiten sehen würden. Das taten sie dann auch. Aber als sie sich den Erschlagenen ansahen, erkannten sie in ihm ihren Fürsten. Er hatte sich stellvertretend geopfert. Betroffen durch seine Selbsthingabe, schworen sie bei seiner Bestattung der Kopfjägerei für alle Zeiten ab. Die Macht der Liebe hatte sich an ihnen als stärker erwiesen als die Gewalt des Gesetzes.

Dieses Beispiel zeigt, daß die Vorstellung vom Tode Jesu als einem stellvertretenden Handeln nicht eine »weltfremde« Wirklichkeit beschwört, sondern an etwas anknüpft, was in unserer eigenen Welt- und Lebenswirklichkeit als Frage und Möglichkeit angelegt ist. Darum ist sie für uns heute noch plausibel.

Die Stellvertretung Jesu darf aber nicht nur einseitig auf sein Sterben am Kreuz bezogen sein, sondern muß sein gesamtes Wirken, sein Verkündigen so gut wie sein Verhalten, umgreifen. Über Jesu ganzem Leben, nicht nur über seinem Leiden und Sterben, sondern auch über seinem Glauben und Lehren, über seiner Gottesbeziehung so gut wie über seiner Mitmenschlichkeit, steht das »Für euch«. Seine Existenz insgesamt ist Pro-Existenz. Hier riecht es weder nach Blut, noch geht es irgendwie magisch zu, sondern irdisch, menschlich und geschichtlich.

In Jesu Sterben am Kreuz wird vollends »ersichtlich«, was

sein Leben ausgemacht hat: *Jesus hat die Liebe Gottes unter den Bedingungen der Existenz in der Welt geglaubt und gelebt.* Daher läßt sich sein ganzes Leben in dem Wort »Hingabe« zusammenfassen: Er hat sein Leben für Gott an die Menschen hingegeben. Das schließt den Tod ein. Denn die Hingabe des Lebens nennt man »Tod«.

Wie Jesus gelebt hat, so ist er gestorben, und er ist so gestorben, wie er gelebt hat: das einigende Band zwischen beidem bildet die Liebe. Diese Einheit des Lebens und Sterbens Jesu hebt der vierte Evangelist bezeichnenderweise gerade an der Stelle hervor, an der in seinem Evangelium sozusagen das »Leben und Wirken« Jesu endet und sein »Leiden und Sterben« beginnt. Genau an diesem Übergang gibt er so etwas wie eine Kurzbiographie Jesu. Sie lautet: »Wie er die Seinen geliebt hatte, so liebte er sie bis ans Ende.« (Johannes 13,16) Das Ende aber ist der Tod. Also kann man auch sagen: *Jesus von Nazareth hat sich zu Tode geliebt.*

Am Kreuz Jesu auf Golgatha und nicht in der Krippe von Bethlehem erschließt sich mir Gottes Wesen am tiefsten. Das Grunddatum allen Christentums lautet für mich nicht: Gott ist Mensch geworden, sondern: *Gott leidet mit den Menschen mit.*

Die antiken Götter lächeln angesichts der Leiden der Menschen, der Gott des Alten Testaments lacht und spottet über ihren Hochmut – der Vater Jesu von Nazareth aber lächelt noch lacht nicht über die Menschen, sondern er leidet mit ihnen mit. Sein Antlitz ist das »Haupt voll Blut und Wunden«.

Hier erreicht Jesu Gottesbild seine schärfste und tiefste Kontur: Daß von Gott nicht nur Liebe vornehmlich zu den Gottlosen, sondern auch Leiden aus Liebe zu den Gottlosen ausgesagt wird, bedeutet die letzte, unüberbietbare Vollendung der neuen Gotteserfahrung, die Jesus durch sein Leben, Leiden und Sterben »erbracht« hat. Damit hat er jeden nur möglichen Gottesgedanken auf die Spitze getrieben – weiter als bis ins Leiden hinein läßt Gott sich nicht »exponieren«.

Aber kann man andererseits weniger über Gott aussagen, wenn man die Zusage seiner Liebe ernst nimmt? Wer nicht leidet, liebt nicht wirklich! Ein Gott, der nur »bis hierher und nicht weiter« liebte, der aus Liebe nicht auch litte, wäre als ein leidloser zugleich ein liebloser, ja ein unmenschlicher Gott. Jeder Mensch, der aus Liebe mit einem anderen Menschen leidet – und wer täte dies nicht wenigstens einmal im Leben? –, wäre einem solchen allmächtigen, apathischen Gott überlegen. Dies Eine weiß ich seit Jesu Kreuzestod gewiß: *Daß Gott in der Geschichte niemals auf Seiten der Henker, sondern immer bei den Leidenden steht.*

5. Jesus bleibt

Niemand würde dem Kreuz Jesu jemals göttliche Bedeutung beigemessen haben, ja kein Mensch würde heute, nach zweitausend Jahren, überhaupt noch von dieser Kreuzigung sprechen, wenn sich hinterher nicht jene Ereignisse zugetragen hätten, die der Glaube als *«Auferweckung Jesu«* gedeutet hat. Ohne diese Glaubenserfahrungen wäre nicht nur der Tod Jesu, sondern auch sein Leben vergessen, und von seiner Botschaft hätte man niemals etwas vernommen.

Die Christen haben zuerst an die Auferweckung Jesu und erst dann an sein Kreuz geglaubt. *Danach* erst haben sie erkannt, was *dahinter* war: *daß Jesu Geschick die Geschichte Gottes mit den Menschen bedeutet.* Zunächst war Jesu Tod für sie nur eine Katastrophe, nicht einmal ein Martyrium, sondern ein Dilemma. Das zeigt ein *Vergleich zwischen dem Tod Jesu und dem des Sokrates.*

Vergleiche ich beider Sterben miteinander, so fällt mir als erstes auf: Sokrates ist feiner, edler, vornehmer, mit einem Wort, elitär gestorben. Noch im Sterben hat er mit seinen Freunden über den Tod gelassen philosophiert: Wenn kluge Reden es begleiten, dann geht das Sterben ruhig fort. Im Gegensatz dazu wirkt Jesu Sterben gewöhnlich, roh, gemein, mit einem Wort, vulgär. Er stirbt für sich allein, ohne Geleit und Gespräch, am Ende mit einem Schrei. Aber gerade die Art seines Sterbens macht Jesu Tod zu einem *brüderlichen Tod.* Wer stirbt schon so elegant und gefällig wie Sokrates?

Jesus aber ist gestorben wie einer der geringsten Brüder – so, wie Menschen sterben: auf Intensivstationen und in Gaskammern, auf Schlachtfeldern und in Vernichtungslagern, an Hinrichtungsstätten und in Slums, einsam, angstvoll, namenlos.

Aber was besagt es schon, daß Jesus wie einer der geringsten Brüder gestorben ist? Seid umschlungen, Millionen, noch im Tode – wem hilft das, wenn er selber an der Reihe ist? »Am Ende« bleibt auch die Beschwörung des brüderlichen Sterbens Jesu trotz alles scheinbar ehrlichen und harten Realismus nur eine Beschönigung des Todes.

Im Vergleich zum Tod des Sokrates erscheint Jesu Tod vollends hoffnungslos. Die von Sokrates vertretene Wahrheit wird durch seine Hinrichtung nicht widerlegt, sondern eher noch bekräftigt. Allein die Tatsache, daß Sokrates, den eigenen Tod unmittelbar vor Augen, so überzeugt und gelassen von der Unsterblichkeit der Seele sprechen kann, erscheint schon fast als ein Beweis dafür, daß die Seele des Menschen tatsächlich unsterblich sei. Anders dagegen Jesus von Nazareth: Wenn einer wie er die Nähe des Reiches Gottes ankündigt und diese Nähe überdies noch näher als die Zuwendung Gottes besonders zu den Armen, Ungerechten und Gottlosen beschreibt, wenn dann das Reich Gottes nicht anbricht, dafür aber der Ankünder selbst als ein Armer, Ungerechter und Gottloser hingerichtet wird, dann erscheint sein Tod nicht als ein Martyrium, das die von ihm verkündete Wahrheit bekräftigt, sondern als eine Katastrophe, durch die sie widerlegt wird. Dann muß er sich den Spott gefallen lassen: »Bist du Gottes Sohn, so steig herab vom Kreuz! . . . Dann wollen wir an ihn glauben.« (Matthäus 27,40ff.) In dieser Lage befand sich Jesus. Darin bestand das Dilemma seines Todes.

Wenn hier nicht alles aus und vorbei sein sollte, dann bedurfte Jesu Gotteserfahrung, nachdem sie durch seine Hinrichtung scheinbar widerlegt worden war, einer göttlichen Beglaubigung. Anders konnte es keinen Fortgang der von Jesus in Gang gebrachten Glaubensbewegung geben. Eben dieser Fortgang wird durch jene Widerfahrnisse verbürgt, die das Neue Testament als die »Erscheinungen des Auferstandenen« bezeugt.

Nirgendwo in den neutestamentlichen Evangelien wird die Auferweckung Jesu als Ereignis im Vollzug beschrieben, etwa wie der Stein weggerollt wird und Jesus heil aus dem Grab heraustritt. Es wird gleichsam immer nur das Ergebnis der Auferweckung mitgeteilt: daß die Jünger den Herrn »gesehen« hätten. Diese Erscheinungen des Auferstandenen aber finden nur vor solchen statt, die dann auch glauben – also vor Petrus und vor anderen Jüngern und Jüngerinnen Jesu, vor seinem Bruder Jakobus und etlichen Gemeindegliedern, nicht aber vor Pilatus, Kaiphas, Herodes, den Hohenpriestern oder dem Hohen Rat. Das bedeutet, daß wir Nachricht von der Auferstehung Jesu nur durch die Glaubenszeugnisse der Jünger haben, mithin wie von aller göttlichen Offenbarung in der Bibel nur den Reflex des Ereignisses, seine Widerspiegelung und Deutung im gläubigen Bewußtsein. Darum lautet das Bekenntnis der Christenheit nicht: Christus ist »tatsächlich« auferstanden, sondern: Christus ist »wahrhaftig« auferstanden – es handelt sich nicht um eine historische Feststellung, sondern um eine Glaubensaussage. Das legt es nahe, sich den Ablauf und Sinn des Geschehens an der »religiösen Biographie« zweier biblischer Zeugen zu verdeutlichen.

Da ist *Petrus*, Sprecher und Vormann des Zwölferkreises und später der Jerusalemer Urgemeinde. Er hat zuerst, in der Prozeßnacht, Jesus verleugnet (Matthäus 26,69ff.; Markus 14,66ff.; Lukas 22,54ff.; Johannes 18,13ff.). Jesus hatte ihm vorausgesagt, daß er es tun würde. Petrus aber hatte diesen Verdacht brüsk von sich gewiesen und beteuert: »Herr, ich bin bereit, mit dir ins Gefängnis und in den Tod zu gehen.« (Lukas 22,33) Und dann geschieht es doch. Während Jesus im Palast des Hohenpriesters verhört wird, verleugnet Petrus ihn draußen im Hof. Als andere, die dort gleichfalls warten, ihn darauf ansprechen, daß auch er zu diesem Jesus von Nazareth gehöre, streitet er es ab. Er tut es nicht allein aus Feigheit. Denn soeben noch bei der Verhaftung Jesu hat er sich keineswegs kleinmütig gezeigt, sondern kräftig dreingeschlagen. Für das Verhalten des Petrus reicht eine psychologische Erklärung allein daher nicht aus; hier muß schon Theologie her.

In der Gestalt des leidenden Jesus steht Petrus, wie in ein Bild gefaßt, vor Augen, was Jesus von Gott gesagt hat: daß er ein Gott der Armen, der Elenden und der Gottlosen sein wolle und daß er mit den Menschen sogar leide. Zu diesem Gott sagte Petrus Nein. Für einen solchen Gott gedenkt er auch nicht ins Gefängnis und in den Tod zu gehen. Und darum verleugnet er Jesus. Petrus ist an Jesu Gottesglauben gescheitert. Es hat ihm nicht an Charakter, sondern an Glauben gefehlt.

Kurze Zeit darauf aber zeigt sich derselbe Petrus bereit, für Jesus in das Gefängnis und in den Tod zu gehen. Als er, zusammen mit Johannes, nun selbst vor dem Hohen Rat verhört wird und dieser beiden bei Strafe verbietet, von Jesus noch öffentlich zu reden, da antworten sie: »Wir können's ja nicht lassen, daß wir nicht reden sollten von dem, was wir gesehen und gehört haben.« (Apostelgeschichte 4,20)

Warum ist Petrus jetzt bereit, sich bis zum Letzten für die Sache Jesu einzusetzen? In seinem Verhör vor dem Hohen Rat sagt er aus, was ihn so verwandelt hat: »Jesus von Nazareth, den ihr gekreuzigt habt, den hat Gott auferweckt.« (Apostelgeschichte 4,10) Diese Aussage ist bei Petrus durch eigene Glaubenserfahrung gedeckt. Er hat selbst, wahrscheinlich sogar als erster aus dem Jüngerkreis, jene Wirklichkeitserfahrung gemacht, die die christliche Urgemeinde dann als »Erscheinung des Auferstandenen« geglaubt und gedeutet hat (1. Korinther 15,3ff.).

Darin ist Petrus aufgegangen, daß es mit Jesus von Nazareth nicht aus und vorbei ist, sondern daß er »lebt«, daß er also kein Gotteslästerer war, sondern mit seinem Reden von Gott Recht gehabt hat. Das hat Petrus an sich selbst erfahren. Denn er selbst hat sich ja durch seine Verleugnung und Flucht als ein Sünder und Kleingläubiger erwiesen – trotzdem hat Gott ihn wieder angenommen und ihm einen neuen Anfang im Glauben gewährt! Damit hat er an ihm genauso gehandelt, wie Jesus behauptet hat, daß Gott an den Menschen handle: er sucht die Sünder und Gottlosen und geht ihnen nach. Das ist Petrus in der Erscheinung des Auferstandenen widerfahren – ihm ist Gott darin widerfahren.

Eine andere, besonders liebenswürdige Gestalt, an der für mich christlicher Auferstehungsglaube als erfahrene Lebenswirklichkeit sichtbar wird, ist *Maria Magdalena.* Aus den wenigen legendären Zügen, die die Evangelien über sie enthalten (zum Beispiel Lukas 8,2; Markus 15,40ff., Matthäus 28,1ff.; Johannes 20,1ff. 11ff.), webe ich mir folgendes Lebensbild von ihr zusammen.

Wie ihr Beiname besagt, stammte Maria aus Magdala, einem kleinen Ort am Westufer des Sees Genezareth. In der Nähe lag die Stadt Tiberias, wo Herodes Antipas residierte. Dort herrschte ein loses Leben und Treiben. Mag sein, daß auch die junge Maria da hineingeraten und so zur »Sünderin« geworden war. Aber dann ist sie Jesus von Nazareth begegnet. Als sie hörte, was er über Gott sagte: daß er die Sünder liebe und suche, da erkannte sie, daß auch sie gemeint war. Der Glaube, den Jesus in ihr weckte, verlieh ihrem Leben neuen Sinn. Er befreite sie von der Selbstentfremdung durch ihr Gewerbe und gab ihr ihre eigene Würde wieder. Sie konnte wieder lieben.

Doch dann wurde dieser Jesus, der ihr zum Glauben und damit zum neuen Leben verholfen hatte, als Gotteslästerer und Aufrührer verurteilt und hingerichtet. Zusammen mit anderen Frauen schaute Maria Magdalena seiner Kreuzigung aus der Ferne zu. Dieser Tod Jesu stellte den Sinn ihres neuen Lebensanfangs in Frage: Ob Jesus sich nicht doch über Gott geirrt hatte und sie sich über ihn? Um sich wenigstens des letzten sichtbaren Anhalts zu versichern, besucht sie, wie es der Frauen Art ist, Jesu Grab. Aber sie findet es offen, und der Leichnam ist nicht darin. Weinend klagt sie: »Sie haben meinen Herrn weggenommen, und ich weiß nicht, wo sie ihn hingelegt haben.« In dieser Klage drückt sich ihre ganze Hoffnungslosigkeit aus. Der, der ihrem Leben einen neuen Sinn und ihr selbst wieder ihre Würde gegeben hatte, ist ihr abhanden gekommen, und damit droht auch sie selbst sich wieder abhanden zu kommen.

Aber da hört sie auf einmal ihren Namen rufen. Am Klang der Stimme erkennt sie, wer es ist. Sie wendet sich um und antwortet wie einst: »Meister!« In diesem Akt des Wiedererkennens wird für Maria Magdalena offenbar: Was sie auf Golgatha von ferne miterlebt hat, ist kein endgültiges Ende des Lebens gewesen, weder für Jesus noch für sie. Jesus bleibt ihr, und damit bleibt es für sie auch bei dem, was er über Gott gesagt hat, und also bei der neuen Lebensorientierung, die sie durch ihn empfangen hat. Das neu gewonnene Leben geht für Maria aus Magdala weiter.

Inhalt und Sinn der verschiedenen Erfahrungsereignisse, die im Neuen Testament als »Erscheinungen des Auferstandenen« gedeutet werden, lassen sich mit den drei Stichworten beschreiben: *Erinnerung – Erneuerung – Bekehrung.*

Die Glaubenserfahrungen, die die Jünger nach Jesu Tod gemacht haben, basieren auf dem Umgang, den sie mit ihm zu seinen Lebzeiten gehabt haben. Ohne die *Erinnerung* an die Glaubens-, Lebens- und Tischgemeinschaft mit Jesus wäre es nach seinem Tod niemals zu einer Wiederanknüpfung und Erneuerung gekommen. Auch der »irdische Jesus« hat schon Glauben unter den Menschen gestiftet. Durch die Katastrophe des Karfreitags jedoch war alles in Frage gestellt und der Glaube der Jünger ins Wanken gebracht worden – einer so total widersprechenden Wirklichkeit vermochte er nicht standzuhalten. Und so hatten sich die Jünger zerstreut. Ein neuer Anstoß zum Glauben war notwendig geworden.

Eben diese *Erneuerung* des Glaubens haben die Erscheinungen des Auferstandenen in den Jüngern bewirkt. Der Stil der Erzählung spiegelt deutlich den Widerfahrnischarakter des Geschehenen wider. In allen Berichten ist ein Moment des Staunens, Erschreckens, Überraschtseins spürbar: Hier hat sich etwas ereignet, womit man nicht gerechnet hatte! Dieses unerwartete Ereignis wird allgemein in der Wendung ausgedrückt: »Sie haben den Herrn gesehen« und dieses »Sehen des Herrn« sodann im alttestamentlich-jüdischen Verständnishorizont als »Auferweckung von den Toten« gedeutet.

Die den Jüngern durch die Christusvisionen zuteil gewordene Gewißheit, daß Jesus lebt, holt sie aus der Zerstreuung zurück und führt sie wieder zusammen. In dieser Umkehr bildet sich eine *Bekehrung* ab: Jetzt glauben die Jünger Jesus, daß Gott vornehmlich die Gottlosen liebt und sucht. Durch die Erscheinungen des Auferstandenen ist ihnen selbst Gnade widerfahren: Gott hat ihnen ihre Flucht und ihren Kleinglauben vergeben und sie aufs neue angenommen. Damit hat sich ihnen die neue Lebensorientierung, die Jesus ihnen vermittelt hatte, als wahr erwiesen. Sie hält auch angesichts der Negativitäten des menschlichen Daseins, wie des Todes Jesu und der Schuld der Jünger, stand!

Damit aber ist zugleich gesagt, daß die Erscheinungen des Auferstandenen keine zusätzlichen göttlichen Offenbarungen bedeuten: Durch sie ist nichts Neues, kein Mehr zur Botschaft Jesu hinzugekommen. Wie eine Urkunde durch ihre »Besiegelung« nicht verändert, sondern in ihrer Unveränderbarkeit gerade bestätigt wird, so bedeutet auch die Auferweckung Jesu keine »Verbesserung«, sondern eine *»Gutheißung«* seiner Botschaft durch Gott: *Jesus hat sich in seiner Gotteserfahrung nicht geirrt* – Gott ist in der Tat ein den Menschen zugewandter, auf ihre Menschlichkeit bedachter, um ihre Zukunft besorgter Gott. Das ist den Jüngern in den Erscheinungen des Auferstandenen aufgegangen – ihnen ist *Gott* darin aufgegangen. Darum hat Jesu Geschichte für sie eine Fortsetzung und lockt sie zur Umkehr.

Von der Auferweckung Jesu sollte für die Christenheit dasselbe gelten wie von der Gegenwart Gottes in Christus: Jegliches behauptete Wie ist zweitrangig gegenüber dem geglaubten Daß – mithin Erlaubnis zur theologischen Spekulation die Fülle, aber keinerlei Anlaß zum theologischen Streit oder gar zur Kirchentrennung.

Entscheidend ist allein, daß Jesus von Nazareth sich dem Glauben als lebendig und bleibend erweist. Auf welche Weise der Glaube sich dieses Leben und Bleiben Jesu vorstellt: ob im Leibe oder im Geist, ob als Person oder in Wort und Sakrament – das letzte erreichbare Datum sind in jedem Fall für uns jene Erfahrungsereignisse, wie sie nach der neutestamentlichen Überlieferung von den Betroffenen geglaubt, gedeutet und zur Sprache gebracht worden sind. Dabei sind die Bilder, in denen von den Ereignissen erzählt wird, und die Begriffe, auf die die Erfahrungen gebracht werden, zahlreich und vielfältig. Die Skala reicht von einer massiv-leibhaftig vorgestellten Auferweckung mit Essen, Trinken und Wandeln bis zur sofortigen Aufnahme Jesu in den Himmel unmittelbar nach seinem Tode, ohne Auferweckung, leeres Grab, Erscheinungen oder sonst einen irdisch-leiblichen Zwischenzustand. Von mir muß ich gestehen: Um der lebendigen Gegenwart Jesu gewiß zu sein, brauche ich weder ein leeres Grab noch irgendwelche leiblichen Erscheinungen.

Daß »Jesus lebt«, wird nicht durch historische Forschungen und theologische Spekulationen bewiesen, sondern allein durch »Erweise des Geistes und der Kraft« beglaubigt. Wo immer Menschen im Neuen Testament an die Auferstehung Jesu glauben, dort »tut sich etwas« in ihrem Leben: Besitz wird geteilt, Wahrsagebücher werden verbrannt, Gemeinschaft entsteht neu, Angst und Leid werden bestanden, Menschen sind bereit, für die Wahrheit ins Gefängnis und in den Tod zu gehen.

Christlicher Osterglaube bewahrheitet sich nicht darin, ob einer ein bestimmtes wunderbares Ereignis der Vergangenheit für wahr hält, sondern wie er die gegenwärtige Wirklichkeit der Welt wahrnimmt: ob er angstvoll aus dem Eigenen oder vertrauensvoll aus dem Unverfügbaren lebt, ob er sich krampfhaft in sich selbst verschließt oder sich rückhaltlos auf seine Mitmenschen einläßt, ob die Welt rings umher für ihn dicht ist oder einen offenen Horizont hat, kurz und gut, ob er an den von Jesus von Nazareth erfahrenen, erlittenen und verkündeten Gott glaubt.

6. Vom Gott Jesu zu Gott in Christus

Bei der Begegnung mit der neutestamentlichen Jesus-Überlieferung vollzieht sich, wenn sie gelingt, im Grunde jedesmal der gleiche Vorgang: Jesus bringt den Menschen eine neue Botschaft von Gott, und wo Menschen ihm seine neue Botschaft von Gott glauben, dort schlägt für sie *Jesu Botschaft von Gott* um in die *Botschaft von Gott in Christus.*

So konnte es gar nicht ausbleiben, daß Jesus »persönlich« in seine Verkündigung Gottes hineingeriet. Denn wer Jesus seinen Gott glaubt, das heißt, wer glaubt, daß wahr ist und stimmt, was Jesus von Gott sagt, wer mithin an Gott *durch* Jesus glaubt, der glaubt an Gottes Gegenwart *in* Jesus. Und so werden die Worte und Taten eines jüdischen Wanderrabbi zu Gottes Wort und Tat in der Geschichte.

Wo immer der Umschlag der Botschaft Jesu von Gott in die Botschaft von Gott in Christus geschieht, dort stiften die Gläubigen, jeweils in den Worten, Formen und Farben ihrer Zeit, ein neues Bild von dem Stifter ihres Glaubens. Da sie in Jesu Gestalt und Botschaft die Gegenwart Gottes erfahren zu haben glauben, ist es ein Bild ihrer eigenen Erfahrung Gottes – aber nun nicht einfach nur ein *Aus*druck ihrer eigenen seelischen Kraft, vielmehr der *Ein*druck, den Jesus in ihrer Seele hinterlassen hat, und also der göttlichen Kraft, die ihn selbst »beseelt« hat. Und so hat der von Jesus von Nazareth gestiftete Gottesglaube zu allen Zeiten eine *Fülle von Christusbildern* erzeugt.

Während Buddha fast immer gleich aussieht und alle Darstellungen von ihm sich auf einige wenige Grundtypen zurückführen lassen, gibt es von Jesus Christus eine Vielzahl sehr verschiedener Bilder, die sich teilweise überhaupt nicht gleichen. Man braucht nur einmal folgende vier Christusdarstellungen nebeneinanderzuhalten: den freundlichen, fast bukolisch-heiteren Guten Hirten aus der frühchristlichen Zeit – den strengen, monumentalen, mit den kaiserlichen Insignien ausgestatteten Weltherrscher (Pantokrator) aus der Ära der konstantinischen Reichskirche – den zermartert am Kreuz hängenden leichenfarbenen Schmerzensmann vom Ende des Mittelalters – den sentimentalen, in die Alltagswelt schlichter Menschen eintretenden Natur- und Volksfreund der Nazarener im 19. Jahrhundert. Wer ohne Kenntnis der biblischen Geschichte und der christlichen Tradition mit diesen Bildern konfrontiert wird, kann kaum auf den Gedanken kommen, daß es sich hier um eine und dieselbe Person handelt.

Die verschiedenen Christusbilder haben ihren ersten, vorbiblischen, Ursprung bereits in den unterschiedlichen Widerfahrnissen der Augenzeugen in der Umgebung Jesu: Der eine wurde von seiner Krankheit geheilt, der andere erfuhr die Vergebung seiner Schuld, ein dritter war betroffen durch die Macht des Liebesgebotes, und wieder ein anderer fühlte sich von Gott und den Menschen angenommen. So gewann jeder auf Grund seiner Erfahrungen einen eigenen Eindruck von Jesus und bildete sich eine entsprechende Vorstellung von ihm.

Bei der Sammlung und Sichtung der im Umlauf befindlichen mündlichen und schriftlichen Überlieferungen von Jesus wurden die verschiedenartigen Aspekte seiner Erscheinung dann theologisch bewußt reflektiert. Auf diese Weise entstanden etliche nebeneinander herlaufende und voneinander abweichende Überlieferungsstränge mit jeweils eigener theologischer Tendenz. Jede dieser »Glaubensrichtungen« begeht das Gedächtnis Jesu auf ihre Weise: als Wundermann, der sich durch sichtbare Krafttaten ausweist – als Weisheitslehrer, der durch die Vollmacht seiner Rede überzeugt – als Leidender und Sterbender, der sich für die vielen dahingibt – als Erhöhter, der den Seinen vom Himmel herab erscheint – als Abwesender, der sehnsüchtig zu Gericht und Erlösung erwartet wird – als Anwesender, der schon jetzt das Heil der Endzeit in seiner ganzen Fülle spendet.

Dem entsprechen die Namen und Titel, die Jesus im Neuen Testament beigelegt werden. Über fünfzig haben fleißige Neutestamentler gezählt: Davidssohn, Menschensohn, Gottessohn, Messias (Christus), Prophet, Gottesknecht, Herr (Kyrios), Heiland, Retter, Mittler, Hirte, Hoherpriester, Erlöser, Logos (Wort), Gott . . . Jeder dieser Namen und Titel steht für ein bestimmtes Bild von Christus, wobei die Bilder sich mischen und wechseln, indem sie sich gegenseitig durchdringen oder verdrängen. Aufs Ganze gesehen geht die Tendenz der Entwicklung in Richtung einer Steigerung der »Hoheit« Jesu auf Kosten seiner »Niedrigkeit«. Früh schon verrät sich hier ein Gesetz aller christlichen Dogmenbildung: Gott muß wachsen, der Mensch aber muß abnehmen – gemäß der Devise: Schon wieder ein Wunder!

Wenn es so viele Christusbilder im Neuen Testament gibt –

wonach soll sich dann der Glaube richten? Lassen sich diese verschiedenen Bilder alle auf einen einheitlichen Nenner bringen? Gibt es hier so etwas wie einen Goldenen Schnitt?

Die christologischen *Minimalisten* suchen auf dem Weg der »Subtraktion« zu einer einheitlichen Christologie zu gelangen. Durch Reinigung der neutestamentlichen Jesusüberlieferung von allen Deutungen und Übermalungen hoffen sie so etwas wie ein christologisches Grundmodell herzustellen. Aber dabei ergeht es ihnen wie einem, der von einer Zwiebel Schicht um Schicht ablöst, um endlich auf einen festen Kern zu stoßen – am Ende behält er nichts in der Hand. Manchen Theologen gelingt dies, ohne daß ihnen dabei die Tränen kommen.

Die christologischen *Maximalisten* versuchen es genau umgekehrt mit der Methode der »Addition«. Sie fügen alle einzelnen Christusbilder, mögen sie sich auch noch so sehr voneinander unterscheiden oder womöglich gar gegenseitig ausschließen, zu einem christologischen Kolossalgemälde zusammen.

Zum Beispiel:

Im Neuen Testament wird die Gottessohnschaft Jesu mindestens auf viererlei Weise begründet: 1. Durch Adoption: Bei der Taufe Jesu – später auch bei seiner »Verklärung« – ertönt vom Himmel eine Stimme: »Du bist mein lieber Sohn . . .« (Markus 1,9ff.; Matthäus 3,13ff.; Lukas 3,21f.); das soll besagen, daß Jesus in diesem Augenblick von Gott als Sohn eingesetzt wird. – 2. Durch Einsetzung Jesu in die Sohnschaft nach seiner Auferstehung (Römer 1,4). – 3. Durch Jungfrauengeburt in den Geburtsgeschichten bei Matthäus (1,18) und Lukas (2,1ff.) – 4. Durch die Lehre von Präexistenz und Menschwerdung: Jesus ist der Sohn Gottes schon von Ewigkeit her (zum Beispiel Römer 8,3; Philipper 2,6ff.; Johannes 1,1ff.; 8,58).

In der Bibel gehen diese vier verschiedenen theologischen Begründungen der Gottessohnschaft Jesu unverbunden nebeneinander her. Die christologischen Maximalisten aber fügen sie zu einer Einheit zusammen, indem sie die sachlich konkurrierenden Aussagen einfach zeitlich hintereinander schalten. Das ergibt dann folgende Ereigniskette: Der präexistente Gottessohn, der von Ewigkeit her beim Vater ist, ist durch die Jungfrauengeburt Mensch geworden und wird in seinem Leben zweimal, bei der Taufe und bei der Verklärung, und nach seiner Auferweckung dann noch einmal von Gott als Sohn bestätigt. Zum Führer durch diese christologische Bildergalerie wird der Evangelist Johannes. Von allen Christusmodellen des Neuen Testaments hat sich das seine in den trinitarischen und christologischen Lehrstreitigkeiten der Alten Kirche am stärksten durchgesetzt. Johannes hat auf den Konzilien von Nicäa (325) und Chalcedon (451) gesiegt und ist so zum Kronzeugen aller christologischen Orthodoxie geworden.

Gleichen die christologischen Minimalisten einem, der eine Zwiebel Schicht um Schicht abschält, so die Maximalisten einem, der wie beim Schaschlik ein Fleischstück nach dem anderen auf den Spieß steckt.

Bei einem Essen habe ich einmal neben einem katholischen Bischof gesessen. Um die Unterhaltung zwischen uns in Gang zu bringen, fragte ich ihn, was er von Hans Küngs Buch »Christ sein« halte, natürlich nicht von dem, was Küng über die Kirche und ihr Lehramt schreibe, aber zum Beispiel von seiner Christologie. Der Bischof antwortete mir, daß er noch keine Zeit gefunden habe, das Buch zu lesen, aber er habe sich selbstverständlich von seinen Mitarbeitern darüber berichten lassen – »Ach, Exzellenz lassen lesen« –, und da müsse er feststellen: Was die Gottessohnschaft Jesu betreffe, Menschwerdung, Kreuz, Auferstehung, Himmelfahrt und so weiter – diese Dinge seien, soweit er sehe, bei Küng »in Ordnung«. Unwillkürlich hatte ich die Vorstellung, der Bischof trage eine Liste der obligatorischen christlichen Glaubensgegenstände bei sich in der Tasche und hake je nach Vorkommen die einzelnen Posten ab.

Dasselbe Verhalten begegnet einem natürlich auch auf protestantischem Boden, vor allem dort, wo die Neoorthodoxie sich organisiert hat. Hier wie dort herrscht der gleiche quantitative Glaubensbegriff. Er erinnert an das Punktsystem bei modernen Prüfungsverfahren. Je nachdem, wie viele Fragen ein Kandidat beantwortet und welche Punktzahl er erreicht, hat er die Glaubensprüfung bestanden oder ist durchgefallen.

Es gibt kaum eine widernatürlichere Wortverbindung als die von »glauben« und »müssen«. »Müssen« bedeutet Zwang und Selbstentfremdung, »glauben« Freiwilligkeit und Selbstverwirklichung. Wo immer von »glauben müssen« die Rede ist, wird der Glaube in eine quantitative Leistung und damit in sein Gegenteil verkehrt.

Die Frage nach der *Einheit in der Vielfalt* der biblischen und kirchlichen Christusbilder läßt sich nicht quantitativ, weder durch Subtraktion noch durch Addition, lösen. Hier muß vielmehr Ernst damit gemacht werden, daß Jesus von Nazareth kein Glaubens*gesetz* erlassen, sondern eine Glaubens*bewegung* ins Leben gerufen hat. Diese bleibt nicht dadurch in Gang, daß Glaubensgegenstände wie Stückgut durch die Geschichte befördert werden, sondern daß Menschen andere Menschen mit ihrem Glauben anstecken.

Es gibt inmitten aller christologischen Variabilität eine Konstante. Aber diese ist nichts Statisches, dinghaft Feststellbares, sondern etwas Dynamisches, stets Bewegtes und Bewegendes. *Die Einheit der Christologie besteht in der gemeinsamen Glaubenserfahrung der Christenheit:* Menschen, Einzelne wie Gruppen, haben für Jesus von Nazareth optiert – an ihm möchten sie ihr Leben ausrichten. Sie möchten nicht nur ihr eigenes »religiöses Bedürfnis« befriedigen, sondern zugleich eine Antwort auf die Fragen der Zeit und auf die Nöte ihrer Zeitgenossen bieten. Was sie dabei erfahren und was ihnen ihre Erfahrungen zu denken geben, das sagen sie jeweils unter den Bedingungen ihrer Zeit aus, im Rahmen des bestehenden gesellschaftlich-kulturellen Bezugssystems. Auf diese Weise entsteht ein neues Christusbild.

Die Zeitgebundenheit aller Christusbilder bringt die Gefahr mit sich, daß »Christus« nur zu einer Chiffre für die in einer Zeit vorhandenen Wünsche und Sehnsüchte beziehungsweise zum Symbol ihrer Erfüllung wird. Darum muß jedes zeitgenössische Christusbild an der neutestamentlichen Jesusüberlieferung geprüft werden: ob es noch durch Jesu Person und

Botschaft gedeckt ist. Aus diesem Grunde bedarf der christliche Glaube ständig des *Rückgriffs auf die Geschichte Jesu* – nicht nur zur Korrektur seiner Bilder, sondern mindestens ebensosehr zu ihrer Belebung.

Die Wahrheit der platonischen Dialoge ist unabhängig davon, ob Sokrates gelebt hat; der Marxismus-Leninismus steht und fällt nicht mit dem Leben und Sterben von Marx, Engels und Lenin; Psychoanalyse kann man betreiben, ohne von Freud, Jung und Adler auch nur die Namen zu kennen. Das Christentum dagegen ist und bleibt für alle Zeiten auf die Geschichte Jesu von Nazareth angewiesen, und zwar nicht nur auf Jesu Lehre, sondern auch auf sein Leben. Um der Glaubwürdigkeit seiner Botschaft willen muß es ständig auf seine historische Basis »Rücksicht nehmen«.

Warum muß Jesus von Nazareth *gelebt* haben? Warum genügt nicht eine Lehre Jesu, gleichgültig, ob sie von ihm selbst stammt oder nicht? Warum muß das von Jesus berichtete Geschick wirklich geschehen sein? Warum genügt hier nicht ein Symbol?

Antwort: *Weil Jesu Botschaft und Lehre von der Liebe Gottes handelt!*

Liebe darf, wenn sie glaubhaft sein soll, nicht nur als eine Idee umhergeistern, sondern muß sich als Tat ereignet haben. Zumal die Liebe Gottes muß »persönlich« geglaubt, gelebt, erfahren und erlitten sein, wenn sie Glauben wecken soll. Es muß ein wirklicher geschichtlicher Mensch sein, der mit seinem Leib und Leben für die Liebe Gottes eingetreten ist, der sich selbst aus Liebe hingegeben hat, der mit seiner Person für die Wahrheit der Liebe bürgt. Ich brauche einen solchen sichtbaren Bürgen, dem ich Vertrauen schenken kann, wenn ich der unsichtbaren Liebe Gottes trauen soll.

Die Frage, warum die Liebe nicht nur gelehrt, sondern auch gelebt sein, Gottes Liebe sich mithin ereignet haben muß, spitzt sich für mich zuletzt auf *einen* Punkt zu: auf das *Leiden.* Die Anwesenheit Gottes in der Tiefe des menschlichen Daseins, in Verlassenheit, Verzweiflung, Leid und Tod, darf nicht nur eine Idee sein – sie muß sich *ereignet* haben! Nur die Ereignung garantiert hier die Realität der Wahrheit. Die Botschaft, daß Gott im Leiden anwesend sei, muß der Botschafter am eigenen Leibe leidend durchgestanden haben. Was nach dem Bericht der Evangelien in Gethsemane und auf Golgatha geschehen ist, mag im einzelnen ausge*malt*, aber es darf nicht insgesamt ausge*dacht* sein.

Bei der »Rücksicht« auf die Geschichte kommt es dem Glauben nicht auf historische Einzelheiten, sondern auf das historische Ergebnis insgesamt an: daß Jesus von Nazareth eine geschichtliche Person und seine Botschaft im Kern zuverlässig überliefert ist. Ihm liegt nicht an den Richtigkeiten im einzelnen, sondern an der Richtung im ganzen: daß der Kernpunkt der Botschaft Jesu zugleich die Pointe seiner Existenz bildet und Verkündigen und Verhalten sich in ihm daher treffen.

Hier hat der christliche Glaube zureichenden historischen Grund!

Das wahrhaft Geschichtliche an einer bedeutenden Gestalt ist die persönliche Wirkung, die der Nachwelt spürbar von ihr zurückbleibt. In den Zeugnissen des Neuen Testaments begegnen wir einer so einzigartigen Wirkung einer einzigen Person, daß sich allein von daher schon das kleinkarierte Bild, das die neuesten Kritiker von Jesus bieten, als eine ungeschichtliche Karikatur verrät. Es ist historisch schlechthin unverständlich, wie eine so undeutliche und bedeutungslose Figur eine so deutliche und bedeutungsvolle geschichtliche Wirkung gehabt haben soll und wie aus einem solchen Gnom ein solcher Riese werden konnte.

Wer vorurteilslos an die Evangelien herangeht, gewinnt aus ihnen – trotz aller Vielfalt der verschiedenen »Glaubensrichtungen« – den Eindruck von einer einheitlichen, geschlossenen Persönlichkeit, die hinter allem steht. Nach wie vor gilt, was Martin Kähler bereits 1892 in einem berühmt gewordenen Vortrag gesagt hat: »Aus diesen bruchstückartigen Überlieferungen, aus diesen unverstandenen Erinnerungen, aus diesen nach der Eigenart des Verfassers gefärbten Schilderungen, aus diesen Herzensbekenntnissen und aus diesen Predigten über seinen Heilswert sieht uns nun doch ein lebensvolles, in sich zusammenstimmendes, immer wieder zu erkennendes

Menschenbild an. Da darf man wohl zu dem Schlusse kommen: hier hat der Mann in seiner unvergleichlichen und machtvollen Persönlichkeit, mit seinem Handeln und Erleben ohnegleichen bis in die Erweisungen des Auferstandenen hinein sein Bild in den Sinn und in die Erinnerung der Seinigen mit so scharfen, so tief sich eingrabenden Zügen hineingezeichnet, daß es nicht verlöscht, aber auch nicht verzeichnet werden konnte.«

Zu demselben Schluß wie der christliche Bibeltheologe Martin Kähler gelangt der tschechische Marxist und Atheist Milan Machoveč in seinem Buch »Jesus für Atheisten«: »Man kann nicht genug betonen, daß *nur* in irgendeinem ›Programm‹, in irgendeiner ›Lehre‹ die Ursache für die mächtige Wirkung Jesu gerade nicht zu finden ist . . . Auf Menschen kann nur ein *Mensch* wirken mit der ganzheitlichen Kraft seines Geistes und seines Handelns. Der Gedanke allein, das Programm, die ›Lehre‹ wirkt nur, soweit die Menschen bei jenem mitreißenden einzelnen eine überzeugende Harmonie von Gedanken und Persönlichkeit erleben, wenn also der ›Verkünder des Gedankens‹ selbst *Vorbild seiner Verwirklichung* ist. Die ›Lehre‹ Jesu – sit venia verbo! – setzte die Welt in Brand nicht wegen irgendeiner offenkundigen Überlegenheit des theoretischen Programms, sondern vor allem, weil er *selbst* identisch mit diesem Programm war, weil er selbst mitreißend wirkte . . .«

Besäßen wir literarisch nur ein einziges Evangelium und stammte dieses zudem nur von einem einzigen Verfasser, so müßten wir in der Tat damit rechnen, daß das geschlossene, einheitliche Bild der Persönlichkeit Jesu, das uns aus der biblischen Überlieferung entgegentritt, eine literarische Schöpfung und religiöse Fiktion ist. Vielleicht könnten wir dann sagen, daß eben dieser Autor der »Christus« gewesen sei, auch wenn er nicht Jesus von Nazareth hieß.

Nun aber haben wir literarisch nicht nur *ein* Evangelium, sondern deren mehrere, und wir wissen vor allem, daß diese jeweils nicht die Schöpfung eines einzelnen Verfassers sind, sondern Sammlungen darstellen, die allmählich aus vielen kleinen einzelnen Überlieferungseinheiten zusammengefügt worden sind. Wenn solche bruchstückhafte Überlieferung trotzdem das Bild einer einheitlichen, geschlossenen Persönlichkeit darbietet, so kommt man nicht um das Urteil herum, daß dieses Bild historisch echt sein muß, das heißt, daß die einheitliche, geschlossene Persönlichkeit von vornherein am Anfang gestanden hat und nicht erst im Laufe eines literarischen Produktionsprozesses erschaffen worden ist. *Das Christentum hat mit Jesus von Nazareth begonnen.*

Bleibt mir, um der Ehrlichkeit willen, nur noch hinzuzufügen: Wenn die historisch-kritische Forschung mit der ihr eigenen an Sicherheit grenzenden Wahrscheinlichkeit den Nachweis erbrächte, daß Jesus von Nazareth nicht gelebt hat, dann habe ich mich im Verdacht, daß ich trotzdem nicht von ihm lassen würde. So überzeugend ist für mich der Eindruck, den Jesu Gestalt und Botschaft auf mich machen. Damit schließt sich der historische Zirkel: Weist ein solcher Eindruck nicht fast notwendig wieder auf eine konkrete geschichtliche Person zurück?

Wer im Glauben gewiß ist, kann im Wissen gutgläubig sein: Was heißt schon »historisch echt« und »historisch unecht«? Die Wahrheit der Gleichnisse Jesu lebt davon, daß Jesus selbst als das Gleichnis der Liebe Gottes überzeugt, nicht, daß er alle Gleichnisse selbst gesprochen hat, und die Wahrheit seiner Wunder davon, daß er selbst als das Wunder Gottes erscheint, nicht, daß er alle Wunder selbst getan hat.

Wenn die Vielfalt der biblischen und kirchlichen Christusbilder ihre Einheit nicht in einem Glaubens*gesetz*, sondern in einer Glaubens*bewegung*, nämlich in den gemeinsamen Glaubenserfahrungen der Christenheit, hat, dann bedeutet dies, daß es *christliche Einheit* nur in *christologischer Vielfalt* gibt: *ein Glaube – viele Erfahrungen – vielerlei Bilder.*

Es verhält sich mit der biblischen und kirchlichen Überlieferung von Jesus Christus ähnlich wie mit Bildern und Figuren sonst: Sie geraten je nach dem Licht, das auf sie fällt, und nach dem Standpunkt, von dem aus man sie betrachtet, in eine verschiedene Sicht und gewinnen auf diese Weise jeweils ein anderes Aussehen und Profil. Ganz plötzlich können sie neu aufleuchten und bislang unbekannte Umrisse zeigen. Dabei verändern sich Form und Substanz nicht; sie offenbaren nur die in ihnen verborgene Fülle.

Die Vielzahl der Christusbilder sollte uns daher nicht entmutigen, sondern gerade ermutigen: Das alles steckt in diesem Einen! Daß Jesus von Nazareth zu allen Zeiten eine solche Fülle von Christusbildern erzeugt hat, mag ein Hinweis darauf sein, daß in ihm die Fülle der Zeiten gegenwärtig ist. Weil Jesus das *Gleichnis Gottes* ist, darum gibt es von ihm so viele *Bilder*. Weil in ihm die Fülle der Zeiten gegenwärtig ist, deshalb kann er, durch alle Erstarrungen hindurch, neu in jede Zeit einbrechen. Darum: *Laßt uns neue Christusbilder machen – ein Bild, das Jesus von Nazareth gleich sei!*

7. Das Christliche am Christentum

Wer sich die Christenheit in ihrer Pluralität vor Augen hält: die Buntheit ihrer Bilder und Gewänder, die Vielfalt ihrer Bauten, Feiern und Bräuche, die Verschiedenheit ihrer Ordnungen, Gemeinschaften, Lebensweisen und Glaubenslehren, dazu die sie durchziehenden kulturellen, politischen und sozialen Trennungslinien, der muß sich die Frage stellen: Was ist das Verbindliche und darum das Verbindende am Christentum, gleichsam das »Christliche« an ihm, das, was das Christentum zum Christentum macht?

Alles, was das Neue Testament auf über fünfhundert Seiten über Jesu Person und Botschaft aussagt, konzentriert sich für mich in zwei Bibelversen:

Der erste Vers stammt aus dem Gleichnis vom verlorenen Sohn und lautet: »Da der Sohn aber noch ferne war, sah ihn sein Vater, und es jammerte ihn, lief und fiel ihm um seinen Hals und küßte ihn.« (Lukas 15,20)

Der andere Vers stammt aus dem Gleichnis vom barmherzigen Samariter und heißt: »Ein Samariter aber reiste und kam dahin; und da er ihn sah, jammerte ihn sein, und er ging zu ihm.« (Lukas 10,33 f.)

Beide Verse beschreiben jeder einen Weg. Beide Wege zusammen ergeben das »Christliche am Christentum« und damit das für alle »Christenheiten« Verbindliche und Verbindende. Dazu könnte ich mit Artikel VII der »Augsburgischen Konfession« sprechen: »Satis est . . . Dies ist genug zu wahrer Einigkeit der christlichen Kirchen.« Alles in Theologie und Kirche ist nur Entfaltung, Erläuterung, Anwendung und Bewahrheitung dieses Einen. Abstrahiert man den in dem Bild der beiden Wege ausgedrückten theologischen Gehalt, dann gewinnt man so etwas wie eine *Kurzformel des christlichen Glaubens*.

Zuvor aber bedarf es einer Verständigung über den Standort des Verstehens – und damit befinden wir uns bereits wieder in der Pluralität. Wo immer Jesu Gleichnis von den beiden Söhnen – dem verlorenen und dem daheimgebliebenen – in der Kirche heute gelesen wird, dort identifiziert jeder sich sofort ganz selbstverständlich mit dem verlorenen, heimgekehrten Sohn. Aber was gibt uns eigentlich das Recht dazu? Welcher Christ hat denn heute schon in seinem Leben einen so gefährlich weiten Boden geschlagen? Wer ist in seinem Freiheitsdrang schon so entschlossen aus aller Sicherheit einer bürgerlichen Existenz ausgebrochen und in solche menschlichen Tiefen und sozialen Abgründe gestürzt? Und wer hat schließlich mit seinem bisherigen Leben so radikal Schluß gemacht und noch einmal völlig neu, ganz von vorn und unten angefangen?

Auch hier haben wir unseren Standort »westlich von Eden« zu nehmen: Erben einer zweitausendjährigen Kirchengeschichte, Angehörige der westlichen Welt, meistens noch Mitglieder der evangelischen oder der katholischen Kirche, durchweg schon christlich geboren, kirchlich getauft und sodann bürgerlich erzogen, gleichen wir nicht dem jüngeren verlorenen und heimgekehrten Sohn, sondern zählen zu den älteren Brüdern, zu den daheimgebliebenen Söhnen der Christenheit. Nichts scheint mir diese Tatsache so sehr zu beweisen wie die dreiste Selbstverständlichkeit, mit der wir unseren Standort bei dem verlorenen, heimgekehrten Sohn nehmen und uns mit ihm vergleichen. Eben dies ist Tradition bei den Daheimgebliebenen!

Wer ist denn der ältere Bruder, der daheimgebliebene

Sohn? Sind das heute nicht die Christen? Bin nicht ich selbst es?

Ich bin christlich getauft, habe am Kindergottesdienst und Religionsunterricht teilgenommen, bin ordnungsgemäß konfirmiert, kirchlich getraut und wünsche mir dereinst auch ein ehrliches christliches Begräbnis.

Ich halte mich zur Kirche, höre am Samstagabend das »Wort zum Sonntag«, besuche manchmal noch den Sonntagsgottesdienst, nehme ab und an auch am Abendmahl teil, bin berechtigt zur Patenschaft und wahlfähig für sämtliche kirchlichen Gremien.

Ich bin für die Tradition und Kontinuität des Christentums, habe daher unsere vier Söhne getauft und konfirmieren lassen, habe sie getraut und ihre Kinder wiederum getauft, sorge mich um die Zukunft der Kirche, verteidige zäh das bestehende Kirchensteuereinzugsverfahren und kenne alle nur denkbaren theologischen Sätze.

Neben mir sehe ich andere ältere Brüder, auch daheimgebliebene Söhne: Sie halten auf Moral, zumal im privaten Bereich, und hier wiederum besonders auf das Sechste Gebot, unterscheiden zwischen ehelichen und unehelichen Müttern, bemühen sich jedoch, die betroffenen Kinder davon nichts spüren zu lassen.

Sie halten die Bekenntnisse der Väter in Ehren, sind für Gesetz und Ordnung auch in der Kirche, fühlten sich deshalb auf dem Stuttgarter Kirchentag durch die dortigen jüngeren Brüder, die gerade reichlich »unordentlich« heimkehrenden verlorenen Söhne, gestört, haben deshalb den Düsseldorfer Kirchentag ausgelassen, sind seit Frankfurt aber wieder dabei.

Für sich genommen, sind dies lauter respektable Eigenschaften und positive Züge. Dennoch ergeben sie zusammen kein Bild, an dem wir Gefallen hätten – obwohl es doch unser, der abendländischen Christen, Spiegelbild ist! Irgend etwas ist an den daheimgebliebenen Söhnen nicht in Ordnung. Oder verhält es sich womöglich gerade umgekehrt: Ist an ihnen alles vielleicht gar zu sehr »in Ordnung«? Und breitet sich deshalb über die westliche Christenheit dieser leichte Grauschleier einer freudlosen Verdrossenheit und etwas langweiligen Monotonie? Ihre Religion gleicht einer alten, schal gewordenen, leer geschlafenen Ehe, in der man sich zwar nicht betrügt, sondern sich nach wie vor korrekt benimmt und seine »eheliche Pflicht« erfüllt, in der aber nichts Besonderes, Spontanes mehr geschieht und die daher herzlich langweilig geworden ist.

Aber der Standort »westlich von Eden« – die selbstverständliche Beheimatung in der christlichen Tradition – braucht keine geringere religiöse Chance zu bedeuten! Auch von dem daheimgebliebenen Sohn heißt es, als er nicht in das Haus hineingehen und an dem Fest für seinen heimgekehrten Bruder teilnehmen will: »Da ging sein Vater hinaus und bat ihn herein.« Hier ist noch einmal von einem Weg die Rede, und dieser führt zu den älteren Brüdern, den daheimgebliebenen Söhnen der Christenheit. Wenn sie hier ihren Standort nehmen, dann können sie die Geschichte von dem Auszug und der Heimkehr des verlorenen Sohnes als ein Gleichnis auch für sich verstehen.

Die entscheidende Kehre bildet nicht die Umkehr des Sohnes zum Vater, sondern die Hinkehr des Vaters zum Sohn. Während, um die Umkehr des Sohnes zu beschreiben, in der Luther-Übersetzung zehn, im griechischen Urtext sogar nur sieben Wörter ausreichen, wird das Verhalten des Vaters geradezu in einer Kaskade von Handlungen und Worten geschildert. Die Hinwendung des Sohnes zum Vater wird weit übertroffen von der Zuwendung des Vaters zum Sohn. Der Vater kommt dem Sohn zuvor. Seine Liebe hat einen solchen Schwung, daß der Sohn gar nicht erst Gelegenheit findet, niederzuknien und etwas zu sagen. Der Vater schließt ihn einfach in seine Arme. Durch diese Umarmung verhindert er, daß der Sohn die rituell vorgeschriebene Unterwerfungsgebärde vollzieht. Hinterher erst kann der Sohn sein Schuldbekenntnis loswerden. Diese Reihenfolge ist wichtig. Von der Einhaltung dieser Reihenfolge lebt die Christenheit, gleich welcher Konfession, ob protestantisch, anglikanisch, katholisch oder orthodox, gleich auch welcher Richtung, ob konservativ oder progressiv, ob evangelikal oder liberal.

Also: kein moralisches Sündenbekenntnis en détail, keine

Prüfung auf Rechtgläubigkeit von der Jungfrauengeburt bis zum leeren Grab und auch keinerlei soziale und politische Besserungs- und Bewährungsfrist! Statt dessen wird ein Fest gefeiert, so, wie ein richtiges Fest ist: immer etwas zu reichlich, immer ein bißchen maßlos und unvernünftig, in jedem Falle aber absichtslos, jedoch niemals ohne Grund. In diesem Fall lautet der Grund: »Dieser mein Sohn war tot und ist wieder lebendig geworden.« Das heißt: Ein Mensch ist Mensch geworden – wahrlich Grund genug, um zu festen und zu feiern!

Will man der Zuwendung des Vaters zu dem heimkehrenden Sohn eine Überschrift geben, die zugleich die theologische Konsequenz aus ihr zieht, dann erhält man das erste Glied einer Kurzformel des christlichen Glaubens. Es lautet: *Christen glauben an einen zuvorkommenden Gott.* Dieser Glaube der Christen stammt aus der Gotteserfahrung Jesu von Nazareth. Der »Vater« Jesu richtet nicht hin, sondern richtet auf. Damit der Mensch nicht verkomme, kommt Gott ihm zuvor. Auch ein verworfener Mensch bleibt ein Entwurf Gottes. Während der Teufel hinter ihm her ist, kommt Gott ihm entgegen. Wenn der Mensch gottlos wird, dann wird Gott menschlich.

Damit erweist sich ausgerechnet die *Menschlichkeit* als Gottes wesentliche Eigenschaft. Nicht der Aufstieg des Menschen zu Gott und auch nicht der Auszug des Menschen aus Gott, sondern Gottes Auszug zum Menschen ist das Kennzeichen der christlichen Religion – damit wird zugleich das Ziel der Religionsgeschichte signalisiert. Und so läßt sich der Satz »Christen glauben an einen zuvorkommenden Gott« jetzt dahingehend erweitern: *Weil Christen an einen zuvorkommenden Gott glauben, darum glauben sie an einen menschlichen Gott.*

Dieser theologische Satz hat seinen geschichtlichen Grund in dem Geschick Jesu von Nazareth. In dem Bilde des Vaters, der sowohl dem heimkehrenden als auch dem daheimgebliebenen Sohn »entgegenkommt«, ist sein Verhalten abgebildet. Auch Jesus ist, um die Menschen zu sich zu ziehen, zu ihnen ausgezogen. Er ist den verlorenen Söhnen nachgegangen und hat sich mit ihnen zusammen an einen Tisch gesetzt. Und er hat sich dabei auch durch die älteren Brüder, die daheimgebliebenen Söhne, nicht aus dem Konzept bringen lassen.

Alles in allem: Jesus von Nazareth hat sich in seinem Leben ebenso unvorschriftsmäßig verhalten und ebensolche unvernünftigen Feste gefeiert wie der Vater im Gleichnis. Und um dieses seines unvernünftigen Festefeierns willen hat man ihn gekreuzigt. Der Erzähler des Gleichnisses vom verlorenen Sohn hat seine Gleichniserzählung mit dem Leben bezahlt. Dabei haben die älteren Brüder, die daheimgebliebenen Söhne, ihre Hand mit im Spiel gehabt.

Christen glauben an einen zuvorkommenden, menschlichen Gott – das ist das Fazit aus dem Verhalten des Vaters gegenüber *beiden* Söhnen. Für mich bedeutet es die Antwort auf die Gottesfrage der Menschheit: Ich glaube Jesus seinen Gott. Das ist die »Hauptsache« im Christentum.

Was aber hat die westliche Christenheit daraus gemacht?

Auf die Frage, was Gott und der Glaube an Gott ihm bedeuteten, hat ein Konfirmand mir einmal geantwortet: »Religion ist, was man nicht tun darf.« Diese Antwort spiegelt etwas von dem Klima wider, das der Junge rings um sich empfunden haben muß, in dem die Christenheit augenscheinlich existiert. Und das verrät, was die Christen aus dem Evangelium Jesu gemacht haben: die einen ein dogmatisches System, die anderen einen privaten Tugendkatalog, die dritten eine Anleitung zum politischen Handeln, die vierten eine sozialistische Theorie, alle miteinander also entweder einen lieblosen Intellektualismus oder einen strapaziösen Moralismus – auf alle Fälle aber kein Fest mehr, sondern harte Feldarbeit.

Die Fortsetzung des Gleichnisses vom verlorenen Sohn lautet in der Bibel: »Ein Samariter aber reiste und kam dahin; und da er ihn sah, jammerte ihn sein und er ging zu ihm.« Dieser Satz aus dem Gleichnis vom barmherzigen Samariter nimmt den zentralen Satz aus dem Gleichnis vom verlorenen Sohn fast wörtlich auf und führt ihn fort. Wieder ist von einem Weg die Rede, von einem Sehen und von einem Sich-Erbarmen und Sich-auf-den-Weg-Machen: Die Bewegung, die der Vater auf den heimkehrenden und den daheimgebliebenen Sohn hin macht, wird aufgenommen und gleichsam spiegelbildlich fortgesetzt in der Bewegung des barmherzigen Samariters zu dem am Wege Liegenden hin. Wie sich der Vater über den heimkehrenden Sohn herabbeugt und ihn an sich zieht und wie er zu dem daheimgebliebenen Sohn hinausgeht und ihn bittet, hereinzukommen und mitzufeiern, so geht der Samariter zu dem unter die Räuber Gefallenen hin, beugt sich über ihn, hebt ihn auf und nimmt ihn mit sich.

Auf diese Weise setzt sich der *Auszug Gottes zum Menschen* fort im *Auszug des Menschen zum Mitmenschen.* Darum kann ich die Kurzformel des christlichen Glaubens jetzt zu Ende formulieren: *Weil Christen an einen zuvorkommenden, menschlichen Gott glauben, darum gehen sie ihren Mitmenschen nach.*

Angenommen nun, der barmherzige Samariter wäre Landrat in Jericho, Landtagsabgeordneter von Judäa oder Stadtguerilla in Jerusalem gewesen – was wäre dann? Damit kommt das Problem der Macht mit ins Spiel. Damit hört die Geschichte Jesu nicht auf, aber damit geht sie über in die Geschichte der Kirche und des Christentums.

FÜNFTES KAPITEL

Warum ich an Gott glaube

1. Gott auf der Spur

Wer heute als Christ von seinem Glauben an Gott erzählt, muß, wenn er bei den Zeitgenossen Gehör finden will, zwei Bedingungen erfüllen:

Einerseits muß man ihm anmerken, daß er »in eigener Sache« auftritt, daß er von etwas erzählt, was er selbst erfahren hat, mit einem Wort, daß sein Reden von Gott durch *Existenz* gedeckt ist – gemäß Hegels Definition: »Das Prinzip der Erfahrung enthält die unendlich wichtige Bestimmung, daß für das Annehmen und Fürwahrhalten eines Inhalts der Mensch selbst dabei sein müsse.«

Anderseits aber darf, wer vom Glauben an Gott spricht, nicht in reiner Subjektivität verharren, wenn sein Glaube nicht nur als eine willkürliche Setzung oder eine private Illusion erscheinen soll. Vielmehr muß er sich bemühen, die intersubjektive Gültigkeit seiner Glaubenserfahrung zu erweisen und sein eigenes unmittelbares Innewerden der Wirklichkeit Gottes auch anderen zu vermitteln. Dazu muß er die Zone der reinen Subjektivität verlassen und zeigen, daß die von ihm behauptete Gotteserfahrung nicht nur durch seine eigene Existenz gedeckt ist, sondern einen Anhalt auch an der *Wirklichkeit* hat, wie sie jedermann zugänglich ist. Weil die christliche Gotteserfahrung nicht in einer metaphysischen »Hinterwelt« oder in einem religiösen »Walt-Disney-Land« beheimatet ist, sondern ihren Sitz in der hiesigen, alltäglichen menschlichen Lebenswirklichkeit hat, darum ist sie unter der allgemeinen menschlichen Daseinserfahrung mitgegeben und auch nur innerhalb ihrer zu vermitteln.

Den Schlüssel zu dieser Weltdeutung lasse ich mir von der christlichen Tradition an die Hand geben. Im Dialog mit der biblischen Überlieferung suche ich mein eigenes Dasein in der Welt auszuleuchten und Gottes Spuren in ihm zu entdecken. Dabei kommt mir vor allem die Gotteserfahrung zugute, die Jesus von Nazareth stellvertretend »für uns« bis in die letzte menschliche Tiefe hinein erlebt, erlitten und erworben hat. Wo, durch die christliche Tradition vermittelt, solche Gotteserfahrung und Weltdeutung gelingt, dort »erscheint« der von Jesus geglaubte und verkündete Gott in unserer Mitte.

Im Rahmen dieser drei Richtlinien – angeleitet durch die biblische Überlieferung, gedeckt durch die eigene Existenz und eingebettet in die Erfahrung von Weltwirklichkeit – will ich von meinen Erfahrungen mit Gott Bericht geben. Ich will die heute übliche Frage: »Was heißt Gott, und was habe ich davon, wenn ich an ihn glaube?« so zu beantworten suchen, daß ich erzähle, wo der unsichtbare Gott für mich in der Welt »zum Vorschein« gekommen ist. Aber ich will dies nicht in unkontrollierbarer Subjektivität tun, sondern ich will zeigen, was es für mich in meinem Leben ausgemacht hat und bis auf diesen Tag ausmacht, daß ich an Gott glaube – warum Gott für mich daher keine »unnütze Hypothese« ist. Als Christ tue ich nichts anderes, als was Nichtchristen auch tun: ich deute die Welt. Es gibt ja nie »die« Wirklichkeit, sondern immer nur ausgelegte Wirklichkeit. Ich biete eine *»theistische« Deutung der Wirklichkeit der Welt,* so wie andere sie auf ihre Weise deuten – vom Marxismus bis zur transzendentalen Meditation.

Blicke ich auf einzelnes in meinem Leben, nicht auf die »Schickung im Zusammenhang«, so muß ich feststellen: Besondere, »augenblickliche« Gotteserfahrungen hat es in meinem Leben nur einige wenige gegeben. Wer hat das auch schon? Von Abraham heißt es im Alten Testament, daß Gott insgesamt nur siebenmal mit ihm geredet habe – und Abraham war ein Auserwählter Gottes und ist überdies steinalt geworden! Ansonsten herrschte für ihn »religiöser Alltag«, an dem er »gemäß der Tradition« geglaubt, gezweifelt, geopfert, gebetet, gehorcht oder auch nicht gehorcht hat. Doch ohne die Wiederholung des religiösen Alltags, ohne Tradition, gäbe es keine besonderen religiösen Widerfahrnisse. Sie ragen aus dem täglichen Gleichmaß heraus wie einzelne Bäume in einer Parklandschaft, aber noch die höchsten Bäume nähren sich aus demselben Erdreich wie das Gewächs am Boden.

Ich will von mir zunächst drei solcher einzelnen, augenblicklichen Gotteserfahrungen erzählen.

Es war im Kriegswinter 1942/43. Ich lag damals als Soldat in Oberbayern und war zum »Streifendienst« abkommandiert. Das war ein beliebtes Kommando, weil man bei ihm mehr Freiheit hatte als sonst ein Soldat. Man mußte Zivil tragen, nur die Pistole geladen und gesichert in der Tasche, und war überdies im Privatquartier untergebracht. Der Auftrag bestand darin, Menschen, die ohne Erlaubnis unterwegs waren – geflohene Kriegsgefangene, Fremdarbeiter, Deserteure und politische Flüchtlinge –, anzuhalten und festzunehmen. Daß es sich dabei um Menschenjagd handelte, beschwerte mich nicht; denn ich war von vornherein entschlossen, niemals jemanden zu jagen und festzunehmen.

Ich gehörte zum Streifenposten in Freilassing. Wir hatten die beiden Straßen-und Eisenbahnbrücken, die südlich der Stadt unmittelbar nebeneinander über die Saalach nach Salzburg führten, zu kontrollieren, um den Übergang von Deutschland nach Österreich und somit den Fluchtweg vom Norden nach dem Süden abzuriegeln – so wenigstens lautete reichlich volltönend der Befehl.

Hier stand ich nun an einem Samstagnachmittag im Spätherbst auf der Eisenbahnbrücke. Das Jahr ging auf Weihnachten zu, schon das vierte in diesem Kriege und, ein Vierteljahr vor Stalingrad, immer noch keine Aussicht auf die erhoffte und von Kriegsbeginn an erbetete Niederlage. Den ganzen Tag hindurch hatte es geregnet. Mein Herz war traurig und leer, die Schwermut stand um mich wie eine Wand. Mit einemmal aber, am späten Nachmittag, begann die Traurigkeit langsam von mir zu weichen, und mich überkam das Gefühl einer unzerstörbaren Geborgenheit. Gleichzeitig fiel mir das Psalmwort ein: »Ich werde nicht sterben, sondern leben und des Herrn Werke verkündigen.« (118,17) Schließlich hörte auch noch der Regen auf, und kurz bevor die Dämmerung hereinbrach, kam sogar für einige Minuten die Sonne durch und tauchte die Wallfahrtskirche von Maria Plain, die links vor mir auf einem Hügel lag, in ein mildes Licht – so, als wollten Natur und Gnade hier, völlig unprotestantisch, zusammenspielen.

Dieses Erlebnis bedeutete für mich nicht die Garantie körperlicher Unversehrbarkeit. Ich fühlte mich dadurch nicht fortan meines Lebens sicher: daß ich heil aus diesem verhaßten Krieg herauskommen und dann als Theologe von der Kanzel oder dem Katheder wieder von Gott reden würde. An äußere Bewahrung dachte ich überhaupt nicht. Die Geborgenheit, die ich empfand, war tiefer und umfassender. Sie hob die vorhandene Wirklichkeit – und die hieß immerhin möglicherweise Tod im Kriege oder Verfolgung durch die Nazis nach dem Kriege – nicht auf, sondern schloß jedwede Zukunft, auch den Tod und die Verfolgung, ein. Aber ich selbst fühlte mich verwandelt durch die Erfahrung einer Zuversicht, die unangreifbar erschien. Ich war mir selbst gleichsam durchsichtig geworden und hatte mich in jener Macht gegründet erkannt, die alles begründet, die auch mich gesetzt hat. Das war nicht die Erfahrung einer universalen Harmonie des Endlichen mit dem Unendlichen – dafür steckte zu viel Dennoch und Trotzdem darin. Der Riß, der durch die Wirklichkeit der Welt geht, blieb bestehen. Aber ich wußte jetzt, daß die Welt, obwohl sie so ist, wie sie ist, dennoch in guten Händen ist – und ich dazu. Und davon wollte ich auch anderen erzählen, so wie man eine wichtige Erfahrung, die man gemacht hat, fairerweise weitergibt.

Später, nach dem Kriege, habe ich bei Gelegenheit einer Gastvorlesung in Salzburg auf die Frage eines Zuhörers nach einem konkreten Beispiel zeitgenössischer Gotteserfahrung jenes Erlebnis von Freilassing – sechs Kilometer nördlich von Salzburg! – erzählt. Einen Augenblick hatte ich mir überlegt, ob ich dies wagen könnte – wer wird schon ohne Not in einem akademischen Hörsaal persönlich? Aber dann habe ich es doch getan – hernach war ich überrascht über die aufmerksame Stille, die während meines Erzählens im Auditorium herrschte, und über den theologischen Respekt, mit dem man hinterher in der Diskussion solcher religiösen Erfahrung begegnete.

Es geschah gegen Ende des Krieges, während eines Luftangriffs auf Rosenheim. Der Angriff war überraschend gekommen. Ich war, nachdem Alarm gegeben worden war, auf dem Fahrrad noch über den Inn hinweg auf den Schloßberg gelangt. Aber den sicheren Luftschutzstollen, den Bewohner des Schloßbergs mit Hilfe einiger von mir gestellter Kriegsgefangener in den Abhang hineingetrieben hatten, hatte ich nicht mehr erreicht. Jetzt lag ich in einem kleinen Waldstück unter einer Wegbrücke und hörte die Flugzeuge über mir brummen: Würden sie über uns hinwegfliegen oder angreifen? Da fing es in der Luft zu rauschen an – sie luden also ihre Bomben ab. Wenn jetzt aus dem Rauschen ein Fegen und aus dem Fegen ein Pfeifen würde, dann wußte ich: ich lag mitten im Bombenteppich.

Ich rechnete damit, im nächsten Augenblick zu sterben. Aber ich hatte keine Angst. In mir war eine große Ruhe, fast eine mutwillige Neugier: Wie wird es sein? Wird sich bestätigen, was ich geglaubt habe? Gleich würde ich erkennen, was an der Theologie dran war. Ja, ich entsinne mich noch genau, daß ich sogar an einige Professoren gedacht und mich gefragt habe, ob das wohl stimmen werde, was sie uns gelehrt hatten. Diese Überlegungen haben nur Sekunden gedauert. Dann wurde aus dem Rauschen Fegen und aus dem Fegen Pfeifen – und dann krachte es fürchterlich.

Ich überlebte – unverletzt. Aber das empfand ich nicht als eine göttliche Bestätigung des eben Erlebten, schon gar nicht als eine wunderbare Rettung. Eher war ich beinahe enttäuscht, daß ich nun nicht erfahren hatte, wie es »wirklich« ist. Ich blieb auch künftig an das »Unsichtbare« gewiesen – und ich mußte weiterhin glauben, statt zu schauen.

Dies war von allen religiösen Erlebnissen in meinem Leben das kürzeste, aber wohl auch das konzentrierteste und intensivste. Bleibt nur noch anzufügen, daß ich in ähnlichen oder anderen Lagen in und nach dem Kriege sehr viel Angst gehabt habe.

Zu den besonderen religiösen »Eindrücken« meines Lebens gehört für mich die Beerdigung meines Vaters. Er war an Magenkrebs gestorben, elend und schwer, so wie ein Mensch eben an Magenkrebs stirbt, wenn's gar zu lange dauert. Wohl auch wegen dieser mühsamen Leidens- und Sterbensqual hatte der mit mir befreundete Prediger als Text seiner Ansprache das Wort des geschundenen Hiob gewählt: »Aber ich weiß, daß mein Erlöser lebt, und als der letzte wird er über dem Staub sich erheben. Und ist meine Haut noch so zerschlagen und mein Fleisch dahingeschwunden, so werde ich doch Gott sehen.« (Hiob 19,25 f.) Ich kann mich nicht mehr erinnern, was der Prediger im einzelnen gesagt hat, aber das weiß ich noch genau, wie mich damals, vermittelt durch seine Worte, spontan das Gefühl einer unmittelbaren Geborgenheit ergriff, in die auch mein toter Vater eingeschlossen war, die feste Zuversicht, daß alles gut werde, ja im Grunde schon jetzt gut sei, selbst der hier sichtbar vor Augen stehende Tod.

Was »Gottes Wort« heißt, das habe ich in dieser Stunde begriffen: das Wort eines Menschen, zu einem anderen Menschen gesprochen, wodurch diesem sich ein Widerfahrnis zum Guten wendet und der zerrissene Lebenszusammenhang wiederhergestellt wird, so daß er gewiß ist, Gott selbst habe sich ihm aufs neue versprochen.

Natürlich genügt es nicht, solche Gotteserfahrungen nur durch Nacherzählen zu wiederholen. Hier zeigt sich vielmehr, daß zum Erzählen in der Theologie immer auch das Bedenken und Besprechen des Erzählten gehört. Anders ist überhaupt keine intersubjektive Vermittlung, keine Mitteilung einer Erfahrung an andere möglich. Sonst bleibt der Erzähler mit seiner Erfahrung für sich allein, oder die Wahrheit wird doch wieder autoritativ von oben – diesmal nur nicht »auf Geheiß«, sondern »mit Gefühl« – über den Zuhörer verhängt. Um glauben zu können, muß einem Menschen nicht erst Hören und Sehen vergehen, sondern müssen ihm gerade alle Sinne, über die er verfügt, geschärft werden. Ohne Sensibilität gibt es keine Spiritualität. Vertrauen und Einsicht gehören zusammen.

Durch das gemeinsame Bedenken und Besprechen der Erfahrungen wird aus dem Monolog ein Dialog – ein Gespräch zwischen solchen, die an Gott glauben, und solchen, die es gleichfalls noch, aber vielleicht anders oder auch gar nicht mehr tun. Jetzt geht die Wahrheit »in die Runde«. In dieser Runde stelle ich mir vor allem drei Typen von Partnern vor: die »Allgläubigen«, die alles zu glauben bereit sind, wenn es nur genügend wider die Vernunft ist – die »Nichtgläubigen«, die alles leugnen, was sich nur irgendwie nach Glauben anhört – und die »Leichtgläubigen«, die in allem, was ihnen in der Welt widerfährt, sofort Gott wittern.

Ihnen lege ich die von mir gemachten Gotteserfahrungen als »Hypothese« vor, um sie im gemeinsamen Verständnishorizont allgemeiner menschlicher Daseinserfahrung, also auf nicht-religiöser Ebene, zu erproben. Dies ist ein Wettstreit um die Wahrheit, wie in Lessings »Ringparabel« – ein Streit um die Wirklichkeit der Welt, wer sie in der richtigen Weise wahrnimmt und das Leben in ihr sinnvoll bestehen hilft. Dabei bin ich mir von vornherein darüber im klaren, daß ich nicht mehr zu erreichen vermag, als daß die von mir dargebotene »theistische« Weltdeutung meinen Gesprächspartnern nicht als sinnlos erscheint, auch wenn sie sie für sich selbst nicht übernehmen. Dabei will ich nicht verschweigen, daß ihre Weigerung mich schmerzt, daß sie für mich in jedem Fall ein Problem bildet, über das ich nicht zur Ruhe komme.

Es gibt eine christliche Solidarität mit dem Zeitgenossen auch in der Nicht-Erfahrung Gottes. Deshalb harre ich bei ihm aus: einmal, weil die Nicht-Erfahrbarkeit Gottes immer auch meine eigene Erfahrung bildet; zum anderen, weil auch jede ernsthafte Infragestellung Gottes immerhin eine Erfahrung mit Gott bedeutet. Selbst die hitzigsten Atheisten, die sich mit ihrer Gottlosigkeit brüsten, kommen mir wie Schlüsselkinder vor, die noch den Schlüssel ihres Elternhauses um den Hals tragen und nur die Hausnummer vergessen haben. Deshalb habe ich auch, solange ich predige – und ich habe es zum erstenmal mit neunzehn Jahren und zitternden Knien getan, die zum Glück der Talar verdeckte –, niemals Menschen mit Gott gedroht.

Ich leite das Rundgespräch über die Möglichkeit zeitgenössischer Gotteserfahrung ein, indem ich an die von mir gemachten Glaubenserfahrungen zunächst fünf Beobachtungen knüpfe.

1. Alle von mir geschilderten Erfahrungen sind von einer fast banalen Alltäglichkeit, von einer geradezu penetranten *Weltlichkeit.* Sie finden weder in einem separaten religiösen Bezirk statt, noch muß ein Mensch, um sie zu machen, mit einem besonderen religiösen Vermögen ausgestattet sein. An dem ganzen Geschehen ist nichts Wunderbares; nirgendwo ereignet sich etwas Außerordentliches, Extravagantes, Übernatürliches. Es erfolgt kein Eingriff von oben; der Kausalzusammenhang der Natur und Geschichte wird an keiner Stelle durchbrochen. Hier wirkt keine »christliche Sonntagskausalität« neben einer »außerchristlichen Werktagskausalität« (E. Troeltsch), sondern es herrscht überall nur die eine gleiche Kausalität. Welterfahrung und Gotteserfahrung sind nicht identisch, aber der Gottesglaube muß zur Welterfahrung stimmen. Das wäre zum Beispiel keine Stimmigkeit, wenn der Glaube behauptete, daß die Guten in der Welt immer belohnt und die Bösen immer bestraft würden; oder wenn auf der Eisenbahnbrücke bei Freilassing ein Pferd zu mir geredet hätte, und wäre es auch in unverwechselbarem Bajuwarisch gewesen – das hätte mich wohl belustigt, aber bestimmt nicht Gottes gewiß gemacht.

Kurzum: Christliche Gotteserfahrung arbeitet weder mit »Hinterlist« noch mit »Zauberei«; in dem von Jesus verkündeten Reich Gottes geht es mit rechten Dingen zu.

2. Der Inhalt aller drei erzählten Erfahrungen läßt sich übereinstimmend als *Vertrauen* kennzeichnen. Entsprechend wird in allen drei Situationen der gleiche Stimmungswandel erlebt. Ich kann ihn am besten mit dem Ausruf »Ach ja« wiedergeben. »Ach« ist Ausdruck der Klage und Angst; es ist die unmittelbare Reaktion auf den vor Augen liegenden vorfindlichen Zustand der Welt: *weil* die Welt so ist, wie sie ist –

die Wirklichkeit wird hier nicht schwärmerisch überflogen. »Ja« ist Ausdruck der wider den Augenschein der Welt vorhandenen Geborgenheit und Gewißheit: *obwohl* die Welt so ist, wie sie ist. Das vorangegangene »Ach« wird nicht aufgehoben, aber es wird von dem nachfolgenden Ja überholt und bewältigt. Die Klage verstummt nicht, aber sie wird getrost. Die Angst ist nicht plötzlich weg, aber es herrscht keine Angst mehr vor der Angst, sondern Zuversicht trotz der Angst. Ob der eine dann mit Martinus von Biberach verhalten spricht:

»Ich komm' – weiß nit, woher.
Ich geh' – weiß nit, wohin.
Mich wundert, daß ich fröhlich bin«

oder der andere entschiedener mit Martin Luther:

»Ich komm' – weiß wohl, woher.
Ich geh' – weiß wohl, wohin.
Mich wundert, daß ich traurig bin«

– das ist eine Sache des Temperaments sowie der Biographie und des Zeitgeistes.

Kurzum: Christliche Gotteserfahrung macht die Welt nicht im Handumdrehen wunderbar, aber sie läßt den Glaubenden sich angesichts der Welt verwundern.

3. Das Vertrauen, das zur Welt »dennoch« Ja sagt, wird nicht vom Menschen aus sich selbst hervorgebracht, sondern es wird von außen in ihm hervorgerufen. Es hat seinen Grund außerhalb des Menschen selbst. Eben das ist ja der entscheidende Kern aller drei Erfahrungen: daß Ursprung, Bestand und Ziel der Welt nicht in der Hand des Menschen liegen und daß die Welt trotzdem, vielmehr gerade darum in guten Händen ist. Der Mensch ist fähig, den Grund der Welt, der in ihm dieses Vertrauen erweckt, zu reflektieren, das heißt widerzuspiegeln und zu bedenken. Wo immer die Reflektion des universalen Grundes, der das Grundvertrauen der Menschen fundiert, gelingt, dort sprechen wir von »Offenbarung« oder »Religion«. Der Glaube nennt diesen Grund der Welt *»Gott«* und sagt zu ihm: »Du bist bei mir.«

Kurzum: Christliche Gotteserfahrung kennt ihren Grund und nennt ihn mit Namen »Gott«, aber die Nennung des

Namens garantiert nicht auch schon die Erfahrung des Grundes.

4. Ohne die *Vermittlung der biblischen Überlieferung durch die Kirche* hätte ich jene Erlebnisse nicht als »Gotteserfahrung« zu deuten vermocht. Nur in Erinnerung an die Welt- und Geschichtsdeutung der Bibel habe ich Gott in meiner Welt und Geschichte »wiedererkannt«. Daß der Heilige Geist es ist, der durch das Verstehen der Bibel das Entstehen von Gotteserfahrung unter gegenwärtiger Welterfahrung bewirkt, bedeutet keine zuvor zu erhebende Bedingung, sondern eine nachträgliche Erfahrung des Glaubens, der sich über sich selbst, über sein eigenes Zustandekommen, wundert.

Kurzum: Mit der kirchlichen Überlieferung christlicher Gotteserfahrung verhält es sich nicht anders als mit ihrer weltlichen Vermittlung – es geht auch hier mit rechten Dingen zu, ebenso menschlich wie weltlich.

5. Es gibt *keine Gotteserfahrung ohne Kommunikation.* Wie ich in meiner Gotteserfahrung auf die Vermittlung durch andere angewiesen bin, so gebe ich meinerseits die von mir gemachten Gotteserfahrungen weiter. Ich verständige andere über das, was ich erfahren habe, damit auch sie es vernehmen und damit einverstanden sind. Wo solches Einvernehmen stattfindet, entsteht Gemeinschaft.

Kurzum: Wie Gotteserfahrung auf Grund der biblischen Überlieferung aus einer Erzählgemeinschaft neu erwächst, so schafft sie ihrerseits neue Überlieferung und führt die bestehende Erzählgemeinschaft fort.

Wenn es bei der christlichen Gotteserfahrung weltlich und menschlich, also, wie ich nicht müde werde zu betonen, »mit rechten Dingen« zugeht, dann muß es möglich sein, daß ich die Gotteserfahrung, die ich gemacht habe, auch anderen mitteile. Ohne die Möglichkeit der Mitteilung von Gotteserfahrungen, vermittelt in menschlichen Welt- und Lebenserfahrungen, bleibt jegliche Gotteserfahrung aus, und das Wort »Gott« wird zum sinnlosen Laut.

2. *Das nicht verfügbare Leben*

Wenn ich mir auf meine Gotteserfahrung »einen Vers machen« soll, so weiß ich keinen kürzeren als den Bibelvers: »Was hast du, das du nicht empfangen hast?« (1. Korinther 4,7); und wenn ich meine Gotteserfahrung »auf den Begriff bringen« soll, so kenne ich keinen treffenderen als den der »schlechthinnigen Abhängigkeit«. Dieser Begriff Schleiermachers und jene Frage des Apostels Paulus zeigen beides an: worin der zentrale Inhalt meiner Gotteserfahrung besteht, und wo sie in meinem Leben primär ihren Sitz hat.

Der Punkt, an dem sich mir in meinem Leben durch Welterfahrung Gotteserfahrung vermittelt, ist die Erfahrung der *Unverfügbarkeit des menschlichen Daseins.* Diese Grunderfahrung jedes Menschenlebens hat zwei Seiten. Es ist einmal das dunkle, feindliche Widerfahrnis der *Bedrohung und Begrenzung des Lebens* und zum anderen das helle, freundliche Erlebnis der *Gewährung und Fülle des Lebens.* Der Mensch erfährt gleichzeitig beides: daß er über sein Leben nicht verfügt, daß es zum Leben mehr braucht, als er selbst aufzubringen und zu leisten vermag, und daß ihm sein Leben daher zu mißlingen droht – daß es dieses »Mehr« aber erstaunlicherweise gibt und ihm das, was ihm unverfügbar erscheint, »zugefügt« wird und ihm sein Leben deshalb gelingen kann. In der Sprache der christlichen Theologie entsprechen dieser zweiseitigen Welt- und Lebenserfahrung die Begriffe »Gesetz« und »Evangelium«.

Der große Verkünder der Unverfügbarkeit des menschlichen Daseins ist in der Bibel der Prediger Salomo: Unverfügbar ist für den Menschen die Zeit: »Ein jegliches hat seine Zeit, und alles Vorhaben unter dem Himmel hat seine Stunde« (3,1); unverfügbar der Lohn seiner Arbeit: »Man mühe sich ab, wie man will, so hat man keinen Gewinn davon« (3,9f.); unverfügbar der Ertrag des Lebens: »Denn was kriegt der Mensch von aller seiner Mühe und dem Streben seines Herzens, womit er sich abmüht unter der Sonne?« (2,22; 1,3); unverfügbar der Sinn der Welt: »Der Mensch kann doch nicht treffen das Werk, das Gott tut, weder Anfang noch Ende«

(3,11; 8,17); unverfügbar der Tod: »Es geht dem Menschen wie dem Vieh: wie dies stirbt, so stirbt auch er.« (3,19) Unverkennbar überwiegt beim Prediger Salomo die dunkle Seite der Unverfügbarkeit des menschlichen Daseins. Von ihrer positiven Kehrseite, von der Verfügung Gottes über alle Dinge, weiß er nur wenig zu sagen: »Doch dies sah ich auch, daß es von Gottes Hand kommt . . . Das alles tut Gott, daß man sich vor ihm fürchten soll.« (2,24; 3,14)

Diese einseitige Betonung des dunklen, negativen Einschlags in aller Welt- und Lebenserfahrung hat beim Prediger Salomo Tendenz. Mit seiner strengen Lehre von der Unverfügbarkeit aller Dinge wendet er sich, selbst ein Weisheitslehrer, gegen den gebräuchlichen Optimismus seiner weisen Kollegen. Sie meinen, in der Welt eine harmonische göttliche Ordnung erkennen und aus ihr Regeln für das Verhalten des Menschen ablesen zu können. Gegen solchen eigenmächtigen Zugriff auf Gott und die Welt erinnert der Prediger Salomo daran, daß auch Gottes Herrschaftsauftrag »Füllet die Erde und machet sie euch untertan« die Welt nicht in die uneingeschränkte Verfügungsgewalt des Menschen gibt. Und das macht seine Botschaft von der Unverfügbarkeit der Schöpfung Gottes für den Menschen auf neue Weise aktuell und läßt sie weniger resignativ erscheinen.

Gerade indem der seiner selbst mächtige Mensch die Welt in seine Verfügungsgewalt genommen und aus ihr eine eigene, gleichsam »zweite Schöpfung«, eine »künstliche Welt«, gemacht hat, hat er neu ihre Unverfügbarkeit erfahren. Die scheinbar immer mehr machbar werdende Welt entzieht sich zugleich immer mehr seinem endgültigen Zugriff. Jäh, fast schockartig ist uns diese neue Erfahrung der Unverfügbarkeit des menschlichen Daseins an der Erkenntnis der *Grenzen des Wachstums* aufgegangen.

Diese unerwartet neue Grenzerfahrung bedeutet für den abendländischen Menschen eine ähnlich radikale Änderung seiner Lebensrichtung um 180 Grad wie zum Beginn der Neuzeit die Kehre vom Jenseits zum Diesseits. Wo immer man bislang an eine Grenze stieß, dort ging man gegen sie an und überwand sie – geographisch durch Entdeckungen, militärisch durch Eroberungen, wissenschaftlich durch Erfindungen und Züchtungen, technisch durch ein besseres Know how. Die Folge ist, daß der Kampf gegen Grenzen für die westliche Welt geradezu zu einem Lebensprinzip und Kulturidol geworden ist und sie sich daher in einer Art »Dauermobilmachung« befindet. Dem entspricht das Idealbild des, übrigens meist männlich gedachten, Erfolgs- und Leistungsmenschen: eine Art »Übermensch«, der immer im Dienst ist, sich niemals Ruhe gönnt, höchstens einmal Pause macht und sich gesund trimmt und am Ende entweder am Herzinfarkt stirbt oder bei einem Verkehrsunfall ums Leben kommt.

Verursacht ist die neue Erfahrung der Unverfügbarkeit des menschlichen Daseins in unserer Zeit durch die *Krise des einlinigen, eindimensionalen Fortschrittsdenkens* der Neuzeit. Dieses Fortschrittsdenken ist einseitig quantitativ und utilitaristisch bestimmt. Seine heimliche Triebfeder bildet der Komparativ, seine hervorstechenden Merkmale heißen Nutzen, Planung und Zweckmäßigkeit, seine Zauberformeln Effizienz und Expansion. Aber das führt zu gefährlichen Ausfallserscheinungen. Der Mensch droht nicht nur seine Umwelt zu zerstören und sich seine physischen Lebensquellen abzuschneiden; er läuft auch Gefahr, sich selbst zugrunde zu richten.

Der eindimensionale, vornehmlich an Effizienz und Expansion, an Produktion und Konsum orientierte Fortschritt erzeugt auch einen entsprechenden eindimensionalen Menschen. Erfüllt einer den Leistungsanspruch dieses einseitig quantitativen Fortschrittsdenkens, so kann es ihm äußerlich zwar wohlgehen, aber er droht innerlich zerstückelt und zerbröckelt zu werden. Der eindimensionale Mensch dichtet, spielt, phantasiert, betet, wünscht und klagt nicht mehr. Er ist selbst ganz und gar verfügbar geworden.

Mir liegt nicht daran, in üblicher »christlicher« Manier die Autonomie des modernen Menschen schlecht zu machen. Vielmehr geht es mir darum, die Situation zu durchleuchten und die in ihr verborgene Möglichkeit zu zeitgenössischer Gotteserfahrung aufzudecken. Mir scheint der Augenblick gekommen zu sein, von dem Carl Friedrich von Weizsäcker einmal gesagt hat: »Eins möchte ich den Theologen sagen: Sie bewahren die einzige Wahrheit, die tiefer reicht als die Wahrheit der Wissenschaft, auf der das Atomzeitalter beruht. Sie bewahren ein Wissen vom Wesen des Menschen, das tiefer wurzelt als die Rationalität der Neuzeit. Der Augenblick kommt immer unweigerlich, in dem man, wenn das Planen scheitert, nach dieser Wahrheit fragt und fragen wird!«

Das Wissen vom Wesen des Menschen, von dem Carl Friedrich von Weizsäcker sagt, daß es tiefer wurzele als die Wahrheit der Wissenschaft, liegt in der Gewißheit, daß die vom Menschen erfahrene Unverfügbarkeit seines Daseins ihren Grund in dem Verfügtsein aller Dinge durch Gott hat. Es ist die positive Kehrseite der vom Menschen zunächst negativ erfahrenen Unverfügbarkeit: das Erlebnis der Gewährung und Fülle des Lebens. Diese helle und freundliche Welt- und Lebenserfahrung bildet sich ab im »Evangelium«, zu dem das »Gesetz«, das Widerfahrnis der Begrenzung und Bedrohung des Lebens, nur den negativen Hintergrund abgibt.

Wann immer ich auf mein Leben, überhaupt auf menschliches Leben blicke, ist mein erster Eindruck der einer kolossalen Anstrengung und, im Vergleich zum geleisteten Einsatz, der einer großen Vergeblichkeit. Um so mehr erstaunt es mich dann immer wieder, daß das Leben dennoch manchmal gelingt, ja daß trotz aller so stark empfundenen Anstrengung und Vergeblichkeit die Grundbefindlichkeit des Lebens für mich das *Empfangen* bildet.

In dieser paradoxen Lebenserfahrung begegnet mir das *Evangelium.*

Jesus von Nazareth hat die von ihm in seiner eigenen Gottesbeziehung erfahrene Zuwendung Gottes zu den Menschen in seiner Verkündigung offen ausgesprochen und in seiner Lebenspraxis der Mitmenschlichkeit öffentlich ausgelebt – das ist das von ihm gebrachte »Evangelium«. Mit ihm hat er nichts Neues zur Wirklichkeit der Welt hinzugefügt, sondern die in aller Weltwirklichkeit schon immer vorhandene Wahrheit – die in der Natur, Geschichte, Gesellschaft und

Mitmenschlichkeit verborgene Zuwendung Gottes – nur »ausdrücklich« offenbart, aber damit nun allerdings Gott und die Welt neu zur Sprache gebracht. Die Aufgabe der Vermittlung von Gotteserfahrung in und unter menschlicher Welt- und Lebenserfahrung besteht demnach darin, angeleitet von dem Evangelium Jesu, die in der Welt verborgene Gnade Gottes aufzudecken, zu bewahrheiten und zu bewähren.

Die Gnade kommt von Gott her, aber sie kommt als eine Wirklichkeit der Welt zum Vorschein. Die Gnade Gottes ist kein nachträglicher Zusatz zur Schöpfung zwecks Reparatur des Sündenfalls und daraus folgender Pannen, sondern sie ist der Schöpfung von Anfang an eingestiftet. Das Leben der Schöpfung ist als Selbstmitteilung Gottes an den Menschen Gnade. Gnade macht deshalb die innerste Mitte aller menschlichen Existenz aus: Daß ich sagen kann »Ich bin« – das ist Gnade. Die Schöpfung und damit das eigene Leben in ihr als Gnade betrachten heißt, das in der Welt verborgene Evangelium entdecken.

Daß es *»Eindrücke der Gnade«* in der Welt gibt, verrät schon die Sprache: Einfall, Eingebung, Zufall, Anstoß, Anregung, Begabung, Erleuchtung, Geistesblitz, Intuition, Inspiration – die Reihe ließe sich beliebig verlängern. Alle diese Wortbildungen weisen auf einen »Vor-gang« hin, der zwar im Menschen selbst vor sich geht, aber von außen her in ihm in Gang gesetzt wird, der für ihn unverfügbar ist, obwohl er »persönlich« an ihm aufs höchste beteiligt ist. Was aber heißt dies anderes, als daß hier Gnade geschieht? Daß sich etwas tut – zwar nicht, ohne daß wir etwas tun, aber wenn wir etwas tun –, das nenne ich »Gnade«.

Ein unüberhörbarer »Eindruck« von Gnade in der Welt ist die Sprache. Das neugeborene Kind schreit, wenn es aus dem Leib der Mutter kommt – aber dieses Schreien ist noch keine Sprache. Erst durch die »Ansprache« seiner Umgebung lernt das Kind sprechen. Aber vorher schon ist die Sprache selbst da. In der Sprache offenbart sich das Sein. Darum kann Heidegger die Sprache das »Haus des Seins« nennen und den Menschen den »Ent-sprecher«. Wer spricht, hat immer schon Gnade empfangen.

Daß Gnade in der Welt waltet, das erfährt selbst der Wissenschaftler bei seiner streng rationalen Arbeit. Der Akt des wissenschaftlichen Entdeckens ist unverfügbar und erweist sich damit auf seinem Grunde als ein Akt des Empfangens: Etwas bereits Vorhandenes »entbirgt« sich dem Forscher und bietet sich ihm dar, so daß er es gleichsam nur aufzunehmen braucht – wenn auch gewiß oft nach langem vergeblichen Suchen. Carl Friedrich von Weizsäcker bezeichnet einmal, spürbar aus eigener Erfahrung heraus, den Akt der wissenschaftlichen Entdeckung als ein »Geschenk«, das ihm »durch seine Leistung« gemacht wird.

Wenn für den Glauben die Erfahrung des Empfangens die Grundbefindlichkeit aller menschlichen Existenz bildet, dann entspricht dies dem anthropologischen Sachverhalt, den man als *»Kreativität«* zu bezeichnen pflegt. Dieser fast schon zum Modewort gewordene Ausdruck signalisiert einen Wandel im Selbstverständnis des Menschen. Kreativität bezeichnet ein »Potential«, das in jedem Menschen vorhanden ist, das sich sowohl entwickeln als auch verkümmern kann, das aber in jedem Fall vorgegeben ist.

Wörtlich schreibt Paul Matussek, der das Phänomen der Kreativität als erster in Deutschland ausführlich untersucht hat: »Eingebung, Erleuchtung, Offenbarung, Geistesblitz ... Alle diese Formulierungen meinen zwei Eigentümlichkeiten: a) Das Schöpferische ist etwas, das man empfängt, erhält, geschenkt bekommt; b) man erhält es von einem Etwas, das nicht identisch ist mit dem bewußten Ich.« Seine Einzelbeobachtungen zusammenfassend, wiederholt Matussek in immer neuen Variationen: »Es ist das Gefühl des Beschenktwerdens. Das Selbst manifestiert sich nur, wenn man es als Gabe empfindet ... Allen diesen Schilderungen ist das Erlebnis des Empfangens gemeinsam ... Um wirklich kreativ zu sein, genügt nicht die Aktivität des Ich. Sie muß ergänzt werden durch eine passive Einstellung des Ich.«

Mit diesen Aussagen liefert Matussek als Psychoanalytiker wissenschaftlich kontrolliertes Material zu der Frage des Apostels Paulus: »Was hast du, das du nicht empfangen hast?« Damit bietet die Psychoanalyse nun nicht plötzlich einen Gottesbeweis – wie könnte und dürfte sie dies auch? Die christliche Gotteserfahrung wird hier nicht durch menschliche Welt- und Lebenserfahrung bewiesen, wohl aber wird menschliche Welt- und Lebenserfahrung auf die Möglichkeit von Gotteserfahrung hin geöffnet. Kreativität ist, religiös erfahren und theologisch reflektiert, ein Zeichen der der Welt eingestifteten göttlichen Gnade.

Die Erfahrung Gottes als Erfahrung der »schlechthinnigen Abhängigkeit« hebt die *Freiheit* des Menschen nicht auf, sondern begründet und befestigt sie. Das Attribut »schlechthinnig« stellt die Abhängigkeit in Gegensatz zu den vielerlei relativen Abhängigkeiten, in denen sich unser Leben bewegt, zu unserer Abhängigkeit von Abstammung, Erbmasse, Klima, Umwelt, Charakter, Beruf, Mitmensch, Gesellschaft, Raum und Zeit. Alle diese partiellen Abhängigkeiten ballen sich zur Totalbestimmung des Menschen in seinem Verhältnis zur Welt und werden damit zum »Gesetz«, das heißt zum Widerfahrnis der Begrenzung und Bedrohung des Lebens, dem negativen Pol in der Erfahrung der Unverfügbarkeit des Daseins. Als Folge seiner Fremdbestimmung durch das Gesetz droht dem Menschen die Selbstentfremdung.

»Schlechthinnige« Abhängigkeit bündelt nicht die vielerlei Abhängigkeiten und steigert sie dadurch zu einer einzigen, absoluten, den Menschen gleichsam aus einem Diener vieler irdischer Herren zum Sklaven eines einzigen himmlischen Oberherrn machend. Schlechthinnige »Abhängigkeit« hebt die vielerlei Abhängigkeiten, in denen wir uns vorfinden, auch nicht auf, aber sie läßt sie uns als relativ erkennen und macht uns daher von ihnen zwar nicht unabhängig, jedoch frei.

Freiheit ist niemals gleichbedeutend mit Unabhängigkeit. Vielmehr hängt Freiheit immer davon ab, von wem oder was jemand abhängig ist. Ob eine Abhängigkeit gut ist und darum Freiheit erzeugt, oder ob sie schlecht ist und darum Unfreiheit gebiert, kommt auf das jeweilige Subjekt an, welches die Abhängigkeit schafft. »Schlechthinnige Abhängigkeit« besagt, daß es sich um eine allen anderen Abhängigkeiten in der

Welt schlechthin überlegene handelt, weil ihr Subjekt der Schöpfer der Welt selbst ist.

Damit aber stehen wir wieder vor der Gotteserfahrung Jesu von Nazareth. Jesus hat den Schöpfer der Welt als »Vater« ausgelegt und damit alles Leben als Gnade erkennen gelehrt. Darum bilden den entscheidenden religiösen Erfahrungsgehalt in dem »Gefühl der schlechthinnigen Abhängigkeit« von seiten Gottes auch nicht Allmacht und Autorität, sondern *Liebe* und *Solidarität* und auf seiten des Menschen nicht Unterwerfung und Gehorsam, sondern *Geborgenheit* und *Vertrauen.* Das Evangelium hebt das Gesetz der Welt nicht kurzweg auf, aber es befreit von seinem Zwang, indem es uns unter ihm leben läßt. Freiheit vom Zwang des Gesetzes bedeutet nicht die Abschaffung aller Fremdbestimmungen um jeden Preis, wohl aber die freiwillige Annahme von Bedingungen, die als notwendig erkannt sind. Zu solchem »Leben in Freiheit« helfen uns die Eindrücke der Gnade, die wir ab und an rings um uns wahrnehmen – ein Vorschein jener endgültigen Freiheit, die der Glaube »Erlösung« nennt.

Fraglos hat die christliche Gotteserfahrung als Erfahrung der »schlechthinnigen Abhängigkeit« Menschen, zumal in der Vergangenheit, oft in Unfreiheit geführt. Ja, es gibt im Christentum geradezu einen Kult der menschlichen Ohnmacht. Statt den Menschen Antrieb und Halt zu verleihen, daß sie die Welt aktiv in ihre Verantwortung nehmen und die Verhältnisse wenn auch nicht zum Guten, so doch zum Bessern wenden, verführt das Gefühl der schlechthinnigen Abhängigkeit sie dazu, die bestehenden Verhältnisse gutzuheißen und sich mit der Welt, wie sie ist, abzufinden. Und so verkehrt sich das lebendige Vertrauen auf Gott in stumpfe Ergebung in das Schicksal.

Damit aber ist die Gotteserfahrung Jesu und somit christliche Gotteserfahrung überhaupt gründlich mißverstanden. Wenn je ein Mensch sich von Gott abhängig wußte und sich geradezu in seinen Willen geschmiegt hat, dann hat es Jesus von Nazareth getan. Dennoch ist sein Leben voll höchster Aktivität, ja gerade darum voller Tatendrang aus Liebe. Das gilt selbst von seiner Passion. Dem traditionellen Bild vom

Schaf, das sich geduldig zur Schlachtbank führen läßt, widerspricht Jesu eigenes Verhalten. Er läßt das Leiden und Sterben nicht einfach über sich ergehen, sondern geht bewußt in es hinein und tritt entschlossen den Weg nach Jerusalem an: »Es begab sich aber, da die Zeit erfüllt war, daß er sollte von hinnen genommen werden, wendete er sein Angesicht, stracks nach Jerusalem zu wandern.« (Lukas 9,51)

Wie Passivität und Aktivität in der menschlichen Gotteserfahrung zusammengehen, richtiger, wie gerade aus Passivität Aktivität entspringt, zeigt die christliche Rede vom Heiligen Geist: Der Geist »überkommt« den Menschen. Aber dieser rein passiv erscheinende Vorgang der »Inspiration« löst höchste Aktivität aus. Der Heilige Geist beflügelt, ermuntert, erregt, belebt und bewegt die Menschen und befähigt sie so, die größten Leistungen hervorzubringen: Ideen und Institutionen, Bücher und Bilder, Gemeinden und Gemeinwesen. Daß es sich dabei dennoch um »persönliche« Werke der Betroffenen handelt, beweist die Tatsache, daß die Gebilde des Heiligen Geistes alle so verschieden ausfallen.

Statt mit Descartes: »Cogito ergo sum – ich denke, darum bin ich« sage ich mit Franz von Baader: »Ich bin gewirkt, darum wirke ich.« Was meint dieser Satz aber anderes als die Frage des Apostels Paulus: »Was hast du, das du nicht empfangen hast?« oder als Schleiermachers »Gefühl der schlechthinnigen Abhängigkeit«? Ich kann in diesem Wandel des Ausdrucks meiner Selbstvergewisserung nur das Zeichen eines allmählichen Erwachsenwerdens erblicken.

Aus der kurzen Frage: »Was hast du, das du nicht empfangen hast?« höre ich die ganze in der komplizierten »Rechtfertigungslehre« enthaltene Wahrheit heraus: *die Rechtfertigung des Menschen vor Gott allein aus Gnade und allein durch Glauben.*

Ich halte die Rechtfertigungslehre – trotz ihres veralteten, sogar Christen fremdgewordenen Sprach- und Begriffsgewandes – nach wie vor für das theologische Konzentrat der christlichen Botschaft und damit in der Tat für den »Artikel, mit dem die Kirche steht und fällt«. Nur muß man sie, um sie biblisch zu begründen, über den Apostel Paulus hinweg auf die Gotteserfahrung Jesu selbst zurückführen und, um sie zeitgemäß auszulegen, einmal im Hinblick auf die individuelle Existenz des Menschen weiter fassen und sodann über den privaten Lebensbezirk des einzelnen hinaus in den Bereich der Gesellschaft ausdehnen. Wenn man die Rechtfertigungslehre in dieser Weise nach rückwärts und vorwärts auszieht, erweist sich ihre bleibende Aktualität.

Im Hinblick auf die *individuelle Existenz* hat die zeitgemäße Erweiterung der Rechtfertigungslehre an drei Punkten zu geschehen.

Zuerst in der Ausweitung der *Schuldfrage zur Sinnfrage*. Am Anfang steht für mich nicht die Erfahrung von Schuld, sondern das Erlebnis der Sinnlosigkeit der Welt und meiner eigenen Ungeborgenheit in ihr, mithin nicht so sehr das Verlangen nach Vergebung der Sünde als vielmehr der Wunsch nach Geborgenheit und Gewißheit. Dies ist für mich die kontrastierende Unheilserfahrung zu der Heilserfahrung, die in der Sprache der biblischen Theologie »Rechtfertigung des Menschen vor Gott allein aus Gnade« heißt.

Entsprechend dieser erweiterten Kontrasterfahrung von der Schuldfrage zur Sinnfrage lautet die Antwort des christlichen Glaubens für mich *nicht nur Begnadigung, sondern Begnadung*. »Begnadigung« heißt: Zusage der Gnade Gottes an den einzelnen Sünder und damit Vergebung begangener Schuld. »Begnadung« hingegen bedeutet: Ansage der Gnade Gottes als einer in der Schöpfung von Anfang an vorhandenen Wirklichkeit und damit, vor und trotz aller Schuld, die Erfahrung der ganzen Schöpfung und des eigenen Lebens in der Welt als Gnade, wovon die Vergebung der Schuld nur ein Teil ist. Entsprechend ist der Mensch nicht ein nachträglich Begnadigter, sondern ein von vornherein Begnadeter.

Ich erlebe die Unverfügbarkeit des Daseins als Gnade darin, daß ich mich meines Daseins freue. Dasein heißt: Etwas ist da – Dasein weist hin auf Schöpfung. *Daseinsfreude* ist Freude am Geschaffensein, mithin an etwas Empfangenem, nicht Geleistetem. Läge es an meiner Leistung, gelangte ich niemals zur Freude. Ich kann mich wohl nach Freude sehnen, aber Freude läßt sich nicht herbeizwingen. Versuche ich's mit Zwang, ist's mit der Freude schon aus. Daseinsfreude ist das Gewahrwerden des ganzen Lebens in einem Augenblick als Geschenk: Jetzt lebe ich, jetzt bin ich ganz da. Und ich bin so da, wie ich eigentlich bin. Ich bin zu mir selbst gekommen – mein Leben ist erfüllt.

Das führt zur dritten zeitgemäßen Erweiterung der traditionellen christlichen Rechtfertigungslehre im individuellen Bereich, zur Ausweitung auf die *Selbstannahme* des Menschen.

Bisher kam in der Rechtfertigungslehre meist nur die Annahme des Menschen durch Gott und in deren Fortsetzung die Annahme des Menschen durch den Mitmenschen vor. Die Selbstannahme des Menschen hingegen wurde als Egoismus und Selbstbehauptung verdächtigt. Denn die Bibel schien nur das Gegenteil zu verlangen: sich selbst verleugnen und den Nächsten annehmen. Und so forderte ein christlicher, besonders protestantischer Rigorismus die Selbstverleugnung des Menschen als die schlechthin christliche Haltung. Fragte jemand, woran er erkennen könne, ob er »christlich« gehandelt habe, so konnte er zur Antwort erhalten: »Daran, ob es wehgetan hat«. Dieses moralische Rezept reichte von den Einsiedlern in der ägyptischen Wüste über die reformierten Stadtväter von Genf und die pietistischen Familienväter in Wuppertal und Korntal bis hin zum großen Kant in Königsberg. In den Kinderstuben und auf den Kasernenhöfen herrschte dieselbe pädagogische Maxime: Das Selbst des Menschen, des Kindes oder des Rekruten, muß zuerst gebrochen werden. Die Folgen waren Menschenopfer ohne Zahl – und die Kirchen gaben dazu ihren Segen, vorausgesetzt, daß solche seelische und geistliche Selbstverleugnung nicht im Selbstmord geendet hatte. Dann endete man nicht auf dem Kirchhof, sondern ohne Geläut' und Geleit in der Ecke an der Kirchhofsmauer. Erst die »atheistische« Psychoanalyse hat in unseren Tagen die christliche Theologie daran erinnert, daß Selbstannahme noch keinen Egoismus bedeutet. Im Gegenteil, nur in dem Maße, in dem einer sich selbst angenommen hat, ist er auch fähig, andere anzunehmen.

Sich selbst annehmen heißt:

- ja zu sich sagen, obwohl man so ist, wie man ist und wie man selbst gar nicht sein möchte;
- morgens vor dem Spiegel sich nicht hassen, sondern lieben, trotz des unsympathischen Gesichtes, das einem da wieder entgegenschaut;
- sein Versagen eingestehen und dennoch nicht in lauter Schuldgefühlen ertrinken;
- seine Körpergestalt und seine Anlagen ertragen und von dem Bild Abschied nehmen, das man von sich selbst entworfen hat;
- die Richtung und Grenzen seiner Begabung erkennen und nichts Unmögliches von sich verlangen;
- in das Altern einstimmen und sich damit auf den Auszug aus dem Kreis der Lebenden vorbereiten.

Das Vertrauen auf Gott schließt das Selbstvertrauen nicht aus. Vielmehr stärkt es gerade das Selbst des Menschen und gibt ihm Vertrauen auch zu sich selbst. So wird die Selbstannahme geradezu zur Probe aufs Exempel dafür, wie ernst es einer mit seiner Rechtfertigung vor Gott allein aus Gnade und Glaube meint. Wer sich von Gott angenommen weiß, kann sich selbst auch annehmen und mit Zinzendorf sprechen: »Um mich habe ich mich ausbekümmert.«

Aber wer sich um sich selbst ausbekümmert hat, kann sich um die anderen und um ihr Leben in der Welt kümmern. Damit kommt die entscheidende Erweiterung und zeitgemäße Auslegung der christlichen Rechtfertigungslehre in Sicht: ihre Ausweitung über die private Existenz des einzelnen hinaus in den Bereich der Gesellschaft. Das betrifft die Existenz des Christen zwischen Glaube und Politik – davon soll später, in eigenem Zusammenhang, die Rede sein.

3. Aufklärung der Welt durch Glauben

Gott und die Welt begehre ich zu erkennen – nicht Gott für sich und nicht die Welt für sich, sondern Gott und die Welt ineins, Gott in der Welt und die Welt in Gott. Hegel hat recht: »Ohne Welt ist Gott nicht Gott« – nur muß man sogleich hinzufügen: – und ohne Gott bleibt die Welt nicht Welt. Aus diesem Grunde hege ich eine heimliche Sympathie für die Anfänge der neuzeitlichen Aufklärung. Denn damals waren Gott und Welt noch beieinander und gingen Glaube und Denken entsprechend zusammen – damals hätte ich gern gelebt!

Viele Christen, zumal Theologen, haben ein verkehrtes Verhältnis zur Aufklärung. Die einen verherrlichen sie und preisen sie geradezu als ein heilsgeschichtliches Ereignis, die anderen hingegen verteufeln sie und sehen in ihr nur den »großen Abfall« von Gott. Was beide, Verklärer und Verkläger der Aufklärung, miteinander verbindet, ist die Überzeugung, daß die »Aufklärung« in jedem Fall ein gottloses Unternehmen bedeute – den einen zur Freude, den anderen zum Leide.

Aber warum sollte es nicht auch heute möglich sein: *eine Aufklärung mit Gott, statt ohne oder gegen ihn?* Ja, was ist das Christentum, richtig verstanden, anderes als *Aufklärung der Welt durch den Glauben an Gott?*

Schon die Bildersprache der biblischen Überlieferung legt solche Deutung nahe. In ihr spielt das Gegensatzpaar »Licht – Finsternis« von Anfang bis Ende eine beherrschende Rolle, aber nicht im Sinne eines durchgängigen Dualismus zwischen Licht und Finsternis, sondern einer unerwarteten Erhellung der irdisch-menschlichen Finsternis durch das göttliche Licht: »Und Gott sprach: Es werde Licht! Und es ward Licht« (1. Mose 1,3) – »Das Volk, das im Finstern wandelt, sieht ein großes Licht, und über denen, die da wohnen im finstern Lande, scheint es hell« (Jesaja 9,1) – »Mache dich auf, werde licht; denn dein Licht kommt, und die Herrlichkeit des Herrn geht auf über dir!« (Jesaja 60,1) – Jesus Christus spricht: »Ich bin das Licht der Welt. Wer mir nachfolgt, der wird nicht wandeln in der Finsternis, sondern wird das Licht des Lebens haben« (Johannes 8,12) – »Das Leben war das Licht der Menschen. Und das Licht scheint in der Finsternis, und die Finsternis hat's nicht ergriffen« (Johannes 1,4f.) –

»Glaubet an das Licht, solange ihr's habt, auf daß ihr des Lichtes Kinder seid« (Johannes 12,36) – »Gott, der da hieß das Licht aus der Finsternis hervorleuchten, hat einen hellen Schein in unsre Herzen gegeben, daß durch uns entstünde die Erleuchtung zur Erkenntnis der Herrlichkeit Gottes in dem Angesicht Jesu Christi« (2. Korinther 4,6).

»Offenbarung Gottes« bedeutet demnach nicht, daß ein räumlich überweltlicher, bislang unbekannter, abwesender Gott von außen oder oben her in die Welt »einbricht«, wie eine pompöse theologische Sprache es gern ausdrückt, sondern daß der in dieser Welt schon immer anwesende Gott sich zu erkennen gibt. Für die Gotteserfahrung des Menschen folgt daraus, daß er Gott der Welt nicht erst von außen »beibringen«, sondern daß er ihn in ihr entdecken muß. Es findet keine Addition zweier Welten, sondern eine *Definition dieser Welt* statt: Gotteserfahrung heißt nicht, daß zu der sichtbar erfahrenen Wirklichkeit der Welt noch eine andere, zusätzliche Wirklichkeit hinzugefügt, sondern daß eine andere, tiefere Dimension der allgemein erfahrenen Weltwirklichkeit erschlossen wird. Der Glaube deckt die Wirklichkeit der Welt nicht mit Gott zu, sondern er legt sie als Wirklichkeit Gottes offen.

Wenn ich behaupte, daß der Glaube die Wirklichkeit der Welt als Wirklichkeit Gottes erschließe, dann setze ich damit nicht die Wirklichkeit Gottes mit der Wirklichkeit der Welt gleich – ebensowenig wie einer, der sagt: »Dies ist des Königs Land«, das Land mit der Person des Königs gleichsetzt. Vielmehr hat diese Behauptung gerade die Unterscheidung zur Voraussetzung. Das Land des Königs ist nicht mit dem König selbst identisch, aber sein entscheidendes Wesensmerkmal – das, was es zu dem macht, was es ist – besteht darin, daß es dem König gehört. Geradeso bedeutet die Behauptung, daß der Glaube die Wirklichkeit der Welt als Wirklichkeit Gottes identifiziere, nicht, daß er die Wirklichkeit der Welt mit der Wirklichkeit Gottes gleichsetzt, sondern daß er sie in ihrer Tiefe – die Wahrheit über sie, ihre Chance und ihre Zukunft, kurzum, ihr »Heil« – erschließt: daß sie Gottes Welt ist und immer mehr werden soll.

»Theistische« Weltdeutung liefert keine *Erklärung* der Welt – das ist Sache der Wissenschaft; sie bietet auch keine *Verklärung* der Welt – das ist die Gefahr jeder Ideologie; aber sie bewirkt eine *Klärung* der Welt. Was hier stattfindet, ist »Aufklärung« in der ursprünglichen Bildbedeutung des Wortes: Wie die Nebel über einer Landschaft sich lichten und es aufklart, wenn die Sonne durchbricht, so klärt sich dem Glaubenden im Licht der biblischen Gotteserfahrung und Weltdeutung die Wirklichkeit der Welt, und er bemüht sich alsbald, diese »Lichtung der Welt« auch seinen Zeitgenossen einleuchtend zu machen. Die Christen können den unsichtbaren Gott nicht wie irgendeinen Gegenstand der Welt »in Sicht bringen«: »Siehe, hier! oder: da!«, wohl aber können sie Gott an der Wirklichkeit der Welt »ersichtlich machen«: wo und inwiefern der Glaube an Gott für einen Menschen in seinem Leben »in Betracht kommt«.

Dabei gibt sich der »gläubige« Aufklärer heute häufig bescheidener als sein »vernünftiger« Kollege. Er maßt sich nicht mehr an, im Lichte des Wortes Gottes die ganze Welt zu erhellen und wie mit einem Scheinwerfer den Weg der Menschheit durch die Geschichte bis ans Ende auszuleuchten, sondern er begnügt sich, mit Hilfe der biblischen Überlieferung der Welt einige Lichter aufzustecken und der Menschheit ihre Schritte bis zur nächsten Wegecke zu erhellen. Und er ist schon froh und dankbar, wenn seine Weltdeutung auch dem Zeitgenossen einleuchtet und der »Aha« dazu sagt. Solches »Aha«-Erlebnis bedeutet zwar noch keine vollkommene Gotteserfahrung, aber es ist immerhin ein Anfang dazu – eine Übereinstimmung im Sehen und Erkennen, wenn auch noch keine Zustimmung durch Glauben und Anerkennen.

Das heiße ich *Aufklärung mit Gott*, statt ohne oder gegen Gott. Also keine doppelte Buchführung: hie Gotteserfahrung und dort Welterfahrung – vielmehr entschlüsseln sich Gotteserfahrung und Welterfahrung gegenseitig. *Die Welt gläubig sehen heißt, Gott weltlich und die Welt göttlich sehen.* Darum nährt nicht nur der Glaube das Leben und Denken, sondern Leben und Denken nähren auch den Glauben. Ein gläubiger

Mensch muß zugleich ein lebendiger und denkender Mensch sein.

Keine noch so eindrückliche Vermittlung von Gotteserfahrung führt aus der Zweideutigkeit menschlicher Welt- und Lebenserfahrung heraus. Trotz »Aufklärung« und »Offenbarung« kommt Gott nirgendwo direkt in Sicht. Weil es Gotteserfahrung immer nur in und unter Welterfahrungen gibt, läßt sich Gott immer nur indirekt erkennen. Ich mag mich daher noch so sehr bemühen, einem anderen meine Gotteserfahrung mitzuteilen, immer kann er mir darauf erwidern: »Ich sehe nichts« oder »Ich sehe es anders« oder »Ich sehe es genauso, aber ich erfahre nicht Gott darin«.

Als Luther im Gewitter bei Stotternheim, von einem Blitz zu Boden geschleudert, das Gelübde tat, ein Mönch zu werden, war er fest überzeugt, daß Gott ihn durch dieses Erlebnis angerufen habe. Und er ging den Weg des »großen Gehorsams« und trat, gegen den Willen seines Vaters, ins Kloster ein. Aber als dann zwei Jahre später zu seiner Primiz, wie üblich, auch der Vater eingeladen war und Luther ihm hinterher beim Festmahl seine Entscheidung für den Mönchsstand zu erklären suchte und dabei auch auf sein Erlebnis bei Stotternheim zu sprechen kam, da fuhr ihm der Vater, im Beisein der Patres und der anderen Gäste, dazwischen: »Und wenn's ein Gespenst gewesen wäre?« Treffender läßt sich die Zweideutigkeit aller menschlichen Gotteserfahrungen nicht ausdrücken: Gott oder ein Gespenst, Gott oder Nicht-Gott – das ist die Frage. Sie bezeichnet die Verlegenheit, in der sich jede Vermittlung von Gotteserfahrung befindet.

Das »Urbild« für diesen *ambivalenten Charakter* aller Gottesoffenbarung und ihrer Erfahrung durch den Menschen ist die Geschichte Jesu von Nazareth: Die einen urteilen angesichts seines Auftretens: »Er ist vom Himmel« und halten ihn für den Gesandten Gottes; die anderen behaupten: »Er ist vom Teufel« und betreiben seine Hinrichtung als Gotteslästerer. Die einen halten für Taten Gottes, was die anderen als Teufelswerk betrachten. Aus diesem Grunde heißt es von den »Pharisäern und Schriftgelehrten« immer wieder, daß sie »Zeichen und Wunder« forderten: sie drängen auf Eindeutigkeit. Aber eben solche eindeutigen Zeichen lehnt Jesus ab – nicht, weil er sie nicht geben will, sondern weil er sie nicht geben *kann.* Ohne den Glauben der Menschen ist Jesus machtlos: »Und er konnte allda nicht eine einzige Tat tun.« (Markus 6,5)

Ihre äußerste Zuspitzung erfährt die Ambivalenz der Offenbarung Gottes und damit ihre Strittigkeit in Jesu Kreuzigung. Hier wird die Zweideutigkeit fast schon wieder eindeutig: Gott befindet sich gerade dort, wo die Menschen meinen, dort könne doch Gott niemals sein. Die Folge ist, daß die für die richtige »Ortung« Gottes in der Welt zuständigen Beamten, die Hohenpriester und Schriftgelehrten, Jesus verspotten, während der heidnische Hauptmann, der nur für die ordnungsgemäße Durchführung der Kreuzigung Jesu verantwortlich ist, unter dem Eindruck des Sterbens Jesu ausruft: »Wahrlich, dieser Mensch ist Gottes Sohn gewesen!«

Im »Hinblick« auf Gott gibt es keine erkennbare Eindeutigkeit. Es kann einer einen Vorgang als Offenbarung Gottes ansehen, und ein anderer, der unmittelbar neben ihm steht, sieht von Gott nichts darin. In der neutestamentlichen Pfingstgeschichte sind alle Anwesenden Zeugen desselben Geschehens: Ungelehrte Männer reden mit einemmal öffentlich in vielerlei Sprachen. Aber während die einen darauf mit der bestürzten Frage reagieren: »Was soll das werden?«, haben die anderen dafür nur Spott: »Sie sind voll süßen Weins.« (Apostelgeschichte 2,12 f.) Den einen scheint vom Himmel zu kommen, was für die anderen aus dem Krug stammt.

Auf die Frage: »Wo bist du, Gott?« besteht die Antwort daher in der Gegenfrage: »Adam, wo bist du?«

Wie also läßt sich christliche Gotteserfahrung vermitteln?

Nicht durch autoritative Behauptung! Dies ist der Weg der *Allgläubigen.* Sie vermitteln dem Zeitgenossen nicht den Glauben an Gott, sondern sie verhängen ihn über ihn. Dabei kann das Geglaubte beziehungsweise das zu Glaubende für sie gar nicht absurd genug sein: Lazarus muß nicht nur tot sein, wenn Jesus ihn auferweckt, er muß schon stinken. Je härter der Gehorsamsakt, desto größer der Glaube! Der königlich-bayrische Konsistorialpräsident Hermann Bezzel, eine bis heute – nicht nur in seiner Heimat – gefeierte geistliche Autorität, hat in einer Aussprache mit den beiden liberalen Theologen Friedrich Rittelmeyer und Christian Geyer einmal gesagt: »Wissen Sie, wenn mir der Apostel Paulus sagt, ich soll mein Leben lang Holzäpfel essen, dann esse ich mein Leben lang Holzäpfel; und wenn mir der Apostel Paulus, dem ich so unendlich viel verdanke, sagt, die Dreieinigkeit besteht aus vier Personen, dann besteht sie für mich aus vier Personen!« In Diskussionen erlebe ich hin und wieder, wie Christen geradezu orgiastisch Vernunftopfer darzubringen bereit sind. Gar nicht genug Dinge kann es für sie zu glauben geben – wenn es nur genug wider die Vernunft ist.

Diese Allgläubigen haben recht, wenn sie daran erinnern, daß sich der Glaube an Gott nicht einfach kraft menschlicher Vernunft aus der Wirklichkeit der Welt ableiten läßt, sondern daß er ein Vertrauensvotum bedeutet – oft genug gegen den Augenschein der Welt. Aber sie haben unrecht, wenn sie den Menschen den Glauben an Gott als eine fremde Wirklichkeit von oben überstülpen und ihnen damit den Kopf verdrehen, so daß diese nicht mehr wissen, wo ihnen der Kopf steht. Damit verkehren sie die Gotteserfahrung aus dem Vertrauensvotum in ein Verstandesopfer. Der Zeitgenosse aber findet von alldem, was jene in der Welt von Gott erfahren zu haben behaupten, in der Welt, in der er lebt, nichts wieder – und so wendet er sich kopfschüttelnd ab und geht seiner Wege.

Nicht durch emphatische Beteuerung! Das ist der Weg der *Leichtgläubigen.* Sie glauben an Gott nicht, obwohl die Welt so ist, wie sie ist, sondern *weil* die Welt so ist, wie sie ist: Die ganze Welt wird für sie zum Gleichnis Gottes. Wind, Sand, Meer und Sterne, das Wahre, Gute und Schöne, das Unbewußte der Seele ebenso wie die Bewußtwerdung des Geistes – alles muß ihnen dazu dienen, Gottes Dasein zu beweisen. Und das beteuern sie dann mit Emphase.

Diese Leichtgläubigen haben recht damit, daß sie Gott nirgendwo anders als rings um sich her in der Welt zu begegnen meinen. Aber dann überfliegen sie selbst schwärmerisch die Wirklichkeit der Welt, indem sie den Riß, der sich durch alles Sein zieht, übersehen und sich vor der Zweideutigkeit aller göttlichen Offenbarung zu wenig fürchten. Sie sind »religiöse Optimisten« und wie alle Optimisten liebenswert, aber wie alle Optimisten machen sie sich die Sache zu leicht – in diesem Fall die Sache mit Gott. Ob die Welt Gottes oder des Teufels ist, das ist noch nicht ausgemacht und läßt sich auch mit den Mitteln der Welt nicht ausmachen.

Nicht durch rationale Begründung! Das ist die Forderung, die die *Nichtgläubigen* an die Vermittlung jeglicher Gotteserfahrung richten, und da sie diese Bedingung in keinem Falle erfüllt sehen, bestreiten sie die Wahrheitsfähigkeit alles Gottesglaubens. Der Atheist hat recht, wenn er sich mit autoritativen Behauptungen und emphatischen Beteuerungen von seiten der Gläubigen nicht zufriedengibt, denn er verfügt seinerseits über gute Gründe: Jeder Blick in die Welt ringsum bestätigt, daß er Anhalt an der Wirklichkeit der Welt hat. Nein zu Gott zu sagen, ist immer möglich. Mit rationalen Gründen läßt sich der Atheismus daher nicht entkräften.

Umgekehrt aber kann auch der Atheist den Gottesglauben nicht rational widerlegen. Wie der Atheismus, so hat auch der Gottesglaube gute Gründe und damit einen Anhalt an der Wirklichkeit der Welt, und es muß sich erst noch zeigen, wer am Ende für seine Weltdeutung die besseren Gründe anführen kann. Auf jeden Fall haben Christen und Atheisten die gleiche Beweislast zu tragen. Ich empfinde es immer als eine intellektuelle Unredlichkeit, wenn man vom Gottesglauben eine größere Beweiskraft verlangt als vom Atheismus oder wenn gar der Atheist nur vom Gottesglauben eine rationale Begründung fordert, sich selbst aber überhaupt nicht rational rechtfertigen zu müssen meint. Wenn es um die Deutung der Welt oder gar um ihre Rettung geht, dann sitzen alle Zeitgenossen im gleichen Fahrzeug. Will der Atheist die Welt nicht ohne jede Deutung und ohne allen Sinn lassen – und wie könnte er es, ohne gegenüber der Welt verantwortungslos zu werden? –, dann muß auch er eine Option vollziehen. Damit aber erweist sich auch die ungläubige Deutung der Welt als eine »gläubige« – nur sagt oder merkt der Interpret es nicht.

Ob der Glaube mit seiner theistischen Weltdeutung oder der Unglaube mit seiner atheistischen recht hat, muß sich im Wettbewerb zwischen beiden erweisen. Auf jeden Fall kann sich auch der Atheist nicht nur auf eine rationale Begründung seines Unglaubens berufen. Auch er trifft, wie der Christ, eine Entscheidung, die auf das Ganze geht und das Leben wagt. Glaube und Unglaube – beide gehen in jedem Fall ein Risiko ein.

Wie also läßt sich christliche Gotteserfahrung vermitteln? Nicht durch autoritative Behauptung, nicht durch emphatische Beteuerung, nicht durch rationale Begründung, weder durch Deduktion »von oben« aus einer jenseitigen noch »von unten« aus der diesseitigen Welt, sondern allein auf dem Wege der *Induktion.* Die Vermittlung von Gotteserfahrung hebt bei der täglichen menschlichen Welt- und Lebenserfahrung an und bleibt bei ihr. Sie überspringt sie an keiner Stelle, aber sie erschließt sie in ihrer Tiefe.

Das heiße ich Aufklärung der Welt durch den Glauben an Gott: »Das ewig Licht geht da herein, *gibt* der Welt ein' neuen Schein.«

4. Gibt es Gott?

Auf die Frage »Gibt es Gott?« pflegen wir Theologen gern entweder pointiert mit Dietrich Bonhoeffer zu antworten: »Einen Gott, den es ›gibt‹, gibt es nicht« oder drastischer mit Manfred Mezger: »Es gibt einen Bodensee, es gibt einen Himalaja, aber Gott gibt es nicht.«

Mit solchen geistreichen Antworten machen wir uns die Sache zu leicht. Damit werden wir dem Frageinteresse des Zeitgenossen nicht gerecht, sondern ziehen uns nur elegant aus der Affäre, indem wir das Problem bagatellisieren oder gar eleminieren. Daß es Gott nicht wie den Bodensee oder den Himalaja gibt, falls es ihn denn überhaupt gibt, brauchen wir dem Zeitgenossen nicht erst zu erklären. Er weiß auch sonst zwischen verschiedenen Existenzweisen zu unterscheiden. Jedermann ist sich darüber klar, daß es etwas anderes ist, ob man feststellt: »Es gibt einen Kilimandscharo in Afrika« oder »Es gibt Liebe zwischen den Menschen« beziehungsweise ob einer sagt: »In der Ecke dort steht ein Tisch« oder »Dort in der Ecke steht meine Mutter«, kurzum, ob man von einem Tisch, von einem Menschen oder von Gott sagt, daß sie »existierten«.

Trotz alles genierlichen Sich-Sträubens der Theologen kommt die Theologie um das Bekenntnis zur *Existenz Gottes* nicht herum. Natürlich ist hier bedachtes Reden geboten. Natürlich kann die Theologie von Gott sinnvoll nicht behaupten, daß es ihn »gibt«, wie es andere Personen und Dinge auf, unter und über der Erde gibt. Natürlich muß sie dem von ihr zu bekennenden »Daß« der Existenz Gottes sogleich ein erläuterndes »Wie« anfügen, damit Gott nicht als ein Objekt unter anderen Objekten erscheint. Natürlich hat sie darauf zu achten, daß »Sein« jeweils verschieden zu identifizieren und dementsprechend auch verschieden auszusagen ist: Daß ein Tisch »ist«, stellt man fest; daß Gott »ist«, kann man nur bekennen. Niemand wird auf den Gedanken verfallen, sich zur Existenz eines Tisches zu bekennen, hoffentlich aber auch niemand darauf, die Existenz Gottes »festzustellen«.

Wenn der Zeitgenosse fragt, ob es Gott gebe, dann möchte er wissen, ob das, was der christliche Glaube ihm über sein Leben in der Welt sagt und was sich in dem Namen »Gott« wie in einem »Schlußwort« zusammenfaßt, durch Wirklichkeit gedeckt ist. Anlaß zu dieser Frage gibt ihm die Beobachtung, daß Gott in der Gesellschaft eine Funktion nach der anderen verloren hat und weiterhin verliert: In der Wissenschaft und Technik ist er nicht mehr dazu da, um die Erkenntnislücken zu schließen und gleichsam ein besseres »Know how« zu liefern, in der Moral nicht mehr, um den Geboten Geltung zu verschaffen, für den Staat nicht mehr, um seinen Bestand zu garantieren, für die Gesellschaft nicht mehr, um ihre Wohlfahrt zu fördern, für das Leben des einzelnen nicht mehr, um ihn vor Gefahren zu behüten und ihm sein Auskommen zu sichern. Und weil Gott für all dies scheinbar nicht mehr da ist, darum scheint er dem Zeitgenossen nicht mehr da zu sein.

Der anhaltende Funktionsverlust Gottes rückt die Frage nach seiner Existenz eng an die nach seiner Brauchbarkeit heran: Wozu brauche ich Gott? Was habe ich davon, wenn ich an Gott glaube? Geht es nicht auch ganz gut »oben ohne«? So fällt die Frage »Gibt es Gott?« heute fast zusammen mit der Frage »Wozu noch Gott?« Die Evidenz des Gottesglaubens wird – wie Wahrheit heute häufig – an seiner Funktionalität entschieden. Damit aber ist die Frage nach dem *Nutzen und Nachteil der Religion* gestellt.

Diese Frage bringt jeden Gläubigen in Verlegenheit – er sieht sich durch sie in die Lage eines Liebenden versetzt, von dem man Auskunft darüber erheischt, was er von seiner Liebe »hat«. Wie aber vermag der Glaubende solche Auskunft zu geben? Der entscheidende Inhalt seiner Gotteserfahrung besteht ja gerade in einem ungeschuldeten Widerfahrnis, in dem Erlebnis eines Überwältigtseins: daß ihm die Unverfügbarkeit seines Daseins aufgegangen ist; daß er einem Unbedingten begegnet ist, das ihn seine eigene Bedingtheit hat erkennen lassen; daß er seiner schlechthinnigen Abhängigkeit innegeworden ist, durch die er sich aber gerade unabhängig fühlt; daß er zwar gesucht hat, aber eigentlich nicht gefunden *hat*, sondern gefunden worden *ist*.

Gott ist nicht Zweck, sondern Ziel des Glaubens. Negativ vermag der Gläubige dem Ungläubigen dies noch einigermaßen einsichtig zu machen: Wo immer Gott einem Zwecke dient, dort ist er bereits hinter den Zweck zurückgetreten, dem er dient; wo immer Gott zu einer Funktion wird, dort wird die Größe, für die er fungieren muß, durch ihn alsbald immer größer, er selbst dagegen immer kleiner. Zum Beispiel: Wenn Gott zur Stützung des Staates dient, dann wird der Staat dadurch immer größer und mächtiger, Gott selbst hingegen immer kleiner und geringer – und im Hofbericht steht dann zu lesen: »Die Allerhöchsten Herrschaften haben sich in den Dom begeben, um dem Höchsten zu dienen.« Oder: Wenn man den Glauben an Gott dadurch zu rechtfertigen trachtet, daß man ihm eine soziale Funktion zubilligt – Antrieb und Kraft zur Veränderung der Gesellschaft –, dann erweist sich auch hier die Gesellschaft als Auftraggeber und

Gott als ihr Funktionär. Und die Gesellschaft ist es dann auch, die über die Dauer des Anstellungsverhältnisses befindet.

Der Gebrauch des Namens »Gott« läßt sich nicht mit den mancherlei Vorspanndiensten für menschliche – private, politische, soziale – Zwecke rechtfertigen, zu denen man ihn verwendet. Solche Ausnutzung der Religion führt unweigerlich zu ihrer Abnutzung. Ein nützlicher Gott ist ein Götze.

Aber nachdem der Gläubige beteuert hat, daß er an Gott um Gottes willen glaube – nicht anders, als wie ein Liebender die Geliebte um ihrer selbst willen liebt – und daß darum von einer »Brauchbarkeit« oder gar von einem »Nutzen« Gottes für ihn nicht die Rede sein könne, ja dürfe, muß er dann doch das tun, wovon er soeben versichert hat, daß er es eigentlich nicht tun könne und dürfe: Er muß dem Zeitgenossen Auskunft darüber geben, was er davon hat, daß er an Gott glaubt, was der Glaube an Gott für ihn im Leben austrägt, wo Gott im Lauf der Welt für ihn in Betracht kommt, welche Sinndeutung des Lebens in der Welt er anzubieten hat und warum er, um die von ihm erfahrenen »Funktionen« seines Glaubens zusammenfassend auszudrücken, nicht ohne ein besonderes Wort, eben nicht ohne den Namen »Gott«, auskommt.

Wer an Gott glaubt, hat eine Wahl getroffen; er hat zwischen mehreren möglichen Weltorientierungen gewählt. Am Anfang steht daher stets eine *Grundentscheidung*, die freilich nicht plötzlich, von heute auf morgen, ja nicht einmal bewußt gefällt zu sein braucht, die auch allmählich, über eine lange Zeit hin, entstehen und sogar fast unbewußt bleiben kann. Es handelt sich dabei um eine Grundentscheidung im doppelten Sinn des Wortes: Es ist einmal eine Entscheidung, die den Grund für alle folgenden Entscheidungen im Leben legt – wobei Widerruf möglich ist. Zum anderen ist es eine Entscheidung, die bis auf den Grund der Wirklichkeit geht und eben »aus diesem Grunde« den Boden für alle weiteren Entscheidungen bildet.

Diese Grundentscheidung ist ein *Vertrauensvotum:* Obwohl die Welt so ist, wie sie ist, und ich selbst so bin, wie ich bin, das heißt trotz aller Widersprüche und Enttäuschungen, die die Welt mir aufgibt und bereitet, und trotz aller eigenen Verirrungen und Verfehlungen lebt in mir ein Grund*vertrauen* und nicht ein Grundmißtrauen.

Daß die Grundentscheidung ein *Vertrauens*votum darstellt, verrät, daß es sich hier im tiefsten um eine Entscheidung handelt, die ich nicht selbst gefällt habe, die über mich getroffen worden ist, in die ich höchstens eingewilligt habe. Denn zum Wesen des Vertrauens gehört es, daß es seinen »Grund« außerhalb meiner selbst hat und allein dadurch in mir zu »Stande« kommt. Vertrauen ist immer die Widerspiegelung von einem anderen in mir, *Grund*vertrauen mithin die Widerspiegelung des Grundes der Welt in mir.

Der Grund der Welt, der sich im Grundvertrauen des Menschen reflektiert, begegnet nun niemals unmittelbar in nackter Gestalt, sondern immer schon vermittelt in geprägter Form, eben »reflektiert«. Ich selbst stehe in der Tradition der christlichen Auslegung des Grundes der Welt: Ich rede von dem Grund der Welt, weil und wie Jesus ihn gedeutet und ausgedrückt hat – ich glaube Jesus seinen Gott!

Aber daß Jesus von Nazareth mit seiner Auslegung den Grund und Sinn der Welt richtig erfaßt hat, erfahre ich an meinem eigenen Grundvertrauen. Es erweist mir, daß der letzte Grund und Sinn der Welt in der Tat Gnade und daher unverfügbar ist, daß im Leben mithin Empfangen vor Handeln geht, daß ich zuallererst nicht eine »arbeitende«, sondern eine »lebendige Kreatur« bin. Genau dies aber ist es, was Jesu entscheidende Gotteserkenntnis, seine »Abba-Erfahrung«, ausmacht. Es ist der Grund, *warum* Jesus Gott »Vater« nennt; ich kann auch sagen: Es ist der Grund, *den* er »Vater« nennt.

Jesu Gotteserfahrung und meine Welterfahrung bilden einen Zirkel: Die Art, wie ich die Wirklichkeit der Welt erfahre und deute, ist durch die auf dem Wege der kirchlichen Tradition an mich gelangte Gotteserfahrung und Weltdeutung Jesu bestimmt. Aber eben diese Gotteserfahrung und Weltdeutung Jesu finde ich in meiner eigenen Welterfahrung bestätigt. In ihr ist etwas, das Jesus recht gibt. Was in Jesu Gotteserfahrung vernehmbar und deutlich durchbricht und was sich in meiner Welterfahrung leise und unscharf zu Wort meldet, das hat einen und denselben Grund: Es ist der Grund der Welt – und eben dieser Grund heißt »Gott«.

»Gott« ist der Grund dafür, daß ich Vertrauen habe, obwohl ich mir selbst nicht traue. »Gott« repräsentiert jenes »Mehr«, das ich selbst nicht zu leisten vermag, das mir erstaunlicherweise aber »zugefügt« wird und das mich mein Leben ertragen, bisweilen sogar gelingen läßt. »Gott« ist die Ursache meiner schlechthinnigen Abhängigkeit, die mich unabhängig macht. »Gott« ist der Name dafür, daß das Ja vor dem Nein in der Welt da ist und daß das Ja mächtiger ist als alles Nein. »Gott« ist die Gewähr, daß die Welt niemals abgeschlossen und der Mensch in ihr eingeschlossen wird, sondern daß die Welt offen bleibt und der Mensch in ihr ein offenes Wesen. Weil Gott »ist«, kann der Mensch bleiben.

Der Theist unterscheidet sich vom Atheisten darin, daß er für sein Vertrauen einen Grund nennen kann. Auch der Atheist vertraut – anders könnte er gar nicht denken, reden, handeln, fragen, zweifeln, sein. Aber er weiß keinen Grund für sein Vertrauen anzugeben. Auf Grund welchen Grundes stellt er den »Grund der Welt«, den der Christ »Gott« heißt, in Frage? Aus welchem Grund wird dem Marxisten der Mensch zum »höchsten Wesen« für den Menschen? Was gibt dem Atheisten und Marxisten das Recht zu seinem Vertrauen in den Gang der Menschheitsgeschichte? Woher nimmt er die Gewißheit, daß das Gute am Ende siegen werde, angesichts so vieler Niederlagen des Guten und so vieler Siege des Bösen in der Weltgeschichte? Seine Projektion des Menschen in die Zukunft ist der Ausdruck eines »unbegründeten« Vertrauens.

Nicht der Theist, wie man gemeinhin meint, sondern der Atheist macht sich durch ein solch »unbedachtes« Vertrauen des Irrationalismus verdächtig, während der Theist sich wenigstens bemüht, für sein Vertrauen einen Grund zu nennen und es damit vernünftig zu begründen. Gewiß, auch seine Begründung ist nicht logisch zwingend, aber – weiß Gott! – auch nicht unvernünftig, so, wie Liebe nicht logisch zwingend, deshalb aber noch nicht unvernünftig ist.

Von Gott reden heißt demnach, ein uneingestandenes Vertrauen eingestehen, eine unbewußte Gewißheit bewußt machen. Reflektiert die Theologie diese »Grunderfahrung« des christlichen Gottesglaubens und sucht sie sie begrifflich zu fassen, so stellt sich der Personbegriff dafür fast von selbst ein.

Aber es kommt alles auf die Einhaltung der richtigen Reihenfolge an: Der Glaube an einen *»persönlichen Gott«* beginnt nicht mit der Voraussetzung und Verpflichtung, sich Gott als eine Person vorzustellen. Vielmehr fängt er mit der Erfahrung an, daß ich Vertrauen haben kann, obwohl die Welt und ich selbst wenig vertrauenswürdig sind. Vertrauen aber ist ein personaler Akt, der seinen Grund außerhalb seiner selbst in einem Gegenüber hat. Reflektiere ich nun diesen personalen Akt des Vertrauens, dann ergibt sich dafür der Personbegriff fast von allein. Und so bezeichnet die christliche Theologie Gott denn als »Person« – wohl wissend, daß auch dies nur eine Chiffre ist, die auf Gott hinzeigt, nicht eine Formel, die ihn umschließt, und wohl darauf bedacht, die personalen Aussagen über Gott nicht zu einem dogmatischen System aufzustauen, sondern sie durch neue Erfahrungen und Deutungen in Fluß zu halten. Gott ist nicht die höchste Person unter anderen Personen, doch er begegnet höchst »persönlich«.

Wenn die christliche Gotteserfahrung »Gott« als dem Grund ihres Vertrauens sprachlichen Ausdruck verleihen will, so kann sie dies im wahrsten Sinne des Wortes nur »leihweise« tun, in *menschen-förmiger Rede*. Auch die theologische Reflexion kommt um solchen »Anthropomorphismus« nicht herum. Die Theologie kann sich der Peinlichkeit anthropomorpher Rede von Gott nicht dadurch entledigen, daß sie sie einem primitiven religiösen Niveau zuweist. »Anthropomorphismen« finden sich auf allen Stufen der Religionsgeschichte. Im Alten Testament begegnen sie keineswegs nur in den Zeugnissen einer archaischen Religiosität, sondern gerade auch bei den »großen Propheten«, und im Neuen Testament nicht nur in der Gemeindefrömmigkeit, sondern ebenso in Jesu eigener Rede von Gott.

Wie soll der Mensch auf Gottes Offenbarung auch anders antworten als in menschenförmiger Rede? Und er sollte dabei Mut zur Phantasie zeigen und die Spekulation nicht scheuen! Denn anthropomorphe Rede von Gott bedeutet die vertrauensvolle Antwort des Menschen auf den Gott, der sich selbst den Menschen in Liebe zugewandt hat. Von Gott menschenförmig reden heißt, seiner Offenbarung »ent-sprechen«.

Der Philosoph Hans Blumenberg spricht in diesem Zusammenhang von dem »physiognomischen Moment« in der Religion. Wörtlich schreibt er: »Die Liebe bedarf zutiefst des Gesichtes, sie verzagt vor dem ›physiognomisch‹ Unfaßbaren, vor dem, was zu ›rein‹ ist, als daß es Gestalt annehmen, ›Fleisch werden‹ könnte. Die Kraft der Religion liegt gerade in dem *Anthropomorphismus* Gottes, der doch auch der Inhalt der christlichen Inkarnation ist.« Gegen eine bildlose Religion und einen abstrakten Gott müßte man mit Heidegger einwenden: »Zu diesem Gott kann der Mensch weder beten noch kann er ihm opfern. Vor der Causa sui kann der Mensch weder aus Scheu ins Knie fallen noch kann er vor diesem Gott musizieren und tanzen.«

Gott auf den Menschen hin und der Mensch auf Gott hin – das gibt der »Existenz Gottes« in der christlichen Theologie den ihr eigentümlichen Charakter der *Geschichtlichkeit.*

Gott auf den Menschen hin – darin spiegelt sich die *Lebendigkeit Gottes.* Die christlich-theologische Aussage, daß Gott »ist«, hat – im Unterschied zur traditionellen Metaphysik – vornehmlich nicht ein Interesse an Gottes An-sich-Sein, sondern an Gottes Außer-sich-Sein, an seinem Auf-die-Welt-aus-Sein, kurzum: an Gottes Sein im Werden. Gott ist eine wirkende Wirklichkeit. Hegel spricht daher vom »Lebenslauf Gottes« in der Weltgeschichte. Nicht, daß der Gott der Bibel sich erst allmählich entfaltete und so stufenweise zum vollen Bewußtsein seiner selbst gelangte – Gott ist von Anfang an, seiner selbst voll bewußt, da. Er verwirklicht nur immer großzügiger und tiefer seine Gegenwart in der Geschichte und damit seine Beziehung zu den Menschen.

»Transzendenz« Gottes im christlichen Sinne meint daher mehr einen Vorgang als einen Zustand, mehr ein Geschehen

als ein Sein. Es besagt in erster Linie nicht, daß Gott transzendent *ist*, sondern daß er sich selbst ständig *transzendiert*. Hegel hat dies wiederum so ausgedrückt: Gott ist »nicht neidisch, daß er sich nicht mitteilte. Bei den Athenern war Todesstrafe darauf gesetzt, wenn einer nicht an seinem Lichte den andern seines anzünden ließ, denn er verliere nichts daran. Ebenso verliert Gott nichts, wenn er sich mitteilt.«

Gott ist zwar an sich vollkommen und »von Ewigkeit zu Ewigkeit« derselbe, aber er ist nicht im Sinne der griechischen Philosophie unwandelbar. Weil er nicht ein Gott der Toten, sondern der Lebendigen ist, der »Gott Abrahams, Isaaks und Jakobs« (Matthäus 22, 32), darum wandelt er sich im Wandel der Geschichte. Weil seine Beständigkeit in seiner Liebe besteht, darum läßt er sich ständig neu auf die Menschen ein, und darum ist auf ihn Verlaß. So ist gerade die Veränderlichkeit des biblischen Gottes ein Zeichen seiner Verläßlichkeit.

Indem Gott sich immer neu auf die Menschen, auf ihre Eigenart und ihre Situation, einstellt, gibt er ihnen zugleich die Möglichkeit, auf seine Zuwendung nun ihrerseits mit immer neuen irdisch-menschlichen Bildern, Vorstellungen und Begriffen von Gott zu antworten. Darum:

Der Mensch auf Gott hin – darin spiegelt sich die *Gottesfähigkeit des Menschen*. Alle menschliche Gotteserkenntnis enthält nicht nur ein empfangendes, sondern stets auch ein schöpferisches Element. Der Mensch ist nicht einfach nur ein Spiegel, der Gottes Bild lediglich zurückwirft, sondern er ist immer auch mitgestaltend daran beteiligt. Gott nimmt im Menschen jeweils ein Antlitz nach des Menschen Bild an und kleidet sich in das Gewand seiner Zeit – aber es ist *Gott*, der das Antlitz nach dem Bilde des Menschen annimmt und sich in das Gewand der Zeit kleidet.

Daß es Gott »gibt«, läßt sich immer nur im Bild ausdrükken. Gottes Existenz erzeugt eine Vielfalt von menschlichen Bildern. Wie eine Mutter für ihr Kind nicht nur *einen* Namen hat, sondern deren mehrere, wie Liebende sich mit immer neuen Namen nennen, wie sich in der Phantasie des Dichters die Bilder überstürzen, genauso geht es den menschlichen Sprechern, wenn sie von Gott erzählen. Überwältigt von ihrer

Erfahrung der Existenz Gottes, häufen sich ihnen die Namen und Bilder.

Der Mensch ist Gottes fähig, und es gibt kein würdigeres Gefäß, um Gotteserfahrung aufzufangen, als die Sprache des Menschen mit ihren Bildern. Es scheint mir daher hohe Zeit, daß wir dem Begriff *»religiöse Imagination«* beziehungsweise *»religiöse Einbildungskraft«* seinen fatalen negativen Beigeschmack nehmen und ihm eine neue positive Bedeutung geben. Der negative Beigeschmack, der diesem Begriff anhaftet, stammt zu gleichen Teilen von radikalen protestantischen Offenbarungstheologen wie Barth, Bultmann und Bonhoeffer und von ebenso radikalen atheistischen Religionskritikern wie Feuerbach, Marx und Freud. Für beide Seiten bedeutet »Einbildung« so viel wie Fiktion, Illusion, ja Lüge; auf jeden Fall gilt ihr Inhalt als durch keine Realität gedeckt. Dabei sagt das Wort »Einbildung« über den Inhalt und Wert einer Wahrheit zunächst noch gar nichts aus, sondern nur über die Art ihrer Entstehung. »Religiöse Einbildungskraft« bedeutet, daß Menschen in bestimmten Situationen ihres Lebens kraft ihres Glaubens Gott erfahren haben und daß sich ihnen diese Erfahrungen, angeleitet von der christlichen Tradition und beeinflußt vom jeweiligen Zeitgeschmack, zu bestimmten Bildern und Vorstellungen verdichtet haben.

Wenn selbst die »exakte« Naturwissenschaft ihre Wahrheit nur noch in Bildern und Gleichnissen ausdrücken zu können meint, hat dann nicht erst recht die Theologie ein Recht dazu? Werner Heisenberg zitiert einmal zustimmend Niels Bohr, der ihm bei gemeinsamen Küchenarbeiten während eines Skiurlaubs auf einer Almhütte gesagt hat: »Mit dem Geschirrwaschen ist es doch genau wie mit der Sprache. Wir haben schmutziges Spülwasser und schmutzige Küchentücher, und doch gelingt es, damit die Teller und Gläser schließlich sauberzumachen. So haben wir in der Sprache unklare Begriffe und eine in ihrem Anwendungsbereich in unbekannter Weise eingeschränkte Logik, und doch gelingt es, damit Klarheit in unser Verständnis der Natur zu bringen.« Heisenberg weitet diese Aussage Bohrs von der Naturwissenschaft auf die Philosophie und Metaphysik aus und sagt von ihnen allen: »Wir sind gezwungen, in Bildern und Gleichnissen zu sprechen, die nicht genau das treffen, was wir wirklich meinen. Wir können auch gelegentlich Widersprüche nicht vermeiden, aber wir können uns doch mit diesen Bildern dem wirklichen Sachverhalt irgendwie nähern.«

Hinter allem »Bildermachen« des Menschen von Gott lauert zweifellos immer wieder die Versuchung, sich durch das Bild Gott gefügig zu machen. »Wir machen uns einen Gott, wie wir ihn am leichtesten zu unserem Vorteil gewinnen können« (Kant). Diese Gefahr droht nicht nur im heidnischen Kult, sondern auch der christlichen Theologie. Aber gerade die Vielfalt der Gottesbilder kann den Glaubenden davor bewahren, Gott nur an ein einziges Bild zu heften und sich auf diese Weise nun doch ein festes Bild von ihm zu machen. Die Vielfalt der Bilder erinnert uns daran, daß alle Worte und Gleichnisse, in denen wir von Gott reden, immer nur »flüchtige Entwürfe«, gleichsam »Wortspiele« sind, die die Wirklichkeit Gottes umkreisen, sie jedoch nicht definieren, sie aber wohl transparent werden lassen. Wir haben die göttliche Wahrheit immer nur in Bildern, und in keinem Bilde geht sie ganz auf. Größer als meine Sorge, daß wir von Gott »nur« in Bildern sprechen können, ist meine Besorgnis, daß wir uns von Gott überhaupt keine Bilder mehr machen.

Es geht in der Religion nie ohne Projektionen ab – das Bildermachen und -entwerfen gehört nun einmal zum Wesen des Menschen. Feuerbach und Marx haben den Projektionsverdacht bekanntlich zur Grundlage ihrer Religionskritik gemacht und gemeint, dem Christentum seinen Boden entziehen zu können. Dabei projizieren sie selbst auch kräftig. Feuerbach lenkt das Projektionsvermögen des Menschen nur um von Gott auf die menschliche Gattung, und Marx entwirft das Bild einer vollkommenen Gesellschaft in die Zukunft.

Gottesbild und *Menschenbild*, Projektion und Reflektion lassen sich nicht reinlich voneinander scheiden. Was in dem Glauben eines Menschen *Reflektion Gottes* und was *Projektion des Menschen* ist – wer will das mit Bestimmtheit sagen? Unvergleichlich hat Thomas Mann das Ineinander von Reflektion und Projektion, von Offenbaren und Empfangen, von göttlicher Zuwendung und menschlicher Aneignung in dem Roman »Joseph und seine Brüder« am Beispiel Abrahams geschildert. Er hat damit einmal mehr bewiesen, daß die Dogmatik zwar nicht zur schönen Literatur gehört, daß aber die Dichter es manchmal besser sagen können als die Dogmatiker.

»So hatte Abraham Gott entdeckt aus Drang zum Höchsten ... Gewissermaßen war Abraham Gottes Vater. Er hatte ihn erschaut und hervorgedacht, die mächtigen Eigenschaften, die er ihm zuschrieb, waren wohl Gottes ursprüngliches Eigentum, Abram war nicht ihr Erzeuger. Aber war er es nicht dennoch in einem gewissen Sinne, indem er sie erkannte, sie lehrte und denkend verwirklichte? ...

Gott war da, und Abraham wandelte vor ihm, in der Seele geheiligt durch Seine Außennähe. Sie waren Zwei, ein Ich und ein Du, das ebenfalls ›Ich‹ sagte und zum anderen ›Du‹. Schon richtig, daß Abram die Eigenschaften Gottes mit Hilfe der eigenen Seelengröße ausmachte – ohne diese hätte er sie nicht auszumachen und zu benennen gewußt, und sie wären im Dunkel geblieben. Darum blieb Gott aber doch ein gewaltig Ich sagendes Du außer Abraham und außer der Welt. Er war im Feuer, aber nicht das Feuer – weshalb es höchst fehlerhaft gewesen wäre, dieses anzubeten ... Er war auch in Abraham, der Ihn kraft Seiner erkannte. Aber ebendies verstärkte und erfüllte Urvaters Ich-Aussage, und keineswegs war dieses sein gottvoll mutiges Ich gesonnen, in Gott zu verschwinden, mit Ihm eins zu werden und nicht mehr Abraham zu sein, sondern hielt sich sehr wacker und klar Ihm gegenüber aufrecht – in ungeheurem Abstand von Ihm, gewiß, denn Abraham war nur ein Mensch, ein Erdenkloß, aber verbunden mit Ihm durch die Erkenntnis und geheiligt durch Gottes erhabenes Du- und Da-Sein. Auf solcher Grundlage hatte Gott den ewigen Bund mit Abram geschlossen.«

Gegen die Gefahr einer bloßen Projektion menschlicher Wünsche an den Himmel, gegen jede Religion nur eines glücklichen Bewußtseins statt des wahren Seins steht in der Bibel die Forderung einer gründlichen Sinnesänderung des Menschen. Dem Auszug Gottes aus dem Himmel, seiner

Bewegung von oben nach unten, hat ein ebensolcher Auszug des Menschen zu entsprechen. Wie Gott – bildlich gesprochen – in Jesus von Nazareth aus dem Himmel zu den Menschen ausgezogen ist, so müssen auch die, die an Gott glauben, immer wieder aus ihren himmlischen Bildern ausziehen und sich der Wirklichkeit der Welt zuwenden, um in ihr Gott zu begegnen und ihn zu bezeugen.

Zunächst ist jedes religiöse Widerfahrnis ein subjektiver Glaubensvorgang und, was ich in ihm erfahre, daher nur »mein Gott« – für den anderen also zunächst kein Gott. Auf welche Weise aber kann nun mein Gott auch ein Gott für andere, ja für alle werden? Wie läßt sich die Behauptung des Glaubens, daß er in der sichtbar erfahrenen Welt den unsichtbaren Gott erfahre, so bewahrheiten, daß auch andere ihm zustimmen? Damit taucht die Frage nach der *Wahrheitsfähigkeit* des christlichen Glaubens auf. Sie macht »Theologie« notwendig.

SECHSTES KAPITEL

Der Glaube gibt zu denken

1. Von der Gottesgelehrtheit zur Gottesweisheit

Ludwig Wittgenstein schließt seinen »Tractatus logico-philosophicus« mit dem berühmten Satz: »Wovon man nicht sprechen kann, darüber muß man schweigen.« Die Aufgabe der Theologie ist es gerade, von dem zu sprechen, wovon man nach Wittgensteins Meinung schweigen sollte. Darin besteht ihr Dilemma: sie *muß* von etwas reden, wovon sie eigentlich nicht reden *kann.*

Mit dem Erschrecken über dieses Dilemma hat die große Wende der protestantischen Theologie im 20. Jahrhundert begonnen. Damals, nach dem Ersten Weltkrieg, hat die Theologie die Schwierigkeit ihres Redens von Gott vor allem in Hinblick auf Gott selbst gesehen: Wenn Gott Gott und der Mensch Mensch ist – wie kann der Mensch es dann überhaupt wagen, von Gott zu reden? Spätestens nach dem Zweiten Weltkrieg trat für die Theologie dagegen mehr und mehr die andere Seite desselben Dilemmas in den Vordergrund. Jetzt beschäftigte sie zunehmend die Frage: Wie können wir so von Gott reden, daß der Zeitgenosse es als eine Rede von Gott versteht?

In der Spannung zwischen diesen beiden Polen bewegt sich meine theologische Existenz. Es kreuzen sich in ihr Karl Barths »Römerbrief« (1919/1922) und Schleiermachers »Reden über die Religion« (1799). Dabei stammt von Barth die Konzentration auf Gott, von Schleiermacher die Betonung der religiösen Erfahrung. Diese theologische »Legierung« bestimmt auch meinen Begriff von *»Theologie«:* Es ist mir in der Theologie vor allem um den Glauben an *Gott* zu tun, und ich verspüre ständig einen Hunger nach *weltlicher Konkretion* dieses Glaubens.

Ich habe in meinem Leben zigtausend Seiten Theologie gelesen, viele davon mit Gewinn und zur Erbauung. Bei mindestens ebenso vielen Seiten aber habe ich mich gefragt: Cui bono? Wem nützt es? Die Zeitgenossen fragen, wieviel die Uhr ist, und wir Theologen erklären ihnen daraufhin, wie eine Uhr zusammengesetzt ist. Ich will die akademische Theologie nicht verunglimpfen – dazu verdanke ich ihr zuviel. Aber ich halte sie in der Form, in der sie zumeist noch betrieben wird, angesichts des Zustandes der Welt und der Kirchen in ihr nicht für sehr fruchtbar und hilfreich. In den Theologischen Fakultäten scheinen mir heute noch weniger als sonst an den Universitäten die lebenswichtigen Entscheidungen zu fallen.

Die Theologie ist zu einer Angelegenheit für gelehrte Spezialisten geworden, wie sie es in der Zeit, als man sie »Gottesgelehrtheit« nannte, so kaum je gewesen ist. Mit dem Rücken zum unwissenden Volk reicht man das Wissen von Gott im Kreise der Geweihten und Eingeweihten herum. Dieser »Kreisverkehr« schlägt sich auch literarisch nieder: X. interpretiert Y's Interpretation von Z. und kritisiert dabei U., daß er Y's Interpretation falsch interpretiert habe. Bei einigen theologischen Büchern fragt man sich, warum sie gedruckt worden sind; es hätte genügt, die Manuskripte zirkulieren zu lassen.

Erpicht darauf, im Streit der Fakultäten zwar nicht mehr die Krone der Wissenschaft, aber wenigstens noch ein anerkanntes wissenschaftliches Gewand zu tragen, sucht die Theologie ihr Geschäft mit einem ungeheuren intellektuellen Aufwand theoretisch zu rechtfertigen – nicht mehr nur wie einst in ihrem »Goldenen Zeitalter« vor der Philosophie oder in ihrem »Silbernen Zeitalter« vor der Historie, sondern auch vor allen neuen Humanwissenschaften, vor der Anthropologie, Soziologie, Politologie, Psychologie, Psychoanalyse, Verhaltensforschung und vor der Ideologiekritik insgesamt. Von ihnen allen im Kreise umstellt, verneigt sich die Theologie vor einer jeden besonders und fragt bescheiden, ob sie noch vom Glauben an Gott reden dürfe. Vorläufig darf sie noch – aber, bitte, nicht zu viel!

Dieses Bemühen um ihre Anerkennung als Wissenschaft ist für die akademische Theologie im elementaren Sinne des Wortes »lebenswichtig«: ihr Bleiben an der Universität hängt daran. Wenigstens bildet sie sich dies ein. Ich halte das freilich für einen Irrtum. Abgesehen von der politischen Konstellation, wird das Verbleiben der Theologie an den Universitäten mehr als von ihrer Anerkennung als Wissenschaft davon abhängen, welchen substantiellen Beitrag die Theologen zum geistigen Haushalt der Zeit leisten. Ich bin überzeugt, daß, wenn die Theologen ihre Kollegen in dieser Hinsicht nicht enttäuschen, diese ihnen ihre angebliche »Unwissenschaftlichkeit« nachsehen werden. Sofern die anderen Fachbereiche überhaupt noch an einem Gespräch mit der Theologie interessiert sind, ist ihnen an deren Beitrag zum Lebensganzen und darum mehr als an einem Methodenstreit um das »Ob« an einer sachlichen Auseinandersetzung über das »Was« gelegen. Nun aber meint die akademische Theologie sich ihr Heimatrecht an der Universität durch ihre Selbstrechtfertigung als Wissenschaft erhalten zu können oder neu erwerben zu müssen – und so gerät sie in ein Leisten-Müssen ohne Ende. In solcher Weise in Anspruch genommen vom Kampf um die Zugangswege zur eigenen Sache, hat die Theologie dann kaum noch Atem und Kraft genug, um ihre eigene Sache laut und deutlich darzutun.

In diese ängstliche Angestrengtheit der wissenschaftlichen Theologie mischt sich zugleich ein kräftiger Schuß Selbstbewußtsein. »Sie tun so, als ob das religiöse Schicksal der Völker von den Vorlesungen der Theologen abhinge.« Wie oft wird in theologischen Büchern zuerst ein Riesenbild von der gegenwärtigen Glaubenskrise gemalt, so daß man alle Hoffnung auf die Zukunft der Menschheit fahren läßt – aber dann folgt die zuversichtliche Versicherung, daß nur gründliche theologische Arbeit diese Krise zu überwinden vermöge.

Obwohl selbst Theologe, teile ich dieses Zutrauen vieler Theologen zu ihrer Wissenschaft nicht. Ich bin skeptisch, ob sich der christliche Glaube durch eine gründlichere theologische Forschung erneuern läßt. Die großen Neuanfänge in der Geschichte des Christentums sind niemals von der theologischen Wissenschaft allein ausgegangen. So bahnbrechende theologische Werke wie Schleiermachers »Reden über die Religion« und Barths »Römerbrief« waren weit mehr als nur außerordentliche theologisch-wissenschaftliche Erzeugnisse, nämlich vulkanartige religiöse Eruptionen, die dann in geltender theologisch-wissenschaftlicher Manier einigermaßen kanalisiert wurden. Und wenn Martin Luther behauptet, daß er das Evangelium »docendo et scribendo«, also bei der Kollegvorbereitung, wiederentdeckt habe, so handelt es sich auch hier in erster Linie nicht um eine wissenschaftliche Entdekkung, sondern um eine neue, überraschende religiöse Erfahrung, die dann gleichfalls in der Sprache der herrschenden Schultheologie ausgedrückt wurde. Wie hätte Luther sonst sagen können, ihm sei zumute gewesen, als wäre er »ganz von neuem geboren und durch geöffnete Türen in das Paradies eingetreten«!

Durch die Geschichte der christlichen Theologie zieht sich eine doppelte, teilweise gegensätzliche Auffassung von der Theologie als Wissenschaft: Theologie als eine »theoretische«, »spekulative« Wissenschaft einerseits und Theologie als »scientia practica«, als praktisches Wissen, andererseits. Ich habe mich stets stärker zur zweiten Auffassung hingezogen gefühlt. Für mich hat die theologische Arbeit stets mehr mit Glaube, Erfahrung, Frömmigkeit und Handeln, kurzum mit Praxis als mit theoretischem Erkennen und abstrakter Spekulation zu tun. Darum liebe ich Augustins Bezeichnung der Theologie als »sapientia Dei«, als »Weisheit Gottes«, und ebenso Luthers bekannte Definition: »Vera theologia est practica« – freilich würde ich nicht mit Luther fortfahren: ». . . speculativa igitur theologia, die gehört in die Höll zum Teufel.« (Tischreden I, Nr. 153)

Betrachte ich meinen eigenen theologischen Weg, so muß ich feststellen, daß der Intellektuelle und der Spirituelle in mir je länger desto besser miteinander ausgekommen sind: Mein Glaube gibt mir zu denken, und mein Denken verlangt nach Gewißheit.

Dieses Einvernehmen zwischen Glaube und Denken, zwischen Rationalität und Spiritualität hat mich zu dem Postulat einer zeitgenössischen Erfahrungstheologie geführt. Dabei hat die Wiederentdeckung der »Weisheit Israels« durch die alttestamentliche Forschung eine Rolle mit gespielt. Die zeitgenössische Erfahrungstheologie, wie sie mir vorschwebt, läßt sich in ihrer Absicht und Methode der alttestamentlichen Weisheit an die Seite stellen.

Lange Zeit hat die theologische Wissenschaft auf die alttestamentliche Weisheitsliteratur geringschätzig herabgeblickt. Im Vergleich zur großen Geschichtsschreibung und Prophetie Israels erschien sie als ein Rückgang, fast schon wie ein Verfall. Das hat sich in den letzten Jahren geändert. Man hat die alttestamentliche Weisheit neu zu durchforschen begonnen und sie als eine eigenständige, durchaus gleichrangige Ausprägung alttestamentlicher Religiosität schätzen gelernt. Bei diesem Vorgang haben sich alttestamentliche Forschung und gegenwärtiges praktisch-theologisches Interesse gegenseitig beeinflußt.

Weisheit in Israel bedeutet: *Aufklärung der Welt mit Gott.* In ihr sind Gott und Welt beieinander: Gott in der Welt und die Welt in Gott. Und so bedeutet »Weisheit« *Gottesglaube*, der sich als *Welterfahrung* ausspricht. Vertrauen auf Gott und Einsicht in die Welt gehen, wenn auch nicht immer widerspruchslos, zusammen: »Die Furcht des Herrn ist der Weisheit Anfang.« (Psalm 110,10; Sprüche 1,7)

Auf dieser Linie der alttestamentlichen Weisheit scheint mir die Aufgabe der Theologie heute zu liegen: Sie hat den Menschen Rat zu geben, indem sie sie die Wirklichkeit der Welt als Wirklichkeit Gottes wahrzunehmen lehrt und ihnen auf diese Weise hilft, ihr Leben sinnvoll zu verstehen und es verantwortlich zu bestehen. Mein Selbstverständnis als theologischer Schriftsteller liegt genau auf dieser Linie.

Indem ich die charakteristischen Merkmale alttestamentlicher Weisheit aufzähle, nenne ich zugleich meine »pia desideria«, meine »frommen Wünsche« an die gegenwärtige Theologie als zeitgenössische Erfahrungstheologie:

1. Die Weisheit trägt *empirischen* Charakter. Sie nimmt ihren Ausgangspunkt bei *konkreten* Beobachtungen und Erfahrungen, bei *elementaren* Äußerungen des Daseins. Sie ach-

tet auf das Gegebene, insbesondere auf die Grenzen menschlichen Wissens und Könnens. Das verleiht ihr einen *realistischen* Zug.

2. Die Weisheit ist stets *offen* und *unabgeschlossen.* Sie schlägt die Welt – Gott, Natur und Geschichte; Vergangenheit, Gegenwart und Zukunft – nicht in ein universales theologisches System, sondern sie erkennt nur Spuren Gottes in der Welt. Sie redet bescheiden, nur kasuistisch-beispielhaft, von Fall zu Fall, von Gott, dafür aber *ehrlicher* und *konkreter.*

3. Die Weisheit erteilt nur *Ratschläge.* Sie fordert nicht doktrinär Gehorsam, sondern legt, was sie von Gott und der Welt erkannt hat, zur Prüfung vor, damit der Hörer beziehungsweise der Leser es *erwäge* und sich dafür *entscheide,* wenn es ihm *einleuchtet.*

4. Die Weisheit lehrt *Lebenskunst.* Sie ist »scientia practica«. Wenn sie Gott und die Welt zu erkennen begehrt, so leitet sie dabei in erster Linie nicht ein theoretisches, sondern ein *praktisches* Interesse. Vertrauen auf Gott und Einsicht in den Gang der Welt sollen dem Menschen dazu verhelfen, *richtig zu leben.*

Alles in allem läßt die alttestamentliche Weisheit sich als *»Orthopraxie«* charakterisieren. Für sie gilt der Grundsatz: Was sich in der Praxis nicht verwirklichen läßt, das taugt auch in der Theorie nichts. Entsprechend hat auch die Erprobung der theistischen Weltdeutung, die Aufklärung der Welt durch den Glauben an Gott, in der täglichen, sowohl individuellen als auch gesellschaftlichen, Lebenspraxis zu geschehen.

Ohne den theologischen Reflex christlicher Lebenspraxis bleibt jede Theologie blutleer, unglaubwürdig und wirkungslos. Andererseits aber vermag keine noch so überzeugende Orthopraxie die Wahrheit des christlichen Glaubens eindeutig zu beweisen. Gut und richtig handeln kann auch ein Atheist! Überdies: Wenn es irgendwo auf Erden »Orthopraxie« gegeben, wenn sich je in einer menschlichen Lebenspraxis Gotteserfahrung bewahrheitet hat, dann in dem Verhalten Jesu von Nazareth. Und was war das Resultat? »Und das Volk verwunderte sich. Etliche unter ihnen aber sprachen: ›Er treibt die bösen Geister aus durch Beelzebub, ihren Obersten.‹ Andere aber begehrten von ihm ein Zeichen vom Himmel.« (Lukas 11,14ff.)

Wenn die Gotteserfahrung den beherrschenden Platz in der Theologie einnimmt, Gotteserfahrung sich aber nur in Welterfahrung ausspricht und das Wissen der Theologie somit in die Nähe der Weisheit rückt, dann beginnt sich die Grenze zwischen *Theologen und Nichttheologen* zu verwischen. Das aber bedeutet, daß das Christentum zu seinem Ursprung umkehrt.

Das Christentum ist nicht »drinnen«, im Tempel oder in der Synagoge, sondern »draußen vor«, in der Welt, entstanden. Jesus war ein Laie, und auch seine Anhänger waren Laien. In den ersten Christengemeinden galt das »Priestertum aller Gläubigen«; alle gehörten gleichrangig zum »Volk Gottes«. Im 1. Petrusbrief heißt es: »Ihr seid das auserwählte Geschlecht, das königliche Priestertum, das heilige Volk, das Volk des Eigentums, daß ihr verkündigen sollt die Wohltaten des, der euch berufen hat von der Finsternis zu seinem wunderbaren Licht.« (2,9) Diesem Brief liegt eine »Taufparänese«, das heißt eine Ansprache an die Neugetauften, zugrunde. Die Taufe bedeutete demnach zugleich die Ordination zum Priester und die Betrauung mit dem Amt der Verkündigung.

Diesen seinen »laikalen« Ursprung aber hat das Christentum bald vergessen und ist zu einer Priester-, später zu einer Pastorenreligion geworden. Heute sind wir dabei, uns auf den laikalen Ursprung des Christentums neu zu besinnen und auch den Nichttheologen das volle Bürgerrecht im Volke Gottes zu verleihen. Angeblich herrscht zwischen Theologen und Nichttheologen nur noch eine rationelle Arbeitsteilung: Jene tun lediglich, wozu diese keine Zeit haben. In Wahrheit aber verfügen die Theologen nach wie vor über einen unübertroffenen Informationsvorsprung und üben damit ein Monopol aus. Wenn es sich um »Theo-logie«, um das Rede- und Antwortstehen des Glaubens an Gott, handelt, dann gelten die Theologen immer noch als die dafür zuständigen Fachleute, während die Laien, obwohl für »mündig« erklärt, nach wie vor »mundlos« zu sein scheinen.

Im Alten Testament passiert einmal das Malheur, daß der Geist Gottes – wider die bestehende geistliche Ordnung – nicht nur auf die um die Stiftshütte versammelten ordinierten siebzig Ältesten fällt, sondern auch noch zwei Männer ergreift, die im Lager geblieben waren. Gegen solchen Überfluß des Geistes will Josua sofort von Amts wegen einschreiten: »Mose, mein Herr, wehre ihnen!« Mose aber antwortet ihm: »Wollte Gott, daß alle im Volk Propheten des Herrn wären und der Herr seinen Geist über sie kommen ließe!« (4. Mose 11,24ff.)

Diese alttestamentliche Geschichte wird für mich zum Gleichnis: Josua repräsentiert in ihr die Sorge aller institutionalisierten Theologie um die Reinheit von Forschung und Lehre und damit die Angst vor Kompetenzüberschreitungen: »Unbefugten ist der Zutritt verboten! Eltern haften für ihre Kinder.« Mose dagegen, sonst in seinem Amtsbewußtsein keineswegs zimperlich und daher nicht immer so großzügig, gibt hier den Geist frei; er wünschte, daß nicht nur ein besonderer Stand für die Gotteserkenntnis zuständig wäre, sondern daß alle Menschen gleiches Wissen von Gott besäßen. Darin tönt eine Verheißung an, die sich durch die ganze Bibel zieht: daß der Geist Gottes für alle in gleicher Weise da sein solle, für Söhne und Töchter, Alte und Junge, Knechte und Mägde (Joel 3,1–2), und daß alle, klein und groß, Gott erkennen sollen und keiner den anderen mehr lehren und sagen: »Erkenne den Herrn« (Jeremia 31,31ff.; Hesekiel 11,19f.). Dies ist eine der noch unabgegoltenen Verheißungen der Bibel. In Jesu Evangelium ist sie erfüllt, aber ihre Erfüllung ist noch nicht realisiert. Es wird Zeit, daß wir es tun.

Nach meiner Überzeugung wird die Zukunft des Christentums mehr als von einem ausreichenden theologischen Nachwuchs davon abhängen, ob es genügend Christen gibt, die ihre im »weltlichen Stande« erworbenen Gotteserfahrungen selbständig und gleichen Ranges mit den »Berufschristen« in die Theologie einbringen. Mehr als von einer noch weitergehenden theologischen Spezialisierung erwarte ich eine Auffrischung und Belebung der Theologie von den Gottes- und Welterfahrungen der Nichttheologen.

Ich denke an einen Arzt – langjähriger Chef einer neurochirurgischen Klinik, praktizierender Katholik und ein menschlicher Mensch: Was hat dieser Mann in seinem Beruf an Krankheit und Sterben erlebt und im Bedenken solchen Erlebens über Leid und Tod des Menschen erfahren! Er hat als Christ in seiner Welterfahrung Gotteserfahrung gemacht, wie sie keinem Theologen so zuteil wird. Darum muß er auch, was Krankheit, Leid und Tod betrifft, »das Sagen haben« in der Theologie. Solche Gotteserfahrung besitzt unmittelbaren Wert und Rang und hat dem Theologen nicht nur als »Material« zu dienen, das er seinerseits erst noch einmal »theologisch verarbeiten« muß, um es alsdann, mit dem Vermerk »Sachlich richtig« versehen, als legitime christliche Gotteserfahrung freizugeben.

Und ob ein Christ, der eine gesicherte Position in der Wirtschaft aufgegeben hat und nun schon über ein Jahrzehnt lang aktiv in der Politik steht, der aus der Höhe in die politische Drecklinie hinabsteigen und den Umgang mit der Macht mühsam lernen mußte, der aber Konflikte nicht gescheut, sondern auch mit wenigen gegen viele gestanden hat, wohl wissend, was eine christliche Gewissensentscheidung auch in einer christlichen Partei an Karriere kostet, der, alles in allem, auf Grund seines Glaubens in der Politik Vernunft walten läßt – ob ein solcher christlicher Politiker nicht auch ein besserer »politischer Theologe« ist als unsere politisierenden Kanzel- und Kathedertheologen?

Theologie als die Fähigkeit, Gott zu erfahren, über das Erfahrene nachzudenken und davon zu erzählen, ist nicht mehr nur das Amt eines besonderen Standes, sondern eine Kunst für alle. In einer Kirche, die sich als Erinnerungs-, Erfahrungs- und Erzählgemeinschaft begreift, steht der Theologe nicht mehr als Dirigent am Pult, sondern sitzt als Musikant mit im Orchester. Nur aus diesem Zusammenspiel aller wird sich eine neue, zeitgenössische Erfahrungstheologie ergeben.

Indem ich auch den Laien einen »Theologen« heiße und ihn den Berufstheologen gleichrangig an die Seite stelle, weite ich den Begriff »Theologie« bewußt aus. Ich verstehe unter

»Theologie« alles Nachdenken und Redestehen von Menschen über Gott. Damit gerät die Theologie in die Nähe zur Religion. Was sie von dieser unterscheidet, ist eben jene Tätigkeit des Nachdenkens und Redestehens. Durch sie kommt in das unmittelbare Verhältnis des Gläubigen zu Gott ein Moment der Distanz und Mittelbarkeit hinein, und ebendies verwandelt die Religion in Theologie. Auf jeden Fall lebt die Theologie von der Religion und nicht umgekehrt die Religion von der Theologie.

Das gilt auch für die sogenannte »wissenschaftliche« Theologie. Sie ist Religion in theoretischer Gestalt, die Theorie zur Religion – theoretische Religion. Die Berufstheologen sind vor allem die sachkundigen Ausleger der biblischen *Tradition* und damit besonders, wenn auch nicht allein, für die *Schriftgemäßheit* der Verkündigung verantwortlich; die Nichttheologen hingegen sind vor allem die sachkundigen Interpreten der *Situation* und damit besonders, wenn auch nicht allein, für die *Beglaubigung* der christlichen Botschaft verantwortlich. Aber weil Theologie, ob methodisch oder spontan, beruflich oder privat, haupt- oder nebenamtlich betrieben, das nachträgliche Bedenken vorangehender Glaubenserfahrungen bedeutet, darum ist sie in jedem Fall eine Sache für jedermann.

2. *Zeichen der Transzendenz*

Vermittlung von Gotteserfahrung ist nur möglich, wenn im Menschen vorher schon eine »Vermutung« von Gott vorhanden ist, wenn in der Welt schon Anhaltspunkte bestehen, an denen sich Gotteserfahrungen festmachen lassen. Um die in den biblischen Zeugnissen enthaltenen *Gottes*erfahrungen heute für sich vernehmen zu können, muß der Mensch bereits auf Grund seiner eigenen *Welt*erfahrungen die Fähigkeit zur Gotteserfahrung, wenigstens zur Frage nach Gott, besitzen. Dann aber darf zwischen Gotteswirklichkeit und Weltwirklichkeit kein unüberbrückbarer Abgrund klaffen, sondern dann muß zwischen beiden ein Zusammenhang walten, der einen Brückenschlag möglich macht.

Für eine zeitgenössische Erfahrungstheologie ergibt sich daraus die Pflicht, in den Strukturen gegenwärtiger Welt- und Lebenserfahrung nach *Zeichen der Transzendenz* auszuspähen und so *Anknüpfungspunkte* für die Vermittlung christlicher Gotteserfahrung ausfindig zu machen. Die Theologie muß gleichsam nach göttlichen »Eindrücken« in der Welt suchen, die ihrerseits wieder auf den Menschen Eindruck machen, um ihn mit der christlichen Offenbarung nicht zu überfallen und sie ihm wie ein fremdes Gesetz von oben oder außen überzustülpen, sondern um ihn auf sie vorzubereiten, so daß er sie von sich aus bei sich einläßt.

Das *»Transzendente«* ist nicht der unbegreifliche Rest, der übrigbleibt, wenn alles andere am Menschen oder in der Welt erklärt ist. Es ist auch kein räumlich begrenzbarer Bereich, so daß man sagen könnte: Hier hört das Immanente, das Diesseitige, auf und fängt das Transzendente, das Jenseitige, an. »Transzendenz« bezeichnet vielmehr eine Perspektive oder Dimension des Immanenten insgesamt. Die einfachste Definition von »Transzendenz« hat Goethe gegeben, indem er angibt, wo und wie man sie findet: »Willst du ins Unendliche schreiten, geh nur im Endlichen nach allen Seiten.« (Sprüche in Reimen)

Unter allen »Zeichen der Transzendenz« ist das augenfälligste der Vorgang des Transzendierens selbst: daß der Mensch es nicht lassen kann, das empirisch Vorhandene ständig zu überschreiten. Was veranlaßt ihn dazu?

»Transzendieren« ist – noch vor aller begrifflichen Fassung oder philosophischen Zergliederung – ein ursprünglicher Lebensvorgang im Menschen. Er entspringt der Erfahrung, daß das Leben als Rechnung nicht aufgeht, daß das Leben mehr sein muß als das Leben, das wir täglich führen, daß dieses Leben noch nicht das Ganze sein kann, was uns versprochen ist (wobei noch gar nicht an ein »ewiges Leben« gedacht zu sein braucht). Diese unstillbare »Lebenserwartung« verleiht dem Wort »Leben« eine eigentümliche Doppelbödigkeit: Am Leben sein heißt nicht auch schon wirklich leben!

Was diese Lebenserwartung im Menschen erzeugt und in

Gang hält, ist die Sehnsucht, mehr noch die Ahnung, daß das dem Menschen Zu-stehende noch aus-steht. Diese Ahnung eines noch unabgegoltenen Versprechens läßt den Menschen über das empirisch Vorhandene immer wieder hinausgreifen und treibt ihn in ein Fragen hinein, das sich mit keiner gegebenen Antwort begnügt, sondern jede mit einer neuen Frage übersteigt.

Der Mensch fragt »Warum?« und geht die Kausalkette seines Lebens in der Welt entlang, aber ein Grund nach dem anderen weicht zurück in einen letzten, verborgenen Grund, der nicht zu erkennen ist. Trotzdem hört der Mensch nicht auf, Grund um Grund nach dem letzten, verborgenen Grund zu fragen, im Vertrauen darauf, daß das, was sich »letzten Grundes« verbirgt, nicht das Nichts, sondern die Fülle, das Sein selbst ist.

Der Mensch fragt »Wozu?« und geht die Zielkette seines Denkens und Handelns entlang, aber wieder weicht ein Ziel nach dem anderen zurück auf ein letztes, verborgenes Ziel hin, das nicht zu erkennen ist – trotzdem hört der Mensch wieder nicht auf, Ziel um Ziel nach dem letzten, verborgenen Ziel zu fragen, im Vertrauen darauf, daß »letzten Endes« das Ziel nicht die totale Sinnlosigkeit, sondern ein universaler Sinn ist.

Ob der Mensch »Warum?« oder ob er »Wozu?« fragt – er fragt aus dem Vertrauen auf einen letzten Grund und auf ein universales Ziel, obwohl ihm Sinn und Grund nicht garantiert sind und er sie nur fragmentarisch erkennt.

Es gibt aber kein Fragen und Denken ohne Vertrauen darauf, daß Wahrheit vorhanden und erkennbar ist. Und so lebt im Menschen ein ursprüngliches, unbewußtes Vertrauen in die Kraft der Vernunft, daß sie die Wirklichkeit so zu vernehmen vermöge, wie sie wirklich ist, und daß Denken und Sein »letzten Endes« übereinstimmen. Dieses Vertrauen in die Kraft der Vernunft und in die letzte Einheit von Denken und Sein ist unbeweisbar – denn wie anders wollte der Mensch sie beweisen als eben kraft jenes unbeweisbaren Vermögens seiner Vernunft, dem er vertraut?

Blickt der Mensch auf, so erkennt er rings um sich her

»Zeichen der Transzendenz«, die über das sichtbar Vorhandene hinausweisen und ihn mit sich ziehen. Er erkennt:

- daß er sich nicht selbst gesetzt hat, sondern sich verdankt, und daß seine Dankbarkeit noch über jene benennbaren Personen und Anlässe hinausreicht, durch die er das Gute empfangen hat;
- daß sein Schicksal mehr ist als die Summe aller einzelnen Daten und daß er sein Leben nicht in der Hand hat, obwohl er es immer wieder in den Griff zu bekommen sucht;
- daß trotz aller Verkettungen und Abhängigkeiten er selbst es ist, der handelt, und daß er für sein Handeln verantwortlich ist, auch wenn es keine sichtbare Instanz gibt, die ihn dafür zur Verantwortung zieht;
- daß er sich schuldig fühlt, auch wenn die Verhältnisse ihn entschuldigen, und daß das Gewissen im Menschen erst abgetötet werden muß, bevor es gänzlich schweigt;
- daß der Mensch das einzige Tier ist, welches weiß, daß es ein Tier ist;
- daß der Mensch für den Menschen das höchste Wesen ist, für das er sich sogar zu opfern bereit ist, obwohl er mit rationalen Gründen nicht zu erklären vermag, warum es so ist und warum er dies tut;
- daß ein Mensch liebt, auch wenn er nicht wiedergeliebt wird, daß er vertraut, auch wenn sein Vertrauen mißbraucht wird, daß er hofft, wo es nichts mehr zu hoffen gibt, und daß er sich trotzdem nicht vom Leben betrogen fühlt.

Dies alles sind »Zeichen der Transzendenz«. Zusammengenommen ergeben sie eine Art Resonanzboden für die Aufnahme der christlichen Offenbarung durch den Menschen. Ohne solche Anknüpfungsmöglichkeit würde das Reden der Christen von Gott bei den Zeitgenossen kein Gehör finden. Aber was hier den Anknüpfungspunkt bildet, sind nicht die einzelnen Zeichen von Transzendenz, die wie Lichtpunkte in der dunklen Landschaft der Welt stehen – es ist der nach Offenbarung Ausschau haltende Mensch, der eben diese einzelnen Zeichen der Transzendenz wahrnimmt. Der Prediger Salomo hat diesen Menschen so beschrieben: »Auch hat Gott die Ewigkeit ihnen ins Herz gegeben – nur daß der Mensch nicht ergründen kann das Werk, das Gott tut, weder Anfang noch Ende.« (3,11)

Möglichkeiten heutiger Gotteserfahrung in den Strukturen gegenwärtiger Welt und Lebenserfahrung als Anknüpfungspunkte für die christliche Gotteserfahrung ausfindig zu machen, ist eine stets neu anzugehende, freilich niemals endgültig ans Ziel gelangende Aufgabe der Theologie. Was eine zeitgenössische Erfahrungstheologie in dieser Hinsicht zu leisten vermag und was nicht, macht der Vers aus dem Johannesevangelium deutlich: »Er kam in sein Eigentum; und die Seinen nahmen ihn nicht auf.« (1,11)

»Er kam in sein Eigentum« – das heißt: Die Welt ist Gottes Schöpfung; darum besteht zwischen der Offenbarung Gottes und der Wirklichkeit der Welt eine *Entsprechung*. Der »Logos«, der universale göttliche Sinn, der sich in Jesus von Nazareth repräsentiert, ist derselbe Logos, derselbe göttliche Sinn, der in der Wirklichkeit der ganzen Welt präsent ist. Damit erweisen sich die Möglichkeiten heutiger Gotteserfahrung nicht einfach als willkürlich von den Menschen in ihr Leben eingetragene Deutungen, sondern als von Gott selbst der Welt eingestiftete Strukturen. Deshalb sollte der Mensch der offenbarten göttlichen Wahrheit auch eigentlich als seiner eigenen und nicht als einer fremden innewerden, das heißt als einer Wahrheit, die immer schon in der Welt und also auch in seinem eigenen Leben verborgen vorhanden war, die er bisher, zu seiner Beschämung oder Verwunderung, nur noch nicht erkannt hatte, die Gott ihm daher jetzt noch einmal, und zwar nun ein für allemal, aufgedeckt hat.

Aber jenes Johannes-Wort fährt fort: »– und die Seinen nahmen ihn nicht auf.« Das Fragen des Menschen nach »Gott«, sein allgemeines Ausschauhalten nach »Offenbarung«, ist ambivalent. Es disponiert ihn keineswegs nur zur Annahme der christlichen Offenbarung, sondern macht ihn ebenso anfällig, irgendein anderes Angebot eines totalen Sinns anzunehmen. Denn der Mensch stellt niemals nur Fragen über das empirisch Vorfindliche hinaus, sondern er gibt sich auf diese Fragen immer zugleich auch schon Antworten – er tut dies vermittels derselben Kraft, die ihn zum »Transzendieren« treibt. Damit aber erweist er sich als einer, der nicht nur »beständig« nach Offenbarung ausschaut, sondern der zugleich »unstet« auf jede Frage auch schon eine eigene Antwort hat und damit die Antwort, die das Evangelium Jesu ihm anbietet, verfehlt. Immerhin ist das Kreuz Jesu nicht von Gott, sondern von den Menschen, und zwar ausgerechnet von Menschen, die für alles, was »Transzendenz«, »Religion« und »Gott« hieß, besonders aufgeschlossen waren, errichtet und Gottes Anknüpfung damit menschlicherseits »durchkreuzt« worden.

Deshalb gleichen alle »Anknüpfungspunkte«, alle aufzuzeigenden religiösen Aspekte gegenwärtiger Welt- und Lebenserfahrung, schließlich doch immer wieder nur Stufen und Treppen, die ein Stück weiter-, vielleicht sogar emporführen, dann jedoch abbrechen, ins Leere ragen oder sich im Ungewissen verlieren. Auch zeitgenössische Erfahrungstheologie kann keine »Prozessionswege« zu Gott weisen, indem sie von der Frage des Menschen in einem ununterbrochenen Anstieg zur göttlichen Antwort geleitete, von der Welterfahrung unmittelbar zur Gotteserfahrung. Sie kann auf die Frage des Menschen nach Gott immer nur von Gottes eigener Antwort darauf berichten und also das Evangelium Jesu nach- und neuerzählen. Darum geht es im Prolog des Johannesevangeliums an jener Stelle auch »erfreulicherweise« weiter: »Wieviele ihn aber aufnahmen, denen gab er Macht, Gottes Kinder zu werden.« (1,12)

3. Glaube und Wissen – zwei Brennpunkte einer Ellipse

Eine radikale gegenseitige Flurbereinigung zwischen Glaube und Wissen führt zu einer unerträglichen existentiellen Schizophrenie. Daher wende ich mich sowohl gegen die einen, die den Glauben hart gegen die Vernunft stellen und alle religiösen Aussagen ängstlich aus dem Bereich des vernünftigen Denkens heraushalten wollen, als auch gegen die anderen, die den Glauben rigoros der Vernunft unterwerfen und nichts durchgehen lassen, was nicht dem Kanon wissenschaftlicher Rationalität entspricht. Gerade dem Glauben ist hier sowohl ein hochmütiger Monopolanspruch als auch eine demütige Kapitulation verboten. Weder darf er sich dem Wissen gegenüber absolut setzen noch sich ihm einfach unterordnen. Vielmehr muß gerade der Glaube beide Zugangswege zur Wirklichkeit offenhalten.

Diese Wegegabelung ist heute durch das weltanschauliche Vorurteil bedroht, daß es nur einen einzigen verläßlichen Weg zur Erkenntnis der Wirklichkeit gebe: das Wissen, wie es die Wissenschaft ermittelt, wobei genaugenommen nur die sogenannten »exakten Wissenschaften« gemeint sind, deren Methode aus der naturwissenschaftlich-technischen Forschung stammt. Als wahr und wirklich gilt nur, was übrigbleibt, nachdem alles durch den Filter der exakten Wissenschaften gepreßt worden ist.

Das Evidenzproblem kann jedoch nicht im Hau-Ruck-Verfahren, mittels einer einzigen, allgültigen und damit totalitären Methode, bewältigt werden. Vielmehr verlangt seine Lösung eine behutsame Differenzierung, die, je nach Gegenstand und Interesse der Erkenntnis, verschiedene Weisen von Evidenz für möglich und nötig hält.

Wissenschaft ist, wenn sie wirklich »exakt« bleibt, sich selbst nicht genug – das weiß sie heute, im Unterschied zum einstigen wissenschaftlichen Positivismus, selbst. Diese *Insuffizienz der Wissenschaft* gilt in dreifacher Hinsicht:

1. Das Wissen, wie es die rationale Wissenschaft ermittelt, *reicht nicht aus, um die Wirklichkeit der Welt in ihrer Vielfalt und Ganzheit zu erfassen.*

Die Wirklichkeit ist umfangreicher und vielfältiger, als es die Wissenschaft durch objektive Beobachtung und kritische Analyse ermitteln kann. Die Welt steht nicht allein dem Wissen offen; sie ist kein riesiges Labor. »Um es einfach zu sagen: die Vögel singen viel mehr, als nach Darwin erlaubt ist.« (F. J. J. Buytendijk)

Fraglos bildet die Wirklichkeit eine Einheit, aber es ist eine Einheit in der Vielfalt. Deshalb darf man sie auch nicht nur auf eine einzige Weise, sondern muß sie auf verschiedene Weisen angehen, wenn man sie in den Blick bekommen will.

Ich erinnere mich, vor vielen Jahren in einer illustrierten Zeitung ein Bild gesehen zu haben, auf dem der Zeichner dargestellt hatte, wie eine und dieselbe Landschaft von verschiedenen Menschen verschieden gesehen werden kann: Der Wanderer mit dem Rucksack auf dem Rücken schritt auf dem Feldweg dahin und guckte nach Blumen und Burgen; der Militär spähte, die Karte in der Hand und den Feldstecher vor Augen, nach Gelegenheiten aus, wie er seine Maschinengewehre und Geschütze in Stellung bringen und seine Panzer auffahren lassen könne; der Mineraloge klopfte mit seinem Hammer den Fels ab, um den Verlauf der Gesteinsschichten zu erkunden, und der Geologe bohrte nach Kohle und Öl, während der Botaniker die ganze Landschaft als einen großen Botanischen Garten mit lauter Schildern und Täfelchen betrachtete. Dieses Bild, in meiner Erinnerung sicher reichlich ausgeschmückt, kann zum Gleichnis dafür werden, daß die Wirklichkeit der Welt viele Aspekte hat, daß man sie daher unter verschiedenen Gesichtspunkten betrachten muß und nicht einen einzelnen verabsolutieren darf.

Den besten Beweis dafür bietet die Wissenschaft selbst. Sie kann mit der Methode, mit der sie die Welt zu begreifen sucht, sich selbst nicht begreifen, weder ihr Tun im einzelnen noch ihre Stellung im Ganzen der Welt.

2. Das Wissen, wie es die rationale Wissenschaft ermittelt, *trägt in sich selbst kein Steuerungsvermögen.*

Die Wissenschaft liefert dem Menschen Wissen, aber sie gibt ihm kein Gewissen. Sie kann nur sagen, was richtig und falsch, aber nicht, was gut und böse ist. Selbst das wissenschaftliche Ideal der reinen Wahrheitssuche ist in außerwissenschaftlichen Motiven verankert. Wohl kann die rationale Wissenschaft das Material herbeischaffen, das einer braucht, um eine sittliche Entscheidung zu treffen, Norm und Motiv seiner Entscheidung aber muß er aus anderen Bereichen beziehen. Die Vernunft selbst kann den Menschen nicht dazu bewegen, daß er auch tut, was sie ihn erkennen läßt. Sie besitzt nur Vorschlagsrecht, aber keine Handlungsvollmacht. Wissenschaft kann den Kopf zurechtsetzen, aber keine neuen Herzen schaffen. Darum kann sie ebenso der Freiheit wie der Unterdrückung, dem Frieden wie dem Kriege, dem Fortschritt wie dem Wahnsinn, sowohl Gott als auch dem Teufel dienen.

3. Das Wissen, wie es die rationale Wissenschaft ermittelt, *verleiht keine existentielle Gewißheit.*

Zur Herstellung existentieller Gewißheit reicht die Feststellung von Tatsachen noch nicht aus. Ich nenne dafür ein Beispiel, das zum Lehrgleichnis für die Problematik insgesamt werden kann.

Angenommen, eine Frau verdächtigt ihren Mann, daß er ihr nicht treu sei. Sie unternimmt alles, um sich Gewißheit zu verschaffen. Sie fragt ihn aus, kontrolliert seine Post, durchstöbert seine Anzüge und läßt ihn sogar durch eine Detektei überwachen. Was tut diese Frau anderes, als daß sie durch Forschung Wissen zu ermitteln sucht, leidenschaftlich daran beteiligt, aber streng nach rationaler Methode? Angenommen nun, das Ergebnis ihrer Beobachtungen ist, daß keinerlei Anlaß zum Verdacht besteht: die Treue des Mannes ist hundertprozentig öffentlich-sichtbar bewiesen. Dennoch gibt dieses sichere Wissen der Frau noch keine Gewißheit. Mag die Beweiskette der Tatsachen auch lückenlos geschlossen sein, so begründet sie aus sich heraus doch noch kein neues Vertrauen.

Dieses Lehrbeispiel zeigt, daß kein noch so exaktes Wissen ausreicht, um die Wirklichkeit in ihrer Vielfalt und Ganzheit zu verstehen und das eigene Leben darin sinnvoll zu bestehen. Dazu bedarf es eines anderen Zugangs zur Wirklichkeit, einer Erschließung von Wahrheit, die das vorhandene rational ermittelte Wissen nicht beiseite setzt oder gar aufhebt, die an ihm aber noch einen anderen, nicht minder realen Aspekt wahrnimmt.

»Glaube« und »Wissen« bilden zwei verschiedene Betrachtungsweisen der Wirklichkeit, die gleichberechtigt – unabhängig, aber nicht beziehungslos – nebeneinander stehen. Jede von ihnen bietet in ihrer Sicht einen Totalaspekt der Welt und drückt ihn in einer entsprechenden Sprache aus.

Um menschliche Wahrnehmung von weltlicher Wirklichkeit handelt es sich bei beiden Betrachtungsweisen, und jede von ihnen ist auf Bewahrheitung bedacht und angewiesen. Diese Bewahrheitung erfolgt nicht wechselseitig, so daß der Glaube der Bestätigung durch die Wissenschaft bedürfte oder umgekehrt die Wissenschaft der Kontrolle durch den Glauben – vielmehr haben beide Methoden entsprechend ihrem verschiedenen Zugang zur Wirklichkeit je ihr eigenes Recht und Verfahren.

Derselbe Mensch, der Gegenstand der exakten Naturwissenschaften ist: der Anatomie, Biologie, Biochemie, Genetik und so weiter; der Humanwissenschaften: der Psychologie, Soziologie, Politologie, Verhaltensforschung und so weiter; der Geisteswissenschaften: der Philosophie, Historie, Literatur, Linguistik und so weiter – eben dieser selbe Mensch ist für den Glauben zugleich Gottes Geschöpf und mein Bruder.

Glaube und Wissen stehen Rücken an Rücken zueinander und blicken, jeder in seiner Richtung, in dieselbe Welt. Was sie dabei wahrnehmen, das teilen sie sich, gleichsam über die Schulter, mit, darüber verhandeln und streiten sie miteinander. Für die Existenz des Christen bedeutet dies, daß er Glaube und Denken in Personalunion vereinigt und die Spannung zwischen beiden in sich austrägt – allzeit ein Grenzgänger, ohne je ein Überläufer nach der einen oder anderen Seite zu werden.

Glaube und Wissen gleichen den *beiden Brennpunkten einer Ellipse*. Dieser Vergleich findet sich überraschenderweise in zwei Texten von sehr unterschiedlicher geistiger Herkunft: der Verfasser des einen ist der bedeutendste protestantische Theologe der Neuzeit, Friedrich Schleiermacher, der Verfasser des anderen der bekannte tschechische Marxist und Atheist Milan Machoveč. Beide sind, je in ihrer Art, Grenzgänger, Schleiermacher als Repräsentant des Christentums, Machoveč als Vertreter des Marxismus.

Schleiermacher hat sich über das Verhältnis zwischen Glaube und Wissen in einem Brief an Friedrich Heinrich Jacobi vom 30. März 1818 geäußert und es darin für seine Person, in der Sprache der Romantik, in den Satz gefaßt: »Ich bin mit dem Verstande ein Philosoph; denn das ist die ursprüngliche und unabhängige Tätigkeit des Verstandes, und mit dem Gefühle bin ich ganz ein Frommer, und zwar als solcher ein Christ.« Schleiermacher vergleicht diese beiden Seiten seiner geistigen Existenz mit zwei Wassern, die sich ihm nicht vereinigen wollen. Aber er vermißt die Vereinigung der beiden Wasser auch nicht, sondern läßt sich ihre Trennung gefallen: »Dies ist meine Art von Gleichgewicht in den beiden Wassern; sie ist freilich auch nichts anderes als ein wechselweise von dem einen gehoben, von dem anderen versenkt werden. Aber Lieber, warum wollen wir uns das nicht gefallen lassen? Die Oszillation ist ja die allgemeine Form alles endlichen Daseins.« Und dann fährt Schleiermacher fort: »Es gibt doch ein unmittelbares Bewußtsein, daß es nur die beiden Brennpunkte meiner eigenen Ellipse sind, aus denen dieses Schweben hervorgeht, und ich habe in diesem Schweben die ganze Fülle meines irdischen Lebens.«

Genau in dem gleichen Zusammenhang verwendet *Milan Machovec* das Bild von den beiden Brennpunkten der Ellipse in seinem Buch »Jesus für Atheisten«. Er stellt sich darin vor als einer, der sich trotz seines positiven Engagements für die »Sache Jesu« nicht für einen Christen hält, sondern sich nach wie vor als Marxist versteht. Und er begründet dies ausdrücklich damit, daß er in sich den radikalen Anspruch fühle, »alles wissenschaftlich-kritisch zu analysieren, wie es Karl Marx seine Schüler lehrte«. Um so erstaunter ist man dann, wenn Machovec den Weg zur Wahrheit, ja die Wahrheit selbst »dialogisch« faßt und sich damit bewußt in die Tradition des »authentischen Abendlandes« stellt.

Es hat nach Machovec im Abendland immer zwei verschiedene Erkenntniswege gegeben – sowohl die »nüchterne Wissenschaftlichkeit eines Aristoteles« als auch die »prophetischen Vorstellungen eines Jesaja«. Dies ist später sowohl im Christentum als auch auf dem Boden der Wissenschaft verwischt worden. Heute aber erscheint es Machovec an der Zeit, daß sich beide, das Christentum und der Marxismus, dieser »dreitausendjährigen abendländischen Überlieferung« wieder öffnen. Und eben diese Forderung kleidet er in die Frage: »Sollte man sich heute nicht bemühen, wieder beide Brennpunkte der Ellipse zu beleben und in eine fruchtbare, dynamisch-dialogische Spannung bringen?« Die Wiederbelebung dieser dialogischen Spannung zwischen den beiden Brennpunkten der Ellipse bildet für Machovec den entscheidenden Inhalt des Dialogs zwischen den Christen und den Marxisten, wie er sich in den sechziger Jahren des 20. Jahrhunderts angebahnt hat.

Eine radikal dialogische Zukunft, wie sie Machovec erhofft, scheint mir, was das Verhältnis zwischen Glaube und Wissen betrifft, nicht nur zwischen Christen und Marxisten, vorerst nicht in Aussicht zu stehen. Machovec selbst hat nach dem »Prager Frühling« seine philosophische Professur an der Karls-Universität in Prag verloren und lebt seitdem, mit Schreib- und Redeverbot belegt, in dürftigen Verhältnissen – ein atheistischer Märtyrer dafür, daß Glaube und Wissen künftig nicht mehr in tödlicher Feindschaft gegeneinander, sondern in einer dialogischen Spannung miteinander leben sollten.

Zwar reden heute viele gern von der »Mitte« und nehmen sie für sich in Anspruch. Aber wenn einer sich ehrlich um Vermittlung bemüht, dann ist er unbequem und des Abfalls verdächtig. Und so wird Schleiermachers besorgte Frage auch weiterhin ihr Recht behalten: »Soll der Knoten der Geschichte so auseinandergehn: die Wissenschaft mit dem Unglauben und das Christentum mit der Barbarei?«

SIEBENTES KAPITEL

Die Schickung im Zusammenhang

1. Die Sinnfrage – »Rücksicht« auf Gott

Während das Gerücht vom »Tode Gottes« nach wie vor durch die Welt läuft und sich weiter ausbreitet, fängt man seit geraumer Zeit gleichzeitig an, wieder Sinn und Geschmack für die Religion zu gewinnen. Angesichts der diesbezüglichen Anzeichen von einer »Wiederentdeckung der Religion« zu sprechen, halte ich freilich für übertrieben; ich möchte dafür lieber vorsichtiger nur den Ausdruck »neue religiöse Sensibilität« verwenden.

Wo das Fragen nach der Möglichkeit religiöser Erfahrung in unserer heutigen Lebenswelt wieder auftaucht, dort geschieht es vornehmlich im Zusammenhang mit der *Sinnfrage*. Der Zeitgenosse fragt nicht mehr nur nach dem Nutzen seines nächsten technischen oder sozialen Tuns, freilich auch nicht wieder nach dem Grund alles Seins, wohl aber neu nach dem Sinn seines Daseins. Er möchte erkennen, wo der geschichtliche Prozeß des menschlichen Daseins, in dem er zugleich Täter und Zeuge ist, im ganzen hingeht und wie er am Ende ausgeht. Fast könnte man in Umkehrung der bekannten 11. These von Marx gegen Feuerbach formulieren: Bisher haben wir uns damit begnügt, die Welt zu verändern; jetzt kommt es darauf an, sie zu interpretieren.

Nun gibt es die Sinnfrage niemals nur als Frage an sich, in reiner, abstrakter Gestalt, sondern immer nur in bestimmter Konkretion. Noch niemals ist es so gewesen, daß sich einer, die Wange in die Hand geschmiegt, gleichsam an den Wegrand der Menschheitsgeschichte gesetzt, versonnen um sich geblickt und dann tiefsinnig gefragt hätte: Was ist der Sinn des

Lebens und der Welt? Das tun höchstens Philosophen, Theologen und einige »Berufsmetaphysiker«. Dem normalen Erdenbürger stellt sich die Sinnfrage immer nur differenziert und partiell, als Frage nach dem Sinn eines bestimmten Ereignisses, einer einzelnen Handlung, der gegenwärtigen Situation, des nächsten Lebensschrittes, im Dienste einer Aufgabe oder aus Liebe zu einem Menschen. Dennoch geht die Sinnfrage stets »aufs Ganze«. Auch die Frage nach dem Sinn einer einzelnen Handlung, Begebenheit, Situation oder Person steht stets in der Fluchtlinie der Frage nach dem Sinn des Ganzen; auch jeder partielle Sinn ist Sinn nur in der Sinntotalen.

Die Frage nach der Sinntotalität, nach dem Sinn der Wirklichkeit des Lebens und der Welt im ganzen, ist stets an solche Ereignisse und Situationen geknüpft, an denen uns die Grenzen unseres Lebens aufgehen – und zwar »aufgehen« im doppelten Sinn des Wortes: einmal in dem Sinn, daß wir die Grenzen unseres Lebens erkennen, zum anderen in dem, daß sie sich uns eben in solchem Erkennen zum Ganzen hin öffnen.

Bei diesen *Grenzerfahrungen* braucht es sich keineswegs immer nur um negative Widerfahrnisse wie Schuld, Unrecht, Krankheit, Ohnmacht, Leid und Tod zu handeln. Es gibt durchaus auch positive Grenzerfahrungen wie überschwengliche Freude, anhaltende Ausdauer, überschäumende Lebenskraft, unendliche Seligkeit, Ekstase und Glück. Negative und positive Grenzerfahrungen stimmen darin überein, daß der Mensch sich an den Grenzen seines Lebens, ob er nun nur an sie gerät oder ob er sie überschreitet, des Seins im ganzen und darin zugleich der Unverfügbarkeit seines eigenen Daseins bewußt wird. Ob ihm eine große Freude widerfährt oder ob er eine schwere Schuld loswerden möchte, ob er in eine beängstigende Lebensenge gerät oder eine beglückende Begegnung erlebt – auf alle Fälle ist er aufs Empfangen angewiesen und wird darin über sich selbst hinausgeführt.

Damit aber gelangt die Sinnfrage in die Nähe dessen, was die Bibel »Umbesinnung«, »Sinnesänderung« nennt. Jede Besinnung, ob auf sich selbst oder auf die Welt, bedeutet für einen Gläubigen, der es mit »Gott« zu tun hat, eine »Umbesinnung« – sie schließt eine Wandlung der Person ein. Und so gibt es auch auf die Sinnfrage keine Antwort ohne eine *Sinnesänderung*. Wer nur so »weitermacht« wie bisher, hat den ihm eröffneten Sinn ausgeschlagen, ja er hat die Frage nach dem Sinn gar nicht ernsthaft gestellt. Er hat den Brief, den die Wirklichkeit ihm geschrieben hat, ungeöffnet liegen lassen.

Wonach der Mensch verlangt, wenn er, betroffen durch ein einzelnes Widerfahrnis, nach dem Sinn seines Lebens in der Welt fragt, ist nicht nach mehr Wissen über die Welt, sondern nach *Gewißheit* in der Welt – worauf in der Welt Verlaß sei. Damit aber mündet die Sinnfrage in die *Vertrauensfrage*.

Die Sinnfrage enthält, mag sie auch aus der Erfahrung einer Sinn*bedrohung* geboren sein, immer zugleich schon eine Sinn*behauptung*: Es muß doch Sinn da sein! Von diesem heimlichen Postulat lebt die Sinnfrage noch vor jeder Antwort. Es gibt kein Sinnverstehen ohne Sinn*vertrauen*.

Das macht: Der Sinn des Lebens und der Welt im ganzen erschließt sich erst am Ende, bei ihrem Abschluß und ihrer Vollendung, wenn die Wirklichkeit des Lebens und der Welt wirklich *ganz* und damit zugleich auch erst ganz *wirklich* ist. Bis dahin bleibt jede Antwort auf die Frage nach dem Sinn der Wirklichkeit im ganzen – angesichts ihrer vor Augen liegenden Unabgeschlossenheit – ein vorläufiger, vorweggenommener Entwurf. Daß wir solche vorläufigen, vorweggenommenen Entwürfe trotzdem wagen, ist bereits ein Ausdruck unseres Vertrauens in den Sinn der Welt. Gewiß tragen alle diese Entwürfe den Charakter von Hypothesen und bedürfen daher jeweils der Kritik und Korrektur. Aber daß wir sie dennoch immer wieder unternehmen, beweist nur um so mehr unser Vertrauen.

Angesichts der Tatsache, daß Menschen trotz der scheinbaren Sinnlosigkeit der Weltgeschichte auf Sinn vertrauen und entsprechend handeln, erscheint es sinnvoll, von »Gott« zu sprechen. Denn die Vertrauensfrage birgt in sich die Frage nach Gott: Worauf einer vertraut, das ist sein »Gott«. So hängen *Sinn*frage und *Gottes*frage eng zusammen. Von woher wir Sinn im Leben empfangen, das heißen wir »Gott« – was den Sinn unseres Lebens zerstört, das ist für uns vom »Teufel«.

Für den christlichen Glauben stellt sich die Sinnfrage traditionsgemäß als Frage nach der »Vorsehung Gottes«: ob und wie Gott im kleinen den einzelnen durch sein Leben »führt« und im großen den Lauf der Welt »lenkt«. Wer, auf der Suche nach Gott, die Sinnfrage stellt, fragt nach der *«Schickung im Zusammenhang«* (Chr. F. Gellert): wo für ihn Spuren des unsichtbaren Gottes im Leben des einzelnen oder im Gang der Geschichte sichtbar werden und sich ihm so »Sinn« erschließt.

Was christlicher Glaube sich in dieser Hinsicht zumuten darf, wo die Möglichkeiten und die Grenzen solcher theologischen Spurensicherung liegen, das finde ich bildhaft und vorbildlich in zwei Szenen der alttestamentlichen Mose-Geschichte ausgedrückt.

Die erste ist Moses entscheidende Gottesbegegnung gleich zum Beginn, seine Berufung (2. Mose 3). Gott ruft Mose aus dem brennenden Dornbusch an und teilt ihm mit, daß er beschlossen habe, das Volk Israel aus der Knechtschaft in Ägypten zu erretten und ihn, Mose, mit der Ausführung dieses Heilsratschlusses zu beauftragen. Mose ist, verständlicherweise, über den göttlichen Auftrag erschrocken und bittet Gott um ein Zeichen für sich und um eine Legitimation gegenüber seinen Volksgenossen. Um den Israeliten seine überraschende Gottesbegegnung glaubhaft zu machen, muß er den Namen des ihm erschienenen Gottes nennen können. Und da antwortet ihm Gott mit dem Satz: » Ich bin, der ich bin«, auch zu übersetzen: »Ich werde sein, der ich sein werde.«

Ich höre aus diesem dunkel klingenden und deshalb auch so vielfach und verschieden gedeuteten Satz beides heraus: *Abweisung und Zusage.* »Ich bin, der ich bin« – das heißt: Was geht's dich an? Daraus spricht die Unverfügbarkeit und Freiheit Gottes, sein *Entzug* gegenüber allem menschlichen Begreifen: Gott ist nur durch Gott erklärbar – schlechte »Aussichten« für alle, die den Sinn ihres Lebens oder der Geschichte aus den Spuren eines so unsichtbaren Gottes »ersehen« möchten. »Ich werde sein, der ich sein werde« – das heißt jedoch zugleich: Auf mich kannst du dich verlassen! Daraus spricht die Beständigkeit und Treue Gottes, die *Gewährung* menschlichen Begreifens: Weil Gott verläßlich ist, darum gibt es in der Welt Verlaß – und so besteht nun doch »Aussicht«, Spuren Gottes im eigenen Leben und in der Geschichte zu erkennen und also auf Sinn zu vertrauen.

Das führt hinüber zur zweiten Szene. Sie spielt in einer späteren Phase der Mose-Geschichte, nach der Sinaioffenbarung (2. Mose 33,12–23).

Es ist alles so geschehen, wie Gott es Mose bei seiner Berufung angekündigt hatte: Mose hat das Volk Israel aus der Knechtschaft in Ägypten herausgeführt und es, durch alle Fährnisse hindurch, wohlbehalten bis an den Gottesberg, den Sinai, gebracht. Dort hat die große Offenbarung stattgefunden: Gott hat mit dem Volk Israel einen Bund geschlossen und ihm sein Gesetz gegeben. Nun soll es weitergehen, in das verheißene Land – der Befehl zum Abzug ist erteilt. Da möchte Mose von Gott eine Garantie dafür haben, daß er auch weiterhin – nachdem die hohe, heilige Zeit, die Ausnahmesituation, am Sinai vorüber ist – mit seiner Gegenwart rechnen könne. Gott sagt Mose darauf zu, daß er auch künftig mit dem Volk Israel sein und ihm auf seinem Weg voranziehen werde. Aber diese göttliche Zusage genügt Mose nicht. Er überbietet sie mit dem Wunsch: »Laß mich deine Herrlichkeit sehen!«

Mose begehrt mehr als nur die ihm angebotene, ihm schon bekannte Gewißheit. Er drängt auf Eindeutigkeit, auf eine sichtbare Bestätigung. Er möchte wenigstens ein einziges Mal aus aller Zweideutigkeit heraus und eindeutig *sehen*, wessen er sich zu versehen hat, und unzweideutig *wissen*, wessen er gewiß sein kann. Ich kann diesen Wunsch des Mose nach handgreiflicher Sichtbarkeit gut verstehen.

Aber Gott versagt Mose seinen Wunsch, genauer, er erfüllt ihn nur zur Hälfte: Mose darf nur Gottes Rückseite erblicken, nicht aber seine Vorderseite. Gott stellt ihn in eine Felskluft und hält, während er an ihm vorübergeht, seine Hand über ihm, so daß er ihn nicht sehen kann. Erst nachdem er an ihm vorübergezogen ist, nimmt Gott seine Hand weg, und nun darf Mose hinter ihm her schauen.

Dieses Bild des Mose, der in der Felskluft steht und Gott nachblickt, ist für mich »Vorbild« für alle Gotteserkenntnis und Sinnfindung des Menschen. Es zeigt die Möglichkeiten und Grenzen theologischer Spurensicherung: Wohl kann der Glaube im Geschick des einzelnen und in der Geschichte als ganzer Spuren von Gott entdecken, aber immer nur im nachhinein. Erst *danach* sieht man, wer *dahinter* ist! Wir erkennen Gott stets nur »a tergo«, von hinten, im Rückblick – und auch das meist nur im großen und ganzen, in der Gesamtrichtung, nicht in den einzelnen Zügen.

Wenn ich mich zu meiner eigenen Vergangenheit umwende, dann entziffern sich mir hier und da einige Punkte meines Lebens als Schnittpunkte zwischen der sichtbaren Horizontale und einer verborgenen Vertikale, und ich beobachte ein Übereinkommen zwischen bestimmten äußeren Abläufen und Umständen meines Lebens und dem Sinn, der sich in ihm als ganzem abzeichnet. Es geht mir eine Art »Synchronismus« auf zwischen meiner inneren Entwicklung und den Geschehnissen außer mir, und ich erkenne den Gewinn, den ich aus den sogenannten »Wechselfällen« meines Lebens gezogen habe. Selbst das, was ich, als es geschah, unbewußt verdrängt habe, weil es mich peinigte oder beschämte, sehe ich nun, im Rückblick, mit anderen Augen und erkenne, daß es mir zum Guten gedient hat.

In solchem Rückblick legt der Gläubige sein Leben nach seiner »Ansicht« aus – dabei legt er fraglos auch manches hinein. Aber er sagt trotzdem nicht die Unwahrheit. Er manipuliert nicht, sondern profiliert den Stoff – so, wie man beim Schreiben eines Buches das, woran einem liegt, unterstreicht und dies hernach in Kursivdruck erscheint oder wie man aus einer Zeichnung durch stärkeres Nachziehen bestimmter Linien das, worauf es ankommt, hervorhebt. Man kann sagen, der Gläubige »er-finde« den Sinn – aber nicht, indem er ihn in sein Leben hineinträgt, sondern indem er ihn aus ihm herausholt. Er entdeckt in der Wirklichkeit die Wahrheit und stiftet auf diese Weise Sinn.

Die »Vorsehung Gottes« ergibt sich nicht in objektiver Datierbarkeit als eine allgemein wahrnehmbare und jedermann zugängliche Ereigniskette. Einsicht in das Wirken Gottes in der Wirklichkeit der Welt und ihrer Geschichte gibt es immer nur zugleich als Einsicht in die persönliche Existenz, als Erkenntnis des eigenen Geschicks. Darum möchte ich – als ein Beispiel dafür, wie »Vorsehung Gottes« heute aussehen kann – zunächst von meinem Geschick im Kriege erzählen, wie es sich mir im Rückblick als »Schickung im Zusammenhang« erschließt. Ich nenne dies »meine Josephsgeschichte«.

2. Meine Josephsgeschichte

Die biblische Josephsgeschichte nimmt fast das ganze letzte Drittel des Ersten Buches Mose ein. Sie erzählt – in der literarischen Form einer Novelle – das Geschick Josephs, des Sohnes Jakobs, als »Schickung im Zusammenhang«: wie Gott das Leben des Joseph bewahrt und es durch alles Auf und Ab zu einem guten Ende führt und in einen sinnvollen Rahmen fügt – vom Mordanschlag seiner Brüder und seiner Verschleppung nach Ägypten über anfänglichen raschen Aufstieg dort und jähen neuen Sturz bis hin zu seiner endgültigen Erhöhung.

So, wie die Josephsgeschichte im Alten Testament erzählt wird, zeigt sie keinen »in die Augen fallenden« religiösen Aspekt. Gott tritt nirgendwo sichtbar in Erscheinung, und an keiner Stelle spricht er selbst zu den Menschen; höchstens reden nur einmal Menschen von ihren Erfahrungen mit Gott. Es herrscht eine immanente Gesetzlichkeit, die durch kein göttliches Eingreifen, durch keine Wunder und Zeichen, durchbrochen wird. Nirgendwo gibt es einen Riß im Gewebe der Natur und Geschichte; die Kausalkette bleibt lückenlos geschlossen. Die Menschen, die auftreten, denken und treiben das, was ihnen beliebt und was sie für ihre Sache halten, und sie tun es mit Klugheit und List, mit Bedacht und Betrug, mit guten und bösen Gedanken. Kurzum, in der alttestamentlichen Josephsgeschichte geht es von Anfang bis Ende ganz und gar weltlich und menschlich zu.

Nur ganz zum Schluß zieht der Erzähler den Vorhang für einen Augenblick beiseite und läßt erkennen, daß in diesem ganz und gar menschlichen und weltlichen Geschehen Gott kontinuierlich gehandelt hat. Das Schlußwort, das Joseph selbst zu seinem Geschick spricht, lautet, an die Brüder gerichtet: »Ihr gedachtet es böse mit mir zu machen, aber Gott gedachte es gut zu machen, um zu tun, was jetzt am Tage ist, nämlich viele Menschen am Leben zu erhalten.« (1. Mose 50,20) Dieses Schlußwort bildet zugleich das Schlüsselwort, das den Sinn der ganzen Josephsgeschichte aufschließt und alle ihre einzelnen Ereignisse nicht nur untereinander verbindet, sondern sie auch miteinander in einen größeren Sinnzusammenhang knüpft.

»Ihr gedachtet . . .« – »Gott aber gedachte . . .«: Mag es auch weltlich ausgesehen haben und menschlich zugegangen sein – in allem weltlichen Geschehen hat Gott verborgen gewirkt und alles menschliche Verhalten, selbst das böse, nach seinem Willen zum Guten gelenkt. Wie sich beides zueinander verhält und am Ende zusammengeht: Menschengedanken und Gottesgedanken, göttliche Vorsehung und menschlicher Vorsatz – das wird nicht, nach Art einer theologischen Mengenlehre, genau gegeneinander aufgerechnet. Vielmehr wird nur, in einer Art providentieller Hochrechnung, das vorläufige Endergebnis des göttlichen Waltens mitgeteilt: Viele Menschen sind vor einer drohenden Hungerkatastrophe bewahrt geblieben, allen voran Josephs eigene Sippe, das künftige, von Gott erwählte, Volk Israel (1. Mose 45,5–8). Das ist durch menschliches Tun, durch die kluge Wirtschaftspolitik des aus böser Absicht von seinen Brüdern nach Ägypten verschleppten Joseph geschehen. Rückblikkend aber bekennt der Glaube: Gott hat es so gefügt.

Ich weiß sehr wohl, wie schwer es fällt und wie leicht es peinlich wirkt, wenn einer öffentlich von Gottes Fügung in seinem Leben erzählt. Aber liegt dies nicht auch daran, daß die theologische Wissenschaft solches Erzählen, statt es zu üben, verachtet und anderen überlassen hat und daß es dadurch in den Bereich des Peinlichen geraten ist? Auf jeden Fall darf solches Erzählen nicht ohne theologische Reflexion vor sich gehen. Und es muß in persönlicher Distanz geschehen, darum auch nicht ohne einen Hauch von Selbstironie, im Stil mithin Thomas Mann und seinem Josephsroman eher ähnlich als dem heiligen Augustin und seinen »Bekenntnissen«.

Und so will ich denn hier meine »Josephsgeschichte« erzählen.

Im Sommer 1941 lag ich mit einem Kameraden auf einer Waldlichtung im bayrischen Alpenvorland. Wir ließen uns von der Sonne bescheinen und unterhielten uns, gerade erst eingezogen, über unsere Aussichten, wie lange wir wohl Soldat bleiben müßten und ob wir den Krieg heil überstehen würden. Da sagte der Kamerad in seinem lässigen Wiener Dialekt zu mir: »Weißt, wenn ich in vier Jahren net gar zu arg blessiert werd' abrüsten können, dann werd' ich froh sein.« Ich hielt dies für übertrieben: Noch vier volle Jahre Nazis, Soldat und Krieg – das konnte ich mir beim besten Willen nicht vorstellen. Doch er sollte recht behalten, fast auf den Tag genau. Ob er nach vier Jahren, nicht gar zu arg blessiert, abgerüstet hat, weiß ich nicht.

Ich habe den Krieg heil überstanden. Wegen eines angeblichen Herzfehlers war ich seit meiner ersten Musterung nur »gvh« (garnisonsverwendungsfähig Heimat) – Ersatzreserve II. In der diesbezüglichen militärärztlichen Dienstvorschrift lautete die Bezeichnung dafür L 49. Dies L 49 mir zu erhalten, war mein Kriegsziel – zusammen mit der erhofften Niederlage Deutschlands eröffnete es die Möglichkeit, beim ersehnten neuen Anfang nach dem Krieg dabei zu sein.

Alle Vierteljahre mußte ich dafür auf den Prüfstand – »Nachuntersuchung« genannt. Dabei ging es nach dem Gesetz von Angebot und Nachfrage: Je mehr Soldaten an der Front starben, desto mehr Männer wurden in der Heimat tauglich geschrieben. Daher waren in den ersten Kriegsjahren die Nachuntersuchungen noch verhältnismäßig harmlos. Aber je länger der Krieg dauerte, desto häufiger und strenger wurden sie. Zuerst bestand ich die vierteljährlichen Untersuchungen ohne alle Mittel, nur mit Herzklopfen aus Angst, dann mit Hilfe von Pervitin aus den Beständen eines mir gewogenen Heeresapothekers, unterstützt durch Blumen und Pralinen für die Freundin des untersuchenden Truppenarztes, die auf der Schreibstube meiner Kompanie dienstverpflichtet war – die tägliche leibhaftige Lebensversicherung für den Hauptfeldwebel.

Noch heikler wurde die Selbsterhaltung, als die Verfügung herauskam, daß alle Abiturienten Reserveoffiziere werden sollten. Auch ich mußte zur Aufnahmeprüfung nach München. Mit ihr war wiederum eine ärztliche Untersuchung verbunden, von der es aber hieß, daß sie eine bloße Farce sein solle – also mußte ich auf andere Weise wegzukommen trachten. Es ging das Gerücht, daß Theologen nicht mehr zu Offizieren genommen würden, weil sie als nicht zuverlässig genug galten. Darum betonte ich schon bei der Aufnahme meiner Personalien, obwohl ich gar nicht danach gefragt war, nach Kräften, daß ich im Zivilberuf Pfarrer sei – aber der Schreiber schien davon keine Notiz nehmen zu wollen.

Als ich am nächsten Tage, bereits einer Inspektion zugeteilt, mit anderen Anwärtern vor dem Arztzimmer wartete, stand vor mir in der Schlange ein Mann mit einem Krückstock in der Hand. Auf den Ruf »Der Nächste!« humpelte er hinein. Kaum hatte sich die Tür hinter ihm geschlossen, da hörte man es schon brüllen: »Werfen Sie den Stock weg, Sie Simulant! Sie haben es gar nicht verdient, Offizier zu werden!« Ich sah mein kostbares, seit bald zehn Jahren sorgsam gehütetes L 49 endgültig dahinschwinden. Als der Mann mit dem Krückstock wieder herauskam, flüsterte er mir nur zu: »K v.« Dann wurde ich hereingerufen. Als ich nach wenigen Minuten wieder draußen war, hatte ich nicht nur mein L 49 gerettet, sondern auch noch ein L 14 (Rheuma u. ä.) hinzuerworben.

Also doppelt versichert, kehrte ich auf meinen Posten zurück. Aber da tauchte bereits nach kurzer Zeit der nächste Engpaß auf: Künftig sollten die Nachuntersuchungen nicht mehr durch den zuständigen Truppenarzt erfolgen, sondern jeweils durch Spezialisten, die Magenkranken in diesem Lazarett, die Herzkranken in jenem, die Rheumatiker noch wieder woanders und so weiter. Ein mir befreundeter Stabsarzt hatte nur Beziehungen zu dem Magenspezialisten, während der für die Herzkranken zuständige Spezialist ein SS-Arzt war, von einem Theologen, der den Krieg überleben wollte, also tunlichst zu meiden. Darum verfielen wir miteinander auf den folgenden Trick: Ich melde mich wegen angeblicher Magenbeschwerden krank, gelange auf diese Weise an den wohlgesinnten Magenspezialisten, der hört bei der Untersuchung routinemäßig auch mein Herz ab, erschrickt über dessen Zustand, untersucht es deshalb sogleich mit – und ich habe die verlangte Spezialuntersuchung hinter mich gebracht!

Die Schau lief wie programmiert ab – nur leider, der zuständige Herzspezialist durchschaute sie und reklamierte den ihm entronnenen Patienten. Diesmal erging es mir wie wenige Monate zuvor dem Mann mit dem Krückstock. Kaum stand ich vor dem Arzt, da verhöhnte er mich als Drückeberger und befahl der technischen Assistentin, sofort ein EKG zu machen. Ein EKG hatte mich einst in den Arbeitsdienst gebracht, jetzt schien es mich an die Front befördern zu sollen – in Gedanken sah ich mich schon meine Sachen packen. Da kam der Arzt zurück, ließ sich das EKG vorlegen, sah es sich an – und stockte. Dann, nach einer Pause, voll Staunens: »Mann Gottes, wie kommt es, daß Sie überhaupt g v h sind – bei dem Herzen!« Er war bereit, mich a v (arbeitsverwendungsfähig) zu schreiben, also noch einen Tauglichkeitsgrad tiefer. Aber das mußte ich wiederum zu vermeiden trachten, denn dann hätte ich nicht bei meiner Kompanie und also nicht auf meinem Posten, bei den britischen Kriegsgefangenen und bei meinen deutschen Freunden, bleiben können, sondern wäre zu einer anderen Einheit versetzt worden. Und so behielt ich, was ich hatte, und blieb, was ich war: L 49 – g v h!

Es hat mich theologisch nie sonderlich interessiert, was damals eigentlich bei meinem EKG vorgegangen ist. Zwei Lösungen fallen jedenfalls aus: die medizinische, daß mein Herz tatsächlich so krank war, wie es dem Arzt schien, und die theologische, daß Gott den Kausalzusammenhang zerrissen und gleichsam am EKG-Gerät gedreht hat. Die Ärzte, die ich bei Gelegenheit danach gefragt habe, zuckten mit den Achseln: Entweder war der Apparat nicht in Ordnung, oder die technische Assistentin hatte falsch gepolt, oder der Stabsarzt hat kein EKG lesen können. Insgeheim habe ich auch schon den Verdacht gehabt, ob jener SS-Arzt nicht vielleicht das Ende witterte und deshalb Rückversicherungsverträge abzuschließen begann. Jedenfalls kam seine bildschöne Freundin, eben jene technische Assistentin, die das EKG bei mir gemacht hatte, nach der Kapitulation zu mir und bat mich, den Postillon d'amour zwischen ihr und ihrem ehemaligen Chef zu machen, der streng abgeschlossen in einem SS-Gefangenen-Lazarett saß, zu dem ich als Lazarettpfarrer Zutritt hatte. Das habe ich gern getan. Natürlich habe ich ihn bei diesen Gelegenheiten nicht nach meinem EKG gefragt, denn erstens hatte der Mann jetzt wahrlich andere Sorgen, als meine theologische Neugier zu befriedigen, und zweitens war ich theologisch auch gar nicht so neugierig.

Es waren nicht nur die ständigen, immer schmaler werdenden Engpässe der ärztlichen Nachuntersuchungen, durch die ich mich mit Angst und viel List hindurchwinden mußte. Gleichzeitig gab es auch noch andere, teilweise ärgere Gefahren für Leib und Leben, die ich zu bestehen suchen mußte, vor allem politische Drohungen.

Es war Anfang Januar 1943. Die Schlacht um Stalingrad ging ihrem Ende entgegen. Hitlers Schandtat wurde endgültig offenbar; die Tragödie begann sich in ihrem vollen Ausmaß abzuzeichnen.

Ich war damals Ausbilder bei meiner Kompanie in einer kleinen Stadt in Oberbayern. Mein Zugführer war ein älterer Stabsfeldwebel, dumm und maulig, aber harmlos, wie es schien. Eines Tages jedoch hatte er, während der üblichen Zigarettenpause im Gelände, ein Gespräch mit angehört, in dem ich mich über das, was in Stalingrad geschah, ereifert hatte: welche Sinnlosigkeit das sei, und daß man nun endlich Schluß machen solle – ob nur mit Stalingrad oder mit dem ganzen Krieg, war dabei undeutlich in der Luft hängengeblieben.

Später, auf dem Rückmarsch in die Unterkunft, als wie üblich »Ein Lied!« befohlen wurde, schlug der Stabsfeldwebel selbst vor: »Es geht alles vorüber, es geht alles vorbei . . .« – damals ein beliebter Schlager, freilich kein Marschlied. Ich protestierte: »Für die in Stalingrad geht nicht alles vorüber, für die ist alles vorbei!« Darauf erwiderte der Stabsfeldwebel nichts, sondern kommandierte nur »Im Gleichschritt!«, und so wurde ohne Lied in die Unterkunft zurückmarschiert.

Noch an demselben Abend befahl mich der Kompaniechef zu sich auf die Schreibstube. Der Stabsfeldwebel hatte mich wegen »Zersetzung der Wehrkraft« gemeldet – das galt damals als ein todeswürdiges Verbrechen. Der Hauptmann – ein gläubiger schwäbischer Pietist, der sich mir eng verbunden fühlte – war ratlos. Er konnte die Meldung des Zugführers nicht unterdrücken – damit hätte er nur sich selbst gefährdet, mich aber nicht gerettet. Zunächst galt es einfach, Zeit zu gewinnen und den nächsten Tag abzuwarten. Aber auch am nächsten Tag bestand der Stabsfeldwebel weiterhin auf seiner Anzeige. Wenn kein »Wunder« von oben geschah – und wie sollte es geschehen? –, mußte ich am darauffolgenden Tage zum Bataillon überstellt werden. Dort würde dann die Kriegsgerichtsmaschinerie anlaufen.

Da wurde ich noch am Abend desselben Tages wieder zum Kompaniechef befohlen. Das Wunder war tatsächlich geschehen – freilich sah es gar nicht nach einem »Wunder von oben« aus, sondern sehr irdisch-menschlich, sogar ziemlich schäbig und unanständig. Weil er am nächsten Tag in Urlaub fahren sollte, hatte der Stabsfeldwebel sein Soldbuch für irgendeine Eintragung auf der Schreibstube abgeben müssen. Dabei hatte man zufällig – wer schaut auch schon darauf? – festgestellt, daß in der Spalte »Familienstand« radiert und »verheiratet« in »ledig« geändert worden war. Auf Befragen gab der Stabsfeldwebel zu, daß er dies selbst getan habe. Diese Situation nutzte der Kompaniechef aus und stellte ihn vor die Entscheidung: »Entweder ziehen Sie ihre Meldung gegen Z. zurück, oder ich zeige Sie wegen Urkundenfälschung an, und Sie werden morgen mit Z. zusammen zum Bataillon gebracht.« Daraufhin zog der Stabsfeldwebel seine Meldung zurück.

Und statt wegen Zersetzung der Wehrkraft vor ein Kriegsgericht gestellt zu werden, erhielt ich nur einen strengen Verweis. Noch heute habe ich, fast wörtlich, die Verkündung meiner Bestrafung beim Morgenappell der Kompanie im Ohr: »Ich bestrafe den Gefreiten Z. mit einem strengen Verweis, weil er beim Einrücken des Ausbildungszuges in die Unterkunft auf einen Befehl des Zugführers Widerworte gegeben hat.« Für mich klang das wie ein Psalm.

Sehr bald, nachdem er mich vor dem Kriegsgericht bewahrt hatte, wurde der Kompaniechef, wie andere ältere Reserveoffiziere damals, aus der Wehrmacht entlassen, und es kam, wie einst nach dem Tode Josephs in Ägypten, ein neuer Pharao auf. Der aber gedachte es böse mit mir zu machen. Er war von allem, was ich war, das genaue Gegenteil: Volksschullehrer, Nazi und aus der Kirche ausgetreten. Darum hatte er mich von Anfang an im Visier, und gleich die erste Gelegenheit nutzte er zum Abschuß. Die Kompanie hatte vierzig Mann für eine Einheit abzustellen, die zur Partisanenbekämpfung in Jugoslawien eingesetzt werden sollte. Dazu ersah der neue Kompaniechef auch mich aus. Eines Morgens erhielt ich in Bad Reichenhall, wo ich ein Kriegsgefangenen-Arbeitskommando bei der Saline zu führen hatte, telefonisch den Befehl, ich solle sofort meine Sachen packen und zur Kompanie kommen, noch bevor meine Ablösung eingetroffen sei. Als ich mich bei der Kompanie zurückmeldete, empfing der Chef mich spöttisch, ich sei doch Christ und sogar Pfarrer, dafür wolle er mir jetzt Gelegenheit zur Bewährung geben. Ich legte auf die mir von ihm zugedachte Bewährungsprobe freilich keinen Wert.

Mit viel Geschick und Glück hatte ich mich bis dahin durch den Krieg hindurchgemogelt. Diesmal aber schien es keinen Ausweg mehr zu geben. Da wurde ich – schon am Tage des Abmarsches zum Bahnhof – auf die Schreibstube befohlen. Dort war gerade ein neuer Befehl eingetroffen: In Berchtesgaden sollte für die Reichsregierung ein Bunker gebaut werden; dabei sollten auch die ersten nach der Kapitulation Italiens entwaffneten italienischen Soldaten eingesetzt werden. Reichsregierung und Berchtesgaden – das flößte Respekt ein und mahnte zur Vorsicht. Da konnten sich heikle Situationen ergeben – es war sogar vom Staatsminister Lammers als Bauherrn die Rede. Daher erschien es dem Kompaniechef geraten, dem Führer des Kommandos, einem tüchtigen Feldwebel, einen »Gebildeten« an die Seite zu geben, dem man zutraute, daß er mit »hochgestellten Persönlichkeiten« umgehen könne und die Kompanie und ihren Chef nicht blamieren würde. Und so fuhr ich ins Kriegsgefangenen-Stammlager, aber nicht, um von dort nach Jugoslawien in den Partisanenkampf zu ziehen, sondern um die italienischen Kriegsgefangenen abzuholen und sie nach Berchtesgaden zu bringen.

Dort mußten wir die ersten Nächte, vor dem einsetzenden Regen nur mangelhaft geschützt, in rasch zusammengeschlagenen Notunterkünften verbringen. Dabei holte ich mir eine heftige Halsentzündung. Ich meldete mich damit im Reservelazarett »Dietrich-Eckart-Krankenhaus«, zu dessen Füßen wir siedelten. Dort wollte mich der Arzt zunächst nicht aufnehmen, weil für mich nicht das Lazarett, sondern das Krankenrevier in Strub zuständig sei. Ich suchte ihn damit zu überreden, daß ich vom Lazarett aus ab und an einen Blick auf mein Lager werfen und dort nach dem Rechten sehen könnte. Und tatsächlich gelang mir das: ich durfte bleiben. Daraus wurde ein reichliches Vierteljahr, von September bis Weihnachten.

Das »Dietrich-Eckart-Krankenhaus« galt als ein Musterlazarett, mit »braunen« Schwestern, einem schneidigen NS-Führungsoffizier (so hieß bei den Nazis der politische Kommissar einer Truppe) und einem Hals-Nasen-Ohren-Spezialisten als »Oberkriegsarzt«, der, wie man sich zuraunte, manchmal sogar den »Führer« auf dem Obersalzberg behandelte. Aber mitten in diesem braunen Nest saßen ein Stabsarzt von der Luftwaffe als Internist und ein Oberarzt in der Chirurgie, dazu ein Unterarzt, die insgeheim zusammenspielten. Mit keinem von ihnen habe ich je ein offenes politisches Gespräch geführt, kaum ein privates – aber irgendwie erkannte man sich damals gegenseitig: wes Geistes Kind einer war. Wenn herauskam, daß man Theologe war, erging es einem meistens entweder sehr gut oder sehr schlecht. Diesmal erging es mir gut. Internist und Chirurg gedachten es gut mit mir zu machen. Sie sorgten mitsammen dafür, daß ich mit Behandlung der Angina, Heimaturlaub bis zur endgültigen Ausheilung vor der Operation, neuer Ansteckung und wieder Ausheilung, schließlich Operation und anschließendem Genesungsurlaub mehr als ein Vierteljahr des Krieges dahinbrachte und am Ende wieder als »g v h« aus dem Lazarett entlassen wurde. Aber was fast noch wichtiger war: Damit war ich über sechs Wochen von meiner Einheit entfernt gewesen und kam deshalb, gemäß einer allgemeinen Bestimmung, hinterher zum Ersatztruppenteil. Auf diese Weise war ich meinem Kompaniechef, der mir so ingrimmig nach dem Leben trachtete und deshalb so innig christliche Bewährung wünschte, entronnen.

Vom Ersatzbataillon aus gelang es mir, zu einer Musterungskommission nach München zu kommen, als »Schreiber beim Hauptarzt«. Das war eine herrliche Zeit, mit viel Musik, Theater und Vorträgen. Aber leider währte sie nur wenige Wochen. Der Hauptarzt und sein Schreiber harmonierten zu gut miteinander. Wir schrieben zu viele der Jungen, die da nackt vor uns standen, »Zeitlich untauglich – auf ein Jahr zurück!«, in der Hoffnung, sie damit vor dem Heldentod zu bewahren. Auf diese Weise waren unsere Musterungen nicht ergiebig genug. Und so durfte der Arzt in seine Praxis zurückkehren, während ich wieder zu meinem Ersatzhaufen mußte. Der Chef der Musterungskommission war übrigens ein angesehener Jurist und Kirchenmann, ein drahtiger Oberstleutnant, der nach dem Krieg auch im bayrisch-christlichen Staats-, Partei- und Kirchenwesen zu hohen Ehren gelangt ist. Er ließ mich kommen, richtiger, ich mußte mich bei ihm melden, dann richtete er an mich die üblichen Fragen eines wohlwollenden Vorgesetzten – aber daß er, der Oberstleutnant und Chef, mit mir, dem Unteroffizier und Schreiber, über den gemeinsamen christlichen Glauben gesprochen hätte, das ließ bei dem bayrischen Lutheraner, im Unterschied zu meinem einstigen Kompaniechef, dem schwäbischen Pietisten, sein Obrigkeitsbegriff augenscheinlich nicht zu.

Zum Ersatzbataillon zurückgekehrt, stand mir aufs neue der Partisanenkrieg in Jugoslawien bevor. Wieder schien es keinen Ausweg mehr zu geben, höchstens noch einen kurzen Aufschub. Ich war bereits neu eingekleidet, als mir einfiel, ich könnte, da ich bisher nur Genesungsurlaub gehabt hatte, noch den mir zustehenden Jahresurlaub zu reklamieren versuchen. Tatsächlich erhielt ich ihn auch. Ich fuhr zu meiner Familie nach Posen und schrieb von dort an einen früheren Kompanieoffizier, der mich einst – zur Zeit des guten Pharao – auf sein Gut eingeladen hatte. Er war jetzt Bataillonsadjutant, und ich bat ihn, mich anzufordern. Und siehe da, als ich vom Urlaub zurückkam, lag tatsächlich meine Versetzung vor. Ich wurde zum Bataillon in Marsch gesetzt, meldete mich dort beim Adjutanten, und er fragte mich, wohin ich wolle. Überall hin, nur nicht zu meiner alten Kompanie und ihrem Chef! – antwortete ich. Der Adjutant schlug mir eine andere Einheit vor, und so kam ich nach Rosenheim, wo ich mich, über ein Jahr lang, bis zur Befreiung am 2. Mai 1945 halten konnte.

In Rosenheim hatte ich ein Arbeitskommando von knapp hundert britischen Kriegsgefangenen zu führen, die aus allen Teilen des Empire kamen. Ihre Arbeit bestand darin, eine Krankensammelstelle aufzubauen – ein weitgestrecktes Barackenlager, in dem die von der italienischen Südfront eintreffenden Verwundeten nach ihrem Transport zum erstenmal wieder versorgt, gründlicher untersucht und dann auf die verschiedenen Lazarette im bayrischen Raum verteilt wurden.

Zwischen den Kriegsgefangenen und mir stellte sich rasch ein gutes Verhältnis her. Gleich am ersten Abend hatte ich ihnen erklärt, daß ich gegen diesen Krieg sei und daß uns daher das gemeinsame Interesse verbinde, so gut wie möglich durch ihn hindurchzukommen. Im Laufe der Zeit wurde daraus so etwas wie eine Allianz, vielleicht sogar fast eine Ökumene hinter der Front – jedenfalls fühlte ich mich mit den britischen Kriegsgefangenen mehr verbunden als mit deutschen Soldaten, die immer noch zu siegen hofften.

Ich bemühte mich, den Kriegsgefangenen ihren Freiheitsraum so weit wie möglich zu stecken. Ich versorgte sie mit Radioapparaten, damit sie ihre verbotenen Soldatensender hören konnten, ließ sie nachts heimlich zu ihren deutschen und ausländischen Freundinnen durch den Stacheldrahtzaun schlüpfen, hielt für die Anglikaner ab und zu Andachten und führte die Katholiken in der Dunkelheit zu Beichte und Kommunion in eine nahe Kirche. Einmal, am Heiligen Abend, schossen amerikanische Tiefflieger in der Gegend herum, gerade als ich das Weihnachtsevangelium vorlas: »Ehre sei Gott in der Höhe und Frieden auf Erden und den Menschen ein Wohlgefallen!« Das war schon sehr merkwürdig: Über uns amerikanische Kampfflieger, rings um uns deutsche Posten und wir dazwischen – als was? Als Briten und Deutsche oder als das »dritte Geschlecht«, wie die Christen sich im Altertum nannten? Als bei einem Bombenangriff mehrere Kriegsgefangene getötet worden waren, veranstalteten wir ein richtiges Soldatenbegräbnis mit Marsch durch die Stadt zum Friedhof, die deutschen Posten ohne Waffe.

Die Kriegsgefangenen revanchierten sich damit, daß sie ihr Lager völlig selbständig verwalteten, den Posten keine Schereien bereiteten und mich mit Kaffee, Tee, Zigaretten und Schokolade aus ihren Liebesgabenpaketen bedachten, so daß ich in meiner Wachstube ein stilles und gelehrtes Leben führen konnte – fast wie ein Hieronymus im Gehäus. Wenn ein General, ob von der Infanterie oder vom Sanitätswesen, in unserer Gegend etwas zu besichtigen wünschte, dann wurde ihm jedesmal auch unser Lager gezeigt. Am Ende kriegte ich für so viel Vorbildlichkeit noch das Kriegsverdienstkreuz 2. Klasse mit Schwertern – am 20. April 1945, zum letzten Geburtstag des »Führers«. Der Hauptfeldwebel schickte es mir im Briefumschlag zu, und ich überließ es sogleich den Tommies als Souvenir.

Gefreut habe ich mich dagegen über eine andere Auszeichnung: Als eine Kommission des Roten Kreuzes aus Genf das Lager inspizierte, wozu immer auch ein Gespräch mit den Vertrauensleuten der Kriegsgefangenen ohne Dabeisein eines Vertreters der Gewahrsamsmacht gehörte, da trat einer der

Schweizer Herren für einen Augenblick aus der geradezu schneidend kühlen Reserve heraus. Er winkte mich in eine Ecke, gab mir dort die Hand und sagte leise, unter Anspielung auf Matthäus 25: »Ich bin gefangen gewesen, und ihr habt mich besucht.« Das war ein Einverständnis, das über das Rote Kreuz hinweg auf ein anderes Kreuz hinwies.

Da das Kriegsgefangenenlager auf dem Gelände der Krankensammelstelle lag und dieses wiederum von Lazaretten umgeben war, ergaben sich von selbst auch Kontakte zum deutschen Lazarettpersonal. Wie überall während der Nazizeit, besonders aber während des Krieges, hatte sich ein kleiner Zirkel Gleichgesinnter zusammengefunden, einige Ärzte, Krankenschwestern und Sanitäter, unter diesen zwei katholische Theologen. Was uns verband, war mehr als nur der gemeinsame Wunsch, den Krieg so gut, vielleicht auch so angenehm wie möglich zu überstehen. Es war darin etwas von dem, was man später das »andere«, zuweilen auch das »bessere Deutschland« genannt hat: ein immerwährendes Gespräch, gemischt aus Politik, Religion, Musik und Moral, aber kein Wille zu irgendeiner entschlossenen Tat, höchstens einzelne gegenseitige Hilfeleistungen zum Überleben.

Als einer der Stabsärzte, den wir schon immer nur mit Vorbehalt zu unserer Seite gerechnet hatten, einem Kollegen eröffnete, daß er jetzt nicht mehr anders könne, als dem NS-Führungsoffizier von meiner politischen Einstellung Meldung zu machen, wenn er sich nicht selbst gefährden wolle, da warnte ihn dieser: »Dann braucht Z. nur zu sagen, daß du von seinen Kriegsgefangenen Liebesgaben angenommen hast, und du bist deine Epauletten los, und aus dem Oberstabsarztstern wird auch nichts.« Mit dieser Erpressung war ich vor der drohenden Denunziation geschützt, aber damit war unser Kreis auch auseinandergebrochen. Was blieb, waren einzelne unmittelbare Beziehungen und enge persönliche Bindungen.

Im Grunde führten wir inmitten einer der schlimmsten Krisen und grausamsten Abschnitte der Weltgeschichte ein sehr privates Leben – wie Leute, die einem Großbrand zuschauen und denken: Entweder brennt's von selber aus, oder der Regen wird es löschen.

Aber das ungeduldige Warten auf das Ende des Krieges, das schon längst so nahe schien und sich dann doch immer noch länger hinzog, die Enttäuschung über das Mißlingen des Aufstands am 20. Juli, der Zorn über das Unrecht und Leid, das die Nazis den Menschen an jedem Tag zufügten, die Trauer über die sinnlose Hinopferung der Soldaten an den Fronten und über das tausendfache Sterben in den Städten, das Mitleid mit den Verwundeten, die ich täglich unmittelbar vor Augen hatte, das eigene Abgeschnittensein von der Familie, die Angst, daß, wenn der Krieg noch länger dauerte, ich doch noch draufgehen könnte, und vor allem die Scham über die eigene Passivität angesichts dieser riesenhaften Passion – all das hatte einen solchen seelischen Stau in mir erzeugt, daß es eines Tages geradezu zwangsläufig zu einem wilden, selbstzerstörerischen Ausbruch kommen mußte. Und das passierte dann auch am 30. Januar 1945.

Ich saß mit den wachfreien Posten im Dienstraum der Wachbaracke. Wir unterhielten uns über das immer gleiche Thema, über das Ende des Krieges. Ich merkte es meinen Kameraden an, daß auch sie lieber heute als morgen zu Hause wären, dennoch sprachen sie davon merkwürdig gelassen und ergeben. Unwillkürlich mußte ich denken: gehorsam wie Schafe, die zur Schlachtbank geführt werden. Da erinnerte einer überflüssigerweise daran, daß heute der 30. Januar sei, der »Tag der Machtergreifung«. Ich rechnete nach: 1933 bis 1945 – genau zwölf Jahre, und davon fast die Hälfte der Zeit Krieg! Das muß der Funke gewesen sein, der zur Selbstentzündung führte. Ich sprang plötzlich auf, riß das hölzerne Führerbild von der Wand, zerschmetterte es an der Tischkante und warf die Trümmer in den Ofen. Dabei rief ich zornig, jetzt sei's genug, jetzt müsse endlich Schluß sein und die Sache ein Ende haben, wobei offen blieb, ob nur der Krieg oder der gesamte Nazismus.

Meine Kameraden reagierten auf meinen Ausbruch merkwürdig gleichmütig. Sie lachten nur etwas geniert, aber keiner sagte ein Wort. Einer half mir beim Aufklauben der letzten

Splitter, die anderen machten sich an ihren Sachen zu schaffen – es war ohnehin gleich Zeit zur Wachablösung. Ich selber ging in meine Stube hinüber. Mir war keineswegs wohl bei dem, was ich getan hatte. Als aber dann die Tage vergingen und nichts geschah, dachte ich immer seltener an die Gefahr.

Doch ich täuschte mich. Derweil breitete sich das Gerücht von meinem Bildersturm längst hinter meinem Rücken aus, und eines Tages gelangte es auch zu mir: »Der lange Unteroffizier auf der Krankensammelstelle hat ein Hitler-Bild von der Wand gerissen und es in den Ofen geworfen!« Eine Krankengymnastin erzählte es mir als erste, dann der Hauptfeldwebel, dann ein Arzt . . . Seitdem weiß ich, was es heißt: ein Gerücht »läuft«. Mir war, als ziehe ein langer Strick immer engere Kreise um mich, und bisweilen spürte ich ihn schon am Hals. Ich konnte nichts anderes tun, als mich still verhalten und abwarten, ob das Gerücht sich verdichtete und zu einer offiziellen Anzeige würde. Vorher schon unterzutauchen, wäre unklug gewesen, denn die Feldgendarmerie kämmte in jenen letzten Wochen des Krieges das Gebiet hinter der Front – und das wurde von Tag zu Tag kleiner – rücksichtslos nach Deserteuren durch und nahm jeden irgendwie Verdächtigen sofort fest. Wichtig war nur, daß ich den kritischen Zeitpunkt rechtzeitig erfaßte. Der Hauptfeldwebel meiner Kompanie, mit dem ich zusammen Schwarzsender zu hören pflegte, brachte mir einen rückdatierten Entlassungsschein, damit ich untertauchen konnte. Einen Zivilanzug hatte ich für eventuelle Notfälle schon seit langem bei mir. Es wurde ein Wettlauf mit der Zeit, wer früher da sein würde, die Nazis oder die Amerikaner.

Endlich war es soweit. Das Geschützfeuer rückte näher – heute oder morgen mußten die Amerikaner da sein. Ich schickte die Posten weg und blieb allein in der Wachbaracke zurück, um die Kriegsgefangenen ordnungsgemäß zu übergeben. Denn ich hatte noch die größte Aussicht, nicht in Kriegsgefangenschaft zu geraten – dafür wollten auch »meine Tommies« einstehen. Überdies hatte ich auch schon eine – diesmal kirchenamtlich rückdatierte – Dienstbescheinigung als Lazarettpfarrer in der Tasche.

Am letzten Abend vor der Einnahme der Stadt kam der Vertrauensmann der Kriegsgefangenen zu mir und berichtete erschrocken, ihm sei zu Ohren gekommen, der Werwolf wolle in der Nacht das Lager überfallen, und er nannte auch den angeblichen Anstifter des geplanten Unternehmens, den Sohn eines bekannten Geschäftsmanns. Ich lachte ihm ins Gesicht – so viel Borniertheit gibt es gar nicht! Aber es gelang mir nicht, ihm seine Angst zu nehmen. Kaum hatte er mich verlassen, da kam der Chefarzt eines benachbarten Lazaretts, mit dem ich besonders eng befreundet war, erzählte mir dieselbe Geschichte und nannte auch denselben Namen. Da wurde mir nun doch unbehaglich zumute. Ich stellte mir vor, was geschehen würde, wenn die Amerikaner am nächsten Morgen an die hundert britische Kriegsgefangene tot oder verwundet im Lager liegend vorfänden. Deshalb versuchte der Chefarzt, den Oberfeldarzt, den Chef aller Lazarette am Ort, anzurufen, um ihm von dem Gerücht Meldung zu machen und ihm die Evakuierung der Kriegsgefangenen an einen sicheren Ort vorzuschlagen. Aber der war, wie es hieß – just in der Nacht, in der die Amerikaner kommen sollten –, krank geworden. Darauf beschlossen wir für uns allein, die Kriegsgefangenen nach Einbruch der Dunkelheit in das etwa zweihundertfünfzig Meter entfernte Lazarett zu führen und sie dort bis zum endgültigen Eintreffen der Amerikaner im Luftschutzraum unterzubringen. Hinterher ging ich noch einmal, zum letzten Mal, wie an jedem Abend durch die leeren, offenen Räume der Lagerbaracke. Dann gesellte ich mich zu den Kriegsgefangenen im Luftschutzraum, um mit ihnen zusammen die ersten amerikanischen Soldaten zu erwarten.

Bald nach Mitternacht stolperte ein SS-Sturmführer mit einigen Soldaten, in Stahlhelmen und bewaffnet, in den Luftschutzraum. Das war eine verblüffende Begegnung. Die Kriegsgefangenen schauten mißtrauisch auf die bewaffneten und behelmten SS-Soldaten, und diese wiederum verwunderten sich, hier im Luftschutzraum eines deutschen Reservelazaretts alliierte Kriegsgefangene anzutreffen. Als der Sturmführer meine deutsche Uniform erblickte, begann er, offenbar froh, einen Vertrauten entdeckt zu haben, mir sogleich redselig seine Geschichte zu erzählen – es war die Geschichte des Tausendjährigen Reiches als Kurzbiographie. Das Leben, schloß er seine Erzählung, lohne sich für ihn fortan nicht mehr, denn der Führer sei ja tot. »Ja, Gott sei Dank, endlich!« antwortete ich spontan, bereits mindestens hundert Jahre jenseits des Tausendjährigen Reiches. Darauf griff der Sturmführer in alter Gewohnheit nach seiner Pistole, aber der Vertrauensmann der Kriegsgefangenen legte ihm die Hand auf den Arm und reichte ihm mit burischer Ruhe sein Päckchen Camel hin, und er nahm es.

Kriegsgefangene und SS-Männer richteten sich nun miteinander ein und warteten gemeinsam auf den Morgen und den Rollentausch, den er bringen würde: den Kriegsgefangenen die ersehnte Freiheit, den SS-Männern die gefürchtete Gefangenschaft. Kurz nach vier Uhr hieß es plötzlich: »Sie sind da!« Ich stürmte hinaus, den willkommenen Befreiern entgegen – und schon war ich von zwei GI's umstellt und gefangengenommen. Die britischen Kriegsgefangenen, die mir nachkamen, hatten alle Mühe, mich von ihren Verbündeten wieder loszueisen. Mit den amerikanischen Soldaten zogen wir dann hinüber in das Lager. Aber dort fand keine »Übergabe« statt, sondern es war einfach zu Ende. Ich zog die Uniform aus und meinen Zivilanzug an, legte die Armbinde mit dem roten Kreuz und dem lila Streifen an und begann meinen Dienst als Lazarettpfarrer.

Bald folgte auch, was nun einmal zu einer »Erhöhung« zu gehören scheint, die Einladung in den Palast des Königs und an die königliche Tafel. In meinem Fall sah es so aus, daß ich aufgefordert wurde, in die Offiziersbaracke überzusiedeln und am Essen im Kasino teilzunehmen. Dort traf ich sie alle wieder: den Oberfeldarzt, der flugs gesund geworden war, den Stabsarzt, der mich noch vor wenigen Monaten dem NSFO, dem Nationalsozialistischen Führungsoffizier, als politisch unzuverlässig hatte melden wollen, den Chefarzt, der mich davor bewahrt und den britischen Kriegsgefangenen in der letzten Nacht Asyl gewährt hatte, den SS-Sturmführer, der den Tod seines Führers beklagte und sich inzwischen in einen Hauptmann der Wehrmacht verwandelt hatte ... Am liebsten hätten sie zu Tisch gebetet.

Als es Abend geworden war, der Abend des ersten Tages in der Freiheit, ging ich noch einmal zur Lagerbaracke hinunter. Dort traf ich den einstigen Vertrauensmann der Kriegsgefangenen, allein auf einem Treppchen sitzend. Ich hockte mich zu ihm, und wir rauchten zusammen eine Zigarette. So also sah die Freiheit aus, die wir miteinander ersehnt hatten: Freiheit macht, wie es scheint, einsam. Unwillkürlich mußte ich an das Gespräch mit meinem Wiener Kameraden zurückdenden, als wir gleich nach unserer Einziehung auf einer Waldlichtung in der Sonne lagen und über unsere Aussichten in diesem Kriege sprachen. Jetzt war der Augenblick da, auf den ich vier Jahre lang, genaugenommen, über zwölf Jahre gewartet und den zu erleben ich manches Mal schon nicht mehr gehofft hatte. »That's freedom«, sagte der ehemalige Kriegsgefangene neben mir. Es klang traurig, beinahe enttäuscht. »Melancholie der Erfüllung« habe ich später dazu sagen gelernt. Unser Traum war größer gewesen als die Wirklichkeit. Die Erfüllung liegt immer in der Zukunft.

3. *Menschliches Gewürge – göttliches Gewirk*

Wenn ich die Geschichte meines Überlebens im Kriege in der Rückschau als »meine Josephsgeschichte« tituliere, dann denke ich dabei in erster Linie nicht an die äußere Gleichheit im Ablauf der Ereignisse – nach dem Schema: Bedrohung, Errettung, Erhöhung. Vielmehr geht es mir vornehmlich um die theologische Deutung: wie für den Glauben im Rückblick auf ein Stück Lebensweg mitten im weltlichen Kontext Spuren einer göttlichen Fügung erkennbar werden und sich so eine Folge immanenter Erlebnisse sinnvoll zur »Schickung im Zusammenhang« fügt.

Auf welche Weise es sich gefügt hat, daß ich den Krieg heil überstanden habe, kann ich rückschauend auf zweierlei Weise beschreiben: Ich kann es als ein permanentes Wunder Gottes, als eine Aneinanderreihung von lauter göttlichen Rettungstaten deuten – so, wie es im 91. Psalm heißt: »Wenn auch tausend fallen zu deiner Seite und zehntausend zu deiner Rechten, so wird es doch dich nicht treffen.« Ich kann dasselbe Geschehen aber genauso auch als ein fortgesetztes menschliches Kunststück schildern, ähnlich dem gewitzten Soldaten Schweijk oder dem glückhaften Hochstapler Felix Krull – schließlich gehörten viel Arbeit, Klugheit, Geschick und Mut dazu, um andauernd feige zu sein.

Das Geschick eines Menschen ist immer beides in einem: *menschliches Gewürge* und *göttliches Gewirk*. In »Gewürge« klingt quälend die eigene menschliche Leistung und Anstrengung nach; hier haftet das Gedächtnis am Einzelnen, das zufällig und ohne Zusammenhang erscheint. In »Gewirk« hingegen steckt eine Ahnung davon, daß es mit unserem Tun allein nicht gemacht ist; der Blick richtet sich hier auf das Ganze und läßt das Einzelne als Widerfahrnis und im Zusammenhang erscheinen. Das im Gedächtnis als »Gewürge« Aufbewahrte kann sich in der nachträglichen Erinnerung in ein »Gewirk« verwandeln und auf diese Weise Sinn ahnen lassen.

Göttliches Wunder und menschliches Kunststück, Gewirk und Gewürge – wie beides zusammengeht, vermag ich theologisch nicht präziser auszudrücken als der Erzähler der Josephsgeschichte: »Ihr gedachtet es böse mit mir zu machen, aber Gott gedachte es gut zu machen« – wobei ich freilich hinzufügen muß, daß Menschen es nicht nur böse, sondern auch gut mit mir zu machen gedachten. Wie sollte Gott seine guten Absichten auch anders in der Welt verwirklichen können als durch die guten Gedanken und Taten von Menschen?

Gewirk *und* Gewürge – das bedeutet: Gott schafft und erhält die Erde nicht, indem er ständig von außen in sie hineinfunkt und den Kausalzusammenhang zerreißt, sondern indem er die »Naturgesetze« wahrt und sich den Fortgang des Lebens aus ihnen wie von selbst ergeben läßt. »Gott macht, daß die Dinge sich selber machen.« (Teilhard de Chardin) Das gilt sowohl für die Natur als auch für die Geschichte, für den Lebensgang des einzelnen so gut wie für den Lauf der Welt im ganzen.

Göttliche Vorsehung und menschlicher Vorsatz lassen sich

prozentual nicht gegeneinander aufrechnen. Am Ende bleibt die theologische Rechnung immer offen und die ärgerliche Frage Theodor Haeckers stehen: »Frage eines Geärgerten: ›Läßt Gott Hitler *s*einen oder *S*einen Willen tun?‹« Manchmal nur kann man, wie Mose in der Felskluft, Gott hinterherblikken und nachträglich gewahr werden, wie er sich mit seiner Liebe in das, was Menschen dachten und taten, eingemischt hat.

Es fällt uns heute schwerer als früheren Generationen, Gott noch im Detail zu erkennen. Darum sind auch die frommen Kalendergeschichten seltener geworden, die von direkten Eingriffen Gottes in das Geschick des einzelnen und in den Gang der Geschichte zu berichten wissen: wie er hier eine Krankheit geheilt, dort vor Gefahr behütet, anderswo wieder genau in der Stunde der Not das fehlende Geld geschickt oder den bösen Tyrannen gestürzt habe.

Es steht in diesem Augenblick – auch »bei Gott« – noch nicht fest, wann und woran ich einmal sterben werde: ob und zu welchem Zeitpunkt sich in meinem Körper die »natürlichen« Voraussetzungen für die Entstehung einer Krebsgeschwulst oder für die Herbeiführung eines Herzinfarkts gebildet haben werden, oder ob es durch einen Verkehrsunfall zu Wasser, zu Lande oder in der Luft geschehen wird. »Vorsehung Gottes« heißt für mich, gewiß sein, daß Gott dann in jedem Fall bei mir sein und es nach seinem guten Willen gehen wird.

Die religiöse Gewißheit göttlicher Fügung geht bei mir Hand in Hand mit einem theologischen Nichtwissen. Ich vertraue Gottes Vorsehung wohl en gros, aber ich getraue mich nicht mehr, sie en détail zu erkennen. Daraus ergibt sich eine Verbindung von *Gewißheit* und *Nichtwissen*, von Vertrauen und Agnostizismus, und das verleiht meinem Glauben an Gottes Vorsehung privat einen Einschlag von leiser Resignation, politisch von hartnäckigem Trotz.

Die fromme Resignation hat Folgen für das *Gebet.* Aus meiner Kindheit erinnere ich mich: Wenn im Südwesten, in der »Wetterecke«, der Himmel blauschwarz wurde und ein schweres Gewitter heraufzog, dann versammelten wir uns, fast wie im Gedicht, Großmutter, Mutter, Tante und Kind, in der langen Diele, die fensterlos war, von der nur die Türen zu den Zimmern abgingen, welche aber streng geschlossen gehalten wurden, damit kein Luftzug entstünde und die Blitze nicht angezogen würden – und saßen entlang der Wand, warteten und beteten. Dahinter stand der Glaube, daß Gott, wenn er gebeten werde, ein Einsehen haben und nicht mit Donner und Blitz dreinfahren werde.

An diesen himmlischen Monarchen, der seine Untertanen auf Erden beschützt, wenn sie ihn nur recht herzlich bitten und hinterher auch das Danken nicht vergessen, glaube ich längst nicht mehr, habe ich, seitdem ich bewußt Christ bin, auch niemals wirklich geglaubt. Wohl gehört das Gebet für mich im Sinne eines unablässigen Dialogs mit Gott fast selbstverständlich zum Glauben hinzu – mein Nachdenken über Gott ist auf seinem Grunde und in seiner Struktur stets ein »An-denken« an Gott und findet daher im Gegenüber zu einem Du statt. Für die Möglichkeit eines detaillierten Bittgebets und den Glauben an seine Erfüllung durch einen direkten göttlichen Eingriff sehe ich jedoch keinen Spielraum.

Wenn es von der Kraft der Gebete abhinge, dann müßte manches Tiroler Gebirgstal, in dem fromme Bauern wohnen, reiche Ernten bringen, das saftige Marschland an der schleswig-holsteinischen Westküste hingegen, wo Gustav Frenssens »Glaube der Nordmark« und oft noch nicht einmal der herrscht, alsbald verdorren; dann müßten Tod und Heimkehr, Sieg und Niederlage im Kriege oftmals anders verteilt sein – Gott ist nicht nur nicht mit den stärkeren Bataillonen, er läßt es auch allein den Betern nicht gelingen.

Aber weil der Glaube an Gott für mich ein ständiger Dialog mit Gott ist und in einem Dialog ganz selbstverständlich alles vorkommt, was einen bewegt, habe ich mich im Verdacht, daß ich, wenn ich um das Leben eines geliebten Menschen bangte oder sonst in eine ausweglose Not geriete, dies wie von selbst in Worte fassen und Gott um Hilfe bitten würde – obwohl ich, theologisch bei Sinnen, weiß, daß Gott nicht von oben eingreift. Aber welcher Theologe lebt als Christenmensch nicht theologisch über seine Verhältnisse?

Meine fromme Resignation reicht bisweilen an die religiöse Skepsis des *Predigers Salomo* heran. Wenigstens gehört er zu meinen biblischen Lieblingsschriftstellern. Was mich mit ihm im Glauben und Unglauben verbindet, das hat er selbst so ausgesprochen: »Gleich wie du nicht weißt, welchen Weg der Wind nimmt und wie die Gebeine im Mutterleibe bereitet werden, so kannst du auch Gottes Tun nicht wissen, der alles wirkt.« (11,5) Der Prediger Salomo und ich zweifeln nicht an Gottes Existenz, auch nicht an seinem Walten in der Welt. Gott wirkt alles. Darum ist er überall und nirgends. »Überall« heißt: an jedem Ort gegenwärtig; »nirgends« heißt: an keinem Ort erkennbar. Gerade seine Allgegenwart verbirgt ihn! Denn wenn Gott überall ist und alles wirkt – wie soll man ihn dann noch im einzelnen wahrnehmen und wie also gewahr werden, daß er in das Geschick eines Menschen oder in den Gang der Geschichte eingegriffen hat?

Der Prediger Salomo hat von Gottes Fügen in der Welt noch weniger begreifen zu können gemeint als ich. Er ist zwar kein Nihilist oder Atheist, wohl aber ein Skeptiker und Pessimist. Er ergibt sich darein und resigniert. Was ihm am Ende bleibt, ist: sich gütlich tun in seinem Leben, solange dies eitle Leben währt – und das ist ohnehin nicht lange (2,24; 3,12; 5,17; 9,7ff.). Dagegen bleibt meine fromme Ergebung und theologische Resignation immer noch umgriffen von dem Vertrauen in Gottes Fügung und von der eigenen Mitverantwortung für die Welt. Dieses »Mehr« ist nicht mein Verdienst, sondern das verdanke ich der Gotteserfahrung, die Jesus von Nazareth inzwischen erworben hat. Der Glaube an das Evangelium behebt zwar nicht die Melancholie, aber er verbietet Skepsis und Resignation; und er erlaubt nicht, sich nur gütlich zu tun in seinem Leben, sondern bewegt dazu, anderen in ihrem Leben Gutes zu tun.

Überleben allein kann daher der Sinn des Lebens nicht sein. Darum trägt auch meine Lebensbewahrung im Kriege in sich selbst noch keinen Sinn. Neben mir sind nicht nur, wie es im 91. Psalm heißt, tausend zur einen und zehntausend zur anderen Seite gefallen, sondern Zigtausende zu beiden Seiten. Am Ende waren es insgesamt 65 Millionen. Dadurch wird jeder

Sinn des eigenen Überlebens, wenigstens zunächst, glatt durchgestrichen.

Ob mein Überleben im Kriege wirklich »Fügung« gewesen ist und »Sinn« gehabt hat, das mußte sich erst im nachhinein erweisen: wie weit es mich zur *Selbstfindung* und *Weltverantwortung* geführt hat.

Rückblickend erkenne ich meinen Lebenslauf als einen Weg aus der Enge in die Weite. Die Erfahrung von Sinn in meinem Leben bedeutet für mich daher die Erfahrung einer immer größeren Freiheit. Die Befreiung von der Naziherrschaft bot nur die äußere Voraussetzung zur Freiheit und die Bewahrung im Kriege nur den Anfang zur Selbstfindung.

Selbstfindung aber ist keine religiöse Winkelangelegenheit und findet nicht in einer privaten Nische statt. Sie besteht vielmehr gerade in der Verknüpfung des individuellen Geschicks mit der universalen Geschichte und deshalb auch stets in der Bereitschaft zur Weltverantwortung. Daher weitet die Frage nach der »Schickung im Zusammenhang« sich aus zur Frage nach der Vorsehung Gottes in der Geschichte und damit nach der Verbindung von Glaube und Politik: ob der Glaube Gottes Willen und Walten am Gang der Geschichte abzulesen und darin eine Wegweisung für sein politisches Handeln zu erkennen vermag.

ACHTES KAPITEL

Als Christ zwischen Glaube und Politik

1. Sinngebung durch Sinnesänderung

Daß ich als Christ die Naziherrschaft und den Krieg überlebt habe, ist nicht nur eine gnädige göttliche Bewahrung und ein geglücktes menschliches Kunststück gewesen – das empfinde ich bis auf den heutigen Tag auch als *Schuld*. Als wir im Familienkreis zum zehnten Todestag Dietrich Bonhoeffers eine Gedenksendung im Rundfunk hörten, konnte ich meinen Söhnen nur gestehen: »Euer Vater ist kein Dietrich Bonhoeffer, Paul Schneider oder Pater Delp gewesen.« Ich habe höchstens zusammen mit anderen mehr schlecht als recht verteidigt, was man damals »Reinheit der Lehre« oder »Eigenständigkeit der Kirche« nannte. Gegen das Unrecht, das das totalitäre Nazi-Regime den Menschen im allgemeinen zufügte, habe ich keinen Widerstand geleistet. Und wenn ich gegen Ende des Krieges um eines bißchen Aufmuckens willen in Lebensgefahr geraten bin, so war auch dies mehr ein unüberlegter, wütender Ausbruch als eine freie, überlegte Tat.

Schon der einfache Bauernsohn aus dem Sudetenland, der am 3. Februar 1944 den folgenden Abschiedsbrief geschrieben hat, ist mir, dem Berufschristen, genau um eines Lebens Länge überlegen: »Liebe Eltern! Ich muß Euch eine traurige Nachricht mitteilen, daß ich zum Tode verurteilt wurde, ich und Gustav G. Wir haben es nicht unterschrieben zur SS. Da haben sie uns zum Tode verurteilt. Ihr habt mir doch geschrieben, ich soll nicht zur SS gehen, mein Kamerad Gustav G. hat es auch nicht unterschrieben. Wir beiden wollen lieber sterben als unser Gewissen mit so Greueltaten beflecken.«

Von mir erinnere ich mich dagegen: Als ich 1940/41 Assistent in Wien war, hatte ich wie andere Theologen damals, die nicht im Pfarramt standen, manchmal am Sonntag in den Gemeinden in und um Wien für die eingezogenen Pfarrer zu predigen. Und so saßen wir an einem Samstagnachmittag zu dritt im Evangelischen Oberkirchenrat in der Schellinggasse zur gemeinsamen Predigtvorbereitung beieinander. Da kam ein Beamter des Oberkirchenrats erregt zu uns ins Zimmer und berichtete, daß die Geisteskranken in einer nahe bei Wien gelegenen Irrenanstalt »verurnt«, sprich, ermordet würden. Sein Bericht lautete sehr genau: Abtransport der Ausgesonderten in Bussen mit verhangenen Fenstern, Benachrichtigung der Angehörigen, daß der Patient an Lungenentzündung, Herzversagen oder ähnlichem gestorben sei, auf Wunsch Zustellung der Urne. So ungeheuerlich es auch klang, an der Glaubwürdigkeit des Berichtes war nicht zu zweifeln. Alle drei waren wir über das, was wir gehört hatten, erschüttert und zornig, und wir waren uns einig, daß wir darüber am nächsten Morgen von der Kanzel etwas sagen müßten. Aber keiner von uns hat es dann getan.

Darum habe ich es nach dem Kriege niemals verstanden, wie auch nur ein einziger Deutscher meiner Generation behaupten konnte, er habe nichts gewußt und sei darum an der Naziherrschaft und dem Krieg ohne Schuld. Erstens hat jeder irgend etwas gesehen und gewußt, und zweitens ist auch Wegsehen oder Nichtwissen Schuld.

Diese Schulderfahrung war ein entscheidender Anstoß zu meinem theologischen und politischen Erwachen und Erwachsenwerden. Sie konfrontierte mich mit der Frage nach dem Sinn der Geschichte und führte mich damit zugleich ins politische Engagement.

Das sprachlich-begriffliche Instrumentarium für ihre Sinndeutung der Geschichte liefert der Christenheit die Bibel, denn die biblische Überlieferung ist von Anfang bis Ende ja nichts anderes als geglaubte und im Glauben gedeutete Geschichte.

Man staunt immer wieder, mit welcher Kühnheit und Direktheit die Autoren der Bibel, besonders im Alten Testament, zu behaupten wagen, wo, wie und wann Gott in der Geschichte wirke und was dabei sein Wille sei. Sie scheuen sich nicht, eindeutig zu entscheiden: Hier ist Gott – dort ist er nicht; dies will Gott – das will er nicht. Schaut man aber genauer hin, so stellt man fest, daß solche Geschichtsdeutungen auch schon in der Bibel nicht ohne theologische Kontroversen und politische Konflikte abgehen: Soll man eine Politik der Stärke oder der Neutralität betreiben? Soll man aufrüsten und die Hauptstadt halten oder verhandeln und kapitulieren? Soll der Rest des Volkes nach Ägypten auswandern oder im Lande bleiben? Die einen raten hierzu, die anderen dazu – beide Seiten aber nehmen dabei für sich in Anspruch, als Propheten im Namen Gottes zu sprechen.

Die Frage, woran man den wahren Propheten vom falschen unterscheiden könne: ob einer im Namen Gottes oder im eigenen Namen spricht, zieht sich durch das gesamte Alte Testament. Die verschiedenen Kriterien, die dafür genannt werden, verraten die Unsicherheit, die hinsichtlich dieser Frage herrscht. Die Skala reicht von der primitiven Regel, daß ein Prophet daran zu erkennen sei, ob sich sein Wort erfülle oder nicht, über das berechtigte Mißtrauen gegenüber allen Propheten, die nur Glück und Heil weissagen, bis zu der möglichen Mutmaßung, daß Gott durch die Zeichen und Wunder eines Propheten vielleicht nur das Volk zu versuchen und den König zu betören beabsichtige, oder bis zu der harten Feststellung, daß Gott die Herzen der Menschen durch die Predigt des Propheten verstocken wolle.

Dabei können sich auch die angeblich »wahren«, das heißt die in den biblischen Kanon aufgenommenen, Propheten bisweilen kräftig irren. So sehen Haggai und Sacharja unmittelbar nach dem babylonischen Exil in dem Davididen Serubbabel, der vom persischen Großkönig als Statthalter nach Jerusalem gesandt worden war, den »Gesalbten Jahwes«. Sacharja hat augenscheinlich sogar schon aus Spenden der zurückgekehrten Heimatvertriebenen eine goldene Krone für Serubbabel anfertigen lassen. Aber dann erlischt die Hoffnung jäh – mit Serubbabel war Gott augenscheinlich nicht, und darum war mit ihm kein Staat zu machen.

Aber wo ist Gott dann in der Geschichte zu finden? Wenn es schon in der Bibel keine objektiven Kriterien gibt, die ein eindeutiges Urteil über Gottes Weg und Willen in der Geschichte erlauben, dann kann es nicht wundernehmen, daß die heutige Christenheit erst recht im dunkeln tappt. An großen geschichtlichen Modellfällen hat es unserm Jahrhundert bis auf diesen Tag wahrlich nicht gefehlt: Weltkriege und Revolutionen – wie aber haben die Christen ihren Sinn gedeutet? Auf jeden Fall waren sie sich über Gottes Absicht, Gebot und Ziel nicht einig.

Zuerst haben im Ersten Weltkrieg die »deutschnationalen« Kriegsprediger in allen Ländern und an allen Fronten den Soldaten eingeredet, daß sie für die »gerechte Sache« kämpften, und diese Sache kurzerhand mit dem Willen Gottes gleichgesetzt. Die Altäre der Kirchen wurden zu Altären der diversen Vaterländer und die himmlischen Heerscharen des Herrn Zebaoth zu deutschen, englischen, französischen, russischen, amerikanischen Truppen: Gott mit uns – Forwards, Christian Soldiers!

Dann haben die »Deutschen Christen« den »nationalen Aufbruch« im Jahre 1933 als eine besondere Gnadenstunde Gottes, als ein Zeichen der göttlichen Zuwendung und Nähe gedeutet und sogar von einem neuen Bund Gottes mit dem Frontsoldaten Adolf Hitler geschwärmt: Was er tut, das ist wohlgetan, denn es ist Gottes Wille! Sie hatten ihre Windsäkke gleichsam weit aufgespannt und warteten darauf, daß der Geist Gottes hineinblase. Aber der Geist Gottes blies nicht, statt dessen wehte der Teufelsgestank der Hölle.

Nach dem Zusammenbruch 1945 glaubten wir unsererseits dann genau umgekehrt, daß die Stunde des nationalen Unheils eine besondere Stunde des göttlichen Heils sei, und wir sprachen von dem »Nullpunkt der Gnade«. Die bisherige Hoheitslinie der deutschen Geschichte: Luther – Friedrich der Große – Bismarck – Hitler wurde von Karl Barth in eine Niedrigkeitslinie umgedeutet – der Protest dagegen blieb nicht aus.

Als die deutsche Geschichte dann doch, anders als erwartet, weiterging, wurden auch die neu auftauchenden politischen

Fragen der Wiederbewaffnung, der Wiedervereinigung und der atomaren Rüstung jedesmal mit der Frage nach Gottes Willen und Gebot in der Geschichte verknüpft. Während die einen selbst schon die Beteiligung an der Produktion von Zulieferungsmaterial für konventionelle Waffen als eine Sünde wider Gottes Gebot ansahen, scheuten sich andere nicht, sogar die Herstellung, ja Anwendung von Atomwaffen mit dem göttlichen Liebesgebot und der Lutherischen Rechtfertigungslehre zu begründen.

Je weiter sich die ökumenische Bewegung nach dem Zweiten Weltkrieg ausbreitete, desto weiter wagte sich die Christenheit auch mit ihren gläubigen Deutungen in die gegenwärtige Weltgeschichte vor. Der tschechische Theologe Josef L. Hromadka, Initiator und Lenker der »Prager Friedenskonferenz«, behauptete, daß in der russischen Oktoberrevolution von 1917 Gottes heilbringender Wille offenbar geworden und deshalb auch von den Christen politisch zu vollstrecken sei. Nach ihm versicherten andere Christen Gleiches oder Ähnliches von Mao Tse-tung oder Ho Chi Minh und ihren Revolutionen.

In einem Vorbereitungspapier für die Weltkirchenkonferenz von Nairobi (1975) stand zu lesen: »Es gibt einen bevorzugten Weg, auf dem die Kirche erkennen kann, worin ihre Aufgabe in dem jeweiligen geschichtlichen Moment besteht: Sie muß aufmerksam zuhören, wonach die Menschen ihrer Zeit verlangen. In der Stimme menschlichen Verlangens kann die Kirche die Stimme Gottes erkennen.« Diese Sätze schließen die ganze Problematik christlicher Sinndeutung der Geschichte in sich und zeigen, auf welch schmalem, gefährlichem Grat die Christen sich hier bewegen: Ganz gewiß soll die Kirche aufmerksam auf das hören, wonach die Menschen ihrer Zeit verlangen – die Liebe Gottes gebietet es also! Wie leicht aber verführt solches Hören auf die Stimmen der Zeit und der Menschen zu der alten heidnischen, auch in der Geschichte des Christentums immer wieder durchschlagenden Gleichsetzung zwischen »vox populi« und »vox Dei«, zwischen »Volkes Stimme« und »Gottes Stimme«! Damit endete die Kirche Christi bei derselben fatalen Verwechslung, bei der gleichen »Volkseschatologie«, gegen die schon die großen Propheten Israels, allen voran Amos, in ihrem Volk, freilich meist vergeblich, zu Felde gezogen sind.

Wie also kann der Glaube Gottes Spur im Gang der Weltgeschichte erkennen? Woran ist, was Gott in der jeweiligen politischen Situation will, abzulesen? Was ist der Sinn der Geschichte, und wie lautet das Gebot der Stunde?

Hier gibt es noch weniger als sonst fertige Antworten und glatte Lösungen, sondern nur in der Theorie Mutmaßungen und Entwürfe und in der Praxis Bekenntnisse und Handlungen. Hier muß deshalb die *theologische Reflexion* Hand in Hand mit dem *politischen Engagement* gehen. Auf diese Weise ergibt sich zwar kein unfehlbarer Ausweg aus dem Wirrwarr der Geschichte und ihrer Deutungen, wohl aber ein ungefährer Weg durch sie hindurch. Der meine hat sich mir allmählich folgendermaßen herausgebildet.

Eine einschlägige theologische Wegweisung habe ich durch *Luthers Geschichtsdeutung* erhalten. Sie bildete das Thema meiner Dissertation. Ich wollte nicht, wie andere vor mir, Luthers Geschichtsanschauung nur obenhin in Bausch und Bogen darstellen; mich interessierten vielmehr vornehmlich Luthers konkrete Urteile über einzelne historische Fakten und Personen, vor allem, wie er Erfolg und Mißerfolg in der Geschichte theologisch gedeutet hat – nach dem verlorenen Krieg ein aktuelles Thema. Luther hat die Menschen und Ereignisse um sich her reichlich und ohne Scheu beurteilt, wobei sich in seine theologischen Urteile auch ungehemmt persönliche Sympathien und Antipathien mischen. Aufs ganze gesehen ist Luther mir menschlich dadurch nicht näher gerückt. Theologisch aber hat mich ein auffälliger, durchgehender Zug an seiner Geschichtsdeutung für ihn eingenommen. Luther deutet zwar häufig, nach heutigem theologischem Urteil und religiösem Geschmack allzu häufig, geschichtliche Mißerfolge – Niederlage, Gefangenschaft, wirtschaftlichen Zusammenbruch, Leid und Tod – als Gottes Gericht über menschliche Schuld; niemals jedoch erblickt er umgekehrt im geschichtlichen Erfolg – in Sieg, Gesundheit,

Wohlstand, langem Leben – eine göttliche Bestätigung menschlichen Wohlverhaltens, sondern er ruft die Betroffenen dann immer nur zu Lob und Dank gegen Gott auf. Was aber bedeutet dies anderes als die *Anwendung der biblischen Rechtfertigungslehre auf die Geschichte*?

Für mich ergibt sich daraus das entscheidende Kriterium christlicher Geschichtsdeutung: Niemals darf die Berufung auf Gottes Willen und Walten in der Geschichte zur menschlichen *Selbstrechtfertigungen* dienen – um sich ein gutes Gewissen zu verschaffen, das eigene Verhalten zu bestätigen, den erreichten Erfolg zu erklären, die für den Zweck eingesetzten Mittel zu rechtfertigen, eine politische Idee religiös zu sanktionieren. Vielmehr darf christliche Sinndeutung der Geschichte immer nur den einen Sinn haben, Menschen zur *Sinnesänderung* zu bewegen: schlafende Gewissen aufzurütteln und angefochtene zu trösten, eigene Schuld zu bekennen und fremde zu vergeben, vor Vermessenheit und Übertreibung zu bewahren und zu Nüchternheit und Demut anzuhalten, von Menschenfurcht und Todesangst zu befreien und selbst im Scheitern noch zu vertrauen – und am Ende Gott für alles zu danken.

Nach dem Anschauungsmaterial für eine solche Geschichtsschau brauchte ich mich nicht lange umzuschauen. Während ich an meiner Arbeit über Luthers Geschichtsdeutung saß, hatte ich das, worüber ich schrieb, ringsum vor Augen – es war die am eigenen Leibe erlebte Weltgeschichte. Was in der Bibel geschrieben stand und sich in einer längst vergangenen Zeit abgespielt zu haben schien, vielleicht auch gar nicht, das umgab uns als leibhaftige, greifbare Gegenwart. Hochmut, Vermessenheit, Schuld, Verstockung, Strafe, Gericht – Begriffe, die im privaten Lebensbereich noch gelten mochten, aber auf die Geschichte im großen längst nicht mehr anwendbar schienen, hatten unversehens »über Nacht« – wortwörtlich in einer Nacht der Geschichte – historische Realität gewonnen und waren mit leibhaftem Leben und Leiden angefüllt.

Meine Generation hat eine Lektion in biblischer Geschichtsdeutung erteilt bekommen, die biblische Ausmaße noch übertraf. Nicht, daß Gott, wie nach alter, vergangener Vorstellung, sich eine Strafart ausgedacht und dann von oben auf die Deutschen dreingeschlagen hätte – sein »Gericht« bestand einfach darin, daß er uns den Folgen unseres eigenen Tuns überließ. Das göttliche Gericht war nichts anderes als die Entfaltung des menschlichen Frevels im Vollzug der Geschichte – das, was wir uns mit unseren Handlungen eigenhändig eingehandelt hatten.

Wenn es für uns einen neuen Anfang in der Geschichte geben sollte, nicht nur eine rückwärts gewandte Fortsetzung durch Wiederanknüpfung, sondern einen nach vorn gerichteten Fortgang durch neuen Beginn, dann war eine *Umkehr* »not-wendig«. Und wieder füllten sich damit scheinbar längst überholte Kategorien biblischer Welt- und Geschichtsdeutung mit historischer Realität und gegenwärtigem, konkretem Leben: Reue, Buße, Sinnesänderung, Vergebung, Gnade. Was für das private Geschick im Kriege galt, das traf nach dem Kriege auf die Geschichte im allgemeinen zu: Nur davongekommen zu sein, genügte noch nicht! Überleben allein gibt dem Leben noch keinen Sinn. Neue Sinngebung verlangt Sinnesänderung – die Bibel sagt dazu: »Metanoia«, »Umbesinnung«, Buße.

2. Von Sedan über Stalingrad nach Stuttgart – eine Lektion

Das Signal zum neuen Anfang durch eine gründliche Umkehr, zur Sinngebung durch Sinnesänderung, gab das *Stuttgarter Schuldbekenntnis* vom Oktober 1945. In ihm bekannte der Rat der neugegründeten Evangelischen Kirche in Deutschland die Mitschuld der Christenheit an dem Unrecht und Leid, das das deutsche Volk durch den Nationalsozialismus und den Krieg den Menschen zugefügt hatte:

»Mit großem Schmerz sagen wir: Durch uns ist unendliches Leid über viele Völker und Länder gebracht worden. Was wir unseren Gemeinden oft bezeugt haben, das sprechen wir jetzt im Namen der ganzen Kirche aus: Wohl haben wir lange Jahre hindurch im Namen Jesu Christi gegen den Geist gekämpft, der im nationalsozialistischen Gewaltregiment seinen furchtbaren Ausdruck gefunden hat; aber wir klagen uns an, daß wir nicht mutiger bekannt, nicht treuer gebetet, nicht fröhlicher geglaubt und nicht brennender geliebt haben.«

Dieses christliche Schuldbekenntnis hat viel Kritik hervorgerufen. Man hat der Kirche vorgehalten, daß sie nur die Schuld des deutschen Volkes beim Namen genannt, die der anderen Völker aber verschwiegen habe, und daß sie dadurch dem Ansehen des deutschen Volkes im Ausland Schaden zugefügt und den Vergeltungsmaßnahmen der Sieger Vorschub geleistet habe. Wahr ist jedoch, daß die Kirche durch ihr Schuldbekenntnis dem deutschen Volk im Ausland neues politisches Vertrauen, ja, wenn man so will, neues »nationales Kapital« erworben hat, bevor noch die Politiker wieder Freiheit zum Handeln hatten. Und wahr ist, daß einer immer nur die eigene Schuld bekennen kann, daß er aber gerade, indem er dies tut, den unheilvollen Zirkel der Vergeltung durchbricht und den anderen gleichfalls zu einem neuen, gemeinsamen Anfang ermuntert.

Am Stuttgarter Schuldbekenntnis scheiden sich die Geister, nicht nur im deutschen Volk, sondern auch in der Kirche, bis auf diesen Tag. Ich sehe in ihm einen der weisesten und würdigsten Akte der deutschen Nachkriegsgeschichte und einen Wendepunkt in der Kirchengeschichte, nicht nur der deutschen.

Hier wird nicht nur die Mitschuld der Christenheit an den vorangegangenen zwölf Jahren, an Naziherrschaft und Krieg, bekannt, hier wird einer bestimmten christlichen Deutung der Geschichte samt einem entsprechenden Verständnis von Glaube und Politik der Abschied erteilt. Es ist die jüdisch-christliche Ideologie des »Gott mit uns«, die die Berufung auf Gottes Willen und Walten in der Geschichte zur Bestätigung und Bestärkung der eigenen geschichtlichen Existenz gebrauchte beziehungsweise mißbrauchte – mit der Folge, daß der Glaube meist nur zur Rechtfertigung, nicht aber zur Kritik der betriebenen Politik und somit nur zur Befestigung, nicht aber zur Veränderung der bestehenden Herrschaftsverhältnisse diente.

Mit meinem Eintreten für das Stuttgarter Schuldbekenntnis hat sich für mich zugleich der endgültige Bruch mit meiner eigenen Vergangenheit und Herkunft vollzogen.

Meine früheste Kindheitserinnerung, von der ich meine, daß sie wirklich aus meinem eigenen Gedächtnis und nicht aus der Erzählung anderer stamme, geht auf den Heiligen Abend 1918 zurück. Ich sehe mich, mit einer bunten Uniformbrust angetan und eine Pickelhaube auf dem Kopf, trommelnd um den großen Gabentisch herummarschieren, im Kerzenlicht des Tannenbaums. Keine zwei Monate nach dem Ende des bis dahin größten Krieges hatte ich eine Soldatenausrüstung in wilhelminischem Look geschenkt bekommen. Plötzlich aber wurde das friedliche bürgerliche Weihnachtsfest gestört. Von der nahe gelegenen Stadt her hörte man es schießen, helles Geknatter und dumpfe Kanonenschüsse. Dazu sah man Leuchtraketen aufsteigen und die Lichtstrahlen von Scheinwerfern am Himmel entlangwandern. Die erste erschrockene Reaktion der Familie war: Die Revolution ist wieder ausgebrochen! Mein Vater machte sich zusammen mit anderen Bürgern unseres Vororts, die sich zur gemeinsamen Verteidigung ihres Besitzstandes im Ernstfall verabredet hatten, auf den Weg in Richtung Stadt, um zu erkunden, was dort los sei. Aber bald schon kehrten die Herren von ihrem Erkundungsgang mit der Nachricht zurück: Keine neue Revolution – die Flotte feiert nur Weihnachten und verschießt dabei die letzte Salut- und Signalmunition.

Das ist meine früheste Kindheitserinnerung: die Störung der eigenen heilen, als gut und sicher empfundenen und daher als unveränderbar gewünschten Ordnung durch eine hereindrängende fremde, unheimliche Welt, die sich freilich auch nicht gerade einladend ankündigte.

In meinem Elternhaus dachte, fühlte und wählte man deutschnational. Meine Mutter tat es noch bewußter als mein Vater. Dabei mochte ein Dreifaches mitgesprochen haben: daß sie aus einer sozial höheren Schicht kam, aus Westpreußen stammte – und daß sie Christin war! Sedan, Reichsgründung und Kaisers Geburtstag saßen bei ihr ebenso fest in

Kopf und Herz wie die Missionsreisen des Apostels Paulus, der Gang Heinrichs IV. nach Canossa und Luthers Thesenanschlag. Ihre Heldengalerie bildeten Luther, der »alte Fritz«, Königin Luise, Blücher, Bismarck, Roon, Moltke, Kaiser Wilhelm I. Der letzte Kaiser wurde scharf getadelt, weil er, statt bei seinen Truppen zu bleiben, nach Holland ausgerückt sei – so etwas tat ein Kaiser, zumal ein Hohenzoller, nicht. Hindenburg dagegen galt als der »treue Eckart« des deutschen Volkes und rangierte bald nach Gottvater, während Ludendorff verachtet wurde, weil er Hindenburg seine Siege geneidet hatte, gleich dem Kaiser ins Ausland geflohen war und überdies eine neue, gegenchristliche Religion gründen wollte. Den Krieg hatten die Deutschen am Ende zwar verloren, aber im Felde, auf See und in der Luft waren sie unbesiegt geblieben – wie auch der Titel einer damals weitverbreiteten deutschnationalen Kriegs-Trilogie versicherte.

Der christlich-nationalen Stimmung in meinem Elternhaus entsprach die Atmosphäre in der Schule. Die alljährlichen Schulfeste schlossen mit einem Fackelzug vom Etablissement am Rande der Stadt zum Schulhof. Dort wurden die Fackeln zusammengeworfen, dann erklang der Große Zapfenstreich, gespielt vom Spielmannszug des »Jungdeutschen Ordens«, dazu von der Musikkapelle das »Niederländische Dankgebet«, von Lehrern und Schülern barhaupt entgegengenommen: »Ich bete an die Macht der Liebe ...«

Einmal kam am 1. Mai, gerade in der großen Pause gegen elf Uhr, der Umzug der Arbeiter an unserem Schulhof vorüber. Da drängten die Gymnasiasten an das Eisengitter und schauten mit neugieriger Scheu hindurch: Die Männer, Frauen und Kinder, die da draußen vorbeizogen, waren für uns eine fremde, dunkle, bedrohliche Welt. Gewiß, einzeln genommen waren sie Gegenstand der christlichen Nächstenliebe, wie Jesus es geboten hatte, soweit es ging – aber in der Masse und als Macht wirkten sie gefährlich: wann würden sie zu uns hereinkommen? Rufe klangen herüber, höhnisch spottende und freundlich lockende. Unsere Studienräte eilten herbei und nahmen uns vorsichtig einige Meter vom Gitter zurück, um jede »Feindberührung« zu vermeiden.

Die Weimarer Republik wurde zu Hause und in der Schule zwar anerkannt, aber sie wurde nicht geliebt. In der Schule gedachte man mehr des »Diktats« von Versailles am 28. Juni als am 11. August der Weimarer Verfassung, und am 31. Mai, dem Jahrestag der Seeschlacht am Skagerrak, war alljährlich Marineparade, zu der bisweilen auch Hindenburg erschien. Meine Eltern schauten der Weimarer Republik wie einem Bootsmanöver zu. Friedrich Ebert, ein ehemaliger Sattler als Reichspräsident, dazu einstige Arbeiter, Handwerker und Angestellte als Minister – das war für sie eine unzumutbare Vorstellung, so etwas konnte, wenigstens in Deutschland, auf die Dauer nicht gutgehen. Meine Eltern standen gleichsam am Ufer und warteten darauf, daß das Boot auf dem Fluß kenterte. Als das Unglück aber dann geschah, war das Erschrecken groß.

Der 30. Januar 1933, der Tag der Machtergreifung durch die Nazis, war in meinem Elternhaus ein Trauertag. Wir standen auf dem Balkon und sahen den Fackelzug – SA, SS und Stahlhelm – vorbeimarschieren, darunter meine beiden älteren Brüder beim »Jungstahlhelm«. Plötzlich wandte sich meine Mutter von der Brüstung ab und trat ins Zimmer zurück. Sie konnte den Anblick der Straße nicht mehr ertragen. Die marschierenden Kolonnen, die von oben wie eine Feuerschlange aussahen, dazu die Marschmusik und die Menge mit ihren Heilrufen – das überfiel sie wie ein böser Traum und verdichtete sich ihr fast zu einer Vision. Als wir ihr nachgingen und sie fragten, was ihr fehle, stammelte sie, das da unten werde ein schlimmes Ende nehmen. Rückblickend möchte ich sagen: Sie weissagte uns den Untergang. Nur ahnten wir damals noch nicht, was in den nächsten zwölf Jahren alles untergehen würde, zum Beispiel meine beiden Brüder, die da unten mitmarschierten, ein Vetter, der neben mir stand, und das Haus, in dem wir uns befanden.

Schon wenige Wochen darauf – ich hatte gerade Abitur gemacht – wurde mein Vater, zusammen mit dem übrigen Vorstand der Bank, von den Nazis verhaftet, angeblich wie damals üblich wegen »Korruption«, in Wahrheit aber, weil man die Herren durch Parteigenossen ersetzen wollte. Zwar saß mein Vater nur kurze Zeit im Gefängnis und wurde hinterher öffentlich rehabilitiert – aber unsere Mutter erzählte uns nach ihrem Besuch bei ihm in der Zelle, wie tief es ihn gedemütigt habe, von SA-Hilfspolizisten abgeführt, in eine »grüne Minna« verfrachtet und in diese Zelle hier gesperrt zu werden, und wie er in ihrer Gegenwart darüber bitterlich geweint habe. Daß es auch eine Ehre sein kann, im Gefängnis zu sitzen oder ins Ausland zu emigrieren und daß es aus Liebe geschehen kann, wenn einer gegen sein eigenes, unmenschlich gewordenes Vaterland konspiriert, die Wehrkraft zersetzt oder die Wirtschaft sabotiert – das alles kam uns damals noch nicht in den Sinn. Dazu bedurfte es erst noch einer gründlichen Sinnesänderung.

In keinem Augenblick meines Lebens ist der Nazismus für mich eine Versuchung gewesen, und ich habe mich auch über keinen außenpolitischen Erfolg Adolf Hitlers gefreut – für mich hätte das Deutsche Reich bis an das Ende der Tage in den vom Versailler Vertrag festgelegten Grenzen bleiben können. Aber das bedeutete noch nicht, daß ich darum andere politische Konsequenzen aus dem christlichen Glauben gezogen hätte als meine Vorfahren. Auch in der Theologie geschah es nicht, sondern es ging in ihr weiter – »als wäre nichts geschehen«.

Ich erinnere mich: Im Wintersemester 1934/35 hatte ich im Neutestamentlichen Hauptseminar eine Arbeit über die sogenannten »Haustafeln« zu schreiben, in denen den verschiedenen Ständen in der Gemeinde – Männern und Frauen, Herren und Sklaven, Eltern und Kindern – Anweisungen für ihr Verhalten gegeben werden: »Seid untertan aller menschlichen Ordnung um des Herrn willen ... Die Frauen seien untertan ihren Männern als dem Herrn ... Ihr Männer, liebet eure Frauen ... Ihr Kinder, seid gehorsam euren Eltern in dem Herrn ... Ihr Väter, reizet eure Kinder nicht zum Zorn, sondern ziehet sie auf in der Zucht und Vermahnung zum Herrn ... Ihr Knechte, seid gehorsam eurem leiblichen Herrn mit Furcht und Zittern, in Einfalt des Herzens, als dem Herrn Christus ... Ihr Herren, tut ihnen ein Gleiches und lasset das Drohen ...« (zum Beispiel Kolosser 3,18–4,1;

Epheser 5,22–6,9; Petrus 2,18–3,7). In dieser Arbeit kam alles vor, was man damals von einer »sauberen wissenschaftlichen Exegese« erwartete: von dem Versuch, mit philologisch-historischer Genauigkeit den wahrscheinlich ursprünglichen Text wiederherzustellen, über einen Vergleich der neutestamentlichen Haustafeln mit verwandten Texten der hellenistischen Popularphilosophie bis hin zur theologischen Bedeutung der Mahnungen, ihrer Stellung im Kontext der biblischen Überlieferung, dem Zusammenhang von Glaube und Ethik überhaupt. All dies schien ich so erwartungsgemäß gemacht zu haben, daß der Ordinarius mir vorschlug, eines späteren Tages bei ihm zu promovieren. Lese ich jene Seminararbeit heute, so kann ich nur staunen: Sie enthält auch nicht den leisesten Ansatz zu einer gesellschaftskritischen Erörterung, ja nicht einmal die Spur eines Unbehagens angesichts der doch reichlich repressiven Tendenz, die sich in den neutestamentlichen Haustafeln ausdrückt, und ihrer angeblichen Verwirklichung in der »neuen Ordnung«, die ringsum gerade vor sich ging und die auch ich kurz darauf im Reichsarbeitsdienst zu schmecken bekommen sollte.

In den protestantischen Pfarrhäusern wurde auch nach dem Ersten Weltkrieg, in der Zeit der Weimarer Republik, meist noch politisch konservativ und national gewählt. Ich war Vikar in meiner Heimatstadt, mußte aber im Pfarrhaus wohnen, um den dortigen Lebensstil kennenzulernen – gelernt habe ich freilich nur, wie man's nicht macht, wie ich es jedenfalls nicht machen wollte. Während der Sudetenkrise im September 1938 bangte ich, in meiner politischen Torheit nicht ahnend, daß uns ein Jahr später weit Schlimmeres bevorstehen würde, zusammen mit der Pfarrfamilie um den Frieden. Wir warteten von einer Stunde zur anderen auf das Ergebnis der in München zwischen Hitler, Mussolini, Chamberlain und Daladier geführten Verhandlungen. Als, schon am späten Abend, in den Rundfunknachrichten wieder keine Entscheidung gemeldet worden war, fragte ich in den Familienkreis hinein: »Und was wird, wenn sie sich nun nicht einigen?« Darauf mein Pfarrherr: »Dann müssen die Kanonen eben ihr ehernes Lied singen!«

Genau ein Jahr später taten sie es. Ich war gerade zum Pfarrer ordiniert worden und mußte mit meiner Frau bei den anderen Pfarrern der Stadt reihum Besuch machen. Da sagte uns ein älterer Pfarrer, der einem Altenstift vorstand: »Ich komme mir vor wie ein alter Kavalleriegaul, der aus der Ferne das Signal zur Schlacht hört, aber im Stall bleiben muß.« Und der weit jüngere Pfarrer, den ich vertreten sollte, ein überaus liebenswürdiger und auch gescheiter Theologe, erwartete nicht nur, er erhoffte seine Einberufung. Dabei war für die politische Gegenseite das alte, für manche gerade erst wieder frisch geknüpfte Band zwischen Gott und Vaterland, Kirche und Volk längst zerrissen. Als ich der Familie des ersten Gefallenen in meiner Gemeinde einen Besuch machen wollte, wies diese mich ab – »in stolzer Trauer«.

So weit muß man historisch und theologisch zurückgreifen, wenn man das Stuttgarter Schuldbekenntnis in seiner kirchengeschichtlichen Bedeutung voll erfassen will. Es bedurfte wohl wirklich einer geschichtlichen Katastrophe, einer realen Kapitulation, kurzum, eines »Untergangs«, damit die Christenheit endlich ihren Sinn änderte und von ihrer geläufigen Sinndeutung des göttlichen Geschichtslaufs abließ. Gott mußte zunächst ein »Gott gegen uns« sein, bevor er, auf neue Weise, ein »Gott mit uns« werden konnte. Aus diesem Grunde hatte ich vom ersten Kriegstag an die Niederlage Deutschlands erhofft – dahinter stand die Hoffnung auf einen möglichen neuen Anfang.

Eben diesen neuen Anfang dokumentiert für mich das Stuttgarter Schuldbekenntnis. Nachdem es die Mitschuld der Christenheit an dem Geist des nationalsozialistischen Gewaltregiments bekannt hat, fährt es fort: »Nun soll in unseren Kirchen ein neuer Anfang gemacht werden ... Wir hoffen zu Gott, daß durch den gemeinsamen Dienst der Kirchen dem Geist der Gewalt und Vergeltung, der heute von neuem mächtig werden will, in aller Welt gesteuert werde und der Geist des Friedens und der Liebe zur Herrschaft komme, in dem allein die gequälte Menschheit Genesung finden kann.«

Diesem »neuen Anfang« hätte nach meiner Überzeugung

der »20. Juli«, der Tag des Aufstands gegen Hitler, als Staatsfeiertag entsprochen. Auf diese Idee hat mich vor allem ein Besuch in Plötzensee gebracht, dort, wo man einen großen Teil der damaligen Verschwörer gegen Hitler und viele andere Widerstandskämpfer hingerichtet hat. Seit jenem Besuch habe ich mich oft gefragt, ob hier nicht ein Ansatz gewesen wäre für das, was ein Staat an Ideal und Vorbild braucht. Vier Momente schienen mir dabei besonders wichtig zu sein:

1. Jene Männer und Frauen sind aus verschiedenen Weltanschauungen, Religionen und Konfessionen gekommen; es waren Protestanten und Katholiken, Juden, Christen und Heiden.

2. Sie sind auch aus allen gesellschaftlichen Schichten gekommen, sowohl aus dem Adel als auch aus dem Proletariat. Es waren Offiziere, Beamte, Akademiker, Pfarrer, Arbeiter und Gewerkschaftler. Vor der Erschießungswand, unter dem Galgen und auf dem Schafott gab es kein Sozialprestige, keinen konfessionellen Proporz und kein parteipolitisches Gerangel.

3. Es ist etwas gewesen, was endlich einmal nicht auf dem Schlachtfeld stattgefunden hat, nicht bei Sedan, bei Tannenberg oder am Skagerrak, sondern im Hof des Bendler-Blocks, im Gestapo-Gefängnis, in Tegel, Moabit und Plötzensee. Und nicht in der Stunde des Sieges, sondern in der Niederlage, im Scheitern hat es sich ereignet, ohne Pauken und Trompeten, sehr zivil und ohne Glanz.

4. Es handelte sich nicht wie bei den Idealen vergangener Zeiten um eine »übermenschliche« Größe, sondern was jene Männer und Frauen erstrebten, war gerade etwas ganz und gar »Menschliches«, eine Ordnung, in der der Mensch wieder Mensch sein können sollte. Und das verlangt andere Tugenden als die, die unsere Vorfahren einst am Völkerschlachtdenkmal gepriesen haben, nämlich Zivilcourage, Bescheidenheit, Toleranz, Erfahrung, Phantasie, Geduld. Aber ich vermag nicht einzusehen, warum es weniger lohnend sein soll, für eine unvollkommene Ordnung im Frieden zu *leben* als für eine vollkommene auf dem Schlachtfeld zu sterben.

Es scheint mir bezeichnend, nicht nur für die deutsche

Geschichte, sondern für die Geschichte von Staaten überhaupt, daß nicht der 20. Juli, sondern der 17. Juni zum Staatsfeiertag der Bundesrepublik geworden ist. Am 17. Juni kann man mit dem Finger auf die Schuld der anderen zeigen, während man am 20. Juli an die eigene nationale Schmach erinnert wird.

Der durch das Stuttgarter Schuldbekenntnis signalisierte »neue Anfang« durfte nicht nur eine schöngeistliche Theorie bleiben. Wie die bisherige christliche Sinndeutung der Geschichte ihren Ausdruck in einer entsprechenden Politik gefunden hatte, so verlangte auch die Sinnesänderung der Christenheit ein neues *politisches Engagement* von ihr. Auf das Knäuel von Sinn und Unsinn, das sich als »Weltgeschichte« darbietet, kann die Antwort der Christen nur lauten: Dann laßt uns in Gottes Namen eben, wenn auch noch so gering, eine etwas sinnvollere Geschichte machen! In Gottes Namen eine sinnvollere Geschichte machen aber heißt, eine menschlichere Politik treiben – gewiß wieder eine Politik »mit Gott«, jedoch auf andere Weise.

Nach dem Ersten Weltkrieg hatte die von Karl Barth angeführte »Dialektische Theologie«, nicht ohne Einfluß der allgemeinen Krisenstimmung der Zeit, Gott als den *»ganz Anderen«* verkündet. Jetzt, nach dem Zweiten Weltkrieg, wurde Gott – wiederum nicht ohne Einwirkung des herrschenden Zeitgeistes, diesmal des neu aufkommenden gesellschaftspolitischen Denkens – stärker als bisher, ja wahrscheinlich so stark wie noch niemals zuvor, zum Gott *»im anderen«*. Der Gott, der im anderen begegnet, ist aber zugleich der Gott, der sich selbst auf den anderen einläßt und um seinetwillen veränderlich wird, der deshalb vom Menschen gleichfalls fordert, daß er um des anderen willen sich selbst und die Welt ändere. Das ist der Gott, den Jesus von Nazareth als seinen »Vater« erfahren und verkündet hat – der Gott, der sich den Menschen zugewandt hat, der auf des Menschen Menschlichkeit bedacht und um seine Zukunft besorgt ist, kurzum, der Deus humanus. Aber weil er ein menschlicher und kein himmlischer Gott ist, darum hat er auch in der irdischen Politik der Menschen ein Wort mitzureden – das ist der »theologische«

Grund, warum sich die Christen heute, zum Ärger mancher Politiker und auch Kirchenmänner, »in die Politik einmischen«.

Viele christliche Generationen waren mit Bismarck der Überzeugung, daß man die Welt nicht *mit* der Bergpredigt regieren könne. Meine Generation hat die Erfahrung gemacht, daß man es augenscheinlich aber auch nicht *gegen* die Bergpredigt tun kann. Wie aber dann?

Daß die Bibel kein politisches Rezept und kein soziales Programm bietet, daß die Theologie nicht sagen kann, was im jeweiligen geschichtlichen Moment der Wille Gottes ist, daß der Glaube keine politische Entscheidung und keine revolutionäre Errungenschaft kurzschlüssig als göttliches Heilsereignis ausgeben darf – das haben wir Theologen lange genug betont. Ganz gewiß zu Recht, aber auch bis zum Überdruß, und nicht selten sicher auch aus Furcht vor den Konsequenzen. Unvergeßlich bleibt mir das Wort eines Studenten, der nach einer langen Debatte über Glaube und Politik sagte: »Ihr Christen redet ständig vom Vertrauen auf Gott und von der Liebe zu den Menschen – warum hört ihr mit diesem Vertrauen und dieser Liebe ausgerechnet immer in dem Augenblick auf, wo es um Völkerversöhnung, Abrüstung, Gewaltverzicht, Abbau von Privilegien oder Umverteilung von Eigentum geht?«

Jener Student hatte durchaus richtig empfunden. Mag das Evangelium auch keine politische Theorie bieten, so enthält es doch eine politische *Provokation*: Es ruft ein bestimmtes Verhalten auch in der Politik hervor. Dieses Verhalten zeigt eine deutliche Richtung und Linie; diese Richtung und Linie ist abzulesen an dem Verkündigen und Verhalten Jesu von Nazareth, an seiner Gottesbeziehung und seiner Lebenspraxis. Wie immer die Richtigkeit christlichen Handelns in der Politik im Einzelfall aussehen mag, auf jeden Fall muß die *Richtung im ganzen* stimmen. Sie muß der Richtung entsprechen, wie sie sich in dem Weg Jesu von Nazareth abbildet, in seinem »Zug nach unten« – hin zu den Menschen, insbesondere zu den Armen, Schwachen, Ohnmächtigen, Leidenden, Unterdrückten! »Ein jeglicher sei gesinnt, wie Jesus Christus auch war: welcher, obwohl er in göttlicher Gestalt war, nahm er's nicht als einen Raub, Gott gleich zu sein, sondern entäußerte sich selbst . . .« (Philipper 2,5 ff.)

Um diese grundsätzliche Richtung und Linie christlichen Einsatzes in der Politik zu bezeichnen, scheue ich nicht vor jenem Wort zurück, das in meiner Jugend ein Schimpfwort der Deutschnationalen gegen die Sozialdemokraten war und es für einige »christliche« Politiker auch heute noch ist: *Verzichtspolitik*. Man muß dieses negativ klingende Wort nur ins Positive wenden. Dann bedeutet es, überholte Positionen aufgeben, Vorurteile revidieren, sich auf die veränderte Lage einstellen und tun, was fällig ist – »ut genus hominum maneat«, damit das Menschengeschlecht erhalten bleibe (Luther).

Darum kann ich ebensogut auch von *»Vernunftpolitik«* sprechen. Denn gibt es Vernunft ohne Verzicht? Aber daß in der Politik Vernunft walten soll, das sagen heute alle vernünftigen, gutwilligen Menschen. Das braucht der Christ daher – im Unterschied etwa zu Luthers Situation am Ende des Mittelalters – heute nicht mehr besonders zu betonen. Vielmehr muß der Christ heute gerade an das erinnern, was beim Appell an die Vernunft so leicht vergessen zu werden droht: daß es für den Menschen nicht genügt, nur Vernunft zu besitzen, um dann auch schon vernünftig zu handeln, sondern daß er, um vernünftig zu handeln, immer erst noch den Weg durchs eigene Herz gehen muß, um das Vernünftige dann auch zu tun. Was aber heißt dies anderes, als daß gerade die Vernunft vom Menschen Verzichte verlangt!

Verzicht zu leisten, empfindet jeder Mensch jedoch als unzumutbar. Zu solchen Unzumutbarkeiten bedarf es des »Muts zum Sein«. Damit ergeht an den Menschen kein moralischer Appell, sondern eine religiöse Ermutigung. »Mut zum Sein« ist jene bewegende Kraft im Menschen, die die Sprache der Bibel »Glaube« nennt. Der Glaube ist es also, der den Menschen politisch zur Vernunft bringt, wenigstens sollte er dies tun.

»Verzichte« aus Liebe zu den Menschen gilt es heute sowohl im Nationalen als auch im Sozialen zu leisten.

Im Nationalen hat vernünftige »Verzichtspolitik« für mich

nach dem Kriege konkret bedeutet: Eingeständnis der eigenen Mitschuld am Kriege und Annahme der Niederlage als positive und produktive Grundlage einer neuen Politik – darum Eintreten für die Wiedergutmachung an Israel, für die Ost- und Vertriebenendenkschrift der Evangelischen Kirche in Deutschland, für die Anerkennung der DDR und der Oder-Neiße-Linie, für die verschiedenen Ostverträge, für das Antirassismusprogramm des Ökumenischen Rates der Kirchen, für die Preisgabe eigener staatlicher Souveränität zugunsten eines einigen Europa, für einen partnerschaftlichen Handel mit der Dritten Welt. Mein aktivstes politisches Engagement in der Öffentlichkeit galt der Versöhnung zwischen Deutschen und Polen – das hatte biographischen Hintergrund.

Im Sozialen hat »Verzichtspolitik« für mich nach dem Kriege konkret bedeutet: Verknüpfung der Freiheit mit der Gerechtigkeit – darum Eintreten für die Mitbestimmung in Wirtschaft und Gesellschaft, für die Aufhebung von Privilegien und die Revision von Besitzständen, für eine größere Streuung der Vermögen, für die Gleichberechtigung von Mann und Frau, für die Chancengleichheit in der Bildung, für die Umverteilung von Arbeit.

Dies alles heißt für mich angesichts des Sinns und Unsinns der Weltgeschichte durch eine menschlichere Politik die Geschichte wenigstens etwas sinnvoller machen – mithin Verwirklichung von Sinn durch Sinnesänderung.

3. Von der Reformation zur Revolution – ein Schritt vom Wege

Im Januar 1969 – zwischen der Weltkirchenkonferenz von Uppsala (1968) und dem Stuttgarter Kirchentag (Juli 1969) – hatte ich auf Einladung der Tübinger Studentengemeinde einen Vortrag zu halten. Das Thema hatte ich formuliert »Von der Barmherzigkeit zur Gerechtigkeit – Von der Reformation zur Revolution?« Die Veranstalter hatten den ersten Teil des Themas sowie das Fragezeichen am Ende fortgelassen und einfach plakatiert »Von der Reformation zur Revolution«. Entsprechend sah dann auch die Veranstaltung aus.

Der Festsaal der Universität, zur Zeit meines Studiums die stille Stätte stilvoller akademischer Feiern und Weihen – war zum lauten öffentlichen Markt geworden. Die Studenten saßen, standen oder hockten dichtgedrängt, lärmten, lachten und rauchten, und um das Katheder strichen einige verwegene Gestalten. Nach einem umständlichen Eingangspalaver, bei dem unter dem damals üblichen rhythmischen Beifallsklatschen auch ein Grußtelegramm an und von Ho Chi Minh verlesen wurde, erhielt ich schließlich das Wort. Vorher hatte mir der Vorsitzende gesagt: »Sie haben genau vierzig Minuten Zeit. Sehen Sie zu, wie Sie durchkommen.« Irgendwie kam ich durch. Mir war zumute wie einem Soldaten, der über ein Minenfeld gehen muß und jeden Augenblick gewärtig ist, hochzugehen. Dann kam die Diskussion, da wandelte sich die Szene vollends zum Tribunal. Die Wortführer waren Theologiestudenten. Sie warfen mir vor, mehr noch, sie klagten mich an, daß ich nicht klar und einlinig genug im Namen Jesu die sozialistische Revolution verkündet und die Kirche der Bundesgenossenschaft mit dem Kapitalismus geziehen hätte. Mein Glück war, daß die Studenten dabei bald gegenseitig in Richtungskämpfe gerieten und von mir abließen. Nur am Ende stellte sich die Einheit der Zuhörerschaft wieder her, als ich in meinem Schlußwort erklärte, daß ich nach dem, was ich hier heute abend erlebt hätte, von den Synoden der Kirchen künftig besser zu denken gedächte.

An jenem Abend in Tübingen hat sich mir wie in einem »Soziodrama« die neue im Gang befindliche theologische Entwicklung dargestellt. *Von der Reformation zur Revolution* – zutreffender als mit dieser Themenverkürzung ließ sich kaum ausdrücken, wie radikal sich in kurzer Zeit das nach dem Kriege gewonnene neue Verständnis von Glaube und Politik entwickelt hatte. Diese Radikalisierung bedeutete aber keine weitere Säkularisierung, sondern, im Gegenteil, eine neue *Klerikalisierung* der Politik, diesmal nur nicht, wie bislang gewohnt, von »rechts«, sondern von »links«.

Wie man von einem See oder Fluß sagt, daß er biologisch

»umkippe«, so gibt es auch ein »Umkippen« der Theologie in Politik. Solches Umkippen findet dort statt, wo das Politische aus einem Aspekt zum Horizont, aus einer Komponente zum Zentrum, aus einer Umstandsbestimmung zum Prädikat der Theologie wird.

Natürlich muß man auch die radikale Entwicklung der »politischen Theologie« auf dem Hintergrund des damals allgemein vordringenden Neomarxismus betrachten – nur, daß sich den Theologen alles, was sie anrühren, immer sogleich in Religion verwandelt und dadurch noch einen verschärften Sprengsatz erhält. Nicht das werfe ich den radikalen politischen Theologen vor, daß die meisten von ihnen Marxisten sind – da sehe jeder selbst zu! –, sondern daß sie ihren Marxismus so oft durch unmittelbaren Rückgriff auf die Bibel theologisch zu begründen suchen und so die klassenlose Gesellschaft mit dem Reich Gottes verwechseln. Aber der tägliche Umgang mit dem Absoluten scheint uns Theologen dazu zu verführen, immer sofort am Letzten, Endgültigen Maß zu nehmen und damit in Übertreibungen zu verfallen und einen gangbaren menschlichen Weg zu verfehlen. Es gibt eine radikale Theologie, die den Dingen nicht an die Wurzel geht, sondern sie entwurzelt, und einen christlichen Radikalismus, der bei Kopfschmerzen sogleich Enthauptung verordnet.

Die Politik darf nicht wieder – weder »rechts« noch »links« – religiös überhöht werden. »Politische Theologie« bedeutet, auf ihren Ursprung und Grund durchleuchtet, den Rückfall auf eine Stufe der Religionsgeschichte, die das Christentum gerade überwunden hat.

In der griechisch-römischen Antike bildeten Religion und Staat, Politik und Kult eine Einheit. Die »Polis« beziehungsweise »Res publica« war eine religiöse Größe. Der Staat hatte seine Gottheit und die Gottheit ihren Staat – der Name »Athen« zeugt heute noch davon. Mit seiner Predigt von dem aller Welt überlegenen transzendenten Gott hat das Christentum diese »politische Theologie« aus den Angeln gehoben. Staatsvolk und Kirchenvolk traten künftig auseinander. Auch wenn man beiden angehörte, so waren sie doch nicht mehr miteinander identisch. Des zum Zeichen verweigerten die Christen dem Kaiser das Opfer.

Nach einem Wort Augustins soll der Christ die Erde »pflügen«, aber nicht »anbeten«. Die Immanentisierung der Erde durch den christlichen Glauben bringt zugleich die Instrumentalisierung der Politik mit sich. Fortan ist die Politik nichts Absolutes und Transzendentes mehr, sondern nur noch ein Mittel, das einen Zweck hat, seinen Sinn aber von anderswoher empfangen muß. In dem Maße jedoch, in dem die Transzendenz Gottes verlorengeht, muß die Politik sich selbst wieder Transzendenz andichten. Und da es oben im Himmel keine Götter mehr gibt, bleibt ihr nichts, als sich aus der Gegenwart heraus in die Zukunft zu träumen. Der Verlust der Transzendenz ist der Stoff, aus dem die politischen Träume sind. Ich halte es hier lieber mit Bert Brecht, dem Hauspoeten vieler radikaler politischer Theologen: »Ach, sagte Me-ti begreifend, im Gegensatz zu jenen, die einen Gott an den Anfang von allem stellen, postiert ihr einen Gott an das Ende! Ich bin nicht völlig begeistert, offen gestanden . . . Um die Änderungen durchzuführen, die das Leben auf diesem Planeten menschenwürdig machten, genügten Menschen durchaus.«

Auch in der Religionsgeschichte gibt es ein Reifen und Mündigwerden und damit den Übergang vom Lustprinzip zum Realitätsprinzip. Für die Beziehung der Religion zur Politik bedeutet dies, daß Politik ein *»weltlich Ding«* ist und daß gerade der christliche Glaube ihr zur Erkenntnis ihrer Weltlichkeit und deren Verwirklichung verhelfen sollte. Dies heiße ich *christlichen Realismus* in der Politik. Diesen christlichen Realismus gegen alle radikalen oder auch falschen kompromißlerischen Lösungen durchzuhalten, erscheint mir als eine wichtige Aufgabe heutiger Vermittlungstheologie.

In diesem Fall besteht die Vermittlung in der Kombination zwischen der *Universalität* des Reiches Gottes und der *Regionalität* menschlichen politischen Tuns. Wie alle Dinge dieser Welt steht auch die Politik als ein »weltlich Ding« im universalen Horizont des Reiches Gottes. Aber gerade der christliche Politiker wird sich hüten, diesen universalen Horizont in einem einzigen Riesenschritt erreichen zu wollen, sondern er wird immer nur Fuß vor Fuß setzen und Schritt für Schritt auf den Horizont zugehen und dabei die schmerzliche Erfahrung machen, daß der Horizont mit jedem Schritt vor ihm zurückweicht und er ihn mit keiner noch so »christlichen« Politik je erreichen wird.

Gerade die »Aussicht« auf das Reich Gottes sollte die Christen in ihren Angeboten und Beiträgen zur Politik bescheidener machen, als sie sich, sowohl von »rechts« als auch von »links«, nach dem Kriege gegeben haben. Von einem »politischen Wächteramt der Kirche« kann ebensowenig die Rede sein wie vom Reich Gottes als einer »politischen Theorie«, und ein »christlicher« politischer Tugendkatalog dürfte sich von einem »weltlichen« kaum unterscheiden. Aus der Richtung und Linie christlichen Einsatzes in der Politik, wie sie sich an dem Verkündigen und Verhalten Jesu von Nazareth ablesen läßt, ergeben sich *keine ewigen Richtlinien für eine christliche Politik, sondern nur fallweise Berichtigungen einer unmenschlichen Politik.* – Lektionen, aber kein Lektionar, Denkzettel, aber kein Leitfaden. Die Christen haben in der Politik nichts als solche Berichtigungen anzubieten, wohl wissend, daß sie damit auch ihr eigenes politisches Planen und Tun treffen.

Die Direktive bleibt immer dieselbe – eben jene Richtung und Linie, die ich als »Verzichts«- beziehungsweise »Vernunftpolitik« charakterisiert habe. Die von dieser Direktive bestimmten Korrekturen wechseln jedoch je nach dem geschichtlichen Augenblick und der politischen Lage. Gegenwärtig scheinen mir vor allem folgende *Korrekturen* angebracht zu sein:

Statt eine bestimmte politische Idee zu verabsolutieren und dadurch auch ihrerseits noch die Politik ideologisch aufzuladen, sollten die Christen gerade dazu helfen, die Politik im ganzen zu *relativieren* und sie im einzelnen Fall zu *entdramatisieren* – wissend, daß auch die beste politische Lösung nicht das Reich Gottes ist.

Statt allein nur das zu erreichende politische Ziel im Auge zu haben, sollten die Christen sich gerade vornehmlich um die zur Erreichung des Zieles einzusetzenden politischen *Mittel* sorgen – wissend, daß das Ziel immer schon in den Mitteln präexistent sein muß, daß daher am Ende eines unmenschlichen und ungerechten Weges niemals eine gerechte, menschliche Ordnung stehen wird.

Statt sich dem maßlos übertreibenden Wissen der biblischen Apokalyptik zu überlassen und wie früher zu hoch hinauf in den Himmel, so jetzt zu weit hinaus in die Zukunft zu träumen, sollten die Christen gerade *Geistes-Gegenwart* beweisen und sich deshalb lieber der maßvoll zurückhaltenden biblischen Weisheit anvertrauen – wissend, daß die irdischen Dinge sehr gebrechlich sind und deshalb Geduld, Gelassenheit und Gottvertrauen wahrlich vonnöten.

Statt alles über *einen*, kapitalistischen oder sozialistischen, Leisten zu schlagen, sollten die Christen gerade verschiedene politische Motive und Modelle gelten lassen und deshalb nicht nur im politischen Gemeinwesen, sondern auch in der christlichen Gemeinde *politische Toleranz* üben und sich als parteipolitische Gegner ertragen lernen – wissend, daß jeder sein eigenes maßgeschneidertes christliches Mäntelchen trägt.

Statt das ganze Leben der Menschen in Politik zu verwandeln, sollten die Christen gerade ihre politische Verantwortung wahrnehmen, um *von Politik freie Lebens- und Sprachräume* zu schaffen – wissend, daß nicht alles Politik und schon gar nicht die Politik alles ist.

Wenn ich diese verschiedenen Korrekturen zusammenbinden soll, so kenne ich dafür kaum ein besseres Band als das Wort des Christen, wenn auch gewiß nicht Kirchenchristen, Dag Hammarskjöld: »Wo unsere Vorgänger von einem neuen Himmel träumten, ist unsere größte Hoffnung, daß es uns erlaubt sein möge, die alte Erde zu retten.«

Und wenn ich das aus der grundsätzlichen Richtung und Linie christlichen Einsatzes in der Politik fließende praktische politische Verhalten der Christen auf einen Begriff bringen soll, so kenne ich dafür keinen besseren als den der *»Inkonsequenz«*, und ich bin bereit, diesmal mit dem marxistischen Philosophen Leszek Kolakowski, in das »Lob der Inkonsequenz« einzustimmen: »Die Rasse der Wankelmütigen und

Weichen, die Rasse der Inkonsequenten – eben jener, die mit Vergnügen zu Mittag Schnitzel verspeisen, für die es aber völlig unmöglich ist, ein Huhn zu schlachten; die sich gegenüber den Gesetzen des Staates nicht illoyal verhalten wollen, aber keine Denunziationen an die Geheimpolizei schreiben; die ebenfalls in den Krieg ziehen, aber in einer aussichtslosen Situation sich lieber gefangennehmen lassen, als die Stellung bis zum letzten Mann zu halten . . . – mit einem Wort, die Rasse der inkonsequenten Menschen ist weiter eine der Hauptquellen der Hoffnung, daß die menschliche Gattung doch noch am Leben erhalten wird. Es ist nämlich dieselbe Rasse, von der ein Teil an Gott und den Vorrang des ewigen Heils über das zeitliche Wohlergehen glaubt und doch nicht die Wiedereinführung des Scheiterhaufens für die Häretiker verlangt; dieselbe Rasse, von der ein anderer Teil nicht an Gott glaubt und die revolutionären Mittel sozialer Umwandlungen akzeptiert, aber solche Methoden des Handelns verwirft, welche scheinbar die Umwandlungen begünstigen, aber offenkundig der sittlichen Tradition, in der er erzogen wurde, widersprechen.«

In unserem letzten Gespräch hat mir der einstige schleswig-holsteinische Kultusminister Edo Osterloh, Christ, Theologe und Politiker in einer Person, auf meine Frage, was denn nun den christlichen vom nichtchristlichen Politiker unterscheide, geantwortet: »Am Ende nur dies, daß der christliche Politiker etwas von Schuld und Vergebung weiß.« Das heißt nicht, auf Christi Kreide zechen, aber das heißt, daß die Folgen unseres politischen Tuns uns nicht in alle Ewigkeit bestimmen und uns ein für allemal festlegen, sondern daß ein neuer Anfang auch in der Politik möglich ist. Dieser neue Anfang ist nicht nur etwas Privates, nicht nur ein »innerer« Vorgang in der Person des Politikers, sondern er betrifft auch die politischen Verhältnisse und hat konkrete »äußere« Folgen, und dies wiederum nicht nur zwischen einzelnen Personen, sondern auch zwischen Staaten, Völkern, Klassen und Rassen.

Was die Menschheit heute am tiefsten bewegt und trotz aller rassischen, religiösen, ideologischen, politischen und sozialen Gegensätze miteinander verbindet, ist das Bangen um ihre eigene Erhaltung, die Sorge um die Bewahrung des Menschseins des Menschen, das Verlangen nach mehr Menschlichkeit in der Welt, womöglich gar die Hoffnung auf die endgültige Menschwerdung des Menschen.

Alle Anthropologien, religiöse und philosophische, christliche wie nichtchristliche, vereint ein gemeinsames universales Vorverständnis. In drei Punkten stimmen sie überein: 1. Der Mensch ist noch nicht das, was er sein soll. – 2. Der Mensch soll zu sich selbst kommen und werden, wozu er bestimmt ist. – 3. Der Mensch ist auf dem Weg zu sich selbst bedroht, so daß er sich womöglich verfehlt.

Am stärksten wird die Übereinstimmung heute im dritten Punkt empfunden: in der Erfahrung der Bedrohung des Menschen durch ständig sich steigernde Unmenschlichkeiten jeglicher Art. Aber eben in dieser Kontrasterfahrung ist bereits der Protest enthalten: So sollte es nicht sein!, und zugleich die Hoffnung: Es soll und kann auch anders sein! – ohne diese Hoffnung wäre der Einspruch und Widerstand gegen die Entmenschlichung des Menschen ohne Grund und Sinn. Die Differenz zwischen dem »Ist« und dem »Soll« bildet die kritische Masse in aller Anthropologie. Sie enthüllt den neuen weltweiten Humanismus als Willen zur Humanität.

Dies ist der Kern des *Befreiungskampfes* und *Emanzipationsprozesses*, der heute überall in der Welt im Gange ist. Ob Menschen im Süden der Welt unter ungerechten wirtschaftlichen Verhältnissen leiden und vom Hunger bedroht sind, ob sie im Osten unter einem totalitären politischen Regime seufzen und kaum Luft zum Atmen haben oder ob sie im Norden und Westen die Leere und Sinnlosigkeit einer durchrationalisierten technokratischen Gesellschaft fürchten und sich einem ständig wachsenden Leistungsdruck ausgesetzt fühlen – immer steht die Freiheit des Menschen in Frage und mit ihr seine Menschlichkeit. Denn in der Freiheit fassen sich alle

Rechte und Würden des Menschen zusammen. Und so ist jeglicher Kampf um »Befreiung« ein Kampf für eine *menschlichere Welt.*

Diese menschlichere Welt aber stellt man sich vor allem als eine *brüderliche Welt*, richtiger, als eine *geschwisterliche* vor. Gewiß fordert man die Entfaltung, Mündigkeit und Selbstbestimmung des Menschen – aber es ist nicht mehr so sehr wie zum Beginn der Neuzeit das starke autonome, seiner selbst und der Welt mächtige Ich, das sich darin ausdrückt, als vielmehr die Sehnsucht nach Geborgenheit in der Welt und nach Gemeinschaft untereinander und damit nach mehr Brüderlichkeit.

Der Weg führt heute *von der Autorität zur Solidarität.* Auf die Jahrtausende alte »väterliche« Gesellschaft beginnt in unseren Tagen eine »brüderliche« zu folgen. Das ist das tiefste Motiv des Strebens nach Emanzipation: Um durch die Verwirklichung von Freiheit eine brüderliche Gesellschaft zu schaffen, haben die Menschen angefangen, ihr Geschick selbst in die Hand zu nehmen. Das Zweite Vatikanische Konzil hat die Sehnsucht und Stimmung unserer Zeit richtig wiedergegeben, wenn es in der Konstitution »Gaudium et Spes« formuliert: »Wir sind Zeugen der Geburt eines neuen Humanismus, in dem der Mensch sich vor allem von der Verantwortung für seinen Bruder und der Geschichte her versteht.«

Aber seit einiger Zeit ist, bei gleichbleibendem Hintergrund, vordergründig ein Stimmungswechsel zu erkennen: Während auf der einen Seite der neue Humanismus sich in Religion zu verkehren und inhuman zu werden droht, beginnt auf der anderen Seite die Hoffnung auf ein besseres, glücklicheres Zeitalter in die Angst vor einer dunklen, ungewissen Zukunft umzuschlagen. Die aufständischen Studenten der sechziger Jahre *hofften* auf die Zukunft, die Umweltschützer heute *ängstigen sich* vor ihr. Es ist eine »namenlose« Angst, die sich hier und da ihre Objekte – Baugelände, Häuser und Fabrikgebäude – sucht und sie besetzt. Aber nur um so größer wird das Verlangen nach Solidarität und die Sehnsucht nach einer brüderlicheren Welt.

Wie es in der Französischen Revolution um Freiheit und

Gleichheit ging, im 19. Jahrhundert um Freiheit und Einheit, so geht es heute um *Freiheit und Gerechtigkeit:* Ohne eine bessere Gerechtigkeit gibt es keine menschlichere Welt. Eine »brüderliche« oder »geschwisterliche« Gesellschaft statt einer »väterlichen« wäre demnach eine Gesellschaft, in der Gerechtigkeit waltet – Gerechtigkeit nicht mehr vornehmlich zur Stützung vorhandener Autorität, um die Freiheit des Menschen zu umzäunen, sondern zur Stärkung künftiger Solidarität, um möglichst viel Freiheit einzuräumen und damit soviel Menschlichkeit wie möglich zu entbinden. An dieser Stelle hat die in die theologische *Rechtfertigungslehre* gefaßte christliche Gottes- und Welterfahrung – über die private Existenz des einzelnen hinaus – ihren *Sitz im Leben der Gesellschaft.*

Damit aber hat sich zugleich ein Platzwechsel vollzogen. Denn bislang diente die christliche Rechtfertigungslehre mit ihrem dreimaligen »Allein« – allein aus Gnade, allein durch Glauben, allein die Schrift – eher der Verfestigung alter vorhandener Autoritäten als der Entbindung neuer künftiger Solidarität. *Die schlechthinnige Abhängigkeit von Gott wurde zu einer schlechten Abhängigkeit von Menschen.*

Auf die Frage, wie der Apostel Paulus den Christen gebieten könne, sich nicht dem Joch der Knechtschaft zu unterwerfen (Galater 5,1), und gleichzeitig den Sklaven verbieten, über ihren Stand bekümmert zu sein (1. Korinther 7,21), hat Calvin die bezeichnende Antwort gegeben: »Das kann doch nur daher kommen, daß *christliche Freiheit* und *bürgerliche Knechtschaft* sehr wohl miteinander bestehen können!« (Institutio IV, 20,1) Und so konnten denn die Bürger – Calvinisten, Lutheraner, Katholiken – am Sonntag, zwischen Gottesdienst und Mittagessen, guten Gewissens an den Hafen gehen, den auslaufenden Galeeren zuschauen und einander dabei mit der Versicherung beruhigen, daß auch ein Galeerensklave, der an seine Ruderbank gefesselt sei, innerlich frei sein könne.

Diese kritiklose Haltung gegenüber den herrschenden gesellschaftlichen Verhältnissen hat den christlichen Gottesglauben in den Verruf gebracht, »Opium des Volks« zu sein, und die Kirchen in den Verdacht, mit ihren religiösen Ritualen die wahre Wirklichkeit des Menschen zu verschleiern und den bestehenden sozialen Zustand zu befestigen. Und in der Tat: Bei jeder christlichen Bestattung pflegen wir zu versichern, daß es Gott gefallen habe, unseren Bruder X. aus dieser Zeit in die Ewigkeit zu nehmen, und ihn der Gnade des himmlischen Vaters zu befehlen. Wie aber, wenn es dem Vater im Himmel ganz und gar nicht gefallen hat, unseren Bruder X. aus dieser Zeit in die Ewigkeit zu nehmen, wenn er nicht nach Gottes Willen, sondern durch menschliche, politische oder gesellschaftliche, Schuld ums Leben gekommen ist – weil sein Lohn zu gering war, weil eine mörderische Arbeit seine Kräfte vorzeitig aufgezehrt hat, weil ihn, als er aus dem Gefängnis kam, als einziger Bruder der Alkohol erwartete?

Aus dem gleichen Grunde werde ich auch ein Mißtrauen gegen den heute wiederentdeckten »Weg nach innen« nicht los: wenn wir neuerdings statt auf eine Verbesserung der Verhältnisse auf die Selbstverwirklichung des einzelnen drängen und, statt nach außen bis zum Mond und Mars uns auszuweiten, nach innen, womöglich bis nach Indien, wandern. Hinter dieser vielgepriesenen neuen »Innerlichkeit« wittere ich bei manchen Zeitgenossen, Christen wie Nichtchristen, nur in neuer Auflage das alte bürgerlich-idealistische Klischee von der größtmöglichen sittlichen Vervollkommnung des Individuums. Aber private Vervollkommnung, ob sittlich oder ökonomisch, geht meist zu Lasten der anderen.

Greifen wir hier geistesgeschichtlich tiefer, so stoßen wir auf jene gefährliche Weltlosigkeit des Denkens und Glaubens in der Neuzeit, wie wir sie bei Descartes, Kant und dem Existentialismus, von Kierkegaard über Heidegger bis zu Rudolf Bultmann, antreffen. Eben deshalb hat Karl Marx kommen müssen und nach ihm die Jusos.

Genau an dieser Stelle hat die heute gängige Rede von der *Qualität des Lebens* ihren Ort. Das Wort »Lebensqualität« hätte gar nicht binnen kurzer Frist zu einem solchen Modewort werden und dann freilich auch so rasch zerdehnt und zerschlissen werden können, wenn es nicht ein Unbehagen und eine Sehnsucht signalisierte, die viele Menschen heute mehr oder minder klar empfinden. In der Rede von der »Qualität des Lebens« und der entsprechenden Suche nach einem »neuen Lebensstil« konzentriert sich heute für viele konkret die Frage nach dem Sinn des Lebens. Ja, mehr noch, die Rede von der Lebensqualität hat, wenn sie ernstgenommen wird, einen verborgenen christlichen Aspekt.

Drei wichtige Einsichten sind es, die sich in dem Begriff »Lebensqualität« niedergeschlagen haben und auf Verwirklichung drängen:

Erstens die Erkenntnis, daß zwischen Mensch und Welt stets eine Wechselbeziehung besteht, daß diese *Wechselbeziehung zwischen Mensch und Welt* heute aber empfindlich gestört und darum die Balance zwischen äußerem und innerem Fortschritt aufs höchste gefährdet ist. Von daher erheischt die Antwort auf die Herausforderung durch die Situation von vornherein eine bestimmte Gestalt. Sie muß zugleich personale Tiefe und gesellschaftliches Ausmaß besitzen. Sie muß ebenso den einzelnen betreffen wie sich auf die Verhältnisse beziehen. Beide zusammen, sowohl der Mensch als auch die Welt, müssen eine Änderung erfahren, wenn das Leben des Menschen das Prädikat »menschliches Leben« weiterhin oder neu verdienen soll.

Zweitens hat sich in dem Begriff »Lebensqualität« die Erfahrung niedergeschlagen, daß Am-Leben-Sein nicht auch schon wirklich Leben heißt. Bloßes Dasein, mag es auch noch so abgesichert sein und noch so lange währen, gewährleistet noch kein wahres Leben. Diese Erfahrung verleiht dem Wort »Leben« eine eigenartige Doppelbödigkeit, und diese *Doppelbödigkeit des Wortes »Leben«* ist es wieder, die dem Begriff der Lebensqualität seinen heimlichen christlichen Aspekt gibt.

Drittens sieht der Begriff »Lebensqualität« das Dasein des Menschen in der Welt nicht mehr nur einseitig als »Geschichte«, sondern zugleich als »Natur« und rückt damit das *Verhältnis des Menschen zur Natur* wieder stärker in den Vordergrund.

Wegen der wechselseitigen Abhängigkeit zwischen Mensch und Welt verlangt die doppelte Sorge – die um die *Identität des Menschen*: daß der Mensch Mensch bleibe beziehungsweise es endlich werde, und die um die *Erhaltung der Welt*: daß der Mensch die Welt nicht verderbe, sondern sie bewahre – eine gemeinsame Antwort. Eben nach dieser Antwort sucht die neue christliche Generation.

Wenn wir den Begriff »Generation« nicht wie üblich auf fünfzehn bis dreißig Jahrgänge begrenzen, sondern ihn weiter fassen, so können wir sagen, daß wir uns hinsichtlich der christlichen Glaubenserfahrung in einem *»Generationswechsel«* befänden. *Eine neue christliche Generation wächst heran, der der »Bruder« mehr gilt als der »Vater«*, die Liebe mehr als der Glaube, ja, manchmal sogar der Mensch mehr als Gott, die, alles in allem, die zweite Seite des neutestamentlichen Doppelgebotes, die Nächstenliebe, stärker betont als die Liebe Gottes.

Am deutlichsten wird mir die Umstimmung der christlichen Gotteserfahrung an der Art, wie man das *Abendmahl* heute neu versteht und miteinander feiert: Früher wurde die Communio vor allem als die Verbindung des einzelnen mit seinem »Herrn« erfahren, heute hingegen als Gemeinschaft mit dem »Bruder«. Das einstige »Herrenmahl« wird mehr und mehr zum »Gemeinschaftsmahl«. Unübertroffen hat die menschliche Vereinzelung beim traditionellen Sakramentsempfang Elias Canetti geschildert: »Wer die Reihen derer, die sich zur Kommunion anstellen, betrachtet hat, kann nicht umhin zu bemerken, wie sehr jeder einzelne mit sich allein beschäftigt ist. Wer vor und nach ihm kommt, geht ihn noch weniger etwas an als der Mitmensch, mit dem er es im gewöhnlichen Leben zu tun hat, und die Verbindung mit diesem ist schon lose genug ... Die Kommunikanten untereinander fühlen sich so wenig als ein Leib wie eine Gruppe von Menschen, die einen Schatz gefunden und soeben unter sich aufgeteilt hat.«

Heute dagegen erfährt man, zumal unter jungen Christen und bei ökumenischen Feiern, die Communio beim Abendmahl vor allem als die Gemeinschaft der Feiernden untereinander. Diese Gemeinschaft ist besonders durch drei Akzente geprägt, die zugleich als drei Kennzeichen zeitgenössischen christlichen Glaubens gelten dürfen: *1. Brüderlichkeit:* Man erlebt die Gemeinschaft mit Gott vor allem als Gemeinschaft mit dem Bruder und der Schwester, die neben einem sitzen oder knien. *2. Leibhaftigkeit*: Statt am Altar kniend eine nach nichts schmeckende Oblate und einen kleinen Schluck Wein zu empfangen, sitzt man gemeinsam rund um den Tisch und ißt und trinkt leibhaft und herzhaft miteinander. *3. Gerechtigkeit:* Indem man miteinander feiernd erfährt, daß der Mensch nicht vom Brot allein lebt, erinnert man sich zugleich aller derer in der Welt, die kein Brot zum Leben haben, und setzt sich für sie ein.

Symbolisch kann ich den »theologischen Generationswechsel«, der sich in der Christenheit anbahnt, so ausdrükken: Bislang beherrschte der zum Himmel weisende, die Versöhnung Gottes mit den Menschen anzeigende Längsbalken des Kreuzes Jesu die christliche Frömmigkeit – jetzt beginnt an seine Stelle der die Erde gleichsam umgreifende, zwischen den Menschen Versöhnung stiftende Querbalken zu treten.

Wenn ich die in der theologischen Rechtfertigungslehre gespeicherte christliche Gottes- und Welterfahrung nach wie vor, ja sogar neu für aktuell halte, falls man sie, über die private Existenz des einzelnen hinaus, in den Bereich der Gesellschaft ausweitet, dann will ich damit nicht dem heute gängigen theologischen Trend zur Horizontalen das Wort reden. Vielmehr möchte ich gerade beide Balken des Kreuzes Jesu, den vertikalen, der sich auf Gott richtet, und den horizontalen, der die Menschen umfaßt, weiterhin zusammenzuhalten versuchen. Mit diesem Versuch erweise ich mich wieder als »Vermittlungstheologe«.

Der Weg führt zwischen einer »unmenschlichen Gnade« und einer »gnadenlosen Menschlichkeit« hindurch.

Als *unmenschliche Gnade* bezeichne ich es, wenn man das »Evangelium«, Jesu Botschaft von der Gnade Gottes für alle Menschen, rein im Abstrakten, Privaten beläßt und aus ihm keinerlei Konsequenzen für das Zusammenleben der Menschen, mithin für die Ordnung der Gesellschaft, zieht oder nur geringfügige, mehr als Alibi denn aus Liebe, wie Schönheitsreparaturen an einem verfallenden Haus zur Beschwichtigung der Mieter, damit sie wohnen bleiben und weiter zahlen. Die Folge solcher unmenschlichen leiblosen Gnade ist meist, daß man dann nur um so gnadenloser vom Staat die Durchsetzung von »Gesetz und Ordnung« in der Welt verlangt und sich so vor den irdischen Folgen der göttlichen Gnade durch menschliche Gnadenlosigkeit zu schützen sucht.

Als *gnadenlose Menschlichkeit* bezeichne ich es, wenn man die »reine« Menschlichkeit zum Planziel einer idealen Gesellschaftsordnung macht und solchen Entwurf dann gnadenlos, auf Kosten der Menschen, durchsetzt, aus Liebe zur ganzen Menschheit jeden Menschen hassend, der dieses Ideal einer vollkommenen Menschheit nicht teilt. Wo immer man es bislang unternommen hat, auf Marx' Geheiß: »alle Verhältnisse umzuwerfen, in denen der Mensch ein erniedrigtes, ein geknechtetes, ein verlassenes, ein verächtliches Wesen ist«, dort hat man die Erniedrigung, Knechtschaft, Verlassenheit und Verachtung des Menschen nicht aufgehoben, sondern eher sogar vermehrt. Jeder »radikale« Humanismus, für den der Mensch nicht nur das höchste Wesen, sondern selbst auch die Wurzel des Menschen ist, hat bislang in einer »totalen« Inhumanität geendet.

Gegenüber solcher »unmenschlichen Gnade« einerseits und »gnadenlosen Menschlichkeit« andererseits vertritt christlicher Gottesglaube, der sich auf Jesu Glaube an Gott beruft, als die Essenz anthropologischer Grunderfahrung die These: Die *Theonomie* begründet die *Autonomie*, die *schlechthinnige Abhängigkeit des Menschen von Gott seine*

Selbständigkeit in der Welt. Dieser Erfahrungsgrundsatz christlicher Anthropologie richtet sich sowohl gegen jene »Theisten«, die die Autonomie des Menschen als Freibeuterei verleumden, als auch gegen die »Atheisten«, die die Theonomie des Menschen als Knechtschaft verdächtigen.

Daß die anthropologische Konsequenz der schlechthinnigen Abhängigkeit des Menschen von Gott nicht Freibeuterei und Knechtschaft, sondern Freiheit und Menschlichkeit bedeutet und ihre soziale Folge daher nicht Autorität und Unterwerfung, sondern Solidarität und Gemeinschaft sind, mindestens sein sollten, daß sie mithin eine brüderlichere Welt verheißt, ist ein Glaubenspostulat, das in der konkreten gesellschaftlichen Situation bewahrheitet und bewährt sein will.

Als Modellfall wähle ich die Problematik der zeitgenössischen *Leistungsgesellschaft.* Gemeint ist die Tatsache, daß die in unserer Gesellschaft dem einzelnen abverlangten Leistungen zunehmend als ein Druck empfunden werden, und zwar nicht nur von den Verlierern, die sich dadurch an den Rand der Gesellschaft, also in die »Asozialität«, gedrängt fühlen, sondern auch von den Siegern, die mitten in ihr stehen und herrschen. Hier kann ich mich kurz fassen, weil sich mein Buch »Wozu ist das Christentum gut?« ausführlich damit befaßt. Aber eben die Erfahrungen, die ich mit diesem Buch sowie später mit Vorträgen über Themen aus demselben Problemkreis gemacht habe, verdienen noch einmal theologisch reflektiert zu werden.

Allein schon die Begriffe »Leistungsgesellschaft« und »Leistungsdruck« rufen bei bestimmten Berufsgruppen – bei den »Bossen«, »Managern«, »Chefs«, »Vorsitzenden« und »Meistern« – Nervosität und Unruhe hervor. Wie oft habe ich es in der Diskussion nach einem Referat erlebt, daß einige Zuhörer sich allein schon durch diese Begriffe und die in ihnen möglicherweise mitschwingende Kritik irritiert fühlten – falls sie es nicht überhaupt vorgezogen hatten, sofort nach dem Vortrag nach Hause zu gehen, fest entschlossen, diesmal endgültig mit der Kirche Schluß zu machen.

Meistens kommt sogleich am Anfang der Einwand: Aber

Leistung muß doch sein! – als ob ich dies auch nur im geringsten angezweifelt und nicht vielmehr ausdrücklich versichert hätte. Kein vernünftiger Zeitgenosse, ob Christ oder Nichtchrist, Theologe oder Nichttheologe, der sich heute kritische Gedanken über die Leistungsgesellschaft macht, denkt daran, den Wert der Leistung gering zu achten, ja dieses Wort auch nur klein zu schreiben, höchstens nur etwas kleiner als bisher. Auch eine geschwisterliche Gesellschaft wird auf die Dauer nur soviel zum Leben haben, wie sie durch ihre Leistung aufbringt.

Die nervöse Reaktion auf die Kritik an der Leistungs- und Konkurrenzgesellschaft verrät, daß hier augenscheinlich ein Nerv getroffen ist. Sobald der Leistungs*druck* bewußt gemacht wird, befürchtet man einen Leistungs*abfall*, mit entsprechendem Produktions*ausfall*, einen Profitrückgang der Arbeitgeber durch Müßiggang der Arbeitnehmer. Und darum bangt man um den Bestand des Systems als ganzem und befürchtet sogleich den »Untergang des Abendlandes«.

Dabei richtet sich die kritische Anfrage keineswegs nur an das »westliche« kapitalistische System, sondern mindestens ebenso sehr, wenn nicht gar noch mehr, an jeden »östlichen« Sozialismus und Kommunismus. Aber vielleicht ist es gerade die Tatsache, daß an beide Gesellschaftssysteme, an »Ost« und »West«, derselbe kritische Maßstab gelegt wird, was die Gemüter so verunsichert und verwirrt.

Christlicher Rechtfertigungsglaube kommt um das theologische Urteil nicht herum, daß Kapitalismus und Marxismus Früchte an demselben Baum der Erkenntnis, Blüten an der Kette derselben Knechtschaft sind. Mag auch der eine die Religion zur Stabilisierung des vorhandenen gesellschaftlichen Zustandes verwenden, der andere hingegen gerade zwecks Aufhebung dieses Zustandes Kritik an der Religion üben – beide setzen die *Arbeit* als höchsten Wert. Sie sehen in ihr die Bestimmung des Menschen, Mittel und Ziel seiner Selbstverwirklichung zugleich – die anthropologische Konstante in allem sozialen Wandel, der Inbegriff aller zu bewahrenden oder zu erkämpfenden Humanität. Entsprechend definieren sie übereinstimmend den Menschen als die »arbeitende Kreatur« oder als »Produzenten«, als »Arbeitgeber« beziehungsweise »Arbeitnehmer«, und verehren Prometheus als ihren gemeinsamen Heiligen. Mit alldem verraten sie, daß ihr Maßstab für die Einschätzung des Menschen seine Leistung ist: Was bist du, das du nicht geleistet hast?

Theologisch nennt man das »Werkgerechtigkeit«. Mag auch das Wort veraltet scheinen, die Sache stimmt und besteht fort, sogar noch in vergrößertem Maßstab. Man könnte sowohl die östliche als auch die westliche Gesellschaftsform, wie sie gegenwärtig bestehen, als »organisierte Gnadenlosigkeit« bezeichnen. Der Unterschied zwischen beiden liegt darin, daß das gnadenlose Leistungssystem im Osten über die Menschen verhängt wird, während sie ihm im Westen weithin freiwillig frönen.

Hat der Katholizismus die religiöse Leistung, das fromme Werk, verherrlicht, so hat der Protestantismus die Arbeit, das Tagewerk, heiliggesprochen. Aus der »Berufung« des Mönchs oder Priesters (vocatio) wurde zwar der weltliche »Beruf«, aber er empfing neue religiöse Weihe. Während es im hebräischen Original heißt: »Unser Leben währet siebzig Jahre, und wenn's hoch kommt, so sind's achtzig Jahre, und *was daran köstlich scheint, ist doch nur vergebliche Mühe*«, hat Luther den Akzent sichtlich zugunsten der Arbeit verschoben, wenn er übersetzt: »Unser Leben währet siebzig Jahre, und wenn's hoch kommt, so sind's achtzig Jahre, und wenn's köstlich gewesen ist, so ist's Mühe und Arbeit gewesen.« (Psalm 90,10) Reformierte Christen lasen an den Erfolgen ihres Fleißes bei gleichzeitiger »innerweltlicher Askese« die Größe der göttlichen Gnade und den Stand ihres Heils ab und haben auf diese Weise, nach Max Webers bekannter These, indirekt zur Entstehung des Kapitalismus beigetragen. Der »Kulturprotestantismus« hat die Arbeit in den Mittelpunkt der christlichen Ethik gerückt. Und in der Potsdamer Garnisonkirche sang man im Kirchenschiff: »Jesus nimmt die Sünder an. Saget doch dies Trostwort allen«, während vom Turm in die Welt hinein das Glockenspiel erklang: »Üb' immer Treu' und Redlichkeit«. Dem entsprach dann auch der Strafvollzug – nicht nur in Preußen.

Die Arbeit aber ist, wie jegliches menschliche Tun auf der Erde, ein »weltlich Ding« und darum ambivalent. Sie ist schlecht, sowohl wenn man zu viel als auch wenn man zu wenig von ihr hat. In dem Augenblick aber, in dem der Mensch sich durch sie verwirklicht, empfindet er sie nicht als »Arbeit«.

Die christliche Theologie hat die Arbeit stets ambivalent beurteilt: Positiv als eine Lebensordnung schon aus dem »Paradies«, und damit als »Segen«: »Und Gott der Herr nahm den Menschen und setzte ihn in den Garten Eden, daß er ihn bebaute und bewahrte« (1. Mose 2,15) – negativ als »Fluch« nach dem »Sündenfall« des Menschen: »Mit Mühsal sollst du dich nähren . . . Im Schweiße deines Angesichtes sollst du dein Brot essen.« (1. Mose 3,17–19) Insgesamt aber wird man feststellen müssen, daß die christliche Theologie und Frömmigkeit die Arbeit religiös überschätzt hat. Erkennbar wird dies an dem üblichen Mißverständnis des *siebenten Schöpfungstages* als göttlichen Ruhetages nach der Erschaffung der Welt.

Die biblische Schöpfungsgeschichte schließt mit den Sätzen: »Und so vollendete Gott am siebenten Tage seine Werke . . . und ruhte von allen seinen Werken, die er gemacht hatte. Und Gott segnete den siebenten Tag und heiligte ihn.« (1. Mose 2,2f.) Ausdrücklich heißt es hier, daß Gott sein Schöpfungswerk am siebenten Schöpfungstag erst »vollendet« habe. Demnach ist der Sabbat, der Tag der göttlichen Ruhe, nicht als ein Anhang an die schon fertige Schöpfung zu verstehen. Es verhält sich nicht so, wie man üblicherweise meint, daß Gott sechs Tage lang an der Welt schafft und am siebenten dann gleichsam ein Schild vor die Tür hängt »Heute Ruhetag«, um danach am Montag wieder mit frischer Kraft ans Werk zu gehen. Vielmehr ist die »Ruhe Gottes« das *Ziel* der ganzen Schöpfung. Dem entspricht es, daß der Hebräerbrief das letzte, endgültige Ziel, in das alle Geschichte mündet, gleichfalls als »Ruhe Gottes« bezeichnet: »So ist noch eine Ruhe vorhanden dem Volke Gottes.« (4,9)

In dieser *Ruhe Gottes* gründet die Religion. Ihr Sinn und ihre Aufgabe ist es, den Menschen diese Ruhe zu vermitteln, damit sie an ihr teilhaben. Das heißt nicht, den Menschen mit Gott beruhigen. Gottes Ruhe bereitet dem Menschen in jedem Falle Unruhe – denn »Gottes Sein ist im Werden« (Eberhard Jüngel).

Daß die Ruhe Gottes nicht das Ende, sondern Ziel und Vollendung der Schöpfung bedeutet, Gottes *Ruhe*tag mithin noch ein *Schöpfungs*tag ist, enthält eine wichtige Aussage über den *Menschen*.

Darin spricht sich die »Ungeschuldetheit« des menschlichen Daseins aus: Der Mensch hat es nicht nötig, erst etwas aus sich zu machen, um etwas zu sein, sondern er ist von vornherein etwas und kann nur darum etwas aus sich machen. Endete der biblische Schöpfungsbericht mit dem sechsten Schöpfungstag, so wäre Gott nur ein Diplomingenieur und der Mensch sein Maschinist – eben der »homo faber«. Dann hätten jene Todesanzeigen recht, welche, um die Werke des Verstorbenen zu preisen und ihn damit öffentlich zu rechtfertigen, versichern, daß sein ganzes Leben nur Arbeit gewesen sei: Was bist du, das du nicht geleistet hast? Nach christlichem Glauben aber ist die »ewige Ruhe« nicht der Lohn, den der Mensch erst nach getaner Arbeit empfängt, sondern der göttliche Grund, aus dem er von vornherein arbeitet und lebt: Was hast und bist du, das du nicht empfangen hast?

Diese »verdankte Existenz« des Menschen hat Folgen für sein *Leben in der Gesellschaft.*

Die Leistung darf nicht zum Maßstab des Wertes eines Menschen und sein Beruf nicht zum Grund seines Ansehens in der Gesellschaft werden. Daraus aber folgt, daß die Christenheit nicht erst am Rande der Gesellschaft tätig zu werden hat, um dort die im Lebenskampf Unterlegenen, die Versehrten und Gefallenen, die »Asozialen«, einzusammeln und sie entweder ehrenvoll zu bestatten oder sie zu verbinden und so bald wie möglich in den Kampf zurückzuführen. Vielmehr muß die Christenheit bereits in der Mitte der Gesellschaft gegenwärtig sein und in ihr Solidarität üben, um auf diese Weise die gesellschaftlichen Verhältnisse verändern zu helfen. Welche Entkrampfung würde es angesichts des blühenden

Berechtigungswesens und des darniederliegenden Ausbildungswesens in der bundesrepublikanischen Gesellschaft bedeuten, wenn der Wert und das Ansehen eines Menschen nicht mehr so einseitig wie bisher an seinen Leistungen, Scheinen, Prüfungen und Titeln, an seiner Gehaltsklasse und beruflichen Stellung gemessen würden! Das wäre bereits ein entscheidender Schritt in Richtung auf eine brüderlichere Welt hin. Eine brüderliche Gesellschaft ist nicht eine Gesellschaft, in der die Menschen verschieden*wertige* Berufe, höhere und niedrigere, ausüben und außerdem, gleichsam am Feierabend, auch noch Brüder sind. Sondern eine brüderliche Gesellschaft ist eine, in der die Menschen zuerst Brüder sind und sodann, als solche, verschieden*artigen* Tätigkeiten nachgehen, ein jeglicher nach seiner Begabung: Was leistest du, das du nicht empfangen hast?

Das ironische Wort Kurt Tucholskys, die Kirche laufe ständig atemlos hinter der Zeit her und rufe ihr nach: »Ich auch, ich auch«, trifft auf die heutige Christenheit im ganzen nicht mehr zu. Heute greifen einzelne Christen und christliche Gruppen Probleme auf und packen Nöte an, wie man es noch vor kurzem nicht von ihnen erwartet hätte. Ein Beispiel, gleichsam eine Musterschau dafür bietet der »Markt der Möglichkeiten« auf den Deutschen Evangelischen Kirchentagen. Da bauen jedesmal einige hundert Gruppen verschiedener kirchlicher Herkunft ihre Kojen und Stände auf, um den Besuchern das Bewußtsein für die Probleme und Nöte der Zeit zu schärfen und sie zu einem gleichen Einsatz, wie sie selbst ihn leisten, anzuregen. Was hier stattfindet, ist *Anstiftung zum Christentum in der Gesellschaft.*

Ich nenne nur vier Schwerpunkte christlichen Einsatzes aus dem unmittelbaren Umfeld, die beweisen, daß die Christen heute ihrer Zeit nicht mehr nur nachlaufen, sondern teilweise die Vorhut auf dem Weg zu einer brüderlicheren Welt bilden: Das ist das Eintreten für die Versöhnung zwischen den Völkern, zum Beispiel zwischen Deutschen und Polen – die sogenannte »Ost-« oder »Vertriebenendenkschrift« der Evangelischen Kirche in Deutschland hat dazu geholfen, ein Tabu zu brechen und das Klima vorzubereiten, in dem eine vernünftigere Ostpolitik möglich wurde. Das ist die Initiative für den Kampf gegen den Hunger in der Welt – mit ihren Hilfswerken »Brot für die Welt« und »Misereor« haben die beiden großen Kirchen die Entwicklungshilfe in Gang gebracht. Das ist die Bemühung um die Eingliederung der sozialen Randgruppen, besonders der Körperbehinderten, in die Gesellschaft. Und das ist schließlich der Kampf gegen den Rassismus, wie er in dem Antirassismus-Programm des Ökumenischen Rates der Kirchen praktiziert wird.

Die bekannte marxistische These, daß die Religion ein gefügiges Werkzeug in den Händen der Herrschenden sei, um ihre Unterdrückung zu legitimieren und zu stabilisieren, ist heute zum Teil widerlegt. Sie ist gleich von zwei Seiten her aufgebrochen: Während Christen in der ganzen Welt zu Anstiftern und Parteigängern von Befreiungs- und Friedensbewegungen geworden sind, erweisen sich atheistische Staaten und gesellschaftliche Systeme gleichzeitig als Unterdrücker der Menschenrechte und derer, die sich für sie einsetzen.

Alle sozialen Reformen, die wir heute so dringend brauchen und die in der Tat politisch durchgesetzt und sachgerecht organisiert sein wollen, schwebten hoffnungslos in der Luft und blieben ohne Fundament, wenn sie nicht davon getragen und ausgefüllt werden, daß Menschen leibhaftig zu anderen Menschen hingehen und sich ihrer annehmen. Die Liebe, Auge in Auge von Mensch zu Mensch geübt, bildet immer noch die Basis und den Lebenshauch aller Reformen.

Dies alles hat einen »theologischen« Hintergrund: Das Christentum besitzt keine Theorie über das Wesen des Menschen und bietet auch kein politisches oder soziales Programm für seine irdische Wohlfahrt, sondern es verkündet Gottes Heil für ihn. Darum verfügt es auch über keine geschlossene Anthropologie. Vielmehr besteht der entscheidende Beitrag der christlichen Theologie zu jeder Anthropologie gerade darin, daß sie das Wesen des Menschen nicht »feststellt« und ihn somit vergewaltigt, sondern daß sie es offenhält und somit seine Freiheit wahrnimmt. Hier liegt der Grund, warum die Christen, wenn sie vom Menschen sprechen, immer zugleich von Gott reden.

Wenn die Rechtfertigungslehre der Artikel ist, mit dem die Kirche steht und fällt, dann muß auch die *Kirche* selbst sich an ihm messen lassen: ob sie »allein aus Gnade und Glaube« lebt und ob in ihr Empfangen vor Handeln geht.

Ich erinnere mich: Es war auf einer Präsidialversammlung des Deutschen Evangelischen Kirchentages, die zugleich auch die Programmkonferenz für den nächsten Kirchentag bildete. Die Tagung fand in einer Evangelischen Akademie statt und war, wie eigentlich jedesmal, schwierig. Die Aufgabe, das Evangelium Jesu möglichst konkret in die verworrene, schwer erkennbare zeitgenössische Situation hinein auszulegen, scheint aus der Gnade Gottes unversehens eine menschliche Anstrengung, aus der Kür eine Pflicht und die Liebe zum Streß zu machen.

Während es in den Sitzungen lebhaft herging, waren die Morgenandachten in der Kapelle schwach besucht. Von den rund hundert Konferenzteilnehmern fanden sich nur etwa dreißig dazu ein, die meisten von ihnen »Funktionäre«, Mitglieder des Präsidiums und der Kirchentagsleitung. An einem Morgen der Tagung nun war der Text der Andacht die Geschichte von der Verklärung Jesu auf dem Berge (Markus 9,2–10). Ich freute mich, als der Bibeltext verlesen wurde. Aber der junge Pfarrer, der die Andacht hielt, »textete« sofort dagegen. In dem Evangelium sagt Petrus zu Jesus: »Rabbi, hier ist gut sein. Lasset uns drei Hütten machen, dir eine, Mose eine und Elia eine.« Der Pfarrer hingegen ermahnte uns sogleich, daß das Christentum nicht dazu da sei, religiöse Konsumbedürfnisse zu befriedigen und Ruhe für die Seele zu bieten, und trieb uns unverzüglich mit kräftigen Appellen weiter auf den langen Marsch. Dabei hätte ich mich so gern für einen Augenblick ausgeruht und religiös etwas konsumiert. Und wenn es am Schluß jener neutestamentlichen Geschichte, beim Abstieg vom Berge, heißt, daß Jesus zu den drei ihn begleitenden Jüngern von seiner Auferstehung gesprochen habe und diese sich gefragt hätten, was das wohl bedeute, dann wurde in der Ansprache des Pfarrers daraus: Auf dem Rückweg stieß Jesus seine Jünger sofort wieder in Glaubensfragen und -zweifel hinein. Und ich hätte so gern wenigstens einen Morgen lang nicht gezweifelt und gefragt.

Diese Morgenandacht ist für mich fast zu einem theologischen Schlüsselerlebnis geworden: Die Ausweitung der Rechtfertigungslehre über den privaten Bezirk des einzelnen hinaus in den Bereich der Gesellschaft hat für die Kirche die Gefahr mit sich gebracht, durch dauerndes Reagieren und Agieren *aus einer Gestalt der Gnade zu einem Abbild der Leistungsgesellschaft* zu werden und ihre Konturen in der Welt bis zur Unkenntlichkeit zu verwischen.

Wahrscheinlich hat es noch zu keiner Zeit eine so mobile Kirche und einen so aktiven Pfarrerstand gegeben wie nach dem Zweiten Weltkrieg. Was haben wir nicht alles getan! Wir haben uns zunächst um den äußeren Wiederaufbau der Kirche gekümmert, haben neue Gemeinden gegründet und neue Kirchen gebaut, so viele wie noch in keinem Jahrhundert der Kirchengeschichte. Vor allem aber haben wir nach neuen Wegen und Methoden der Verkündigung gesucht und sind, der gewandelten sozialen Umwelt uns anpassend, den Zeitgenossen nachgegangen, dorthin, wo sie den intensivsten Teil ihres Lebens zubringen, an die Orte ihrer Arbeit und ihrer Freizeit, in die Betriebe, auf die Sportplätze, an die Autobahnen, in die Kurorte und die Campinglager. Wir haben es mit Jazz, Rundfunk, Film, Fernsehen und Theater probiert, haben »Liturgische Nächte« gefeiert und Rock'n Roll sogar vor dem Altar getanzt. Dabei haben wir den Menschen nicht nur das ewige »Heil« gepredigt, sondern uns auch redlich um ihr irdisches »Wohl« bemüht. Wir haben Akademien und Zeitungen gegründet, Kindergärten und Altersheime gebaut und ein ganzes Netz von Ehe-, Familien-, Mütter- und Erziehungsberatungsstellen errichtet. Damit es nicht wieder heiße, daß wir geschwiegen hätten, wo wir hätten reden sollen, haben wir diesmal kräftig mitgeredet, haben, fast bis zur Zerreißung der kirchlichen Einheit, alle politischen, sozialen und wirtschaftlichen Fragen der Zeit in Denkschriften, Tagungen, Modellen, Kontakten ratend und helfend mitbedacht: Wiedervereinigung und Wiederaufrüstung, atomare Bewaffnung und Kriegsdienstverweigerung, Mitbestimmungsrecht und Vermögensbildung, Städtebau und Weltraumfahrt, Flüchtlingshilfe und Welternährung, Menschenrechte und Umweltschutz, Freizeitgestaltung und Leistungssport.

Und nicht nur um das ewige Heil und irdische Wohl der Menschen haben wir uns gekümmert, wir haben uns auch um das himmlische und weltliche Geschick Gottes gesorgt. Die einen haben Gottes Tod verkündet, und die anderen haben ihren Talar um ihn geschlagen, um ihn bei sich zu bergen.

Genau an dieser Stelle wird die christliche Rechtfertigungslehre für die Kirche akut. Hier stellt sich für sie die Frage nach dem Recht und Grund ihrer Existenz: Was hast du, das du nicht empfangen hast? Es geht dabei um den *geistlichen Kräftehaushalt* der Kirche, um das Verhältnis von *Weltbezogenheit* und *Gottbezogenheit*, von *Extensität und Intensität*, von *Humanität* und *Spiritualität.* Was aber bedeutet dies anderes als die alte Frage nach dem Verhältnis von Glaube und Werken, auf die Kirche bezogen?

Die Kirche kann nur »weltlicher« werden, wenn sie zugleich »geistlicher« wird. Rückzug und Wiederkehr, Hinwendung zum Altar und Zuwendung zur Welt schließen sich nicht gegenseitig aus, sondern bedingen einander. Je größer die geistliche Kraft der Kirche ist, je mehr Gotteserfahrung sie macht, desto tiefer wird ihre Welterfahrung gehen, und desto kraftvoller und gewagter wird ihr weltliches Engagement sein. Die ersten Christen haben dem römischen Kaiser das Opfer verweigert und sind dafür sogar in den Tod gegangen, nicht, weil sie unmittelbar die politische Konfrontation gesucht hätten, sondern weil sie in ihren Gottesdiensten den Vater Jesu Christi als den einen und alleinigen Gott verkündet und gefeiert haben – aber eben das hat sie in die Opposition gegen den Kaiserkult geführt. Ich kann dasselbe auch so ausdrücken: Ihre »schlechthinnige Abhängigkeit« von Gott hat sie dazu getrieben, sich für die Unabhängigkeit der Menschen von anderen Menschen, gar nur von einem einzigen, einzusetzen.

Nun ist die Kirche in unserer Zeit fraglos »weltlicher« geworden – und das ist gut. Aber ist sie zugleich auch »geistlicher« geworden?

Die Frage nach der geistlichen Kraft der Kirche ist identisch mit der Frage nach dem *»Interesse« ihrer Wahrheit.* Für die christliche Kirche gibt es nur ein einziges Wahrheitsinteresse: Das ist das Interesse an Gott – nicht an Gott schlechthin, sondern schlechthin an dem Gott, den Jesus von Nazareth als seinen »Vater« erfahren hat, dessen Wesensmerkmal gerade darin besteht, daß er sich unendlich für den Menschen interessiert. Damit aber fällt für die Kirche das Interesse an Gott mit dem Interesse an den Menschen zusammen, sofern sie sich wirklich für den Gott interessiert, den Jesus geglaubt und verkündet hat. Ihre Spiritualität führt sie zur Humanität, und ihre Humanität wiederum weist zurück auf ihre Spiritualität.

»Allein aus Glaube und Gnade« bedeutet für die Kirche, daß allein das Interesse an Gott ihre Existenz in der Welt rechtfertigt. Darum gibt es für eine Gesellschaft kaum etwas Uninteressanteres, Langweiligeres, Abgestandeneres und Überständigeres als eine Kirche, die nicht mehr ausdrücklich von Gott spricht. Ob der Zeitgenosse sich heute von der Kirche noch viel oder wenig oder auch gar nichts mehr erhofft, auf jeden Fall erwartet er von ihr, daß sie noch von Gott redet, auch wenn er selbst vielleicht nicht einmal mehr nach ihm fragt.

NEUNTES KAPITEL

Leiden – wie kann Gott das zulassen?

1. Von der Schuld des Menschen zum Leid der Welt

Auf die Frage, welches Thema die Menschen in unserer Zeit religiös noch am stärksten bewege, würde ich, ohne zu zögern, antworten: das Leid in der Welt. Dies ist das Fazit meiner Beobachtungen in zahlreichen öffentlichen Diskussionen und privaten Gesprächen über mehr als drei Jahrzehnte hinweg.

Vom Anbeginn bis heute hat im Abendland – anders als im Morgenland – die Frage nach der Sünde und Schuld des Menschen im Zentrum des christlichen Glaubens und Denkens gestanden. In der Frömmigkeit wie in der Theologie kreiste alles um die Frage, wie der sündige Mensch mit seiner Schuld vor Gott bestehen und durch Buße und Vergebung das ewige Heil erlangen könne. Über dieser Frage ist in der Reformation die Einheit der abendländischen Kirche zerbrochen. Luther fragte: »Wie kriege ich einen gnädigen Gott?«, und das Konzil von Trient (1545/63) formulierte analog: »Wie gelangt der sündige Mensch in den Gnadenstand?« Heute sind sich beide Kirchen nicht nur über die Frage, sondern weithin auch über die Antwort einig.

Wenn man heute irgendwo einen theologischen Vortrag gehalten hat, dann kommt in der Diskussion längst nicht mehr immer die Schuld des Menschen zur Sprache, bestimmt aber wird nach dem Leid in der Welt gefragt, wie Gott das zulassen könne. Aus welchem Motiv immer diese Frage gestellt sein mag, ob aus Glaubensnot oder aus Glaubensverweigerung, ob in leidenschaftlichem Protest oder nur um rhetorischer Polemik willen – allein schon die Häufigkeit der Frage zeigt an, wo heute die entscheidende religiöse Problematik liegt und worauf sich vornehmlich das noch vorhandene beziehungsweise neuerweckte religiöse Interesse konzentriert.

Die Konzentration des religiösen Interesses und demzufolge der theologischen Fragestellung auf das Leid der Menschen hat einen doppelten Aspekt, gleichsam einen »makrokosmischen« und einen »mikrokosmischen«.

Der *makrokosmische* Aspekt knüpft an die in der Religionsgeschichte schon immer vorhandene Wahrnehmung des Leidens an. Die Erfahrung von Leid und die Frage nach der Ursache und dem Sinn solchen Leides gehört zu den Grunderfahrungen und -fragen der Menschheit. Die Klage über das Leid der Menschen in Gestalt der Anklage gegen die leidlosen Götter, die auf goldenen Stühlen im Himmel sitzen, oder als Anfrage an die Allmacht und Liebe des einen Gottes, der die Welt regiert, zieht sich wie ein ununterbrochener Psalm durch die Zeiten. Im Fortgang der Neuzeit aber wird dieser Chor immer mächtiger und zugleich immer feindlicher. Heute gilt das Leid als der Haupteinwand gegen jeden Glauben an Gott. »Warum leide ich? Das ist der Fels des Atheismus.« (Georg Büchner, Dantons Tod III,1)

Damit hat sich das Leidensproblem aus dem Partiellen ins Universale ausgeweitet und zugleich verschärft. Es handelt sich jetzt nicht mehr nur um die sogenannte »Theodizeefrage«, das heißt um die Frage nach der Gerechtigkeit Gottes angesichts des Leides in der Welt – vielmehr steht jetzt der Glaube an Gott insgesamt auf dem Spiel. Infolge des Übermaßes an Leid in der Welt erreicht die Bedrängnis des Gottesglaubens durch die Unsichtbarkeit Gottes ihren Höhepunkt. Mindestens so bedrohlich wie der Triumphzug der Naturwissenschaft und Technik, mit dem Positivismus als philosophischem Schleppenträger in ihrem Gefolge, scheint mir für den christlichen Glauben heute die immer intensivere Konfrontation der Zeitgenossen mit dem Leid der Welt zu sein.

Wie verhält sich der gegenwärtige Zustand der Welt, wie wir ihn täglich vor Augen haben, zu der abschließenden Billigungsformel, mit der Gott sich am Ende des biblischen

Schöpfungsberichtes gleichsam selbst applaudiert: »Und siehe, es war sehr gut«? Und wie wiederum paßt diese Feststellung Gottes am Anfang der Bibel, daß alles sehr gut sei, zu seiner Verheißung am Schluß: »Siehe, ich mache alles neu« (Offenbarung 21,5)? Oder wie läßt sich das, was auch nur eine einzige Tagesschau an Leid vor Augen führt, mit dem in Einklang bringen, was Jesus von Nazareth von Gott als liebendem Vater gesagt hat? Wenn Zeitgenossen von ihren Erfahrungen in der Welt erzählen und am Ende dann das Erzählte zusammenzählen, dann zählt von dem Erzählten gar zu viel gegen Gott! Manchmal scheint Gott selber wieder in der Bibel nachlesen zu müssen, um daran erinnert zu werden, daß er die Liebe ist. Auch nachdenklichen Christen will es heute nicht mehr recht über die Lippen: »Wer nur den lieben Gott läßt walten . . .«

Als Grund für die theologische Ausweitung und Verschärfung des Leidensproblems wird meistens das überproportionale Wachstum des Leidens in der Welt angeführt: Es hat gewiß zu allen Zeiten viel Leid in der Welt gegeben, in der unseren aber hat es sich so sehr vermehrt, daß ein Umschlag von der Quantität in die Qualität droht. Und so spricht man, in Nachahmung der christlichen Zeitrechnung, von der Zeit »nach Auschwitz«, in der das Leid der Menschheit überhandgenommen habe – die Zeit mithin nicht mehr an dem von Gott offenbarten Heil, sondern an dem von Menschen angerichteten Unheil messend.

Ich halte diese Einschätzung unseres eigenen Leids für eine Selbstüberschätzung. Ob das Quantum an Leid in der Welt im Vergleich zu früheren Zeiten heute größer ist – wer will das schon mit Bestimmtheit sagen? Zu allen Zeiten hat die Erde gebebt, sind Flüsse über die Ufer getreten, haben Vulkane Städte verschlungen und Seuchen Länder verwüstet, sind Menschen ausgebeutet und Völker fortgeführt worden. Ich glaube nicht, daß die Menschen im Dreißigjährigen Krieg unter den ihnen angetanen Greueln weniger gelitten haben als die Menschen im 20. Jahrhundert unter den Schrecken der beiden Weltkriege, umgekehrt aber auch nicht, daß Slumbewohner heute ihre Misere weniger bedrückend empfinden als das Industrieproletariat die seine im 19. Jahrhundert oder die Sklaven ihre Lage im Altertum. Auf mich macht die Leidensgeschichte der Menschheit eher einen »stationären« Eindruck. Mir scheint, daß den Menschen zu jeder Zeit eine gleich große, allzeit allzu große, Menge an Leiden und Schmerzen zugemessen worden ist. Vielleicht wäre der Mensch darum überhaupt richtiger statt als »homo sapiens« als »homo patiens« zu definieren, als das leidende Wesen in der Welt. Aber vielleicht ist er gerade darum auch das »fragende Wesen«, denn durch Leiden entsteht Reibung an der Wirklichkeit, und durch solche Reibung entzünden sich Fragen. Damit kommt auch der Grund in Sicht, warum sich in unserer Zeit das Leidensproblem zugleich so ausgeweitet und verschärft hat.

Zwei Faktoren treffen hier zusammen: Nicht das Leid der Welt insgesamt hat zugenommen, wohl aber dringt täglich aus aller Welt mehr Leid an das Auge und Ohr der Menschen. Zudem sind zur gleichen Zeit viele Zeitgenossen für das Leid und Unrecht in der Welt empfindlicher geworden.

Diese größere Sensibilisierung vieler Menschen angesichts des Leids und Unrechts in der Welt ist fraglos eine Frucht der Vertiefung des menschlichen Bewußtseins durch das Christentum. Aber eben dieses vertiefte menschliche Bewußtsein schlägt heute auf das Christentum selbst zurück – und das geht vornehmlich zu Lasten seines Gottesglaubens. Gerade um der unzähligen sinnlos leidenden Menschen willen wäre ein allmächtiger und gütiger Gott, »unser Vater im Himmel«, im wahrsten Sinne des Wortes »vonnöten«, aber gerade die unzähligen sinnlos leidenden Menschen in der Welt scheinen zu beweisen, daß ausgerechnet in Nöten kein solcher Gott und Vater da ist. Und so schreit das Leid der Menschen nicht nur gen Himmel, sondern gegen den Himmel. Es steigert die allgemeine, den Glauben bedrängende Unsichtbarkeit Gottes bis hin zur scheinbar völligen Widerlegung nicht nur seiner Allmacht und Liebe, sondern seiner Existenz überhaupt.

Auch hier spielt die Umkehrung der allgemeinen Lebensrichtung vom Jenseits zum Diesseits in der Neuzeit mit hinein. Der Druck, den das Leid der Welt auf den Gottesglauben ausübt, wird noch verstärkt durch die gleichzeitige Abnahme der Hoffnung auf ein leidfreies Leben in einer jenseitigen besseren Welt. Solange die Erde als ein Prüfungsort für den Himmel galt und das Leben auf ihr nur als ein Vorlauf des ewigen Lebens, wurde der Druck des Leidens durch die Aussicht auf einen zukünftigen Ausgleich gemildert. Der Strom der irdischen Leiden wurde ins Jenseits abgeleitet und dadurch zugleich im Diesseits reguliert. Seitdem aber die Aussicht in die Ewigkeit für die meisten Zeitgenossen versperrt ist, werden die Fluten der Leiden nicht mehr abgeleitet, sondern zurückgestaut, und so bildet sich auf der Erde ein »Meer von Leid«.

Mechthild von Magdeburg konnte noch dichten:

»Einst dachte ich, wenn ich dich sehe droben,
Eh' ich beginne, singend dich zu loben,
Würd' ich dir meinen Jammer klagen:
Nun hat mich, Herr, dein Anblick ganz und gar geschlagen,
Denn du hast mich weit über mich und meine Menschlichkeit getragen.«

Von mir muß ich hingegen gestehen: Falls es denn ein »Droben« gibt, würde ich, bevor ich singend zu loben beginne, Gott hoffentlich nicht meinen eigenen Jammer klagen, ihm wohl aber wegen fremden Jammers einige konkrete Fragen zu stellen haben: Wie es sich zum Beispiel mit den Kindern verhält, die bei den ständigen Vormärschen und Rückzügen der Erwachsenen in unserem Jahrhundert verhungert oder erschlagen an den Straßenrändern zurückgeblieben sind, oder wie mit den Kinderschuhen, aber auch mit den Überbleibseln der Erwachsenen, die in Auschwitz gestapelt liegen, oder wie mit den Süchtigen und Kriminellen, die in ihrem Leben niemals eine echte Chance gehabt haben, weil ihnen schon die erste Chance jedes Menschenkindes, die Vertrauen stiftende Elternliebe in der frühesten Kindheit, versagt geblieben ist – dies und noch manches andere möchte ich doch gern wissen, bevor ich singend zu loben beginne, falls ich dann nicht längst ausgeschlossen bin aus dem Chor der Seligen.

Mit diesem Eingeständnis scheint mir zugleich eine Ortsanweisung für jede zeitgenössische »Theologie des Leides« gegeben zu sein. Bei allem, was ein Christ heute über das Leid in der Welt zu sagen wagt, hat er nicht »oben« bei Gott im Himmel, sondern »unten« bei den Leidenden auf der Erde seinen Platz einzunehmen. Und nicht so sehr sein eigenes Leid sollte der Beweggrund seines Nachdenkens sein als vielmehr das der anderen. Damit kommt von selbst der »mikrokosmische« Aspekt der heute drängend gewordenen Leidensproblematik in Sicht.

Auch der *mikrokosmische* Aspekt des Umschlags von der Schuld- in die Leidensfrage ist eine Folge der größeren Sensibilisierung vieler Menschen für das Leid in der Welt. Er besteht in der neuen Hinwendung zu den sozialen Randgruppen, die seit einiger Zeit, freilich mit einer zugleich wachsenden Brutalisierung, in unserer Gesellschaft wahrzunehmen ist.

Vor einigen Jahren hatte ich auf der Jahresversammlung eines Verbandes für ländliche Erwachsenenbildung ein Referat über den Beitrag des christlichen Glaubens zur Frage der Lebensqualität zu halten. Von den etwa sechzig Minuten, die der Vortrag dauerte, hatte ich höchstens fünf auf die Existenz der sozialen Randgruppen verwandt und dabei aufgezählt: »Nach wie vor die Kinder und die Alten insgesamt, immer auch noch die unehelichen Mütter, dringender denn je die Strafgefangenen und -entlassenen, die Alkoholiker, die Obdachlosen, die ausländischen Arbeitnehmer, die Körperbehinderten, neuerdings vor allem die Drogensüchtigen und die politisch Radikalen.« Kaum war die Diskussion eröffnet, da meldete sich eine Bäuerin, deren Name in der Versammlung etwas zu gelten schien und der auch mir fortan unvergeßlich bleiben wird, zu Wort. Von allem, was ich gesagt hatte, griff sie nur meine Aufzählung der Randgruppenexistenzen heraus und protestierte heftig dagegen, daß ich die Kinder, die Körperbehinderten und die Alten zusammen mit Kriminellen, Alkoholikern, Drogensüchtigen und politisch Radikalen genannt hätte. Ihr Protest gab das Startsignal zu einer mindestens einstündigen Diskussion, in der alle Beiträge einheitlich auf den gleichen moralischen Tenor gestimmt waren: Die sozialen Randgruppen tragen an ihrem Unglück selber Schuld, sie sind nur die Opfer ihrer eigenen Laster. Die Versammelten selbst dagegen gaben sich überlegen, gesund und leistungsstark – in Wahrheit aber fühlten sie sich bedroht und angegriffen.

Was sich in diesem Saal an Angst und Abwehr äußerte, erfüllte genau den Tatbestand, den die Psychoanalyse als kollektive »Sündenbock-Strategie« beschreibt. Wie einst in Israel am großen Versöhnungstag ein Bock mit den Sünden des Volkes beladen und in die Wüste gejagt wurde, geradeso projiziert die Gesellschaft ihr eigenes Unvermögen, ihre verborgenen, teilweise unbewußten Ängste, Schwächen, Schuldgefühle und Wunschvorstellungen in die Armen, Schwachen, Kranken, Ohnmächtigen und drängt sie an den Rand der Gesellschaft oder isoliert sie in Gettos. Aus den Augen, aus dem Sinn: Was man an sich selbst heimlich als unmoralisch, schwach und ungesund verurteilt, das überträgt man – ganz in der Weise religiöser Magie – auf einen anderen und bleibt durch solche Abspaltung selber gut, stark und gesund.

Aber eben in dieser Beziehung ist seit einiger Zeit ein Wandel im Gange. In unserer Gesellschaft wächst die Zahl derer – einzelner wie Gruppen, Christen und Nichtchristen –, die die Randgruppen nicht mehr als eine feindliche Gegenwelt betrachten, gegen die sie sich durch Hilfs-, Abwehr- und Strafmaßnahmen zu schützen suchen müssen, die sie vielmehr als ihresgleichen annehmen, sich ihnen zuwenden und Brükken in ihre Isolierung hinein zu bauen trachten.

Die entscheidende Voraussetzung für diese neue Solidarisierung ist die Abkehr von dem bisherigen Vorurteil: Die sozialen Randgruppen werden nicht mehr moralisch verdächtigt, sondern diagnostisch-therapeutisch beurteilt. Sie gelten nicht mehr als die Schuldigen, sondern als die *Leidenden* der Gesellschaft. Entsprechend reicht man ihnen die notwendige Hilfe nicht mehr, nach zuvor versprochener oder geleisteter Bewährung, autoritär von oben herab, sondern, ohne Vorleistung, in solidarischer Zugesellung von gleich zu gleich.

Durch die Ausweitung der Leidensproblematik vom Partiellen ins Universale wird die Schuldfrage nicht verdrängt; es findet nur ein Wechsel des Listenplatzes statt. Der Einsatzpunkt der religiösen Fragestellung liegt für den Zeitgenossen, sofern er überhaupt noch fragt, beim Leid, nicht bei der Schuld des Menschen. Die Frage der Schuld kommt erst an zweiter Stelle, im Rückschluß, zur Sprache. Aber gerade auf dem Umweg über die Betroffenheit durch das Leid der Welt kann der Mensch zu neuer, konkreter Schuldeinsicht gelangen.

Im Grunde handelt es sich nur um die Bevorzugung der anderen Seite eines immer schon bestehenden Zusammenhangs. Ich meine jenes unentwirrbare Gewebe von Sünde, Schuld, Übel und Leid in der Welt, das der biblische Mythos mit dem Bild vom »Sündenfall« beschreibt und die Theologie in den Begriff der »gefallenen Schöpfung« faßt. Damit wird zugleich der Horizont abgesteckt, innerhalb dessen die Antwort auf die Frage nach dem Leid der Welt zu suchen ist.

2. *Ein Riß geht durch die Wirklichkeit*

Wenn ich von dem ganzen Christentum nichts glaubte – eines glaube ich: was die christliche Theologie seit alters mit dem Symbol der *gefallenen Schöpfung* bezeichnet. Denn das trifft die Wirklichkeit, in der ich lebe: Die Welt ist nicht das, was sie sein sollte; und ich selbst bin nicht so, wie ich sein soll. Ein Riß zieht sich durch alles Sein. Dadurch erhält die Welt eine Tönung ins Dunkle und der Lauf der Welt eine Neigung zum Bösen und Unheilvollen, und ihr Bestand zeigt eine Hinfälligkeit, die nur aufzuhalten, aber der nicht aufzuhelfen ist. Der Riß, der sich durch alles Sein zieht, geht auch durch mich und mein Leben – es ist meine eigene Zerrissenheit. Und auch mein Hang zum Bösen und das Gefälle meines Lebens zum Verfall sind mehr als nur ein peinlicher Erdenrest und ein moralischer Defekt – ich befinde mich in einem Zustand der »Entfremdung«, den ich nur zu ertragen, den ich aber selbst nicht zu ändern vermag.

Das Christentum begründet den Riß, der sich durch alles Sein zieht, mit dem Losgerissensein des Menschen von Gott als dem Ursprung und Grund alles Seins. Dies geschieht in dem biblischen Mythos vom *Sündenfall.*

Man darf einen Mythos, wenn man die in ihm enthaltene Wahrheit erschließen will, weder wörtlich nehmen noch ihn rational auflösen, sondern man muß ihn wie eine Muschel an das Ohr halten und auf die Stimmen lauschen, die in ihm ertönen. Es sind die Welterfahrungen von Menschen, die sich darin verdichtet haben und nun in Bildern erzählt werden.

Grob gerechnet, gibt es drei Stufen der Erkenntnis im Verhältnis des Menschen zur Welt, die zugleich einen Reifungsprozeß widerspiegeln. Auf der ersten Stufe nimmt der Mensch die Welt so hin, wie sie ist. Ob sie ihm dabei als ein freundliches Geschick oder als ein dunkles Verhängnis erscheint, ob er sich dankbar oder zynisch zu ihr verhält, ob er sie als Beute an sich reißt oder in Verantwortung verwaltet – auf jeden Fall begegnet die Welt ihm als *»Schicksal«* und damit als etwas, »für das er nichts kann«.

Auf der nächsten Stufe erkennt der Mensch, daß die Welt durch ihn so ist, wie sie ist. Die Welt begegnet ihm als sein eigenes Werk; er ist der Täter. Das bedeutet die Entdeckung der *»Schuld«* durch den Menschen. Mit ihr erreicht der Mensch eine Würde, die ihn vor aller übrigen Kreatur auszeichnet. Aber auch diese Erkenntnis, so tief sie ist, reicht zum vollen Verständnis der Welt nicht aus. Aus der Schuld des Menschen allein läßt sich der böse Lauf der Welt nicht erklären. Es gibt nicht nur subjektive Schuld, sondern auch objektive Verhängnisse, nicht nur verschuldete, sondern auch unverschuldete Leiden, nicht nur Übeltaten, sondern auch Übel.

Das führt zur dritten Stufe der Welterkenntnis. Auf ihr erfährt der Mensch die Welt nicht nur entweder als Schicksal oder als Schuld, sondern als ein unauflösliches *Geflecht aus Schicksal und Schuld.* Und auch seine eigene Schuld geht ihm zugleich als Schicksal und Verhängnis auf, freilich als ein Schicksal und Verhängnis, an dem er handelnd teilnimmt, und darum immer auch als Schuld. Verhängnis und Schuld laufen hier wie in einem Ring ineinander. »Daß wir so schlimm drinstecken, das heißt Menschsein.« (Theodor Fontane)

Daß das Böse in der Welt Verschuldung und Verhängnis zugleich ist, eben dies deckt der biblische Mythos vom Sündenfall auf. Jeder fängt zwar das Böse neu an, so daß es *sein* Böses ist, aber jeder findet das Böse in der Welt auch schon vor als etwas, das außer ihm und vor ihm da ist. Wir stehen in einer Tradition des Bösen, die wir mit unserem bösen Beginnen nur fortsetzen. Darum geht es nie nur um die Schuld des einzelnen, sondern immer auch um das Schicksal der Welt, nie nur um die Sünde des Menschen, sondern immer auch um das Leid der Menschheit, und darum nie allein um die Gerechtigkeit des Menschen vor Gott, sondern immer auch um die Gerechtigkeit Gottes angesichts der Welt.

Die Erfahrung der »gefallenen Schöpfung« als einer erlebten Wirklichkeit ist der tiefste Grund dafür, daß ich – trotz allen Eintretens für Liberalität – kein liberaler Theologe bin. Was mich vom theologischen Liberalismus trennt, ist dessen heimlicher Optimismus – sowohl in bezug auf Gott als auch in bezug auf den Menschen und auf die Welt. In bezug auf Gott: ich halte Gott selbst in seiner Liebe noch für tief verborgen und nur schwer erkennbar. In bezug auf den Menschen: ich halte mich für so unverbesserlich, daß Gott sich meiner nur erbarmen kann. In bezug auf die Welt: ich halte die Welt für so zerbrechlich und gefährdet, daß man sie höchstens ein wenig zum Besseren, niemals aber ganz zum Guten wenden kann. Alles in allem: mich wundert, daß ich am Leben bin. Das Erschrecken über die steigende Selbstmordziffer geht bei mir daher Hand in Hand mit der Verwunderung darüber, daß nicht mehr Menschen angesichts ihrer selbst und der Welt ihr Leben beenden.

«Religion« darf nicht darin bestehen, den Menschen eine heile Welt vorzugaukeln. Sie muß vielmehr gerade den Riß aufdecken, der durch alles Sein geht, und nur auf diesem Hintergrund vorhandenen Unheils darf sie von Heilung und Heil sprechen. Anders betrügt sie die Menschen. Dann verhilft sie ihnen nicht zum *wahren Sein*, sondern verschafft ihnen nur ein *glückliches Bewußtsein.* Solche Religion des glücklichen Bewußtseins entspricht genau dem, was Karl Marx »Opium des Volks« genannt hat.

Der biblische Mythos vom Sündenfall will den gegenwärtigen Zustand der Welt nicht erklären, sondern will ihn aufdekken und deuten. Das beweist der Gang der Erzählung: Zunächst wird Adam von Gott verhört – er schiebt die Schuld auf Eva. Darauf wird Eva von Gott vernommen – sie gibt die Schuld der Schlange. An dieser Stelle aber bricht das Verhör ab; die Schlange kommt nicht mehr zu Wort. In einer gleichartigen mythologischen Erzählung aus der religiösen Umwelt der Bibel, etwa aus dem Bereich der gnostischen Religiosität, wäre ganz gewiß auch die Schlange zu Wort gekommen und hätte sich etwa als das Gegenprinzip in der Welt oder auch als ein zweites Prinzip innerhalb der Gottheit selbst interpretiert. In der Bibel hingegen wird die Anwesenheit des Bösen und der Übel in der Welt nur festgestellt, über ihre Herkunft aber keinerlei Auskunft gegeben.

Damit scheidet von vornherein auch jede dualistische Lösung des Leidensproblems aus. Für die Übel und Leiden in der Welt ist kein Gegengott verantwortlich zu machen. Es nützt auch nichts, hier den Teufel an die Wand zu malen. Denn entweder ist der Teufel ein gleich mächtiger Gegengott – das wäre ein für den christlichen Gottesglauben ganz unerträglicher Dualismus; oder aber der Teufel steht auch unter Gottes Herrschaft – dann fällt die Verantwortung zuletzt doch wieder auf Gott zurück. Leid und Schuld sind daher allein eine Sache zwischen Gott und dem Menschen. Und so bleibt die Frage bestehen: Leiden – wie kann Gott das zulassen?

3. Atheismus aus Liebe zu den Menschen

Die einfachste und konsequenteste Antwort auf die Frage nach der Allmacht und Liebe Gottes angesichts des Leides in der Welt gibt nach wie vor der *Atheismus*: Es ist kein Gott – »die einzige Entschuldigung für Gott ist, daß er nicht existiert« (Stendhal).

Es gibt einen heiligen gottlosen Zorn gegen Gott um der Leiden in der Welt willen. Das ist ein respektabler Atheismus aus humanem Grund: er verneint Gott aus Liebe zu den Menschen. Aber der Atheismus macht es sich mit seiner Antwort zu leicht. Er bietet keine Lösung des Leidensproblems, sondern vollzieht einen Rückzug. Mit der Annahme, daß es keinen Gott gibt, ist das Problem, das das Leid in der Welt aufgibt, noch nicht gelöst. Durch die atheistische Antwort wird das Sinnverlangen des Menschen nicht gestillt. Gerade die Liebe kann sich mit der bloßen Abweisung der Sinnfrage nicht abfinden, weil sie sich mit der Sinnlosigkeit des menschlichen Leids in der Welt nicht abfinden kann. Das Leid der Menschen bleibt bestehen und damit auch die bohrende Frage nach seiner Sinnlosigkeit. Die Liebe ist mit dem Leid in der Welt nie fertig.

Ich kenne kaum einen anderen, der das Ungenügen des Atheismus angesichts der endlosen Leiden in der Weltgeschichte so tief empfunden und so ehrlich ausgesprochen hat, wie ausgerechnet der Atheist Ernst Bloch. Nachdem er eine drängende Warum- oder Wieso-Frage an die andere gereiht hat, schließt er die Fragenkette am Ende mit der Feststellung: »Das sind Angelegenheiten, die gerade auch beim Atheismus übrigbleiben, sofern er nicht ein geschichtsloser und irrealer, ja irrsinniger Optimismus ist.«

Aber wenn Gott als das schuldige Subjekt der Weltgeschichte ausfällt, dann rückt statt seiner der Mensch unter die Anklage, ein Verursacher von Leiden, der Täter von Untaten zu sein – und dies um so mehr, als im Zuge des neuzeitlichen Emanzipationsprozesses der Mensch selbst zum Erlöser der Menschheit wird. An die Stelle der bisherigen »Theodizee«, der Rechtfertigung Gottes, tritt damit die Nötigung zu einer »Anthropodizee«, das heißt zu einer Rechtfertigung des Menschen. Vor wem aber kann sich ein Mensch, der mit keiner göttlichen Instanz mehr rechnet, anders rechtfertigen als vor seinesgleichen? Und so beginnt reihum und weltrund eine allgemeine Selbstrechtfertigung. Jeder sucht sich ein Alibi zu verschaffen, indem er die Schuld von sich auf andere schiebt, auf »die Männer« oder auf »die Frauen«, auf »die

Alten« oder auf »die Jugend«, auf den »Kapitalismus« oder auf den »Kommunismus«, auf die »Reaktion« oder auf den »Klassenfeind«. Schuld am Leid der Welt hat in jedem Fall immer der andere.

Die atheistische Antwort auf das Leidensproblem entläßt die Christen mit der Frage, ob ein Gott, der schützt und züchtigt, der belohnt und bestraft, der Leiden verhängt und Leiden aufhebt, ein glaubwürdiger, ein sowohl göttlicher als auch menschlicher, Gott sei.

Aus der atheistischen Antwort ergibt sich fast von selbst die Forderung, das Leidensproblem *praktisch-gesellschaftskritisch* anzugehen: Sinn hin, Sinn her – auf jeden Fall muß so viel Leid wie irgend möglich aus der Welt geschafft werden! Darum gilt es, statt allgemein-abstrakt im Singular vom »Leid der Welt« zu sprechen, die Leiden der Menschen im Plural konkret beim Namen zu nennen, nach den Ursachen ihres Entstehens und den Bedingungen ihres Fortbestehens zu forschen und jene gesellschaftlichen Zustände aufzuhellen und aufzuheben, durch die Leiden erzeugt werden, um auf diese Weise das größtmögliche Glück der größtmöglichen Zahl herzustellen.

Die Forderung ist unbestritten: In der Tat müssen die Leiden der Welt bekämpft und durch Aufhebung der Zustände, die sie verursachen, soweit wie möglich aus der Welt geschafft werden! Das aber führt zu der Frage nach dem Subjekt der Veränderung: *Wer* bekämpft die Leiden und hebt die sie verursachenden Zustände auf? Und die Frage nach dem Subjekt der Veränderung wiederum führt weiter zur Frage nach der Subjektivität der Veränderer: *Wie* müssen diejenigen beschaffen sein, die solches tun? An dieser Stelle aber kommt nun doch unweigerlich wieder die Sinnfrage hinein: wie einer das Leid, das in der Welt ist, auffaßt, wie er sein eigenes Leid besteht, wie leidensfähig er selbst ist.

Hinter der Antwort, das Leid nur abzuschaffen und sonst nichts, wittere ich einen heimlichen Eudämonismus, das Ideal eines möglichst leid- und schmerzfreien Lebens. Leid gilt als Panne, als eine Art Verkehrsunfall oder Betriebsstörung, die man möglichst rasch zu beheben suchen muß. Daß es auch unverschuldetes und unaufhebbares Leid gibt, vielleicht sogar mehr als verschuldetes und aufhebbares, wird dabei fast völlig übersehen und die Frage nach dem Sinn des Leides kaum noch gestellt. Das Leid wird nur kausal, nicht final betrachtet. Daß Leid erfahrungsgemäß auch eine produktive Kraft sein kann und umgekehrt völliger Leidensunwille jede lebendige Leidenschaft tötet, wird in unserer vornehmlich auf Aktion, Effizienz und Expansion gerichteten Zeit als eine vergangene, heutigen Menschen nicht mehr zumutbare Denk- und Lebensweise empfunden. Wir sind nicht nur unfähig zu trauern, wir sind auch unfähig zu leiden – und wir erziehen unsere Kinder zu beidem.

Durch die Unfähigkeit zu leiden wird nicht nur die Kraft zur vollen Wahrnehmung des eigenen Lebens in seiner ganzen Fülle geschwächt, es wird dadurch vor allem auch die Bereitschaft untergraben, sich fremder Leiden anzunehmen und sie zu bekämpfen. Damit aber kommt der kritische Punkt jeder nur einseitig pragmatisch-gesellschaftskritischen Lösung des Leidensproblems ans Licht.

Die reinen Pragmatiker übersehen die Erfahrung, daß die Propagierung eines unaufhörlichen Glücks am allerwenigsten jene Gesinnung fördert, die den Menschen bereit macht, sich an der Leidensbekämpfung in der Welt zu beteiligen. Hier gibt es eine bemerkenswerte Entsprechung im Kräftehaushalt der Gesellschaft: Am allerehesten sind immer noch diejenigen entschlossen, dem Leid in der Welt Widerstand zu leisten, die in ihrem eigenen Leben Leid erfahren haben und ihm nicht ausgewichen sind, sondern ihm einen Sinn zu geben versuchen – nicht durch passive Hinnahme, wohl aber durch aktive Annahme –, und die deshalb ihr Leben mitsamt seinem Leid bejahen.

Die Einseitigkeit der pragmatisch-gesellschaftskritischen Lösung des Leidensproblems sollte die Christen vor jeder Zerreißung des Zusammenhanges zwischen Sinnfrage und Handeln warnen. Gar zu lange haben wir Christen zusammen mit den bürgerlichen Idealisten nur abstrakt über den Sinn des Leids der Welt nachgedacht, statt die in der Welt konkret vorhandenen Leiden rational zu untersuchen und sie politisch zu bekämpfen. Die Folgen waren weithin Leidensunterwerfung, Ergebung ins Unabwendbare, Sehnsucht nach dem Himmel und politische Passivität. Der im Gleichnis vom barmherzigen Samariter ergehende Appell zur Leidensbekämpfung wurde von der Christenheit zwar vernommen, blieb aber zumeist auf die private Hilfe beschränkt. Man kurierte an den Symptomen, versuchte aber nicht, die Ursachen in den Verhältnissen aufzuspüren und aufzuheben.

Eine glaubwürdige Antwort auf die Herausforderung durch das Leid der Welt muß immer beides umfassen: Sie muß sowohl der Frage nach dem Sinn so vielen Leides in der Welt standhalten als auch so viel Leid wie möglich aus der Welt zu schaffen trachten. Dabei dürfen beide Arten der Beantwortung nicht nebeneinander hergehen, sondern müssen sich aufeinander beziehen, ja ineinandergreifen. Ich fürchte jedoch, daß die traditionellen Antworten kirchlich-christlicher Frömmigkeit auf das Leidensproblem hier nicht ausreichen.

4. Die christlich-apathische Lösung

Im Bereich der traditionellen christlichen Frömmigkeit dominieren weithin immer noch jene Deutungen des Leides, die ich zusammenfassend als die *christlich-apathische* Lösung des Leidensproblems charakterisieren möchte. Sie begegnet in einer zweifachen Form, einer rigorosen und einer gemilderten, wobei sich beide Formen mischen.

Die *rigorose* Antwort verlangt die bedingungslose Unterwerfung des Menschen unter das von Gott verhängte Leid, gemäß dem Wort des geschundenen Hiob: »Der Herr hat's gegeben, der Herr hat's genommen; der Name des Herrn sei gelobt.« (Hiob 1,21) Das göttliche Motiv für die Verhängung von Leiden bildet die notwendige *Bestrafung* des Menschen, dessen Schuld gegen Gott in jedem Fall als so unermeßlich groß gilt, daß keinerlei Strafmaß für die Tilgung ausreicht. Darum darf der Mensch gegen das Leid nicht einmal aufbegehren wie das Heideröslein bei Goethe und bescheiden sprechen: »Und ich will's nicht leiden«, sondern er muß sich ducken, ohne zu mucken. Das einschlägige Bibelzitat lautet hier: »Der Mensch kann Gott auf tausend nicht *eins* antworten!« (Hiob 9,2 ff.)

Gemildert wird die rigorose Unterwerfungstheorie durch die Einführung des pädagogischen Moments der *Prüfung*: Gott will den Menschen durch die Schickung von Leiden nicht einfach nur strafen, er will ihn durch solche Strafe zugleich prüfen, bessern und an sich ziehen, so daß das Leid den Charakter der »Heimsuchung« erhält. Die entscheidende Rahmenrichtlinie dieses göttlichen Schulsystems lautet: »Wen der Herr lieb hat, den züchtigt er.« (Hebräer 12,6)

Apathisch nenne ich beide Formen dieser christlichen Antwort auf die Frage nach dem Leid, sowohl die milde als auch die rigorose, weil Gott selbst dabei apathisch bleibt im Sinne der Leidlosigkeit der griechischen Götter, der Mensch aber apathisch wird durch seine Verurteilung zur Passivität infolge der bloßen gehorsamen Hinnahme des Leidens durch ihn.

Gegen diese christlich-apathische Lösung des Leidensproblems habe ich viele *Einwände*. Der entscheidende ist, daß die Rechtfertigung Gottes hier einseitig zu Lasten des Menschen geht: Der Mensch allein hat Schuld am Leid der Welt. Auch wenn er nicht alles Leid eigenhändig angerichtet hat, so hat er es doch durch seine Sünde verursacht. Dieser grundsätzliche Einwand gegen die christlich-apathische Lösung schließt eine Reihe von einzelnen Einsprüchen in sich.

Gleich das erste Gegenargument lautet: *Schuld und Leiden stehen in der Weltgeschichte in keinem angemessenen Verhältnis zueinander*. Soviel menschliche Schuld, wie Leid in der Welt geschieht, gibt es gar nicht, und wählte man auch den Maßstab 1 : 1000. Wieviel wird in der Welt gelitten, ohne daß es Schuldige dafür gibt! In jedem Fall übersteigt die gottgesandte Plage, wenn sie denn von Gott gesandt sein soll, das Maß der menschlichen Schuld.

Damit ist zugleich auch der milderen Form der apathischen Lösung widersprochen, daß Gott die Menschen durch Leiden nicht nur strafen, sondern auch prüfen und läutern wolle.

Denn das Maß der Leiden steht dieser pädagogischen Absicht stracks entgegen. Körperlicher Schmerz, sozialer Druck und seelisches Dunkel können so groß und mächtig werden, daß der Mensch überhaupt nicht mehr denken und reden, ja nicht einmal mehr klagen kann und daß für ihn mithin gar keine Möglichkeit besteht, einen Sinn in seinem Leiden zu erkennen und sich dadurch zu ändern.

Ich erinnere mich an die Erzählung eines meiner theologischen Lehrer, eines wahrhaft frommen Mannes, von dem Besuch des Pfarrers bei seiner krebskranken Mutter. Als der Pfarrer gegangen war, fragte der Sohn seine Mutter, wie es denn gewesen sei und was der Pfarrer gesagt habe. »Gnädige Frau, hat er gesagt«, berichtete die Mutter, »es gibt drei Stufen des Leidens: Leiden müssen – leiden können – leiden dürfen.« Und die alte Dame fügte hinzu: »Ich habe dabei immer nur gedacht, der sollte einmal meine Schmerzen haben.«

Vielleicht kann und soll man nicht gegenseitig abwägen, was größer ist und schwerer wiegt: das Leid oder die Schuld der Menschen – auf jeden Fall hat es für mich allzeit an den Menschen mehr zu bewundern als zu verachten gegeben und ihr Leid mich stets mehr bewegt als ihre Schuld.

Darum erscheint mir die christlich-apathische Antwort auf die Frage nach dem Leid der Welt sowohl anthropologisch als auch theologisch verdächtig. Anthropologisch verrät sie einen gläubigen Masochismus, theologisch, als entsprechende Projektion dazu, einen göttlichen Sadismus.

Welch unmenschliches *Menschenbild* steht dahinter, wenn man den Menschen zu einem göttlichen Prüfungsobjekt erniedrigt – im Grunde nicht anders, als wenn man in den Konzentrationslagern Häftlinge medizinischen Experimenten unterwarf, auch hier mit der Aussicht: Wer überlebt, darf vorerst leben bleiben! Auf diese Weise wird der Mensch nicht leidensfähig, sondern gerade leidensunfähig gemacht.

Und welch ungöttliches *Gottesbild* steht dahinter, wenn ein Gott seine göttliche Allmacht durch menschliche Ohnmacht beweisen zu müssen meint, wenn er sich auf Kosten Wehrloser verherrlicht und erst dann wirklich groß ist, wenn der Mensch sich klein fühlt. Daß Gott einen Menschen – wie in vergangenen Zeiten Eltern ihre Kinder oder Lehrer ihre Schüler – durch jeweils ausgesuchte Arten von Leiden straft oder auf die Probe stellt, um ihn nach bestandenem Glaubensexamen gleichsam in die nächsthöhere Klasse zu versetzen, ist für mich eine unannehmbare, ganz und gar unvorstellbare Gottesvorstellung. Ein Gott, der die Menschen durch Leiden prüft, kommt mir vor wie ein Turnierveranstalter, der einen schweren Parcours aufgebaut hat und nun vom Schiedsrichterturm aus durchs Fernglas zuschaut, wie die Reiter ihn nehmen: ob sie die Hindernisse schaffen oder über sie stürzen; oder wie ein Jäger, der Fallen gestellt und Schlingen gelegt hat und nun im Dickicht des Waldes hockt und beobachtet, wie sich das Wild darin fängt.

Darum hat mir auch die Vaterunser-Bitte »Und führe uns nicht in Versuchung« mein Leben lang Schwierigkeiten bereitet, und ich wäre froh, wenn jene Neutestamentler recht hätten, die auf Grund des wiederhergestellten aramäischen Urtextes vermuten, daß diese sechste Vaterunser-Bitte ursprünglich gelautet habe: »Und rette uns aus der Versuchung!« Denn »Gott hat viele Namen, aber er kann nicht ›der Versucher‹ heißen« (Walter Dirks).

Die klassische Belegstelle für die christlich-apathische Lösung des Leidensproblems bildet die alttestamentliche Erzählung von *Isaaks Opferung* durch Abraham. Da wird Abraham von Gott befohlen, seinen liebsten Sohn, den verheißenen Erben, mit eigener Hand zu opfern. Die entscheidende Stelle lautet wörtlich: »Und als sie an die Stätte kamen, die ihm Gott gesagt hatte, baute Abraham dort einen Altar und legte Holz darauf und band seinen Sohn Isaak, legte ihn auf den Altar oben auf das Holz und reckte seine Hand aus und faßte sein Messer, daß er seinen Sohn schlachtete. Da rief ihn der Engel des Herrn vom Himmel und sprach: Abraham! Abraham! Er antwortete: Hier bin ich. Er sprach: Lege deine Hand nicht an den Knaben und tu ihm nichts; denn nun weiß ich, daß du Gott fürchtest und hast deines einzigen Sohnes nicht verschont um meinetwillen.« (1. Mose 22,9–12)

Die Theologen haben sich geradezu gegenseitig darin überboten, Gottes Verborgenheit und Abrahams Gehorsam in einem Atemzug zu preisen. Von mir muß ich gestehen, daß ich gegen die Erzählung von der Versuchung Abrahams durch Gott nicht nur »wehleidige Bedenken« (Gerhard von Rad) hege, sondern daß sie mich Zeit meines Lebens abgestoßen hat. So etwas verlangt der Gott, an den ich glaube, nicht von einem Menschen! Die religionsgeschichtliche Erklärung, daß sich in dieser Sage die Ablösung des Menschenopfers durch Tieropfer widerspiegele, hilft *theologisch* überhaupt nicht weiter. Ich möchte wissen, wie wir diese Geschichte beurteilen würden, wenn sie nicht im Alten Testament, sondern in einer außerchristlichen religiösen Urkunde stünde – wahrscheinlich könnten wir dann gar nicht genug Worte und Gründe finden, um sie als unterchristlich, als ungöttlich und unmenschlich zugleich, zu verwerfen.

Durch solche Art von Theologie hat auch die *Christologie* Schaden genommen, indem man fortfährt, daß Gott in gleicher Weise seinen Sohn nicht verschont und über ihn als Strafleiden den Tod verhängt habe. Zu den anstößigsten Stellen in der heutigen theologischen Literatur gehört für mich die folgende Auslegung des Todes Jesu: »Hier ist das geschehen, was Abraham an Isaak nicht zu tun brauchte: Christus wurde vom Vater in voller Absicht dem Schicksal des Todes überlassen; Gott hat ihn hinausgestoßen unter die Mächte des Verderbens ... Um den Gedanken in höchster Schärfe zum Ausdruck zu bringen, könnte man mit den Worten der altkirchlichen Dogmatik sagen: Die erste Person der Trinität verstößt und vernichtet die zweite ... Hier kommt theologia crucis, Kreuzestheologie, zur Sprache, wie sie radikaler nicht sein kann.« Ich frage mich: Wenn so etwas schon im akademisch-theologischen Hochwald gesagt werden kann, wie sieht's dann erst im kirchlich-theologischen Unterholz aus?

Die theologische Deutung des menschlichen Leids als göttliche Strafe oder Prüfung hat auch negative *politische* Wirkungen. Wer das Leid, eigenes oder fremdes, in bedingungslosem Gehorsam hinnimmt, leidet nicht mehr wirklich am Leid der Welt, sondern flieht vor ihm in Apathie und Passivität. Er denkt nicht daran, die Welt zu verändern, indem er die irdischen Ursachen und menschlichen Verursacher der Leiden aufdeckt, sondern er begnügt sich mit dem politischen und gesellschaftlichen Status quo. Er ist gar zu rasch bereit, wie dem himmlischen Herrn so auch seinen irdischen Oberherren blind zu gehorchen und aufs Wort zu parieren. »Wen der Herr lieb hat, den züchtigt er« – das ist praxis maiestatis im Himmel wie auf Erden.

Es ist ein *eudämonistischer* Glaube, der sich in der christlich-apathischen Lösung des Leidensproblems theologisch Ausdruck verschafft hat. Den religiösen Untergrund bildet die Verknüpfung von Strafangst und Schutzbedürfnis auf seiten des Menschen und von Anklage und Trost auf seiten Gottes – es ist das Grundmuster einer archaischen Religiosität. Aus der theologischen Reflexion dieser Religiosität ergibt sich die Figur eines *moralischen Gottes*, der die Guten schützt und die Bösen straft. Dabei verbindet sich der Gedanke der göttlichen *Vorsehung* mit dem moralischen Gesetz der *Vergeltung*: Indem Gott Strafe androht und Schutz gewährt, hält er mittels Sanktionen und Entschädigungen die Welt in Ordnung und lenkt so den Lauf der Geschichte. Aber eben diese Annahme einer Entsprechung zwischen Schuld und Unglück beziehungsweise zwischen Unschuld und Glück droht die Frömmigkeit zu vergiften. Denn damit kommt in den Glauben an Gott eine Absicht, die Erwartung eines Vorteils oder die Befürchtung eines Nachteils, hinein. Und so erweist sich die christlich-apathische Lösung des Leidensproblems als eine Ausprägung der Religion des glücklichen Bewußtseins.

Das Bild eines Gottes, der anklagt und tröstet, der straft und beschützt, erinnert verdächtig an Freuds Deutung der menschlichen Vaterbeziehung und gerät damit ganz von selbst auch in das Feuer seiner Religionskritik. Wie das Kind seinen Vater einerseits als ein hartes, despotisches Über-Ich fürchtet und sich andererseits in dem Schutz eben dieses selben starken Über-Ichs birgt, geradeso verhält sich der Gläubige seinem Gott gegenüber. Deshalb ist Gott für Freud denn auch nur ein »erhöhter« irdischer Vater und die Religion die illusionäre Erfüllung der ältesten, stärksten und dringendsten Wünsche der Menschheit.

So bleibt die Frage nach dem Leid der Welt als eine Anfrage an Gott bestehen: Leiden – wie kann Gott das zulassen? Die christlich-apathische Lösung hat die Fragestellung sogar eher noch verschärft als beantwortet: Wenn Gott der Verursacher der Leiden in der Welt ist – warum kann er dann nicht auch der Schuldige sein? Diese Zuspitzung läßt nur zwei Möglichkeiten offen: Entweder die atheistische Antwort, daß kein Gott sei, oder aber das Zerbrechen des moralischen Gottesbildes durch eine neue, gründlichere Erfahrung Gottes, die bislang Unbekanntes über Gott ans Licht bringt – es ist die Gotteserfahrung Jesu von Nazareth. Den Übergang dazu bildet die biblische Hiobdichtung, Bruch und Brücke zugleich.

5. Hiobsbotschaft: Der Tod des moralischen Gottes

Das Buch Hiob ist eine großartige religiöse Urkunde – aber nicht weil Gott, sondern weil Hiob in ihm so groß ist. Hiobs Größe besteht darin, daß er im Glauben nicht klein beigibt, sondern den Versuchungen seines Gottes fest im Glauben widersteht und auf diese Weise einem Größeren und seiner Gotteserfahrung den Weg bereitet. Ohne die Aussicht auf die Gotteserfahrung, die Jesus von Nazareth durch sein Leben und Leiden erworben hat, wäre das Hiobbuch für mich kaum erträglich. Nun aber bildet es die prophetische Spitze des Alten Testaments, wichtiger als alle sogenannten messianischen Weissagungen sonst, ausgenommen das Lied vom leidenden Gottesknecht in Jesaja 53.

Es geht im Hiobbuch nicht um das Leid als religiöses Einzelproblem, sondern, ausgelöst zwar durch die Tatsache eines furchtbaren Leidens, um die Frage nach dem Wesen der Religion überhaupt: welchen Sinn und Wert, ja Nutzen sie hat. Man kann sagen: Das Buch Hiob enthält lauter *Reden über die Religion angesichts des Laufs und Leids der Welt.*

Gleich am Anfang formuliert der Satan die entscheidende Thematik, wenn er kritisch fragt: »Meinst du, daß Hiob Gott *umsonst* dient?« (1,9) Damit ist die Frage, um die es geht, gestellt, und zwar sofort in der Form des Verdachts: Religion nur zum Nutzen und Vorteil des Menschen, als Weg des Frommen zum Glück, als Besiegelung einer heilen Welt – also Religion nicht um des wahren Seins, sondern um eines glücklichen Bewußtseins willen! Oder wozu Religion sonst?

Diese Frage wird am Schicksal Hiobs durchgespielt. Gott und Satan wetten im Himmel miteinander um Hiob: ob sein Glaube, der jetzt geradezu sprichwörtlich ist, auch dann durchhalten werde, wenn es ihm nicht mehr gut geht, das heißt, wenn Gott ihn nicht mehr schützt, sondern wenn schweres Leid über ihn kommt, das heißt, wenn Gott seine Hand von ihm abzieht. Und so wird Hiob, ohne etwas zu ahnen, zum Gegenstand einer himmlischen Wette und damit zu einem religiösen Versuchsobjekt.

Von Gott dem Satan zur Glaubensprüfung überlassen, trifft Hiob Schlag auf Schlag, ereilt ihn eine »Hiobspost« nach der anderen: Seine Herden werden geraubt, sein Hab und Gut wird durch Feuer oder Feinde vernichtet, seine Söhne und Töchter kommen um, schließlich wird er selbst mit Krankheit geschlagen. Am Ende sitzt Hiob von allem, was er je besaß, entblößt, in der Asche, nur noch eine Scherbe in der Hand, mit der er sich den Eiter von seiner Haut schabt.

Auf die Kunde von Hiobs großem Unglück besuchen ihn drei Freunde – und »saßen mit ihm auf der Erde sieben Tage und sieben Nächte und redeten nichts mit ihm; denn sie sahen, daß der Schmerz sehr groß war«. (2,11–13) Das ist eine bewegende Szene, wie die drei im Anblick des leidenden Hiob nicht sofort losreden, sondern zunächst sieben Tage und sieben Nächte lang nur mit ihm dasitzen und schweigen. Um so tiefer ist man dann enttäuscht, wenn sie schließlich zu reden anfangen. Ihre langen, frommen Reden enthalten genau alle jene Elemente, die zusammengenommen die christlich-apathische Antwort auf die Frage nach dem Leid ausmachen.

In immer neuen Variationen wenden die drei Freunde – später kommt noch ein vierter hinzu – ein und dasselbe Argument hin und her: Das große Unglück, das Hiob »sichtlich« getroffen hat, zeigt an, daß er vor Gott schuldig ist. Darum raten die Freunde ihm, in sich zu gehen, seine Schuld zu bekennen und Buße zu tun – alsbald wird sich sein Unheil wenden: »So vertrage dich nun mit Gott und mache Frieden; daraus wird dir viel Gutes kommen.« (22,21)

Mit ihrer Argumentation bestätigen Hiobs fromme Freunde genau den Verdacht, den der Satan am Beispiel Hiobs so gern beweisen möchte: daß der Mensch nicht »unentgeltlich«, sondern nur um eigenen Nutzens willen an Gott glaubt, daß alle Religion mithin zuletzt egoistischen Motiven entspringt. Was ich *Religion des glücklichen Bewußtseins* genannt habe, läßt sich kaum krasser darstellen, als Hiobs Freunde es in ihren Reden tun.

Demgegenüber kann man Hiobs Glauben und Frömmigkeit als *Religion des wahren Seins* bezeichnen. Ihre erste spontane Äußerung ist die *Klage*. Läßt sich ein wahrerer Ausdruck seines Seins denken, als daß Hiob klagt? (3,6.9; 7,11.16–21; 10,1; 30) Sören Kierkegaard hat Beschwerde darüber geführt, daß man von Hiob immer nur seine »schönen Worte«, seine fromme Ergebung ins Leid, zitiere, seine heftigen Klagen hingegen, seine Empörung wider das Leid, unterschlage – als ob er in seinem Elend unentwegt nur wiederholt hätte: »Der Herr hat's gegeben, der Herr hat's genommen; der Name des Herrn sei gelobt!« und nicht auch die Stunde seiner Geburt verflucht, sein Leben verwünscht und Gott angeklagt: »O Hiob! Als alles barst, wardst du ein getreuer Zeuge des ganzen herzzerreißenden Elends, das in uns stekken kann, und du hast es gewagt, als Wortführer in der Bitterkeit deines Herzens Klage zu erheben und mit Gott zu streiten. Warum verbirgt man uns das? . . . Wagt man es denn nicht mehr, vor Gott zu klagen? Hat die Furcht Gottes so zugenommen, oder ist die feige Furcht größer geworden? . . . Niemand wagt, diese Auseinandersetzung weiterzutreiben. Sprich also du, unvergeßlicher Hiob!« In der Tat sollte man Hiob um seines Klagens willen ebenso unter die Kirchenväter aufnehmen wie die Bekenner, Beter, Denker und Täter des Glaubens.

Hiobs Klage über sein Unglück ist zugleich *Anklage und Auflehnung gegen Gott.* Er verlangt Bescheid über die wahre

Ursache seiner Leiden (13,3.15ff.; 23,2). Nicht das ist für Hiob das Schlimmste, daß er so entsetzlich leiden muß – obwohl er natürlich auch gern aus der Asche heraus möchte –, sondern daß er nirgendwo einen Grund und Sinn für sein Leiden erkennt.

Die »Moral von der Geschicht'«, die seine Freunde ihm auftischen, nimmt Hiob ihnen nicht ab. Die Patience der Passion, die sie ihm legen, geht nicht auf, weder in seinem Einzelfall noch im Lauf der Welt insgesamt.

Hiob bestreitet strikt, daß er sein Unglück »verdient« habe. Er hört nicht auf, seine Unschuld zu beteuern, gegenüber den aufdringlichen Unterstellungen seiner Freunde ebenso wie gegenüber dem undurchdringlichen Schweigen Gottes: »Ich bin unschuldig« – »Bis mein Ende kommt, werde ich nicht weichen von meiner Unschuld« (6,30; 9,29; 10,6–7; 16,17; 23,10ff.; 27,1ff.; 29,12ff.; 31). Hiob kämpft um die Reinheit der Motivation seines Glaubens. Gäbe er dem Drängen der Freunde nach und bekennte er sich vor Gott schuldig, um sein Leid zu wenden, so würde er gerade damit eingestehen, daß er Gott nicht »umsonst«, nicht »unentgeltlich« diene, sondern um eigenen Vorteils willen, um unter seinem Schutz glücklich zu leben. Und dann hätte der Satan mit seinem Verdacht gegen ihn recht und Gott die Wette verloren!

Indem Hiob trotz seines »sichtlichen« Unglücks so eigensinnig an der Behauptung seiner Unschuld festhält, streitet er gegen den moralischen Gott, der die Bösen durch Leiden straft und die Guten mit Wohlergehen belohnt. Hiob kann, wenn er um sich blickt, nirgendwo in der Weltgeschichte ein solches rationales System der Vergeltung erkennen. Er sieht vielmehr überall nur den irrationalen Willen eines allwirksamen Gottes walten. Und dieser Wille Gottes hat bei Hiob eine gefährliche Nähe zur Willkür. Er wirkt in allem Geschehen – im Guten wie im Bösen, in Glück und Unglück, in Wohl und Leid – so gleich gültig, daß er fast schon gleichgültig wirkt: »Gott achtet nicht darauf!« – »Er macht's, wie er will« – »Er bringt den Frommen um wie den Gottlosen« (24,12; 23,13; 9,22). Harscher und herber kann man es kaum ausdrücken. Solche Allwirksamkeit Gottes läßt keinen moralischen Ausgleich im Laufe eines Menschenlebens erkennen, höchstens einen sozialen am Ende: »Der eine stirbt frisch und gesund in allem Reichtum und voller Genüge . . .; der andere aber stirbt mit verbitterter Seele und hat nie vom Glück gekostet – und doch liegen beide miteinander in der Erde, und Gewürm deckt sie zu.« (21,23–26)

Mit alldem kündet Hiob das *Ende des moralischen Gottes* an – und das bedeutet zugleich das *Ende eines nützlichen Gottes* und damit auch einer *egoistischen Frömmigkeit.* Die Religion bringt dem Menschen nichts ein, weder Vorteil noch Nachteil: Unglück ist nicht immer eine Quittung für Schuld, und Gerechtigkeit gibt noch keine Garantie auf Glück. Diese realistische Feststellung bedeutet das »Ende einer Illusion« (Sigmund Freud). Sie ist wahrlich eine Hiobsbotschaft für die Religion der Freunde Hiobs, denn sie entlarvt ihre religiös-moralische Weltdeutung als frommes Wunschdenken. Zornig entrüstet sich Elihu: »Er hat gesagt: Dem Menschen nützt es nichts, wenn er Gott gefällig lebt.« (34,9) Wozu Religion aber dann?

Hiob wünscht sich von Gott nur eines: Er soll endlich sein Schweigen brechen und offen mit ihm reden – »Der Allmächtige gebe mir Antwort!« (31,35). Das ist nicht die Bitte um eine fromme Zwiesprache, sondern die Herausforderung zu einem Rededuell. Wenn er schon ein Spielball Gottes sein soll, dann möchte Hiob wenigstens wissen, was mit ihm gespielt wird und welche Spielregeln gelten. Wichtiger als die Wiederherstellung seines Glücks ist ihm die Auskunft über die Ursache seines Unglücks. Hiob hat den Mut zur Wahrheit. Es geht ihm zuerst nicht um ein glückliches Bewußtsein, sondern um das wahre Sein. Pointiert kann man formulieren: »Religion« bedeutet für Hiob Aufklärung der Welt durch Gott – was auch immer dabei herauskommt.

Hiob sucht Aufklärung über die Ursache des ihm zugefügten Leids ausgerechnet bei dem Verursacher seines Leids, der Geschundene bei seinem Schinder. Er hält sich an Gott, obwohl er ihn enttäuscht hat, und damit überholt er den bisherigen Stand der Gotteserkenntnis, den seine frommen Freunde repräsentieren (16,19–21; 17,3; 19,25– 27).

Ich frage mich: Wie hätte Hiob wohl reagiert, wenn er etwas von der skandalösen Wette im Himmel erfahren hätte? Ob er Gott dann wohl verachtet und seinen Glauben an ihn aufgegeben hätte? Ich glaube es nicht; ich bin überzeugt, daß Hiob selbst dann noch an Gott festgehalten hätte – durch seinen Glauben Gott an seine Gottheit erinnernd. Damit beweist er, entgegen der Verdächtigung durch den Satan, daß es ihm in der Religion nicht um persönlichen Vorteil, auch nicht um moralischen Halt, um die Aufrechterhaltung von »Law and Order«, sondern um die Erfahrung Gottes in der Welt geht.

Der moralische Gott ist an Hiobs Glauben gescheitert. Aber das ist noch nicht die ganze Hiobsbotschaft. Das letzte Wort im Hiobbuch erhält Gott selbst.

Endlich gibt Gott Hiob die verlangte Antwort. Er redet zweimal »aus dem Wettersturm« zu ihm – entsprechend fallen seine Reden aus (38,1 bis 42,6). Gott tritt in ihnen als der allmächtige Weltschöpfer auf und veranstaltet eine Art kosmischer Werkführung. An der Großartigkeit seines göttlichen Schöpfungswerkes demonstriert er Hiob, daß es keinen irgendwie gearteten Vergleich zwischen Gott und dem Menschen und damit auch keinerlei Basis für ein gegenseitiges Rede- und Antwortstehen gibt. »Wo warst du, als ich die Erde gründete? Sage mir's, wenn du so klug bist!« – das ist das Leitmotiv, das sich durch die Offenbarungsreden Gottes hindurchzieht und das in immer neuer Form auf Hiob herabsaust: »Hast du zu deiner Zeit dem Morgen geboten und der Morgenröte ihren Ort gezeigt? ... Bist du zu den Quellen des Meeres gekommen? ... Bist du gewesen, wo der Schnee herkommt? ... Kannst du die Bande des Siebengestirns zusammenbinden oder den Gürtel des Orion auflösen? ... Kannst du der Löwin ihren Raub zu jagen geben und die jungen Löwen sättigen?« – und so geht es fort mit Gemse, Wildesel, Wildstier, Strauß, Roß und Adler. Schließlich führt Gott, als ob dies alles noch nicht imposant genug wäre, Hiob noch zwei besondere Prachtexemplare seiner Schöpfung vor, den Behemoth und den Leviathan, zwei »Urviecher«, das erste eine Art Riesennilpferd, das andere eine Art Riesenkrokodil.

Jedesmal, wenn ich diese Gottesreden im Hiobbuch lese, bin ich von ihnen aufs neue enttäuscht. Soll diese Imponiergebärde Gottes eine Antwort auf Hiobs Frage nach der Ursache und dem Sinn seines Leids sein? Aber ebenso bin ich jedesmal neu von Hiobs positiver Reaktion auf die Gottesreden überrascht. Er empfängt keine einzige Antwort auf seine Frage nach dem Warum, überhaupt keinerlei Aufschluß über die Ursache und den Sinn seines Geschicks. Ja, die Frage nach dem Leid der Welt kommt nicht einmal vor – dennoch zeigt Hiob sich von Gottes Antwort beeindruckt. Er bekennt, daß er Gott bisher verkannt habe und ihn jetzt erst richtig kenne. Fortan will er seinen Mund halten und nicht mehr mit Gott rechten.

Was hat diese innere Wandlung Hiobs bewirkt? »Ich hatte von dir nur vom Hörensagen vernommen; aber nun hat mein Auge dich gesehen« (42,2ff.) – das erweckt nicht den Eindruck eines Mannes, der sich nur einfach überfahren fühlt, sondern der ehrlich überwältigt ist. Was also ist es, das Hiobs Auflehnung gegen Gott in Ergebung und Zustimmung verwandelt hat?

Wichtig ist für Hiob zuerst, *daß* Gott überhaupt wieder etwas sagt, daß er endlich aus seinem Schweigen heraustritt und Antwort gibt. Die Erscheinung Gottes bedeutet für Hiob, daß Gott in seinem Leben wieder »vorkommt«.

Aber dann ist für Hiob doch auch wichtig, *was* Gott sagt. Mögen uns die Gottesreden im Hiobbuch auch reichlich verfehlt vorkommen, wie wenn Einstein Schwachsinnigen mit seiner Relativitätstheorie zu imponieren suchte – damals war dies die Art, wie »das Ganze«, das »Universum«, das »Absolute«, das »Unendliche« vor Augen und zur Sprache gebracht wurde, und zwar als das für den Menschen schlechthin Unverfügbare. Und das ist es, was Hiob zur Zustimmung bewegt.

Hiob erkennt in der Unverfügbarkeit des menschlichen Daseins Gottes Sein. Und er läßt sich auf Gott ein – ohne Voraussetzungen und Bedingungen: weder aus Furcht vor

Strafe noch aus Bedürfnis nach Schutz oder Hoffnung auf Lohn, sondern aus Freiheit und Notwendigkeit, preisgegeben an einen Gott, der einfach da ist, und ausgesetzt in eine Welt, die so ist, wie sie ist, und deren Lauf er nicht zu deuten vermag. Hiob hat zwar Glauben, aber keine Weltanschauung. Alles in allem ist das eine Religion des wahren Seins, aber nicht des glücklichen Bewußtseins. Es fehlt ihr nicht ein tragischer Zug. Hiob ist aufrichtig, aber er ist nicht vergnügt.

Am Ende wird Hiob von Gott bestätigt, daß er – trotz seiner Anklagen und Proteste – richtig von Gott geredet, ihn mithin tiefer erkannt und ernster genommen habe als seine frommen Freunde. Diese hingegen werden von Gott getadelt, daß sie nicht recht von ihm geredet hätten (42,7–9), und Hiob hat alle Mühe, sie bei Gott herauszupauken.

Der moralische Gott kommt nicht wieder. Aber was kommt dann?

Den prophetischen Höhepunkt des Buches Hiob bildet nicht die Gotteserscheinung am Schluß und schon gar nicht die Wiederherstellung von Hiobs einstigem Glück, sondern jene Stelle in Hiobs Auseinandersetzung mit den Freunden, an der er gegen den allmächtigen Gott protestiert, der ihn jetzt willkürlich leiden läßt, und an einen Gott appelliert, der sich als sein Freund, Anwalt und Erlöser erweisen wird (19,25). Damit wird ein Gott in Aussicht gestellt, der, statt »apathisch« Leiden über die Menschen zu verhängen, »sympathisch« bei den Menschen im Leiden steht. Dieser Appell Hiobs ist nicht ohne Antwort geblieben.

6. *Die christlich-sympathische Antwort*

Die atheistische Antwort auf das Leid der Welt besteht in dem Auszug des Menschen aus Gott. Die christlich-sympathische Antwort dagegen beruft sich auf den *Auszug Gottes zum Menschen.* Eben darum bezeichne ich diese Lösung als »sympathisch«: nicht, weil sie mir selbst besonders gefällt, sondern weil sich darin Gottes »Sympathie« mit den Menschen ausdrückt. Hier gewinnt die Pointe der von Jesus erlebten und erlittenen Gotteserfahrung für die Lösung des Leidensproblems entscheidende Bedeutung: *Gott steht bei den Menschen im Leiden.* Die allgemeine religionsgeschichtliche Aussage, daß Gott den Menschen das Leid schicke, wird im Christentum überholt von der Zusage, daß Gott sich selbst ins Leid der Menschen schickt.

So betrachtet, bedeutet die *Geschichte Jesu von Nazareth die Rechtfertigung Gottes vor den Menschen angesichts des Leids der Welt.* Lieben und Leiden – was Camus in seinem »Mythos von Sisyphos« vom Universum verlangt, damit der Mensch versöhnt werde –, hier geschieht's: Was das Leid der Welt betrifft, ist Gott ein *Mitbetroffener.*

Aber wenn Gott selbst durch das Leid der Welt betroffen ist – *wer hat es dann verursacht?* Dahinter steht die Frage nach dem Verhältnis zwischen dem »Schöpfergott«, der die Welt geschaffen hat und sie regiert, und dem »Erlösergott«, der das Heil der Welt schafft und es vollenden will. An dieser Frage entscheidet sich für mich, ob wir wirklich mit dem Evangelium Jesu von der Liebe Gottes ernst machen und auch die fälligen theologischen Konsequenzen aus ihm zu ziehen bereit sind.

Ich komme, so gern ich es auch möchte, nicht darum herum, auch das Leid der Welt auf Gott zurückzuführen. Der biblische Befund ist in dieser Hinsicht eindeutig: »Ist etwa ein Unglück in der Stadt, das der Herr nicht tut?« (Amos 3,6) – »Wer darf denn sagen, daß solches geschieht ohne des Herrn Befehl und daß nicht Böses und Gutes kommt aus dem Munde des Allerhöchsten?« (Klagelieder 3,37f.) – »Ich bin der Herr, und sonst keiner mehr, der ich das Licht mache und schaffe die Finsternis, der ich Frieden gebe und schaffe Unheil. Ich bin der Herr, der dies alles tut.« (Jesaja 45,6f.) Gottes Allwirksamkeit schließt unvermeidlich auch das Leid ein. Nach der *Herkunft* des Leids in der Welt befragt, komme ich deshalb um die leidige Feststellung nicht herum: *Auch das Leid in der Welt kommt von Gott her.*

Wo das Frageinteresse sich auf die Ursache richtet, geht der Blick zurück zur Herkunft des Leids. Es gibt aber auch noch eine andere Blickrichtung in der Bibel, vorbereitet schon in der Prophetie des Alten Testaments und endgültig offenbar im Evangelium Jesu. Da werden die Köpfe der Menschen herumgerissen: »So sehet auf und erhebet eure Häupter darum, daß sich eure Erlösung naht!« (Lukas 21,28) Hier wird nicht *ergeben* und daher *kausal* nach der *Herkunft*, sondern *final* und daher *zuversichtlich* nach dem *Ende* des Leids in der Welt gefragt, und entsprechend richtet sich der Blick nach vorn, in die *Zukunft*.

Die Antwort des Evangeliums auf die Frage nach dem Leid der Welt lautet: *Gott geht geradewegs auf das Leid zu.* Denn Gott ist gegen alles, was den Menschen »kaputt macht« – daher ist er auch gegen das Leid in jedweder Form. Die Liebe Gottes im endgültigen Angriff auf das Böse und damit auch auf alle Leiden und Übel in der Welt, von der Schuld bis zum Hunger, von der Angst bis zur Armut, vom Unrecht bis zum Unglück – das macht den Sinn und Inhalt des Evangeliums Jesu aus. Gott will nicht, daß die Menschen weinen, sondern er will sie zum Lachen bringen. Der Lärm der Weltgeschichte klingt in das Lachen der Erlösten aus.

Diese eindeutige Tendenz des Evangeliums Jesu verbietet es, sich lange bei der Frage nach der Herkunft des Leides aufzuhalten und darüber zu grübeln. Seit der Gotteserfahrung Jesu von Nazareth wird jede nur denkbare Antwort auf die Frage nach der Herkunft des Leids in der Welt überholt von der Auskunft, daß Gott bei den Menschen in ihrem Leiden steht und es zum Guten wenden will.

Ich räume unumwunden ein, daß die christlich-sympathische Antwort auf die Frage nach dem Leid in der Welt eine Lücke aufweist. Sie gibt zwar eine Antwort, aber sie bietet keine Lösung. Für die Ursache des Leids in der Welt vermag ich weder im einzelnen noch im ganzen einen irgendwie gearteten theologischen Grund anzugeben. Ja, ich weigere mich sogar ausdrücklich, alles Unglück und Leid in der Welt mit dem Wort »Gott« oder auch mit dem »Wort Gottes« zu erklären.

Die christlich-sympathische Antwort hebt die Spannung zwischen dem »Schöpfergott« und dem »Erlösergott« nicht auf, aber sie hält sie aus. Sie sagt Liebe auch von Gott dem Schöpfer aus und Verborgenheit auch von Gott als Erlöser. Das sollte die Christen dazu anhalten, von der *»Verborgenheit Gottes«* maßvoll zu reden: sie weder zu verharmlosen, als hätten wir damit nun doch wieder aller Rätsel Lösung in der Hand, noch sie zu dramatisieren, als gäbe es jetzt überhaupt keine Gotteserfahrung mehr.

Christen stehen immer leicht in der Gefahr, über Gott zu gut Bescheid wissen zu wollen. Darum möchte ich den Unterschied zwischen richtigem und falschem Reden von der Verborgenheit Gottes an dem Vergleich zwischen einem christlichen und einem jüdischen Text deutlich machen.

In einer christlichen Predigt heißt es über Gottes verborgenes Walten in der Geschichte: »Pharao, Nebukadnezar und Mao Tse-tung sind nur die Geißeln und Zuchtruten des Gerichts, die er in seiner Hand schwingt. Und auch für die Apokalyptischen Reiter gibt *er* das Startsignal ... Darum ist Gott selbst es, der die Gipfelkonferenzen platzen oder auch gelingen läßt. Und er allein würde es sein, der es zuließe, wenn Sintfluten oder auch nukleare Sintbrände über uns kämen ... Der Schlaganfall Stalins, die Rassenkämpfe und ideologischen Auseinandersetzungen geschehen auf seinen Wink, und selbst die Erdbeben in Chile und die Zuckungen der Natur sind ebenso wie Feuer, Flammen und Winde seine Diener, in denen er in Gerichten und Schocks, in Heimsuchungen und Signalen seiner Majestät den Erdkreis aufhorchen läßt ... Und wenn das Weltengrab am Ende alles verschlungen hat, geht er gebietend über das Gräberfeld.«

Wer so triumphal über Gottes verborgenes Walten in der Geschichte redet, für den ist es gar nicht mehr verborgen, sondern der weiß darüber so gut Bescheid, als würde er nicht, wie der Psalmist, von Gottes Rat geleitet (Psalm 73,24), sondern säße mit Gott zusammen im himmlischen Rathaus. Er schreitet wie mit einem Geigerzähler über das Gräberfeld der Weltgeschichte und kann dabei gar nicht tief genug ins Dunkel der Welt hinabtauchen und im Leid der Menschheit waten. Sein Standort ist dabei nicht bei den leidenden Menschen auf Erden, sondern bei dem allmächtigen Gott im Himmel.

Darum gerät ihm seine Rede über Gottes Handeln auch so übermenschlich – und das ausgerechnet im Namen eines Glaubens, dessen entscheidendes Kennzeichen gerade Gottes Menschlichkeit ist.

Wenn Gottes Allmacht die Macht seiner Liebe ist und wenn der allmächtige Gott selbst bei den Menschen in ihrem Leid Aufstellung genommen hat, dann hat auch unser theologischer Standort dort zu sein. Das aber verlangt von den Christen, daß sie von Gottes Allmacht künftig anders reden – nicht mehr mit so triumphaler Gebärde als von etwas, woran sie selbst teilhaben, sondern erschrocken und bescheiden als von etwas, das auch für sie tief verborgen ist.

Wie unendlich viel demütiger und ehrlicher klingt im Vergleich zu der zitierten christlichen Predigt das, was ein junger Jude an die Mauer des Warschauer Gettos geschrieben hat: »Ich glaube an die Sonne, auch wenn sie nicht scheint. Ich glaube an die Liebe, auch wenn ich sie nicht spüre. Ich glaube an Gott, auch wenn ich ihn nicht sehe.« Darüber kommt keiner von uns hinaus; ja, ich wäre froh, wenn ich überhaupt bis dahin gelangte.

Zur Verborgenheit Gottes gehört es, daß durch sie nicht irgendein Detail der Weltgeschichte erklärt wird, sondern jedes für sich und alles zusammen absurd bleibt. Darum sollen wir Gottes Verborgenheit nicht auch noch theologisch verherrlichen – wir vermögen sie ja kaum im Glauben zu ertragen. »Verborgenheit Gottes« meint, daß der Glaube *dennoch, wider allen Augenschein*, selbst angesichts des dunkelsten Widerfahrnisses, an Gott festhält. Der Glaube an Gott hat Gewißheit, aber er verfügt über keinerlei historisches oder kosmisches Wissen. Er versteht das Leid der Welt, seine Ursache und seinen Sinn, nicht, aber er besteht es. Er sagt »Ach ja« dazu und, wenn's hoch kommt, spricht er »Amen«.

Mit dem Leidensproblem verhält es sich genau umgekehrt wie bei Prüfungen sonst: Wer die Frage *nicht* beantwortet, hat die Prüfung bestanden. Das heißt nicht, daß wir solche Fragen einfach unbeantwortet lassen sollen. Im Gegenteil, wir sollen uns unablässig um eine Antwort auf sie bemühen. Aber es muß ein unablässiges Bemühen bleiben. Sobald wir dieses

Bemühen einstellen und jene Fragen nicht mehr stellen, weil wir sie entweder für endlich beantwortet oder für endgültig unbeantwortbar halten, haben wir sie beantwortet und damit die Prüfung nicht bestanden. Gerade weil derlei Fragen weder beantwortbar sind noch unbeantwortet bleiben dürfen, üben sie die Funktion eines Stachels aus: Sie treiben uns tiefer ins Nachdenken über das Leid und ins Handeln an den Leidenden hinein.

Eine ebenso nachdenkliche wie praktische Anleitung für den Umgang mit dem »Leidensproblem« hat Jesus gelegentlich gegeben. (Lukas 13,1–5)

Auf die Frage nach dem Schicksal und der Schuld der Galiläer, die Pilatus im Tempelhof, beim Opfer am Altar, hat niedermachen lassen, antwortet Jesus mit der Gegenfrage: »Meint ihr, daß diese Galiläer mehr als alle anderen Galiläer Sünder gewesen sind, weil sie das erlitten haben? . . . Oder meint ihr, daß die achtzehn, auf welche der Turm von Siloah fiel und erschlug sie, seien schuldiger gewesen als alle anderen Menschen, die zu Jerusalem wohnten?« Und Jesus gibt selbst darauf die Antwort: »Nein, sondern wenn ihr nicht umkehrt, werdet ihr alle auch so umkommen.«

Auch hier findet eine Änderung der Blickrichtung statt. Die Fragesteller werden von der Betrachtung fremden Schicksals abgezogen und zur *»Selbstbetrachtung«* angehalten. Statt allgemein nach dem Zusammenhang von Schuld und Leid in der Geschichte zu fragen und darin objektiv das Walten eines göttlichen Strafgerichts über andere festzustellen, sollen sie auf sich selbst und auf ihre eigene Schuld blicken. Das fremde Leid soll ihnen zu einem »Denkzettel« werden, nicht um abstrakt und objektiv über Gott und die Welt, sondern um konkret und subjektiv über Gott und das eigene Leben nachzudenken und daraus für sich selbst Konsequenzen zu ziehen.

Die erste Konsequenz wird in jedem Fall nun doch das *Eingeständnis unserer Mitschuld am Leid der Welt* sein müssen. Ein großer Teil der Leiden, um derentwillen wir Gott anklagen, ist von uns selbst verursacht – er geht nicht nur zu unseren Lasten, sondern auch auf unser Konto. Darum: Wenn Christen und Nichtchristen heute behaupten, daß man »nach Auschwitz« nicht mehr von Gott reden, geschweige denn ihn noch loben könne, so muß ich, ehe von der Schuld oder Mitschuld Gottes die Rede ist, von mir bekennen: »Auschwitz« – das hat meine Generation meines Volkes angerichtet. Und dafür hat uns Gottes Gericht zu Recht getroffen.

Wir können heute freilich nicht mehr in der magischen Weise, wie es in der Bibel weithin geschieht, irgendwelche zufälligen Natur- und Geschichtskatastrophen, wie Dürre, Erdbeben, Überschwemmungen, Krankheit, Pest und plötzlichen Tod, als Strafen Gottes für das schuldhafte Verhalten bestimmter Menschen oder gesellschaftlicher Gruppen deuten. Wir können von »Gericht« nur noch sprechen, wenn zwischen Schuld und Leid ein ursächlicher Zusammenhang erkennbar ist und das Leid sich als die unmittelbare Folge der schuldhaften Tat erweist – gemäß dem biblischen Bild von Saat und Ernte. Naturkatastrophen sind in unseren Augen nicht »verschuldet«, sondern »verursacht«, und nur wenn wir sie selbst verursacht haben, wie zum Beispiel die Zerstörung unserer Umwelt, haben wir sie auch verschuldet.

Deshalb kann ich auch nicht glauben, daß Gott mir speziell ein Leid zur Strafe oder Prüfung schickt. Wohl aber kann ich ein mir widerfahrenes Leid, wenn ich in ihm die Folge eigenen schuldhaften Tuns erkenne, als eine »verdiente Strafe« annehmen. Und ebenso kann mir ein eigenes oder fremdes Leid zur »Prüfung« dienen, indem ich mich dadurch bewegen lasse, mein bisheriges Leben zu überdenken und zu ändern: Gott mehr zu vertrauen und meinen Nächsten mehr zu lieben. Für mich sind besonders Krankheiten und Krankenhausaufenthalte Zeiten der Besinnung und Wandlung gewesen.

Das gläubige Nachdenken über das Leid geht von selbst in das Handeln der Gläubigen an den Leidenden über – wenigstens sollte es dies tun. Während die christlich-apathische Lösung zu Apathie und Passivität verführt, spornt die christlich-sympathische Antwort zu Sympathie und Aktivität an. *Gottes Sympathie mit den Leidenden verwandelt Menschen in seine Sympathisanten.* Daß Gott bei den Menschen im Leiden steht, realisiert sich konkret-geschichtlich darin, daß Menschen Menschen in ihren Leiden beistehen.

Diese Sympathie der Christenheit mit den Leidenden reicht von der theologischen Reflexion über die gesellschaftskritische Analyse bis zur konkreten politischen Aktion. *Ein* Ausdruck des Mitleidens wird dabei häufig vergessen: das ist die *Klage.*

Mit unserer Unfähigkeit zu leiden verbindet sich die Unfähigkeit zu klagen. Wo wird denn heute noch de profundis geklagt? Zwar beklagen wir uns viel, wir klagen auch andere reichlich an, wir kritisieren und querulieren – aber wer klagt noch von ganzem Herzen, von ganzer Seele und von ganzem Gemüte, so, wie Hiob es getan hat?

Jede wahre Theologie des Leidens sollte mit einer Klage über das Leid anheben, denn das entspricht dem wahren Sein des Menschen in der Welt. Damit bewiese die Theologie, daß sie einen realen Grund hat und nicht nur einen ideologischen Überbau bildet. Und die Klage über das Leid der Welt sollte wieder einmünden in die Liturgie. Wie es in den christlichen Gottesdiensten seit je die »Fürbitte« gibt, so sollte es in ihnen künftig auch eine »Fürklage« geben. Die Christenheit muß stellvertretend für alle jene Menschen Klage halten, die selbst nicht mehr klagen können oder deren Klagen nicht mehr in der Öffentlichkeit gehört werden.

Die christlich-sympathische Antwort auf die Frage nach dem Leid der Welt läßt sich in den beiden Bonhoefferschen Begriffen zusammenfassen: *Widerstand und Ergebung.* »Widerstand« heißt, daß wir so viel aufhebbares Leid wie nur irgend möglich aus der Welt schaffen sollen, zumal wenn es sich um das Leid anderer handelt. »Ergebung« heißt, daß wir das eigene unaufhebbare Leid annehmen und es so verarbeiten sollen, daß es uns wiederum befähigt, das Leid anderer mitzutragen. Widerstand und Ergebung bedeutet die Verbindung von Praxis und Pietas, die gegenseitige Integration von Sinnfrage und Handeln. Dabei müssen wir uns freilich bewußt bleiben, daß es menschliche Leiden gibt, die weder aufzuheben noch anzunehmen sind, sondern die wir unbeseitigt und ungelöst stehenlassen müssen als einen dunklen und scheinbar sinnlosen Bestandteil unseres menschlichen Daseins.

7. Allversöhnung?

Soll das Leid in der Welt endlos weitergehen? Soll der Riß, der sich durch alles Sein zieht, nie geheilt werden? Und wenn der Riß einmal geheilt wird, soll es dann ohne jeden Ausgleich geschehen? Soll alles, so oder so, »umsonst« gewesen sein, umsonst, das heißt vergeblich alle Leiden, umsonst, das heißt unvergolten aber auch alle Frevel – umsonst also das Weinen der Unterdrückten und umsonst das Hohnlachen der Unterdrücker, umsonst die Pein der Gequälten und umsonst die Lust ihrer Peiniger, umsonst das Geschrei der Gefolterten im Keller und umsonst das Geplauder der Machthaber im Salon darüber? Nicht Rachsucht ist es, die so fragen läßt, auch nicht das neidische Verlangen nach der Gleichheit aller, sondern der Durst nach Gerechtigkeit und der Hunger nach Sinn, das Mitleid mit den Leidenden und die »Fürklage« für die Toten – es ist die Sehnsucht Max Horkheimers, daß der Mörder nicht über das unschuldige Opfer triumphieren möge.

Die Bedrängnis durch das Leid und Unrecht in der Gegenwart ist es, die auf das *Ende der Geschichte* ausblicken und dieses Ende als Vollendung erwarten läßt. Die Antwort auf jene Drangsal und Erwartung gibt die *»Eschatologie«*, gleich in welcher Form. Ob religiös als Hoffnung auf das Reich Gottes im Jenseits oder Diesseits oder ob säkular als Idee der Evolution, der Entwicklung der menschlichen Gesellschaft oder gar des ganzen Kosmos zur Vollkommenheit – jedesmal liegt dasselbe Denkschema zugrunde: Die Geschichte der Menschheit, ja des gesamten Kosmos bewegt sich auf eine letzte Vollendung zu, und nichts, was auf dem Weg zu diesem Ziel geschieht, ist »umsonst«; alles ist »notwendig«, sei es nach Gottes Willen oder gemäß dem Gesetz der Natur und Geschichte. Die Tränen derer, die jetzt leiden, sind Tropfen in einem Strom, der »letzten Endes« in ein Meer irdischer oder himmlischer Glückseligkeit mündet. Ob Christ, Marxist, Idealist oder Atheist – jeder spricht, ein jeglicher in seiner Art, das Wort des Apostels Paulus nach: »Ich halte dafür, daß dieser Zeit Leiden der Herrlichkeit nicht wert sei, die an uns offenbart werden soll.« (Römer 8,18) So suchen alle durch die Aussicht auf einen vollkommenen Endzustand den gegenwärtigen Weltzustand zu bestehen und ihn eines »guten Tages« endgültig zu überwinden.

Meine Neigung zur Schwermut hat es mir Zeit meines Lebens schon von Natur aus nicht erlaubt, in die optimistische Zukunftsstimmung des *Evolutionsgedankens* einzustimmen. Kann man die geschichtliche Notwendigkeit von soviel Leid in der Welt wirklich mit der Aussicht auf einen besseren Zwischenzustand oder meinetwegen auch auf einen vollkommenen Endzustand begründen? Das meiste, von dem man behauptet, daß es nur mit Hilfe von Leiden zu erkaufen gewesen sei, hätte mindestens auch mit weit weniger Leiden erreicht werden können. Wie mir keine gegenwärtige Schuld groß genug erscheint, um die Summe der menschlichen Leiden zu rechtfertigen, so auch kein zukünftiges Glück.

Als meine Zeugen dafür nenne ich nur die unschuldigen Kinder und schließe mich damit der Beweisführung des Atheisten Camus und des Christen Dostojewski an. Bei Dostojewski findet sich der entscheidende Abschnitt in seinem Roman »Die Brüder Karamasoff«; er trägt die bezeichnende Überschrift »Empörung« (II/5). Nachdem Iwan Karamasoff die von ihm gesammelten Leidensgeschichten einiger Kinder erzählt hat, fährt er fort: »Höre mich an: ich habe nur die kleinen Kinder genommen, als Beispiele, damit es übersichtlicher sei. Von den übrigen Tränen der Menschen, mit denen die Erde von ihrer Rinde bis zum Mittelpunkt durchtränkt ist, will ich weiter kein Wort reden . . . Wenn alle leiden müssen, um damit die ewige Harmonie zu erkaufen, so sag mir doch bitte, was das mit den kleinen Kindern zu tun hat? Es bleibt unbegreiflich, warum auch sie leiden müssen und warum auch sie durch Leiden die Harmonie erkaufen sollen . . . Einen gar zu hohen Preis hat man auf die Harmonie gesetzt. Wenigstens erlaubt es mein Beutel nicht, so viel für den Eintritt zu zahlen. Darum aber beeile ich mich, mein Eintrittsbillett zurückzugeben. Nicht, daß ich Gott ablehnte, Aljoscha, ich gebe ihm nur die Eintrittskarte ehrerbietigst zurück.«

Ich fühle gegenüber aller Eschatologie einen ungeschlichteten Zwiespalt in mir. Einerseits empfinde ich den gegenwärtigen Zustand der Welt als so gebrechlich und ihre Probleme als so kompliziert, daß mir alle religiösen Zukunftsvisionen und politischen Utopien, zumal wenn sie sich mischen, zutiefst verdächtig sind. Andererseits lockt mich von allen »endzeitlichen« Lösungen, die die christliche Theologie zu bieten hat, gerade die radikalste und umfassendste. Es ist der Glaube an die *Allversöhnung*, an die schließlich endgültige Heimholung aller Menschen und Dinge in Gott. Nach kirchlicher Normallehre gilt dies als eine Irrlehre.

Welche Motive immer bei meiner Neigung zu dieser Ketzerei mitspielen mögen, ob meine Melancholie, die sich, entsprechend der Größe ihres Ungenügens an allem Endlichen, nur mit der größten aller möglichen Erfüllungen begnügt, oder meine Vermittlungstheologie, die ihr Bemühen um die Schlichtung irdischer Entzweiungen über Raum und Zeit hinaus, sozusagen ins Kosmische und Ewige fortgesetzt und bestätigt sehen möchte – den entscheidenden Beweggrund bildet in jedem Fall mein Glaube an die *Universalität der Liebe Gottes.*

Das Überwältigtsein von der Liebe Gottes hat Christen immer wieder in die Ketzerei getrieben. Nicht ihr Mangel, sondern sozusagen ihr Überfluß an Glauben hat sie aus der Bahn der Rechtgläubigkeit geworfen und das kirchlich nicht mehr Erlaubte denken lassen. Die einen, zum Beispiel Marcion und seine Nachfahren, hat das Evangelium Jesu so fasziniert, daß sie sich von dem Gott, den Jesus seinen »Vater« nennt, nur alles Guten – lauter Gnade und Heil – versahen, alles Schlechte dagegen – Übel und Leid, Gericht und Unheil – auf einen niedereren Schöpfergott abwälzten. Und so landeten sie um ihres großen Glaubens an die Liebe Gottes willen beim Dualismus. Die anderen, wie zum Beispiel Origenes, der größte griechische Theologe des Altertums, und Friedrich Schleiermacher, der größte protestantische Theologe der Neuzeit, und beinahe auch Karl Barth, haben Jesu Zusage der Liebe Gottes bis an den äußersten Punkt, bis zum Gedanken der Allversöhnung, ausgezogen. Sie waren von der Universalität der Gnade Gottes so durchdrungen, daß sie an ihren endgültigen Triumph in der Geschichte und deshalb an die Rettung *aller* Menschen glaubten.

Ich gebe zu, daß, wortwörtlich genommen, der Glaube an die Allversöhnung in der Bibel nur eine schmale Basis hat, inhaltlich gesehen jedoch eine breite, jedenfalls eine breitere als der zum kirchlichen Dogma erhobene Glaube an die Jungfrauengeburt. Pointiert kann man sagen: Der Glaube an die Allversöhnung hat zwar nur einen flachen Grund in den Wörtern der Bibel, aber einen tiefen in dem Gott der Bibel.

Bei dem Gott der Bibel überwiegt der Wille, zu retten, weit den, zu strafen. Von Anfang an, das heißt von Ewigkeit her, ist Gott auf die Rettung *aller* Menschen bedacht. »Gott will, daß allen Menschen geholfen werde und sie zur Erkenntnis der Wahrheit kommen« (1. Timotheus 2,4) – das ist der cantus firmus, der sich durch die ganze Geschichte Gottes mit der Menschheit zieht, von A bis Z, von Adam bis Zahrnt. Gott ist auf das Ganze aus – das gibt seiner Liebe von vornherein einen Zug ins Universale und eben damit eine verborgene Tendenz zur Allversöhnung. Diese Tendenz drückt sich schon rein verbal darin aus, daß dort, wo von Gottes Heil die Rede ist, so häufig das Wort »alle« vorkommt: »Gott hat *alle* beschlossen unter den Unglauben, auf daß er sich *aller* erbarme (Römer 11,32; vgl. 5,18) – »Denn es ist Gottes Wohlgefallen gewesen, daß in ihm (Christus) *alle* Fülle wohnen sollte und *alles* durch ihn versöhnt würde mit Gott, es sei auf Erden oder im Himmel« (Kolosser 1,19; vgl. Epheser 1,10) – »Das Alte ist vergangen; siehe, es ist *alles* neu geworden« (2. Korinther 5,17).

Die Offenbarung der Liebe Gottes in Jesus Christus hat einen solchen Schwung, daß ihre Bewegung erst zur Ruhe kommt, wenn sie alles erfaßt hat und die ganze Schöpfung umschließt. Darum münden die Christushymnen im Neuen Testament auch meistens in das Bekenntnis zur Universalität

Gottes: »Auf daß Gott sei alles in allem« (1. Korinther 15,28; vgl. Epheser 3,15) – oder: »Daß in dem Namen Jesu sich beugen sollen aller derer Knie, die im Himmel und auf Erden und unter der Erde sind, und alle Zungen bekennen sollen, daß Jesus Christus der Herr sei, zur Ehre Gottes des Vaters« (Philipper 2,10f.).

Gewiß ist im Neuen Testament überwiegend und ausdrücklich vom »letzten Gericht« am Ende der Weltgeschichte die Rede. Aber wenn der Weltenrichter Jesus von Nazareth heißt, dann läßt das für alle Gnade erwarten, wie einst für den Zöllner, für den verlorenen Sohn, für die große Sünderin, überhaupt wie für alle, mit denen er »unterschiedslos« zu Tisch gesessen ist – Wiederholung und Bestätigung der grenzenlosen Offenheit, mit der Jesus von Nazareth zu seinen Lebzeiten allen Menschen begegnet ist: »Kommt her zu mir, *alle* . . . Wer zu mir kommt, den werde ich nicht hinausstoßen.« Darum sollten die Christen auch an der Hölle nur ein einziges Interesse haben: daß sie sich eines guten Tages entweder als eine menschliche Vorstellung oder aber als leer erweist.

Aber wie es mir um der Liebe Gottes willen schwer wird, an ein letztes Gericht zu glauben, ebenso fällt es mir um der Liebe Gottes willen schwer, es nicht zu tun.

Das Motiv der Universalität der Liebe Gottes, das mich zum Glauben an die Allversöhnung lockt, sehe ich alsbald wieder in Frage gestellt durch den Gedanken der Gerechtigkeit. Dabei denke ich nicht zuerst an die Gerechtigkeit Gottes, daß ihr Genüge getan werde. Daß *Gott* zu seinem Recht kommen müsse, kann doch nur heißen, daß seine *Liebe* ihr Recht bekommen muß. Wenn ich das Motiv der Liebe durch den Gedanken der Gerechtigkeit in Frage gestellt sehe, dann geschieht dies im Grunde also auch wieder nur aus Liebe.

Ich habe dabei die Geopferten vor Augen – die Entrechteten, Verfolgten, Gedemütigten, Vergasten, Gefolterten, Verbrannten, Gefallenen, Verhungerten, Geschlagenen –, und ich frage mich, ob das jenen Millionen, ja nun schon in die Milliarden gehenden Menschen zugefügte Leid und Unrecht einfach mit dem Mantel der Liebe zugedeckt werden könne, ob selbst Gott dies tun dürfe. Dies würde bedeuten, daß die Weltgeschichte eine Geschichte der Sieger wäre – und wo bleiben die Besiegten, unter ihnen der Gekreuzigte von Golgatha? Und auch an die Täter denke ich und frage, ob diese einfach so, wie sie gestorben sind, ohne Einsicht, ohne Läuterung und Verwandlung, der Liebe Gottes teilhaftig werden können. Aber dann kann es auch wieder geschehen, daß ich mir gleichsam einen Ruck gebe und mir sage: Man könnte sich ja auch vorstellen, daß selbst bei einem Hitler oder Stalin, wenn ihnen die Augen aufgingen, das Böse wie ein entsetzlicher Krampf sich löste. Doch auch das könnte sein, daß Menschen Gott einfach abhanden kommen, nicht in irgendeine Hölle, sondern ins Nichts hinein, oder daß Menschen von sich aus keinerlei Nähe zu Gott wünschen. Aber hier verlieren sich meine Gedanken ins Ungangbare und Ausweglose.

Die Antwort des christlichen Glaubens auf Max Horkheimers Sehnsucht, daß der Mörder nicht über das unschuldige Opfer triumphieren möge, ist die Hoffnung auf einen neuen Himmel und eine neue Erde, in denen Gerechtigkeit wohnt (2. Petrus 3,13). Das biblische Bild vom neuen Himmel und der neuen Erde ist das Gegensymbol zum Symbol der gefallenen Schöpfung: Der Riß, der durch alles Sein geht, soll geheilt und so das Sein vollendet werden.

Diese absolute, endgültige Lösung des Theodizeeproblems muß schon vorläufig, partiell und relativ verwirklicht werden in dem leidenschaftlichen Bemühen, die vorhandenen Verhältnisse zu verändern und schon jetzt möglichst viel Leid aus der Welt zu schaffen. Wir sollen nicht den Himmel auf Erden bringen wollen, wohl aber die Hölle auf ihr verhindern helfen, indem wir so viel Leid wie möglich mindern. Die den Himmel auf Erden schaffen wollen, mehren nur ihre Leiden und bereiten ihr schließlich die Hölle. Die aber die Hölle auf Erden verhindern helfen, bringen die Erde dem Himmel ein Stück näher, auch wenn die Nicht-Hölle noch längst nicht der »Himmel« ist.

Darum vernehme ich an der Stelle, wo sich mir um des Glaubens an die Liebe Gottes willen beide Gedanken, Allversöhnung und letztes Gericht, aufdrängen und sich nicht zu einem Ganzen schließen wollen, als endgültige Antwort auf die Frage nach dem Leid der Welt jene Worte aus der Weltgerichtsrede Jesu, die uns den Leidenden zu helfen gebieten und solcher irdischen Hilfe ewigen Wert beimessen (Matthäus 25,31 ff.):

»Ich bin hungrig gewesen, und ihr habt mich gespeist. Ich bin durstig gewesen, und ihr habt mich getränkt. Ich bin ein Fremdling gewesen, und ihr habt mich beherbergt. Ich bin nackt gewesen, und ihr habt mich bekleidet. Ich bin krank gewesen, und ihr habt mich besucht. Ich bin gefangen gewesen, und ihr seid zu mir gekommen . . . Wahrlich, ich sage euch: Was ihr getan habt einem unter diesen meinen geringsten Brüdern, das habt ihr mir getan.«

ZEHNTES KAPITEL

Das Dilemma der Kirche

1. Kirche muß sein

Als junger Theologiestudent habe ich während der Semesterferien in meiner Heimatgemeinde mitgearbeitet – das reichte vom Adressenschreiben und Glockenläuten über Hausbesuche und Mithilfe im Kindergottesdienst bis zur ersten eigenen Predigt am Dritten Adventssonntag 1934. Der Gemeindepfarrer war ein soeben von den »Deutschen Christen« abgesetzter Propst. Über seinem Schreibtisch im Amtszimmer hatte er den Spruch hängen »Ich hab' sie lieb, die werte Magd«, darunter die Unterschrift »Martin Luther«. Anfangs dachte ich, daß Luther mit der »werten Magd« seine Frau gemeint habe – die berühmte »Frau Käthe«, Ahnfrau aller deutschen Pastorenfrauen, nicht nur der lutherischen, sondern auch der unierten und reformierten und eines guten Tages sicher auch der katholischen – und daß der Pfarrer sich aus Liebe zu seiner Frau den Spruch an die Wand gehängt habe, zumal ich beide Eheleute immer sehr liebevoll miteinander umgehen sah. Aber dann lernte ich, daß mit der »werten Magd« die Kirche gemeint sei: Sie war es, die mein Pfarrer so sehr liebte, daß er sich jenes Luther-Wort als Wandspruch in sein Amtszimmer gehängt hatte.

Von mir muß ich gestehen, daß ich die Kirche zu keiner Zeit meines Lebens geliebt habe. Es geht mir mit der Kirche ähnlich wie Gustav Heinemann mit dem Staat, der, auf sein distanziertes Verhältnis zum Staat hin angesprochen, zu antworten pflegte, er »liebe« nicht den Staat, sondern seine Frau.

Ich habe die Kirche zwar Zeit meines Lebens nicht geliebt, aber ich bin ihr bis zum heutigen Tag dankbar. Ohne die

Kirche wäre ich kein Christ. Daß ich sagen kann: »Ich glaube diesem Jesus seinen Gott«, verdanke ich zuerst nicht der Bibel, sondern der Kirche, die mir die Bibel überliefert hat. Darum habe ich in diesem Buch die »Hinreise«, die Beschreibung meines Weges zum christlichen Glauben, mit dem Satz begonnen: »Am Anfang war die Kirche.«

Ich kann mein Verhältnis zur Kirche auf den knappen Satz bringen: *Ich lebe als Christ durch die Kirche in der Kirche – trotz der Kirche.* Dieses ambivalente Verhältnis zur Kirche scheint mir nicht nur einer subjektiven Stimmung zu entstammen, sondern objektiv in der Sache begründet zu liegen. Es entspricht der Zweideutigkeit, die dem Faktum »Kirche« anhaftet. Ob man zwischen »sichtbarer« und »unsichtbarer«, »offenbarer« und »verborgener«, »manifester« und »latenter«, »wahrer« und »gemischter Kirche« unterscheidet, immer ist das gleiche unausgeglichene Nebeneinander gemeint, welches die Kirche, ihren Bestand zugleich sichernd und gefährdend, charakterisiert. Das Dilemma der Kirche hat seinen Grund in ihrer Entstehung. Die Kirche ist von ihrem Ursprung her eine *»unmögliche Möglichkeit«*.

Von dem katholischen Theologen Alfred Loisy stammt der bekannte Satz: »Jésus annonçait le royaume, et c'est l'église qui et venue – Jesus hat das Reich Gottes angekündigt, und die Kirche ist gekommen.« Loisy ist zwar unter anderem auch wegen dieser Behauptung von Papst Pius X. exkommuniziert worden, dennoch war die Wahrheit auf seiner Seite. Längst hat die Theologie es historisch erkannt und theologisch anerkannt: *Jesus von Nazareth hat keine Kirche gegründet.*

Jesu Sendungsbewußtsein griff in seinem Anspruch weiter und realisierte sich zugleich in seinem Auftreten zufälliger. Die neutestamentlichen Evangelien, wenigstens die ersten drei, beschreiben Jesu Sendung und Wirksamkeit in fast gleichlautenden Sätzen so: »Und Jesus ging umher im ganzen galiläischen Lande, lehrte in ihren Synagogen und predigte das Evangelium von dem Reich und heilte allerlei Krankheit und Gebrechen im Volk ... Und es folgte ihm nach viel

Volks aus Galiläa, aus den Zehn Städten, von Jerusalem, aus dem jüdischen Lande und von jenseits des Jordan.« (Matthäus 4,23–25; Markus 1,28. 32–34; Lukas 4,14f.)

In diesen Sätzen ist nicht von der Stiftung einer durch die Zeiten dauernden Kirche die Rede, sondern von einer *endzeitlichen Sammlungsbewegung*. Nicht irgendeine weitere religiöse Organisation soll entstehen und dann eines Tages auch wieder vergehen, sondern das Reich Gottes soll endgültig hereinbrechen. Dafür sammelt Jesus jetzt die Menschen, und er hat es eilig damit, denn es ist höchste Zeit: Das Kommen des Reiches Gottes steht unmittelbar bevor, ja es ist schon im Gange. »Wahrlich, ich sage euch: Dieses Geschlecht wird nicht vergehen, bis daß dies alles geschieht« (Matthäus 24,34) – das gibt die Stimmung wieder, die in der Umgebung Jesu und in der Urgemeinde geherrscht hat. Jesus hat mit dem Kommen des Reiches Gottes noch in dieser Generation gerechnet und die Urgemeinde mit seiner Wiederkunft schon in allernächster Zeit: »Über ein kleines« – nächstes Jahr in Jerusalem! Angesichts solcher »Naherwartung« war für eine Kirche keine Zeit mehr.

Wenn Jesus zwölf Jünger in seine besondere Nachfolge beruft – ob er es nun selbst getan hat oder die Urgemeinde es nur von ihm berichtet –, dann wollte er damit keine religiöse Sondergemeinschaft gründen, wie es damals verschiedene Sekten gab, die geschlossenste die von Qumran, sondern dann dachte er dabei an das Volk Israel als Ausgangs- und Anknüpfungspunkt. Die von Jesus entfachte endzeitliche Sammlungsbewegung war grundsätzlich offen und daher an ihren Rändern unscharf: Wer dazu gehörte und wer nicht, wird sich endgültig demnächst beim Weltgericht erweisen. Der »Zwölferkreis« sollte nicht den harten Kern einer künftigen, dauerhaften Organisation bilden, sondern repräsentierte die zwölf Stämme des Volkes Israel und wollte ein Symbol sein: Ganz Israel war gemeint und durch Israel und über Israel hinaus die Welt. Der Sinn der frommen Zeitgenossen Jesu war auf die Vollendung der Weltgeschichte gerichtet, und die Vollendung aller Geschichte bestand für sie nicht in einer von Gott gestifteten Kirche, sondern umfaßte die ganze Welt.

Aber es kam anders, als Jesus es erwartet und die Urgemeinde es erhofft hatte: Das Reich Gottes brach nicht endgültig herein, und Jesus »verzog« – die Welt nahm weiter ihren Lauf. In dieser heiklen Situation gab es nur zwei Möglichkeiten: Entweder würde sich die von Jesus entfachte endzeitliche Sammlungsbewegung wieder verlaufen – oder aber ihre »Vorläufigkeit« mußte, um im Gang zu bleiben, institutionell stabilisiert werden. Auch der Heilige Geist braucht, wenn er bleiben soll, ein Dach, mindestens ein Zelt über dem Kopf. Zu diesem Zweck mußte ein geschichtliches Gebilde entstehen, das, wie alle Gebilde in der Geschichte, seinen Bestand in der Welt mit den Mitteln der Welt behauptet. Und so ist fast von selbst »die Kirche gekommen« – nicht *an Stelle* des von Jesus angesagten Reiches Gottes, sondern *in Folge* seiner Ansage des Reiches Gottes und nicht als eine unmittelbare, sondern als eine mittelbare Fortsetzung des Wirkens Jesu. Diese »Mittelbarkeit«, ihre »ewige Vermittlerrolle«, ist es, die die Kirche im Unterschied zur Unmittelbarkeit, die im Reich Gottes herrscht, charakterisiert – das Reich Gottes, das nicht von dieser Welt ist, in Gestalt einer Institution in dieser Welt: ein *göttliches* Unternehmen als *menschlicher* Betrieb.

Wer die Sache Gottes vertreten will, muß die Kirche in Kauf nehmen. Jesus hat wie ein Blitz vom Himmel ein Feuer auf Erden angezündet – wie aber will man einen himmlischen Brand zu einem irdischen Dauerbrenner machen? Dazu bedarf es der »Vermittlung«, und das heißt eben der Kirche mit ihren heiligen Schriften, Dogmen, Ämtern und Riten, mit Kultus, Recht, Hierarchie, Bürokratie und Finanzen. Und so vollzog sich jener Übergang, den Max Weber »Veralltäglichung des Charismas« genannt hat: da aus der Ausnahme Gewohnheit, aus dem Feiertag Alltag, aus der Offenbarung Überlieferung wurde und die heroischen Ideale verblaßten oder sich in tägliche Pflichten verwandelten. Aus dem Leib Christi wurde gleichzeitig eine Körperschaft des öffentlichen Rechts, aus dem Wort Gottes eine menschliche Urkunde: die Bibel, aus der Nachfolge Jesu eine kirchliche Laufbahn, aus den Prüfungen der Endzeit theologische Examina, kurzum, aus der Himmelsleiter eine Kirchenleiter.

Dies ist das Dilemma, in dem sich die Kirche befindet; das macht sie zu einem so »zweideutigen Faktum«. Erst jenseits dieses Dilemmas fängt jede ernstzunehmende Kritik an der Kirche an; erst wer ihre unmögliche Möglichkeit erkannt hat, darf Vorschläge auch für ihre Möglichkeiten machen. Der entscheidende Schade der Kirche liegt nicht darin, daß sie meistens, so oder so, hinter ihrer Zeit her ist, sondern daß sie ständig hinter der Sache Jesu, dem Reiche Gottes, zurückbleibt. Das Reich Gottes gilt nun einmal zu Recht als der Maßstab, an dem die Kirche auf Grund ihres geschichtlichen Ursprungs zu messen ist. Und so erscheint die Kirche als ein »notwendiges Übel«: Ein *notwendiges* Übel, weil es ohne sie die Sache Jesu gar nicht mehr gäbe – ein notwendiges *Übel* aber, weil jede kirchliche Institution, auch die beste, hoffnungslos hinter dem Reiche Gottes zurückbleibt und weil jeder kirchliche Lehrsatz, auch der paradoxeste, die Fülle der göttlichen Offenbarung nur unzureichend zu fassen vermag. So ist die Kirche schuldlos an ihrem Ursprung, schuldbeladen jedoch in ihrem Fortgang. Wo aber gibt es Menschengeschichte ohne Schuld? Und Kirchengeschichte ist Menschengeschichte – wie Staats-, Wirtschafts- und Kulturgeschichte!

Die Funktionäre der Kirche sind wahrlich nicht zu beneiden. Daher gebührt ihnen Dank dafür, daß sie bereit sind, die Bürde einer solchen im Grunde unmöglichen Institution zu tragen. Wenn sie die Bürde nur nicht zur hohen Würde machten, an ihrer Last keine solche Lust hätten und sich nicht ihres Amtes mehr als ihres Lebens freuten!

Obwohl die Kirche das Reich Gottes, von dem es heißt, daß es »nicht von dieser Welt« sei, in dieser Welt eingebürgert und sich selbst dabei zugleich verbürgerlicht hat, ist die Kraft des Ursprungs in ihr immer wieder so frisch und lebendig, daß es sie über sie selbst hinaustreibt. Während Bürokratie sonst schläfrig oder halbwach auf der horizontalen Ebene dahindämmert, schlägt in die kirchliche Bürokratie wie ein Blitz immer wieder ein vertikaler Anspruch hinein: »Wachet, denn ihr wißt nicht, welchen Tag euer Herr kommen wird!« (Matthäus 24,42) Diese Konfrontation mit dem »Herrn« geschieht nicht erst am Ende aller Zeiten, sondern kann sich zu jeder

Zeit ereignen. Die Kirche sitzt auf dem von ihr bewahrten und bewachten Evangelium Jesus wie auf einem Pulverfaß, ständig in der Gefahr, sich durch seine Verkündigung selbst in die Luft zu sprengen. Darum wird ihr die Domestizierung, die »Behausung«, des Heiligen Geistes auch nie vollends gelingen.

Der Tatbestand, den ich als »Dilemma der Kirche« beschrieben habe, spiegelt, auf die Kirche bezogen, die Tatsache wider, daß es Gotteserfahrung allein vermittelt durch Welt- und Lebenserfahrung gibt. Es entspricht nur diesem Wesen christlicher Gotteserfahrung, wenn die Theologie zwischen *»sichtbarer«* und *»unsichtbarer Kirche«* unterscheidet. Man hat gegen diese Unterscheidung in unserem 20. Jahrhundert, nach Bischof Otto Dibelius angeblich das »Jahrhundert der Kirche«, zwar viel eingewandt – ich halte sie nach wie vor jedoch für sachgemäß. Denn daß die Kirche »unsichtbar« ist, soll ja nicht heißen, daß sie nur als eine abstrakte Idee umhergeistere und in der Welt nicht erfahrbar sei, sondern daß sie in der Welt nicht anders existiert und erfahrbar ist als der von ihr verkündete Gott: wohl anwesend, aber verborgen, zwar gegenwärtig, aber nicht vorfindlich, durchaus konkret, aber nicht eindeutig – und eben darum »unsichtbar«.

Die Grenzen der Kirche sind verborgen: »Abscondita est ecclesia, latent sancti – verdeckt ist die Kirche, verborgen sind die Heiligen« (Martin Luther). Aber eben die Verborgenheit ihrer Grenzen bekundet ihre grenzenlose Offenheit: Die *eine* Kirche tendiert auf die eine Menschheit hin – es ist das Reich Gottes, das hier in ihr pulsiert.

Die unsichtbare Kirche ist der Maßstab und Zweck der sichtbaren. Die *sichtbare Kirche* – das sind die »verfaßten Kirchen«, neuerdings zusammengefaßt auch gern die »Amtskirche« genannt. Ihre Funktion besteht darin, die Hindernisse fortzuräumen und die Voraussetzungen zu schaffen, damit unter den Menschen neu Glaube entstehen und also die unsichtbare Kirche in der Welt fortbestehen kann.

Für die glücklichste, zugleich knappste und präziseste Definition von »Kirche« halte ich, seitdem ich ihn zum erstenmal gehört habe, den Ausdruck: das »Aufgebot des Glaubens« in der Welt (Gerhard Ebeling) – mag sein, daß bei mir dabei auch die Erinnerung an ein Kirchenlied mitgespielt hat, das wir in der christlichen Jugendbewegung gesungen haben. *Aufgebot des Glaubens in der Welt* – das faßt beide Existenzweisen der Kirche, die sichtbare und die unsichtbare, ineins. Einen Glaubenden kann man zwar sehen, aber ob er wirklich glaubt, kann man ihm nicht ansehen. So kann man auch die Kirche, etwa in ihrem Gottesdienst, erblicken, aber ob sie Gott wahrhaft dient, kann man nicht erkennen. Für die Zugehörigkeit zur Kirche als christlicher Glaubensgemeinschaft gibt es kein sichtbares Kriterium. Es kann sein, daß ein »Geistlicher« auch nicht einen Hauch vom Geiste Gottes verspürt hat, während ein Atheist nicht fern vom Reiche Gottes ist. Darum ist die Gemeinschaft der Glaubenden immer zugleich auch ein Gegenstand des Glaubens, der »dritte Glaubensartikel«: »Ich *glaube* die heilige, christliche Kirche . . .«

Kirche *muß* sein.

2. *Muß Kirche so sein?*

Wie einer sich Jesus Christus vorstellt, entsprechend stellt sich ihm die Kirche dar. Wer eine irdische Christologie »von unten« vertritt, für den wird auch die Gestalt der Kirche entsprechend menschlich ausfallen. Wer hingegen eine himmlische Christologie »von oben« verficht, hat meist auch einen entsprechenden hoheitlichen Kirchenbegriff – fragt sich nur, ob seine steile Christologie nicht bereits die Widerspiegelung eines hochmütigen Kirchenbewußtseins ist.

Aus dieser Überlegung heraus habe ich in meinem Buch »Wozu ist das Christentum gut?« die dann so heftig befehdeten Sätze geschrieben: »Jesus von Nazareth war ein armer Mann – aber die Kirche hat ihn reich gemacht. Jesus von Nazareth hat in der Tiefe menschlicher Verlassenheit nach Gott geschrien – aber die Kirche hat ihn emporgejubelt und auf Gottes Thron gesetzt. Jesus von Nazareth hat das ›Unten‹

als den Ort Gottes in der Welt angezeigt – aber die Kirche hat ihn in die Höhe und damit zur Strecke gebracht. Schon die Synagoge wollte keinen armen, niedrigen Gott dulden. Deshalb hat sie seinen Verkünder ›erhöht‹ – ans Kreuz! Dazu hatte der Hohe Rat Amtshilfe bei der Besatzungsmacht erbeten . . . Nicht anders hat es später oft genug die Kirche gehalten. Auch sie ertrug keinen armen, niedrigen Gott, keinen Gott im Unten, und holte sich Hilfe gegen ihn bei der politischen Gewalt. Mit Hilfe des Staates hat die Kirche mit Jesus Christus ›Staat gemacht‹.«

Kaum eine andere theologische Aussage von mir hat bei einer bestimmten kirchlichen Gruppe solchen Anstoß erregt und mir so viel Ärger eingetragen, wie es diese Sätze getan haben. Freilich hatten die Kritiker sie aus dem Zusammenhang gezupft und auf den kurzen Satz zusammenschnurren lassen: Die Kirche hat Jesus von Nazareth emporgejubelt – damit sollte ich die Auferstehung Jesu geleugnet haben. Jeder verständige und gutwillige Leser wird jedoch erkennen, daß in jenem Abschnitt primär nicht von Jesus Christus, sondern von der Kirche die Rede ist: wie sie mit Jesus umgegangen ist. Natürlich hätte ich das, worauf es mir ankam, auch im theologischen Fachjargon ausdrücken können, etwa so: Immer hat die theologia gloriae, die Theologie der Herrlichkeit, die theologia crucis, die Theologie des Kreuzes, in der Geschichte der Kirche zu überwältigen gedroht. Nur, das hätte niemanden geschert. In der Kirche hätte jeder zustimmend mit dem Kopf genickt, außerhalb der Kirche aber jedermann verständnislos den Kopf geschüttelt. Hier ist in mir nicht der Journalist mit dem Theologen durchgegangen, wie man nachsichtig gesagt hat; vielmehr habe ich hier, theologisch wohlbedacht, auf den Zusammenhang zwischen Christologie und Ekklesiologie, zwischen dem Glauben an Christus und der Lehre von der Kirche, aufmerksam machen wollen. An diesem Zusammenhang ist mir freilich sehr gelegen, und zwar sowohl unter theologischem als auch unter gesellschaftlichem Aspekt.

Wenn ich mein Verständnis von Kirche auf eine Formel bringen soll, so weiß ich dafür keine bessere Formulierung als das von Matthäus überlieferte Wort Jesu: »Wo zwei oder drei versammelt sind in meinem Namen, da bin ich mitten unter ihnen.« (18,20) Dieses Herrenwort gibt mein Kirchenverständnis aufs Wort genau wieder – so denke ich über die Kirche, richtiger, so *erlebe* ich sie. Das aber heißt: Mir ist stets mehr an der Lebensgemeinschaft als am Lehrgebäude und mehr an der religiösen Erfahrung als an theologischen Richtigkeiten gelegen, und ich erlebe die Kirche mehr im Kleinen, Alltäglichen als im Großen, Extravaganten. Wem Gott eher ein guter Freund als ein allmächtiger Herrscher und Jesus eher ein vertrauensvoller Bruder als ein gebieterischer Herr ist, für den ist auch die Kirche eher eine Bruderschaft und ein Freundesbund als eine göttliche Heilsanstalt und irdische Ordnungsmacht.

Während des Krieges hatte ich eine Zeitlang in einem Dorf am Chiemsee Kriegsgefangene zu bewachen. Außer mir gab es in dem Ort noch einen Flaksoldaten, der während der Schießübungen über dem See auf der Uferstraße den Warndienst zu versehen hatte. Als wir uns das erste Mal zufällig begegneten, redeten wir miteinander über das, worüber Landser, wenn sie sich trafen, halt zu reden pflegten. Aber schon beim nächsten Mal erzählten wir uns mehr voneinander, und wie von selbst kamen wir dabei auch auf den christlichen Glauben zu sprechen. Der andere war von Beruf Maurer und erwies sich als ein frommer Pietist. Von da an trafen wir uns regelmäßig, wie die »Stundenleute« in seiner schwäbischen Heimat, und tauschten uns über unsere Glaubenserfahrungen aus – er, der Laie und Pietist, der alles, was in der Bibel geschrieben steht, wortwörtlich glaubte, und ich, der wissenschaftlich geschulte Theologe, der keineswegs bereit war, alle Aussagen der Bibel unbesehen zu übernehmen.

Bald stieß noch ein dritter zu uns. Das war der katholische Pfarrer des Ortes. Er war in einem konservativen Priesterseminar ausgebildet und dort mit einem dogmatisch-sakramentalen Christusglauben versehen worden, den er wohl niemals, weder historisch noch theologisch, kritisch befragt hatte, den er dafür aber allmorgendlich in der Messe zelebrierte. So kam jeder von uns aus einer anderen christlichen Tradition. Aber diese Verschiedenheit trennte uns nicht, sondern machte uns eher aufeinander neugierig. Wenn wir beisammen waren, sprachen wir miteinander über unseren Glauben, aber wir sprachen uns den Glauben nicht gegenseitig ab.

Als ich eines Tages von einem Kontrollgang in die Unterkunft zurückkam, sah ich vor der Baracke einen Hauptmann stehen – wie ich vermutete, war es der neue Kompaniechef. Ich machte ihm vorschriftsmäßig Meldung, und er erkundigte sich wie üblich nach diesem und jenem. Aber kaum hatte er das Dienstliche hinter sich gebracht, da fragte er mich: »Sie sind doch Theologe – was denken Sie über die Lehre von der Wiederbringung aller?« Er gehörte der Hahnschen Gemeinschaft, einer Sonderrichtung im schwäbischen Pietismus, an – daher seine seltsam anmutende Frage. Wir sind darauf zusammen in den Wachraum gegangen, und dort haben sich Hauptmann und Oberschütze dann zwei Stunden lang gegenübergesessen und miteinander über Jesus Christus gesprochen, in einerlei Glauben, aber mit unterschiedlichen Anschauungen.

Zur Kompanie zurückkommandiert, führte mich der Hauptmann in einen Kreis Gleichgesinnter ein, der sich am Sonntagnachmittag im Hause des Postvorstehers traf. Dort wurden gemeinsam Predigten gelesen, von bekannten Pietisten und orthodoxen Lutheranern. In ihnen war viel von »unserem Herrn und Heiland«, von der Sünde der Menschen und von »Christi Blut« die Rede. Das war nicht meine religiöse Begriffs- und Bilderwelt. Aber die Gemeinschaft im Glauben und Leben war für mich stärker als die Fremdheit im Denken und Reden.

In der gleichen Zeit wurde ich auch von einem der Kompanieoffiziere eingeladen, der in der Nähe der Garnison ein Gut besaß und praktizierender Katholik war. In seinem Hause traf ich wiederum auf andere Christen: einmal auf naiv-gläubige, unkritische Katholiken, denen die gipsernen und wächsernen Heiligenbilder samt entsprechenden Predigten in ihren Dorfkirchen genügten, sodann auf kritische, geistig anspruchsvollere, die in ihrer Frömmigkeit dem Sakrament und Altar zugewandt lebten, die Romano Guardini, Odo Casel, Reinhold Schneider und Jochen Klepper gelesen hatten und häufiger in Klöstern Einkehr hielten.

Obwohl jene Zirkel außerhalb des öffentlichen Lebens, seitab von den Hauptstraßen der Welt ihr Leben zu fristen schienen, hatten sie doch alle eine heimliche politische Spitze. Eben um ihres Glaubens willen waren alle Frauen und Männer, denen ich in jenen Kreisen begegnete, mehr oder minder entschlossene Gegner des Nationalsozialismus. Jener Kompaniechef war es, der mich später vor dem Kriegsgericht bewahrt hat, und auch der Kompanieoffizier hat mir einmal aus einer politisch prekären Situation herausgeholfen.

Was »Kirche« heißt, habe ich vor allem in der christlichen Jugendbewegung, der Evangelischen Studentengemeinde, der Bekennenden Kirche, in den Anfängen des »Sonntagsblatts«, im Deutschen Evangelischen Kirchentag, unter Freunden und in der eigenen Familie erfahren. Dabei kam es nicht auf die Zahl der Versammelten an. Die Verheißung, daß, wo zwei oder drei in Seinem Namen versammelt sind, Er mitten unter ihnen sei, hat sich mir sowohl im Kleinen, Alltäglichen als auch im Großen und Außerordentlichen auf vielfache Weise erfüllt. Zum Beispiel:

- wenn ich im Arbeitsdienst am Sonntagvormittag mit wenigen Kameraden zum Gottesdienst in die Stadt ging;
- wenn ich mich während des Krieges als Soldat morgens vor Dienstbeginn irgendwo drinnen oder draußen in eine Ecke setzte und für mich allein eine der in der Bekennenden Kirche zirkulierenden Predigten las;
- wenn wir nach dem Kriege in der Studentengemeinde in einer halb zerstörten Kirche täglich unsere Morgenwachen und allwöchentlich unsere Wochenschlußgottesdienste hielten;
- wenn wir in der Familie mit unseren Söhnen zum »Sabbateingang« Glocken und Choral im Rundfunk hörten und anschließend ein Gebet aus den Stundengebeten der Michaelsbruderschaft lasen;
- wenn wir, Aufsichtsrat, Geschäftsführung und Chefredaktion des »Deutschen Allgemeinen Sonntagsblatts«, einmal im Jahr vor Weihnachten zusammen mit unseren Frauen zu Abend essen und uns dieses gemeinsame Mahl bisweilen fast zum Abendmahl wird;

- als ich im September 1945 in Rosenheim zu einem Gedenkgottesdienst für die Gefallenen, Vermißten, Verfolgten und Vertriebenen eingeladen hatte und die Kirche, trotz Einspruchs des amerikanischen Stadtkommandanten, so gedrängt voll stand, daß ich mir nur mühsam den Weg von der Sakristei zum Altar bahnen konnte;
- als ich am 4. Advent desselben Jahres im Internierungslager Stephanskirchen das Wort auslegte: »Obwohl er reich ist, ward er doch arm um euretwillen, auf daß ihr durch seine Armut reich würdet« (2. Korinther 8,9), und ich den Mut fand, den Hunderten von ehemaligen Nazis, die da in dem weiten, dunklen Barackenraum, bei dem spärlichen Kerzenlicht kaum erkennbar, vor mir saßen und standen, ohne jede Bedingung auf den Kopf zuzusagen: »Ihr seid jetzt die Armen – Gott kommt jetzt zu euch!«;
- als ich auf der ersten Studentenpfarrerkonferenz nach dem Kriege in Langenzell bei Heidelberg einen englischen Pfarrer neben mir beten hörte, Gott möge seinem Volke verzeihen, was es anderen Völkern angetan habe;
- als der Kieler Studentengemeinde auf ihrer ersten Rendsburger Studentenkonferenz so etwas wie ein Durchbruch gelang und wir nicht wußten, wovon wir trunkener waren, ob vom Worte Gottes oder von unseren eigenen Reden, ob vom Heiligen Geist oder vom gespendeten amerikanischen Kakao;
- als ich im Advent 1950 den ersten Gottesdienst im ehemaligen Landhaus des »Sonntagsblatts« gehalten hatte und Hans Zehrer und Ferdinand Fried mich hinterher in die Mitte nahmen und mit mir, beim ersten Glas Whisky meines Lebens, über Gott und die Welt sprachen;
- als auf dem Leipziger Kirchentag 1954 während der Schlußversammlung auf der Rosentalwiese eine halbe Million Menschen laut miteinander das Vaterunser beteten und dies bis in die Straßen der Stadt hinein scholl;
- als nach dem Trauergottesdienst für den verunglückten Bischof Volkmar Herntrich beim Auszug der Geistlichkeit aus der Hamburger Katharinenkirche der Landessuperintendent von Hannover und der Bischof von Eutin laut

singend nebeneinander an mir vorbeizogen und ich unter Tränen wußte: Gott ist gut – das Leben geht weiter;

- als ich inmitten einer buntgewürfelten Gemeinde aus Christen und Nichtchristen, Alten und Jungen, Rechten und Linken auf der Tenne eines Bauernhauses den Enkel eines Freundes taufte und es dabei ähnlich zwanglos und vertraulich zuging wie in den ersten Christengemeinden;
- als ich in der Universität Innsbruck und im Priesterseminar Graz, den beiden Stätten, von denen einst die Gegenreformation in den Südosten Europas ausgegangen ist, Vorträge und Vorlesungen hielt und wir hinterher beieinander saßen, über all dies sprachen und keiner im Augenblick merkte, wer hier Katholik und wer Protestant war;
- wenn ich, entsprechend unserer »volkskirchlichen« Situation, in Kirchen, Akademien, Volkshochschulen und Universitäten, in Konzert- und Kongreßsälen, in Werks- und Messehallen, vor Christen, Randchristen und Nichtchristen, vor Politikern, Unternehmern, Arbeitern, Soldaten und Studenten, vor kirchlichen und weltlichen Gremien, kurzum, überall und vor jedermann zu predigen, Bibelarbeiten und Vorträge zu halten habe und die Diskussionen und Gespräche hinterher oft bis nach Mitternacht dauern.

Zur kirchlichen Heimat ist für mich der *Kirchentag* geworden. In ihm erlebe ich beides: Kirche im Kleinen, Alltäglichen in den Sitzungen des Präsidiums in Frankfurt oder in den Konferenzen mit der Kirchentagsleitung in Fulda – Kirche im Großen, Außerordentlichen jeweils auf den Kirchentagen selbst, die mir jedesmal wieder wie eine Rast Israels auf seiner Wanderung durch die Wüste vorkommen. Obwohl ich von Beginn an jeden Kirchentag mitgemacht habe, hat sich der Kirchentag für mich nicht abgenutzt, sondern ist eine lebendige Glaubensgemeinschaft geblieben. Ich meine, daß dies nicht nur ein subjektives Urteil sei. Historiker, die einmal die Geschichte der Kirche im Nachkriegsdeutschland schreiben, werden sich dabei an den Kirchentagen orientieren können. Die Kirchentage sind wie Wegmarken, an denen sich ablesen läßt, welchen Weg die Kirche durch die Geschichte gegangen ist, wie sie jeweils auf die Herausforderung der Zeit reagiert hat, ob sie sie aufgenommen und zu beantworten versucht oder ob sie sie unbeantwortet liegen gelassen hat.

Aber ich habe »Kirche« in meinem Leben auch auf andere Weise erlebt, nicht als Bruderschaft, sondern als Herrschaft, worin sich nur das Dilemma widerspiegelt, in dem sich die Kirche befindet.

Als ich im Frühjahr 1954 unseren jüngsten Sohn zu taufen hatte, waren dazu auch einige Kollegen vom »Sonntagsblatt« eingeladen. Bei ihrer Ankunft erkundigte ich mich, wie man es so zu tun pflegt, bei ihnen, was in der Redaktion los sei und wie es meiner Artikelserie über Rudolf Bultmann gehe, die gerade angelaufen war. An ihrer ausweichenden Antwort merkte ich, daß sie mir irgend etwas zu verheimlichen suchten. Nach einigem Bohren kriegte ich heraus, was der Grund ihrer Verlegenheit war: »Hannover«, Sitz des Herausgebers und der Gesellschafter, hatte nach dem Erscheinen der ersten Folge die Serie vorerst gestoppt und die Redaktion angewiesen, für die betreffende Doppelseite vorsorglich einen Reserveartikel bereit zu legen. Nun wußte ich, daß der Herausgeber sich an jenem Sonntag in Hamburg aufhielt. Darum bestellte ich mir in dem Hotel, in dem er zu wohnen pflegte, ein Zimmer, verließ trotz der versammelten Gäste vorzeitig die Familienfeier und fuhr nach Hamburg. Dort wartete ich im Hotel auf den Herausgeber, zuerst auf meinem Zimmer, dann in der Bar. Gegen halb eins erschien er, »als Laie verkleidet«, wie er sich selbst ironisch bezeichnete. Anschließend gab es zwischen uns dann ein langes Gespräch, nicht nur über Rudolf Bultmann und seine Theologie, sondern über die Aufgabe der Theologie und Kirche insgesamt. Dabei vertrat der Herausgeber den Standpunkt des *»Vorstehers«* und *»Hirten«*, der den *»Bestand«* der christlichen Wahrheit zu sichern und »die Gemeinde zusammenzuhüten« habe, der deshalb auch auf die »Schwachen im Glauben« Rücksicht nehmen und für sie seine bischöfliche Autorität einsetzen müsse. Ich hingegen verfocht die Position des *»Lehrers«* oder *»Propheten«*, der sich vor allem für den *»Fortgang«* der Wahrheit verantwortlich fühlt, ebenfalls mit Rücksicht auf die Schwachen im Glauben, besonders jedoch auf die Zeitgenossen, die die christlichen Glaubensinhalte in ihrer überkommenen Form kaum noch verstehen. Gegen drei Uhr morgens hatte ich beim Herausgeber die Fortsetzung meiner Artikelserie erreicht.

Was in dieser Auseinandersetzung zwischen Herausgeber und Chefredakteur zum Austrag kam, war nur die Spannung, die der Kirche von ihrem Ursprung her eingestiftet ist. Manches Mal ist dieser Konflikt freilich zu keinem solchen Ausgleich und guten Ende gekommen.

Ich erinnere mich: Jahrelang war ich von der Bekenntnisbewegung »Kein anderes Evangelium« beziehungsweise von ihr nahestehenden pietistischen Kreisen wegen meiner theologischen Überzeugungen angegriffen und der Irrlehre bezichtigt worden. Dieser Angriff wurde gleichzeitig gegen den Deutschen Evangelischen Kirchentag geführt, und es wurde vor einer Teilnahme an den Kirchentagen gewarnt. Vor dem Düsseldorfer Kirchentag 1973 steigerte sich die Kritik zur gezielten Kampagne. Ein Flugblatt begann mit den Sätzen: »Was würden Kommunisten sagen, wenn auf einem kommunistischen Parteitag der Präsident des Parteitags völlig von der Weltanschauung des Kommunismus abweicht? Solch ein Präsident wäre für sie völlig untragbar . . . So selbstverständlich sollte es auch mit dem Präsidenten des evangelischen Kirchentags sein. Ja hier erst recht. Denn der evangelische Kirchentag ist ja nicht den Schwankungen von Ideologien unterworfen, sondern dem zeitüberlegenen und zugleich zeitverantwortlichen Evangelium verpflichtet . . . Wir müssen nun zu unserem Bedauern feststellen, daß der jetzige Präsident des Deutschen Evangelischen Kirchentags, Dr. Heinz Zahrnt, völlig vom bekenntnisgebundenen Verständnis des Evangeliums abweicht. Dadurch ist er als Präsident des Kirchentages nicht tragbar.« In einer späteren Veröffentlichung wurde sogar behauptet, daß ich Gott gelästert und den christlichen Glauben verleugnet und mich damit von der Gemeinde Jesu Christi geschieden hätte – ein Vorwurf, wie man ihn bis dahin nur Hitlers berüchtigtem »Reichsbischof« Ludwig Müller gemacht hatte.

Im Kirchentagspräsidium hatten wir beschlossen, zu diesen Angriffen zu schweigen, in der Hoffnung, auf diese Weise die Angreifer allmählich zu beschwichtigen und so dem Frieden in der Christenheit zu dienen. Aber dann erhielt ich so viele Briefe und Anrufe mit der Bitte, mich zu jenen Vorwürfen öffentlich zu äußern, weil die Gemeinden durch sie verwirrt würden, daß ich mich zu einer kurzen Stellungnahme entschloß. Ich tat es in einem Aufsatz im »Deutschen Allgemeinen Sonntagsblatt«. Dabei wandte ich eingangs den bekannten Witz vom Grafen Bobby und seinem Freunde Rudi auf mich an: Beide gingen zusammen auf die Jagd. Als sie auf dem Anstand saßen, zog ein Wild nach dem anderen an ihnen vorüber. Jedesmal legte Graf Bobby an, um zu schießen, aber jedesmal hielt sein Freund Rudi ihn davon ab mit der Begründung, daß Schonzeit sei. Doch schließlich kam ein Hase angehoppelt, und da sagte Rudi zu seinem Freunde Bobby: »Auf den darfst du schießen. Das ist Oskar, auf den schießen wir immer.« Ich kam mir der Bekenntnisbewegung gegenüber wie dieser Hase vor, und deshalb hatte ich als Überschrift über den Artikel gesetzt: »Ich bin Oskar – auf mich schießen sie immer.«

An einer Stelle des Artikels hatte ich geschrieben: »Manchmal frage ich mich freilich, warum die Herren des Jagdgebietes, die Kirchenleitungen, Bischöfe, Präsides und Präsidenten, den Hasen Oskar nicht etwas mehr vor seinen Jägern schützen. Aber ich kann sie verstehen. Sie haben ihre eigenen Sorgen mit den Pächtern der Jagd und müssen zusehen, daß diese weiter ihre Pacht bezahlen.« Das war der Stein des Anstoßes für den Herausgeber. Kaum war der Artikel erschienen, da rief er mich an und tadelte mich scharf. Als ich ihm klarzumachen suchte, wie sehr ich mich durch jene Vorwürfe in meinem Glauben verletzt und in meiner Stellung als Kirchentagspräsident angegriffen fühlte, hielt er mir vor: »Sie können sich doch nicht beschweren – der Kirchentag hat von uns immer Geld bekommen.« Das war seine ganze Antwort.

Der einzige Kirchenführer, der mich einmal öffentlich und ausdrücklich in Schutz genommen hat, war der gastgebende Bischof des Düsseldorfer Kirchentages, der rheinische Präses

Karl Immer. Auf einer gemeinsamen Pressekonferenz hat er ein beherztes Plädoyer für mich gehalten, das mit dem Satz schloß: »Ich stelle mich schützend vor meinen Bruder in Christus, Heinz Zahrnt, auch auf dem Kirchentag.« Leider konnten wir den Düsseldorfer Kirchentag dann nicht gemeinsam erleben. Einen Tag zuvor erlitt der Präses einen Herzinfarkt und hat sich fast ein Jahr lang an der Grenze des Todes bewegt. Die Hartherzigkeit der Rechtgläubigen kann einen frommen Mann schon an den Rand des Grabes bringen.

Ich will hier keine Schwarz-Weiß-Malerei betreiben und nicht ein weißes Bild von der unsichtbaren Kirche der Jüngergemeinde Jesu gegen ein schwarzes von der Amtskirche stellen. Die kirchlichen »Oberbrüder« stehen genauso in der Nachfolge Jesu wie ihre kirchlichen »Minderbrüder«. Und so habe ich mit denselben Bischöfen, die in der Kirche Macht ausüben und dies manchmal auch gern tun, intensive Glaubensgespräche geführt, in denen es allein um die Macht der Wahrheit ging. Unvergeßlich ist mir vor allem ein Nachtgespräch mit dem Herausgeber des »Sonntagsblatts«.

Wir waren zu dritt – Geschäftsführer, Chefredakteur und Theologischer Leiter – auf die Insel Langeoog gefahren, wo der Herausgeber Urlaub machte, um mit ihm in Ruhe einige die Zeitung betreffende Fragen zu besprechen. Kurz zuvor war der Bischof in Afrika gewesen und trat uns nun, einen mächtigen Ebenholzstock, den ihm ein afrikanischer König oder Häuptling geschenkt hatte, in der Hand, entgegen: vital, pompös, repräsentativ. In der Nacht, nach der allgemeinen Besprechung, machten wir noch zu zweit einen Spaziergang durch die Dünen, um einige speziell theologische Probleme der Zeitung zu erörtern. Aber dabei kamen wir vom Thema ab und sprachen schließlich darüber, was Jesus Christus uns bedeute, warum er uns im Leben und Sterben wichtig sei. Wenn ich das, was der Bischof mir damals von sich gesagt hat, auf den Begriff bringen soll, so fällt mir dafür kein geeigneterer ein als die schlichte, heute manchmal altmodisch erscheinende Bezeichnung: ein Jünger Jesu. Wenn je irgendwo und irgendwann, dann ist Jesus damals mitten unter uns gewesen.

Man kann die der Kirche von ihrem Ursprung und Wesen

her eingestiftete Spannung nicht auflösen, indem man durch sie eine reinliche, klar erkennbare Grenze zieht: Hie Herrschaft – dort Bruderschaft, hie Macht – dort Wahrheit, hie Ordnung – dort Gnade, hie Amtsträger – dort Jünger, hie Zeuge – dort Ketzer, hie wahre Kirche – dort falsche Kirche. Bis ans Ende der Zeiten wird die Kirche eine »gemischte Gesellschaft« bleiben.

Kirche *muß* sein. Aber muß Kirche *so* sein?

3. Kirche muß so sein!

Seit den frühen Tagen der »Dialektischen Theologie« nach dem Ersten Weltkrieg pflegt man, wenn es die Kirche zu kritisieren gilt, Dostojewskis »Großinquisitor« zu zitieren. Seine Gestalt ist zu einem Abbild der Kirche, fast ihr offizielles Selbstbildnis geworden.

Dostojewski bedient sich in seiner Erzählung des von Literaten und Theologen häufiger geübten Kunstgriffs, daß er Jesus auf die Erde wiederkehren läßt, nicht zu seiner endgültigen Wiederkunft am Ende der Zeiten in himmlischer Glorie, sondern nur vorübergehend in seiner einstigen menschlichen Gestalt. Es geschieht in Sevilla, an einem Tage, an dem tags zuvor in einem prunkvollen Autodafé an die hundert Ketzer zur größeren Ehre Gottes verbrannt worden sind.

Noch einmal wiederholt sich alles so, wie es zu Jesu Lebzeiten geschehen ist. Er wandelt unter dem Volk, und die Menschen strömen Ihm zu. Er tut Wunder, heilt Kranke und weckt ein kleines Mädchen auf, das gerade im Trauerzug zur Kirche geleitet wird. Eben in diesem Augenblick geht auf dem Platz der Kathedrale der Kardinal-Großinquisitor vorüber, begleitet von der »heiligen Wache«. Als er sieht, was da geschieht, befiehlt er der Wache, Ihn zu ergreifen. Und die Macht des Kardinals ist so groß, daß die Menge scheu zurückweicht und sich gehorsam unterwirft, die Stirn am Boden.

In der Nacht besucht der Großinquisitor den Verhafteten heimlich im Gefängnis, fragt Ihn, wer er sei, und kündigt Ihm an, daß er Ihn, wer er auch sei, morgen den Flammen übergeben werde. Der aber schweigt – wie einst vor dem Hohenpriester. Sein Schweigen bringt den Großinquisitor zum Reden. Dabei enthüllt er immer mehr, wer er selber ist. Seine Anklage gegen Jesus gerät mehr und mehr zu einer Selbstdarstellung der Kirche, zu ihrer Selbstrechtfertigung: Er, Jesus selbst, habe ihnen Sein Werk unvollendet hinterlassen; deshalb seien sie gezwungen gewesen, es zu Ende zu führen. Und sie haben es vollendet – in Seinem Namen. Indem sie die Sache aber in ihre Hand nahmen, haben sie sie zugleich »in Ordnung gebracht« – zum Glück der Menschheit, denn die von Ihm verkündete Freiheit wäre zu riskant gewesen. Jetzt steht der Bau der Kirche fertig da, endgültig und ein für allemal, und niemand soll ihn durch die Hinzufügung neuer göttlicher Offenbarungen verändern oder fortsetzen.

Immer mehr steigert sich der Großinquisitor in seinen Anklagen und enthüllt damit zugleich immer mehr von sich selbst. Schließlich gibt er das »Geheimnis« der Kirche preis, ihr wahres Wesen. Sie steht nicht auf Seiten Gottes, sondern auf der Seite des Versuchers – die Kirche ist des Teufels. Sie hat den Menschen genau jene drei Gaben gegeben, die Jesus einst bei seiner Versuchung in der Wüste verworfen hatte: Statt bedingungsloser Freiheit Sättigung durch Brot – statt freier Glaubensentscheidung Überwältigung durch Wunder – statt Gewissensfreiheit und Vielfalt Einheit und Gleichheit durch Macht. Und so ruht der Bau der Kirche auf den drei Größen: Wunder, Geheimnis, Autorität – denn mehr als Gott lieben die Menschen alle möglichen Mirakel, mehr als nach Empörung verlangt es sie nach Verehrung, mehr als nach unbequemer Freiheit sehnen sie sich nach bequemer Knechtschaft.

»Warum also bist du gekommen, um uns zu stören?« Die Kirche kann es sich nicht leisten, Jesus zu sich einzulassen. Denn sie muß ihr Geheimnis unbedingt wahren – um des Glückes der Menschheit willen. Darum muß sie Jesus verstoßen. Und so kündet der Großinquisitor am Ende seiner langen Rede dem Gefangenen noch einmal den Scheiterhaufen für den nächsten Tag an.

Der Gefangene schweigt, wie er während der ganzen Zeit

dem Kardinal nur still zugehört hat, ohne ein einziges Wort zu sagen. Dieses Schweigen beirrt den Großinquisitor. Er wünschte, der andere sagte irgend etwas, sei es auch etwas Bitteres, Furchtbares. Der aber nähert sich schweigend dem Greise und küßt ihn auf seine blutleeren neunzigjährigen Lippen – »das ist Seine ganze Antwort«. Da geht der Großinquisitor zur Tür, öffnet sie und sagt zu Ihm: »Geh und komme niemals wieder – nie wieder, nie!« Und so weist er dem Gefangenen die Tür, und der geht hinaus ins Dunkel.

Dostojewski enthüllt das Geheimnis der Kirche als Abfall von ihrem Ursprung. Er erklärt das Dilemma der Kirche mithin nicht ambivalent als *notwendiges* Übel, sondern einseitig nur als *Übel* und damit als Schuld. Aber so, wie Dostojewski den Großinquisitor schildert, ist die Kirche in Wahrheit nicht und ist sie auch als ganze in ihrer Geschichte niemals gewesen.

Die Kirche haßt Jesus nicht – wir empfinden ihn nur manchmal als störend.

Die Kirche weist Jesus nicht die Tür – wir lassen ihn nur nicht ins ganze Haus.

Die Kirche hebt die von Jesus gebrachte Freiheit nicht auf – wir verstecken die Gnade nur gern unter der Ordnung.

Die Kirche löst die Wahrheitsfrage nicht mit Macht – wir lassen sie nur nicht in ihrem Bestand durch die Wahrheit erschüttern.

Die Kirche unterdrückt weder eine neue göttliche Offenbarung noch eine neue Auslegung der alten – wir bangen nur um die Richtigkeit der Lehre und um die Reinheit der Verkündigung.

Die Kirche lügt nicht bedenkenlos, um über die Menschen zu herrschen und ihre eigene Stellung zu erhalten – wir navigieren das Kirchenschiff nur geschickt durch die Wogen der Völkergeschichte.

Die Kirche pocht nicht auf Wunder – wir pflegen sie nur als der Gläubigen liebstes Kind.

Die Kirche löscht den Geist nicht aus – wir dämpfen ihn nur, damit sich sein Feuer nicht zu weit ausbreite.

Die Kirche schließt die Starken nicht lieblos aus – wir bevorzugen nur die Gunst der Schwachen.

Die Kirche unterdrückt nicht die Freiheit der Gewissen – wir haben nur gern Ruhe im Schiff.

Die Kirche zwingt nicht zur Einheit mit Gewalt – wir ängstigen uns nur vor allzu großer Buntheit und Vielfalt.

Alles in allem: Die Kirche steht nicht im Bund mit dem Teufel, sondern ihr Geheimnis heißt nach wie vor Jesus Christus.

Ich frage mich, ob man den »Großinquisitor« nicht zu einseitig interpretiert hat, ob die Kirche für Dostojewski selbst nur ein Übel ist und Schuld hat oder ob nicht auch bei ihm etwas durchscheint von der geschichtlichen Notwendigkeit dieses Übels und von seiner Tragik. Immerhin küßt Jesus den Großinquisitor am Ende auf den Mund. Was aber bedeutet dies anderes, als daß er sich auch über ihn erbarmt? Und vom Großinquisitor heißt es, daß er unter diesem Kuß zusammengezuckt sei und seine Mundwinkel ihm nicht mehr gehorcht hätten. Dostojewskis Erzählung schließt mit dem Satz: »In seinem Herzen brennt nun der Kuß, auch wenn der Großinquisitor ausharrt bei seiner Idee.« Aber was soll der Großinquisitor auch anderes tun als ausharren?

Denn: Kirche *muß* sein.

Ich plädiere auf mildernde Umstände für den Großinquisitor.

4. Es vergehe die Kirche, und es komme dein Reich!

Kirche *muß* sein, und Kirche muß *so* sein – was sich in dieser resignierten Antwort ausdrückt, ist die Einsicht, daß die Kirche an der »gefallenen Schöpfung« teilhat, so gewiß sie aus Menschen besteht und in der Welt lebt. Nun aber kündet sich durch die Kirche zugleich das Kommen des Reiches Gottes an, wenn auch nicht unmittelbar als Fortsetzung des Wirkens Jesu, so doch mittelbar, als Anspruch und Verheißung. Und so wandelt sich die resignierte Antwort »Kirche muß so sein«

in die erwartungsvolle Frage: Kann Kirche nicht auch anders sein?

Entsprechend ihrer Existenz »zwischen den Zeiten« – teilhabend an der gefallenen Schöpfung und ausgerichtet auf das Reich Gottes – manifestiert sich die Kirche in zweierlei Gestalt: als *repräsentative* und als *präsente* Kirche. Dabei darf man jedoch nicht einseitig die repräsentative Kirche der gefallenen Schöpfung und die präsente Kirche dem Reiche Gottes zuordnen, vielmehr gehören beide beiden an. Es handelt sich eher um zwei verschiedene Tendenzen der Realisierung als um zwei nebeneinander stehende gegensätzliche Bereiche.

Die *repräsentative Kirche* manifestiert sich vornehmlich *institutionell.* Sie möchte die Welt – Familie, Staat, Gesellschaft und Kultur – am liebsten verchristlichen und neigt dazu, sich als *Herrenkirche* zu geben. Darum grenzt sie sich ab und sucht sich durch äußere Kennzeichen von ihrer Umwelt zu unterscheiden. Aber gerade dadurch paßt sie sich den Lebensgesetzen ihrer Umwelt an, eine Institution unter anderen.

Die *präsente Kirche* hingegen realisiert sich vornehmlich *personell.* Sie möchte eine *Bruderkirche* sein; ihre Kennzeichen sind *Solidarität* und *Variabilität.* Ihr Leben spielt sich in der *Diaspora* ab. Sie besteht nicht auf ihren Grenzen, sondern bezeugt eine grenzenlose Offenheit, sie ist nicht an ihrer Identität interessiert, sondern fügt sich »selbstlos« in die Welt ein: Sie besitzt keine ewigen, unveränderlichen Wahrheiten, sondern verkündet die eine ewige Wahrheit in immer neuer, anderer Gestalt; sie geizt nicht mit der Gnade Gottes, sondern teilt sie vorbehaltlos aus. Aber gerade durch all dies läßt sie etwas davon erkennen, daß in ihr das Reich Gottes rumort, welches nicht von dieser Welt ist.

Man kann es auch so ausdrücken: Die repräsentative Kirche trägt das Kreuz auf der Brust, wo es zu sehen ist, manchmal sogar zwei Kreuze, neben dem Amtskreuz ein Verdienstkreuz: »Bischof X. hat sich um den ›Fortgang‹ des Reiches Gottes verdient gemacht.« Die präsente Kirche hingegen trägt das Kreuz auf dem Rücken, wo es unsichtbar bleibt.

Die Zeit der repräsentativen Kirche wird bis ans Ende der

Zeiten währen. Aber ihr glanzvollstes Zeitalter neigt sich fraglos dem Ende zu, genauso wie die Zeit der Galionsfiguren, Truppenparaden, Ordensfeste und livrierten Chauffeure. Die Kirche befindet sich hier auf einem guten Wege, von der Autorität zur Solidarität, von der Herrenkirche zur Bruderkirche.

Nach dem Kriege hat in der Kirche eine »Machtergreifung« stattgefunden. Die Männer, die im Kirchenkampf des Dritten Reiches vornean gestanden hatten, übernahmen die leitenden Ämter, und, wie einst manchen »Bekennern« (Konfessoren) nach den Christenverfolgungen im Altertum, gefiel auch ihnen ihr neues Amt gar sehr. Sie übten es gern aus, mit Macht, Würde und Glanz – und einige von ihnen waren auch wirklich würdige und glänzende Erscheinungen. Diese Bischofsgeneration aber ist inzwischen abgetreten und eine andere ihr gefolgt. Unter den Nachfolgern gibt es einzelne, die einen neuen bischöflichen Stil darstellen, in dem sich Repräsentation und Präsenz der Kirche in guter Weise verbinden. Deutlich geworden ist mir dieser neue Stil bei der Beerdigung von Landesbischof Lilje.

Nach der Beisetzung fand im Refektorium des Klosters Loccum, dessen Abt Hanns Lilje gewesen war, noch ein Zusammensein statt, bei dem auch die üblichen Nachrufe gehalten wurden. Dabei saß ich Liljes Nachfolger im Amt des hannoverschen Landesbischofs genau gegenüber. Er ordnete sich ganz in die Versammlung ein. Zum Beginn hatte er eine kurze Einführung gegeben, die dieses Zusammensein erklärte; dann trat er nur noch zwischendurch an das Katheder, um jeweils dem nächsten Redner das Wort zu erteilen. Während der übrigen Zeit stand er leger an eine Bücherwand gelehnt, die Zuhörer freundlich anblickend und selber den Reden aufmerksam folgend. Alles geschah sachlich, aber durchaus liebenswürdig, locker, aber keineswegs formlos, würdig, aber nicht pompös, klug, jedoch ohne Prunk. Sein Vorgänger hätte diese Rolle ganz anders wahrgenommen: brillant, geistreich, pompös und rhetorisch glanzvoll – die repräsentative Kirche in vollendeter Form. Einer der anwesenden Bischöfe redete hinwiederum genauso, wie ich mir den Nachruf eines Jugendsekretärs auf seinen Bundeswart vorstelle: schlicht, bieder und treuherzig – das war weder Repräsentation noch Präsenz. Liljes Nachfolger hingegen verband beides in seinem Auftreten: Er *repräsentierte* eine *präsente* Kirche.

In eine ähnliche Richtung wie die Rede von der repräsentativen und der präsenten Kirche weist Paul Tillichs Unterscheidung zwischen »manifester« und »latenter Kirche«. Was ihm diese Unterscheidung angeraten sein läßt, ist die grundsätzliche Offenheit der Kirche. Tillich gebraucht den Begriff »latente Kirche« daher nicht, wie sonst meist üblich, zur Einengung der Kirche auf den Kern der wahrhaft Gläubigen, sondern gerade umgekehrt zu ihrer Ausweitung auf die, die scheinbar nicht mehr glauben und darum nicht dazugehören, auf die Randchristen, Taufscheinchristen und sogar Nichtchristen. Kennzeichen für das Vorhandensein von latenter Kirche sind für Tillich: »Erlebnis der menschlichen Grenzsituation, Frage nach dem Jenseitigen, Begrenzenden, unbedingte Hingabe für Gerechtigkeit und Liebe, Hoffnung, die mehr ist als Utopie, Anerkennung der christlichen Wertung und feinstes Empfinden für den ideologischen Mißbrauch des Christentums in Kirche und Staat.« Tillichs Unterscheidung und Zuordnung von manifester und latenter Kirche hat mir die Theorie zu meiner theologischen Praxis geliefert, mich an beide Gruppen als zwei gleichberechtigte Größen zu wenden und damit die Grenzen der Kirche unwichtig werden zu lassen. In dieser Hinsicht habe ich stets die Situation der »Volkskirche« ernstgenommen.

Ich glaube nicht an die von dem amerikanischen Religionssoziologen Peter L. Berger aufgestellte Alternative: Entweder paßt die Kirche sich, um ihre Wirkung auf die Gesellschaft zu erhalten, den Theorien und Strukturen ihrer Umwelt an – dann gefährdet sie den Inhalt ihrer Botschaft und sagt nur noch, was alle anderen auch sagen. Oder aber die Kirche wird zu einer »kognitiven Minderheit« – dann sagt sie zwar, was alle anderen nicht sagen, verschanzt sich aber zugleich als Sekte gegen ihre Umwelt und bleibt auf diese Weise ohne Wirkung und Gehör. Berger fügt ausdrücklich hinzu: Tertium non datur – ein Drittes gibt es nicht.

Gibt es hier wirklich kein Drittes, sondern nur die von Berger aufgestellte Alternative? Muß jede kognitive Minderheit unbedingt zur Sekte werden, das heißt sich gegen die Umwelt abkapseln und verschließen, um ihre Wahrheit zu bewahren? Kann sie nicht auch zu einer »schöpferischen Minderheit« werden? Das heißt nicht, daß sie sich den ringsum bestehenden Weltdeutungen anpaßt, wohl aber, daß sie sich auf sie einläßt, um in der Auseinandersetzung mit ihnen den geistigen Gehalt der eigenen Botschaft zu einem neuen überzeugenden Ausdruck zu bringen. Müßte dies nicht der Weg der Christenheit in der Zukunft sein: zwar eine kognitive Minderheit, aber nicht als Sekte sich gegen »die draußen« verschanzend, sondern als eine offene, schöpferische Minderheit inmitten der Gesellschaft solidarisch wirkend? Zur kognitiven Minderheit gehört die Diasporasituation. Damit ist die Kirche in Zukunft stärker als bisher auf den einzelnen gestellt. Der christliche Glaube wird zu einem Unternehmen auf eigene Gefahr.

Ich fürchte in der Kirche nichts so sehr wie geistige Enge, Unfreiheit und Niveaulosigkeit – kleinbürgerlichen Provinzialismus trotz aller ökumenischen Globetrotterei. Die Sorge um geistige Weite, Noblesse und Liberalität ist es dann auch, die mich für das mir im Grunde zutiefst unsympathische derzeitige Kirchensteuereinzugsverfahren votieren läßt. Es handelt sich hier nicht nur um eine technisch-organisatorische Frage, zu der man das Problem gern herunterspielt. Die Abschaffung hätte einschneidende strukturelle Konsequenzen, die Umwandlung der »Volkskirche« in eine »Freiwilligkeitskirche«. Und eben davor habe ich schlichtweg Angst. Denn diese Änderung der Struktur würde wie von selbst auch eine Wandlung des Geistes nach sich ziehen. Das in unseren »Kerngemeinden« ohnehin schon reichlich vorhandene, teilweise sogar vorherrschende geistige Kleinbürgertum mit seiner ängstlich-engen pietistischen und puritanischen Gesinnung – von den Kirchenbehörden nicht nur lustlos geduldet, sondern auch furchtsam geschützt, ja zuweilen liebevoll gehätschelt – würde sich damit in der Kirche endgültig durchsetzen.

Was ich mehr fürchte als den Rückgang des äußeren Bestandes der Kirche, ist ihre innere Verkümmerung – nicht daß sie *kleiner*, sondern daß sie *kleinlicher* wird. Es würde dann keine Evangelischen Akademien, keine kirchlichen Denkschriften zu Fragen des öffentlichen Lebens, keine religiösen Individualitäten, keine politischen Kontakte, kein ökumenisches Antirassismusprogramm und kein »Deutsches Allgemeines Sonntagsblatt« geben. Und dies wiederum hätte Konsequenzen für den geistigen, politischen und sozialen Kräftehaushalt der Gesellschaft. Geld kann zwar den Geist dämpfen und sogar töten und hat dies in der Kirche bis auf den heutigen Tag reichlich getan. Aber es gibt doch auch die umgekehrte Erfahrung: Wo Geld ist, dort ist für geistige Freiheit Raum. Hier gilt das Wort Jesu: »Machet euch Freunde mit dem ungerechten Mammon!« (Lukas 16,9)

Ob die christliche Kirche eine Herrenkirche oder eine Bruderkirche sein will, ob sie auf ihrer Autorität und Identität besteht oder auf Solidarität und Variabilität bedacht ist, ob sie sich öffentlich abgrenzt oder grenzenlos offen ist, ob sie sich in der Welt nur präsentiert oder in ihr präsent ist, kurzum, ob sie sich mehr um den Fortgang des Reiches Gottes als um ihren eigenen Fortbestand sorgt, das zeigt sich heute entscheidend daran, wie eine einzelne christliche Kirche sich zu anderen christlichen Kirchen verhält und wie die Weltchristenheit insgesamt sich zu den anderen Weltreligionen stellt. Diese Probe vollzieht sich auf dem Hintergrund der entstehenden *einen* Welt, des Zusammenwachsens der Völker zur *einen* Menschheit und bedeutet damit zugleich die Erprobung des Christentums im Hinblick auf eine künftige Weltgesellschaft.

Der Fortschritt des zweiten Berichts des »Club of Rome« zur Lage der Menschheit besteht gegenüber dem ersten darin, daß er das Weltsystem nicht als eine einförmige Einheit nimmt, sondern die regionalen Verschiedenheiten berücksichtigt. Diese Gleichzeitigkeit von globaler Einheit und regionaler Differenzierung, die die allgemeine Weltlage kennzeichnet, spiegelt sich auch in der religiösen Weltlage wider, nicht nur in der Situation der Weltchristenheit, sondern auch in der Beziehung der Weltreligionen zueinander.

Im ersten halben Jahrhundert der ökumenischen Bewegung, etwa von 1910 bis 1960, ging es vornehmlich um die *interkonfessionelle Ökumene*, das heißt um das Verhältnis zwischen Katholiken, Orthodoxen, Protestanten, Anglikanern, Lutheranern, Reformierten und so weiter. Was die Konfessionen voneinander trennte, waren in der Hauptsache dogmatische Unterschiede. Alle diese Konfessionen hatten ihren geschichtlichen Ursprung und kulturellen Nährboden in Europa. Damit wurde der Standort »westlich von Eden« bestimmend für das theologische Denken und die kirchlichen Verhältnisse in der ganzen übrigen Welt – wie später im Gegenzug dazu die »Verweltlichung« der Welt gleichfalls ihre »Verwestlichung« bedeutete. Meistens ist es nicht zu einer solchen Symbiose zwischen dem Christentum und der jeweiligen Kultur gekommen wie in Europa. Die Missionen blieben häufig nur Brückenköpfe in fremdem Land, und es waren oft mehr europäische als christliche Brückenköpfe. Indische Christen zum Beispiel mußten ihr Bekenntnis zu Jesus Christus in denselben Kategorien der griechischen Philosophie ausdrücken, wie es die frühchristliche Kirche auf ihren Konzilien getan hat – dabei hätten sie in ihrer eigenen Religions- und Geistesgeschichte wahrhaft genügend Vorstellungen und Denkmittel besessen, um ihrem Glauben an Jesus Christus den ihnen gemäßen theologischen Ausdruck zu verleihen.

Noch sind die in Europa entstandenen konfessionellen Kirchenspaltungen längst nicht im Rahmen einer interkonfessionellen Ökumene überwunden, da zeigt sich – teilweise noch tiefer reichend und schwieriger zu bewältigen – die Problematik einer *interkulturellen Ökumene*. Die eine Christenheit droht in lauter einzelne »Christenheiten«, in eine europäisch-westliche, afrikanische, südamerikanische, indische, malayische und so weiter zu zerfallen. Das trennende Moment bilden dabei in erster Linie nicht dogmatische Unterschiede, sondern kulturelle Gegensätze, welche dann freilich auch wieder theologische Differenzen zur Folge haben. Während katholische, lutherische, reformierte, anglikanische und auch orthodoxe Kirchen und Christen noch einen gemeinsamen historischen Hintergrund und kulturellen Wurzelboden hatten, stehen zwischen europäischen und afrikanischen oder westlichen und fernöstlichen Christen und Kirchen Zeitalter und Welten. Die Zugehörigkeit zum eigenen Kontinent scheint heute in der Ökumene manchmal größere Bedeutung zu haben als die Zugehörigkeit zur eigenen Konfession. Dies hat zu einer Kräfteverschiebung innerhalb der Ökumene geführt. Immer stärker drängt auch in ihr, wie in der UNO, die Dritte Welt nach vorn.

Nun ist diese Situation nicht ganz so neu, wie sie manchen abendländischen Christen in der Sorge um ihren religiösen Besitzstand erscheint. Schon sehr früh hat es nicht nur ein abendländisches und ein morgenländisches Christentum, sondern auch ein jüdisches, griechisches, römisches, afrikanisches, syrisches, koptisches und später ein gallisches, romanisches, germanisches, iro-schottisches, slawisches gegeben. Ob zwischen einem iro-schottischen Wandermönch und einem in Alexandria gebildeten Christen der Unterschied einst weniger tief ging als heute der zwischen einem Christen in einer westeuropäischen Großstadt, einem südamerikanischen Slum, einem afrikanischen Dorf oder einem indischen Ashram, wage ich zu bezweifeln. Nur, damals sah man sich nicht und kannte sich kaum. Und eben das ist heute anders.

Heute wird der Christenheit die schwierige Aufgabe einer *differenzierten Einheit* zugemutet. Angesichts der unterschiedlichen, teilweise gegensätzlichen politischen, wirtschaftlichen, gesellschaftlichen, kulturellen und religiösen Situation in den verschiedenen Regionen der Erde verlangt gerade eine »ökumenische Theologie« eine regionale Differenzierung und Akzentuierung, sofern sie konkret und verbindlich bleiben will und nicht zu einer »Allerweltstheologie« werden soll, die alles und nichts besagt. Darum ist es nicht nur menschlich verständlich, sondern auch christlich verantwortlich gehandelt, wenn die Christen in den verschiedenen Ländern und Kontinenten auf ihrer kulturellen Identität bestehen: wenn Christen in Südamerika eine »Befreiungstheologie« entwerfen, christliche Neger in Afrika und Nordamerika eine »schwarze Theologie« vertreten, Christen in Asien wiederum eine »indische Christologie« entwickeln. Aber dann haben europäische Christen nicht nur das Recht, sondern sogar die Pflicht, »westlich von Eden« Theologie zu treiben, mithin eine europäische oder abendländische Theologie.

Gegenwärtig sieht es fast so aus, als gäbe es neue christliche Glaubenserfahrungen nur noch in der Dritten Welt, in den dortigen sozialen Konflikten und politischen Befreiungsbewegungen, vor allem Südamerikas und Afrikas. Daneben nehmen sich die geistig und geistlich einst so reichen westlichen Kirchen arm und vergangen aus, als hätten sie überhaupt keine eigenen Glaubenserfahrungen mehr einzubringen, nicht einmal mehr eigene Konflikte und Probleme, höchstens Schuldbekenntnisse, und als seien sie darauf angewiesen, nur noch die Glaubenserfahrungen der anderen zu übernehmen und nachzusprechen.

Ich bin mir wohl bewußt, was ich damit sage in einer Zeit, in der christliche Europäer nicht nur die ihnen wahrhaft nötige Buße tun, sondern eine bis zum Selbsthaß gesteigerte Selbstkritik üben, indem sie sich an allem Unrecht und Unglück in der Welt die Schuld geben. Aber damit, daß sie sich nur mit schlechtem Gewissen von ihrer westlichen Vergangenheit und Gegenwart lossagen, daß sie nicht mehr wagen, sie selbst zu sein, also anders als die anderen, leisten die »weißen Christen« noch keinen neuen Beitrag zum Kräftehaushalt der Kirche und Gesellschaft, sondern bleiben der Welt sich selbst schuldig und häufen so nur neue Schuld auf alte.

Die heute zeitlich und sachlich bedingte regionale Gliederung der Christenheit darf freilich nicht zu einer Isolierung der einzelnen Regionen führen. Es darf auch nicht nur zwischen zwei Regionen ein theologischer Einbahnverkehr stattfinden. Vielmehr müssen alle Regionen miteinander im Austausch leben und sich gegenseitig theologische Entwicklungshilfe leisten. In eine solche differenzierte Einheit muß sich auch die westliche Christenheit mit ihrer »weißen Theologie« sowohl einfügen als auch einbringen, bereit, nicht mehr nur zu lehren und zu geben, sondern auch zu lernen und zu empfangen, was die Christen anderer Weltregionen zu sagen und zu bieten haben.

Die Christenheit geht heute, wenigstens soweit sie die Zeichen der Zeit erkannt hat und sich mehr für das Kommen des Reiches Gottes als für ihr eigenes Bleiben interessiert, auf eine noch größere Ökumene zu: auf die *Ökumene der Religionen.* Vielleicht bahnt sich an diesem Punkt – neben der Entstehung der christlichen Ökumene und der Entdeckung der politischen und gesellschaftlichen Dimension des christlichen Glaubens – in unserem Jahrhundert der stärkste Wandel im Christentum an.

Die erste theologische Hypothese, die mir in meinem Leben überhaupt haften geblieben ist, habe ich, noch als Schüler, auf einer Missionswoche in meiner Heimatstadt vernommen. Sie lautete, daß allein das Christentum sich auf göttliche Offenbarung gründe, alle übrigen Religionen dagegen von Menschen stammten. Diese theologische Faustregel »Offenbarung von oben – Religion von unten« war das protestantische Gegenstück zum katholischen Lehrsatz, daß »außerhalb der Kirche kein Heil« sei. Wer einen solchen Anspruch vertritt, muß unter den anderen Religionen Mission treiben, und seine Mission muß auf Bekehrung gerichtet sein. Entsprechend wurde geeifert und gehandelt.

In der christlichen Jugendbewegung sammelten wir Geld für die Abendmahlsgeräte »unseres« Missionars in Indien; in der Schule lasen wir Albert Schweitzers Berichte aus Lambarene; Kirchengemeinden veranstalteten Missionsfeste, bei denen sie bekehrte »Eingeborene« wie Siegestrophäen auftreten ließen; John R. Mott, der mit dem Friedensnobelpreis ausgezeichnete Gründer und Generalsekretär des Christlichen Studentenweltbundes, gab die Losung aus: Die Welt noch in dieser Generation für Christus!

Rückblickend erscheinen mir die zwanziger und dreißiger Jahre wie eine letzte Euphorie der vom Westen ausgehenden einlinigen christlichen Weltmission. Es ist anders gekommen, als man es sich erhofft hatte. Während das Christentum in China und Japan in Jahrhunderten nie über ein halbes Prozent und in Indien kaum über zwei Prozent der Bevölkerung hinausgelangt ist, ist es seinem geistigen Sprößling, dem Marxismus, gelungen, innerhalb einer Generation, wenn auch mit anderen Mitteln, einen großen Teil Asiens zu erobern. Die Weltreligionen sind an der Begegnung mit dem Christentum nicht, wie vorausgesagt, zugrunde gegangen, sondern sie haben im Gegenteil eine Renaissance erlebt und sind in einen überraschenden und erfolgreichen Wettstreit mit ihm getreten. Im Weltmaßstab wächst die Christenheit heute prozentual langsamer als die Menschheit insgesamt. Alles in allem: das Christentum ist, statistisch betrachtet, eine rückläufige Bewegung – künftig wird es in der Welt nicht immer mehr, sondern immer weniger Christen geben.

Diese statistische Umkehrung ist in der Christenheit von einer inneren Umkehr begleitet. Damit will ich nicht behaupten, daß der missionarische Mißerfolg allein es sei, der die Christen zu tieferer theologischer Einsicht und größerer religiöser Selbstbescheidung bewogen habe, wobei ich es noch nicht für charakterlos halte, wenn man aus einer veränderten Weltsituation auch die fälligen theologischen Konsequenzen zieht. Kein vernünftiger Christ glaubt heute noch, daß ein Mensch, der zu seinen Lebzeiten das Evangelium nicht vernommen hat, des ewigen Heils verlustig gehe. Damit aber verliert jede Mission, die einseitig auf Bekehrung aus ist, ihren Lebensnerv, ihren entscheidenden Antrieb und Sinn. Sobald jedoch das ewige Heil nicht mehr auf dem Spiel steht, gewinnt man Freiheit und Zeit zur Begegnung, und statt um das Heil geht es jetzt um die Wahrheit.

Jesus Christus bedeutet für den christlichen Glauben zwar das *endgültige*, aber nicht das alleinige Heil der Welt. Damit fällt die protestantische Entgegensetzung von »Religion« und »Offenbarung« ebenso dahin wie die katholische Gleichsetzung von »Kirche« und »Heil«. Wohl glaubt der Christ, daß Jesus von Nazareth *»die* Wahrheit« ist, weil er die letzte und endgültige Auslegung Gottes gebracht hat, aber er spricht mit diesem seinem Glauben den anderen Religionen nicht *ihre* Wahrheit ab. Alles auf eine Karte setzen heißt zwar, die anderen einunddreißig liegen lassen, aber es heißt nicht, die anderen einunddreißig für nichts achten: Auch in ihnen stekken Trümpfe! Mir erscheint es heute ganz und gar unverständlich, wie man überhaupt auf den Gedanken verfallen konnte, daß Gott sich nur im Christentum und nicht auch in den anderen Religionen bezeugt habe. Wer leugnet, daß auch das Christentum eine Religion ist, kommt mir vor wie ein Mann, der nicht wahrhaben will, daß seine Mutter eine Frau ist. So etwas soll es geben – Psychoanalytiker wissen davon zu berichten.

Endlich können die Christen ehrlich sein und ihren so lange mit Gewalt, Kattun und Gelehrsamkeit verteidigten Anspruch auf die Alleinvertretung Gottes auf Erden aufgeben und sich in die Gemeinschaft der Weltreligionen einreihen. Damit weitet sich die interkonfessionelle Ökumene, noch ehe sie vollendet ist, zur interreligiösen Ökumene aus. Ökumenische Theologie heißt dann christliche Theologie der Religionsgeschichte.

Diese in Aussicht stehende größere Ökumene der Religionen bedeutet keine »religiöse Internationale«, zu der man sich, angefeuert durch den Schlachtruf: »Gläubige aller Länder, vereinigt euch!« zusammenschlösse, um sich auf diese Weise besser gegen den herandrängenden gemeinsamen Feind, gegen Atheismus und Säkularismus, verteidigen zu können. Sie ist auch kein religiöses Kollektiv, in das jede einzelne Religion die ihr anvertraute Wahrheit einbringt, um sie darin aufgehen zu lassen, so daß im diffusen Licht einer abstrakten Allwahrheit die konkreten Konturen und Linien der singulären Wahrheiten verschwömmen. Vielmehr handelt es sich bei der neuen Ökumene der Religionen um eine Gemeinschaft, in der »in Gottes Namen« der Jude Jude, der Christ Christ, der Moslem Moslem, der Hindu Hindu, der Buddhist Buddhist bleibt, in der aber Jude, Christ, Moslem, Hindu und Buddhist miteinander denken, reden und handeln – nicht in müder gegenseitiger Toleranz, sondern im gemeinsamen Wettstreit um die Wahrheit.

Damit tritt von selbst an die Stelle des bislang von seiten des Christentums mit den Weltreligionen einseitig geführten Monologs ein zweiseitiger, ja mehrseitiger *Dialog*: Das Christentum muß nicht nur reden – es muß auch mit sich reden lassen. Wird dieser Dialog von den Christen ehrlich und ernst geführt, dann bedeutet er auch für sie Geben und Nehmen, nicht mehr nur die Verteilung christlicher Glaubensschätze und Liebesgaben an die übrige Welt, sondern auch Revision des eigenen Standpunkts und Bereicherung durch die anderen. Wer ohne Angst ist, kann sich solche Toleranz leisten. Er ist nicht auf Eroberung und Ausschluß, sondern auf Austausch und Gemeinschaft bedacht. Es verhält sich mit dem Dialog zwischen dem Christentum und den Weltreligionen nicht anders als mit einem Dialog sonst: Man verliert durch ihn nicht seine Identität, aber man geht verändert, sowohl verwundet als auch bereichert, mit einem klareren Profil, aus ihm hervor.

Wenn die Christenheit seit den Tagen der Alten Kirche betet: »Es vergehe die Welt, und es komme dein Reich!«, dann bittet sie damit indirekt auch um das Vergehen der Kirche. Am Ende der Religionsgeschichte steht nicht der Sieg des Christentums, sondern das Reich Gottes, in das alle Religionen eingehen werden. Bis dahin geht die Religionsgeschichte weiter und in ihr die Geschichte des Christentums.

Darum: *Es vergehe die Kirche, und es komme dein Reich!*

ELFTES KAPITEL

Theologe auf eigene Gefahr

1. Mein Jakobskampf

Die Kehre von der »Hinreise« zur »Rückreise« im Leben beginnt in dem Augenblick, in dem man wahrnimmt, daß jeder gelebte Tag mehr einen Lebenstag weniger bedeutet. Die Wegstrecke, auf die man zurückblickt, wird immer länger, das Stück Wegs, das noch vor einem liegt, immer kürzer.

Aus Glauben bin ich einst Christ geworden und wenn auch nicht gleichzeitig, so doch im Gleichklang damit von Beruf Theologe. Was ist aus diesem einmal gewählten Anfang geworden – und was steht noch aus? Indem ich meinen zurückgelegten Weg betrachte und den noch vor mir liegenden bedenke, suche ich in dem, was ich in meinem Leben im Hinblick auf Gott erfahren, geglaubt, gedacht, geredet und geschrieben habe, den Zusammenhang zu erkennen und auf diese Weise meine *theologische Lebenslinie* zu entdecken.

Das durchgängige biographische *Kontinuum* bildet die Tatsache, daß ich mich allzeit als »Theologe« verstanden habe. Die *Motivationen* meiner theologischen Existenz aber haben im Laufe des Lebens gewechselt, und auch die Intensität meines theologischen Interesses ist nicht immer gleich stark gewesen. Zeiten der Überzeugung und Hingabe, in denen ich mir gar keinen anderen Beruf vorstellen konnte, haben mit Perioden der Enttäuschung und Resignation gewechselt, in denen ich mir wünschte, alles andere geworden zu sein, nur kein Theologe.

Theologe sein heißt für mich vor allem anderen, mit der Frage nach Gott befaßt sein, in Anspruch genommen sein davon, daß der Mensch es im Leben und Sterben mit Gott zu tun hat. Darum ist meine theologische Existenz auch von Anfang an mit dem Auf und Ab meiner Gotteserfahrungen identisch gewesen. Und damit wiederum wurde die *Unsichtbarkeit Gottes* für mich gleichzeitig zum durchgängigen religiösen und theologischen Problem: Weil die Unsichtbarkeit Gottes meine lebenslange religiöse Bedrängnis bildete, bestand das Kontinuum meiner theologischen Existenz entsprechend in dem unablässigen Bemühen, *Gott sichtbar zu machen.* Ich wollte von dem, was ich glaubte, den Zeitgenossen etwas vorzeigen können.

Beispielhaft, fast schon symbolisch für die von mir empfundene Verlegenheit meiner beruflichen Existenz als Theologe ist das folgende Erlebnis: Während einer Kieler Woche waren meine Braut und ich zu einem Besuch auf dem Zerstörer »Georg Thiele« eingeladen, der nach einem im Ersten Weltkrieg gefallenen Bruder meiner Schwiegermutter benannt war. Wir wurden, wie bei der Marine Brauch, gastfreundlich an Bord empfangen und sodann durch das ganze Schiff geführt. Zum Schluß saßen wir mit dem Adjutanten noch zu einem Drink in der Kommandantenkajüte zusammen. Da fragte er mich beiläufig: »Und was sind Sie eigentlich von Beruf?« Ich antwortete ihm, ich sei Theologe, zur Zeit Vikar. Über diese Auskunft schien er so verblüfft, daß er noch einmal nachfragte, weil er mich vielleicht nicht richtig verstanden zu haben meinte. Als ich meine Antwort darauf noch einmal wiederholte, reagierte er keineswegs feindselig, sondern nur höchst verwundert darüber, daß ein augenscheinlich so normaler Mensch, der zudem noch eben bei der Führung durch das Schiff überraschende maritime Kenntnisse gezeigt hatte, so etwas wie Theologie studiert haben und von Beruf Vikar sein konnte, ja, daß es in unserer Zeit überhaupt noch so etwas gab.

Ich kann nicht sagen, daß ich mich in diesem Augenblick meiner theologischen Existenz geschämt hätte, ich war nur verlegen. Ich kam mir im Vergleich zu diesem Offizier, der uns sein Schiff so engagiert gezeigt und von seinem Beruf so erfüllt erzählt hatte, hilflos vor. Denn ich vermochte den Schöpfer, mit dem ich es in meinem Beruf zu tun hatte, nicht ebenso sichtbar und überzeugend vorzuzeigen wie er seinen Zerstörer.

Nicht in Jakobs Traum von Gott in Bethel, sondern in *Jakobs Kampf mit Gott* am Jabbok (1. Mose 32,25–32) finde ich mich mit meiner eigenen Gotteserfahrung und theologischen Existenz wieder.

Jakob befindet sich auf der »Rückreise«. Nur der Grenzfluß, der Jabbok, trennt ihn noch von seiner Heimat, aus der er einst vor seinem Bruder Esau geflohen ist. Damals, auf seiner »Hinreise«, hatte er im Traum eine Leiter erblickt, die von der Erde bis an den Himmel reichte. Engel stiegen an ihr auf und nieder, und oben stand sichtbar Gott selbst und offenbarte sich Jakob als der Gott seiner Väter und verhieß auch ihm den gleichen Segen wie ihnen. Jetzt, auf der »Rückreise«, tut sich ihm nicht der Himmel auf, und von Gott ist scheinbar nichts zu hören und zu sehen. Ganz allein ist Jakob im Dunkel der Nacht.

Da überfällt ihn in der Einsamkeit ein Mann, ein Jemand, ein Unbekannter und ringt mit ihm. Was Jakob hier widerfährt, ist »Anfechtung« im leibhaften Sinne des Wortes. Lange Zeit weiß er nicht, mit wem er es zu tun hat. Das Ringen währt lange, fast bis an den Morgen, und Jakob setzt seinem unbekannten Gegner hart zu. Fast bekommt er über ihn Gewalt. Aber da holt dieser zu einem mächtigen Schlag aus und trifft ihn mit aller Wucht auf die Hüfte. Der Schlag macht Jakob kampfunfähig, er kann nicht mehr auf eigenen Füßen stehen. Jetzt erst erkennt er, daß Gott es ist, der ihn im Dunkel der Nacht überfallen hat. Nun gibt Jakob den Kampf erst recht nicht auf. Er hängt sich an Gott und, an ihm hängend, hält er ihn fest. Der warnt ihn und verweist auf den anbrechenden Tag – kein Mensch kann den bloßen Anblick Gottes ertragen, kann Gott direkt, ohne alle Vermittlung, erkennen. Aber Jakob läßt nicht los: »Ich lasse dich nicht, du segnest mich denn.« Damit nimmt Jakob Gott beim Wort, denn auf seiner »Hinreise« hatte Gott zu ihm gesagt: »Ich will dich segnen.«

Als Antwort darauf fragt Gott Jakob nach seinem Namen:

»Wie heißest du?« Mit dieser Frage nötigt er ihn, sein wahres Wesen einzugestehen. Indem Gott Jakob seinen Namen nennen läßt, hält er ihm sein bisheriges Leben vor. Denn Jakob heißt übersetzt »Betrüger«. Aber Gott behaftet Jakob nicht bei seiner schuldhaften Vergangenheit, sondern begabt ihn mit einer neuen Zukunft. Der neue Anfang drückt sich in einem neuen Namen aus: »Du sollst nicht mehr Jakob, sondern Israel heißen; denn du hast mit Gott und mit Menschen gekämpft und hast gewonnen.« Die Begründung für die Namensänderung klingt erstaunlich. Jakob macht so gar nicht den Eindruck eines Siegers. Er ist entlarvt, verwundet, überwältigt. Und gerade in diesem Augenblick erklärt ihn Gott zum Sieger. Im Kampf mit Gott sind die Besiegten Sieger.

Aber mit einer bloßen Zusage gibt Jakob sich nicht zufrieden. Er verlangt eine Beglaubigung, bevor er glaubt. Darum will er Gottes Namen wissen: »Sag, wie du heißt.« Knapper läßt sich nicht ausdrücken, worauf alle Theologie zielt: Sie will Gott erkennen und benennen, neugierig, keck und kühn, ohne Furcht davor, was dabei herauskommt, zugleich aber auch in Angst angesichts des Geheimnisvoll-Jenseitigen, das auf den Menschen eindringt, und deswegen bestrebt, es durch Benennen zu bannen und durch Begreifen in den Griff zu bekommen. Doch Gott entzieht sich solchem Zugriff. Dafür tut er etwas anderes: er segnet Jakob.

Der Kampf ist beendet. Der helle Tag bricht an. Jakob ist wieder allein. Er versucht zu gehen. Er hinkt – aber er lebt! Da hinkt er los – geradewegs in die Morgensonne hinein.

Das bedeutet kein Happy End. Der Jakobskampf hat keinen glücklichen, wohl aber einen wahren und darum in jedem Fall einen guten Ausgang. Jakob hat Gott standgehalten und ist am Leben geblieben. Aber er ist fortan ein Geschlagener – ein von Gott Geschlagener. Kein Mensch geht aus dem Kampf mit Gott ohne Wunden und Narben hervor, jeder trägt sein »Trauma« davon. Und alle Lebenskämpfe sind Gotteskämpfe, wie es umgekehrt keine Gotteskämpfe gibt, die nicht Lebenskämpfe sind.

Als Jakob nach seinem Kampf mit Gott zu gehen versucht

und feststellt, daß er zwar hinkt, aber doch lebt, neu lebt, da ruft er aus: »Ich habe Gott von Angesicht zu Angesicht gesehen und bin am Leben geblieben.« Das also heißt »Gott sehen«: mit einem Unsichtbaren kämpfen, ihm unterliegen und dennoch standhalten, die Welt durchschauen und dennoch weiterleben, nichts wissen und doch gewiß sein, alles in allem, das Nichts nicht als Leere, sondern als Gottes Geheimnis erkennen. Wenn das »Gott sehen« heißt, dann habe auch ich Gott in meinem Leben gesehen!

Das hat es in meinem Leben freilich nicht gegeben: einen offenen Himmel und einen Prozessionsweg, der geradewegs empor zu Gott führte, Theologie als Himmelsleiter und Reigentanz – wohl aber dies: ringen mit dem unsichtbaren Gott und seiner gewiß sein, ohne ihn je zu Gesicht bekommen zu haben; staunen darüber, wieder einmal davongekommen und am Leben geblieben zu sein; Glaube als Licht im Dunkel und Theologie als Hinketanz.

2. Zick-Zack-Kurs: Zwischen Pfarramt und Wissenschaft

Gott und die Welt zu erkennen, war der Grund, warum ich Theologie studiert habe, Pfarrer zu werden, mein erstes Berufsziel. Aber schon während meines Studiums war die Frage an mich herangetreten, ob ich an der Universität nicht die größere Chance haben würde, »Theologe« zu sein. *Pfarramt oder Wissenschaft?*, lautete daher die Alternative, die meine theologische Existenz mindestens zehn Jahre hindurch bestimmt hat. Indem ich zwischen diesen beiden Möglichkeiten schwankte, gestaltete sich der Anfang meines beruflichen Weges zum Zick-Zack-Kurs. Im Rückblick aber hat sich gezeigt, daß gerade diese Zweigleisigkeit die geeignete Vorbereitung auf das war, was ich dann endgültig und lebenslang als Theologe treiben sollte.

Zunächst jedoch war die Frage, ob ich ins Pfarramt oder in die Wissenschaft gehen sollte, überschattet von der Ungewißheit, ob es für mich überhaupt jemals ein Pfarramt oder die Wissenschaft geben würde. Denn vor jeder hier zu treffenden

Entscheidung stand bedrohlich die Frage: Wie überstehe ich den Krieg, und wie wird der Friede aussehen? Im Falle eines Sieges der Nazis würde die Frage, ob Pfarramt oder Wissenschaft, sich wahrscheinlich von selbst erledigen, im Falle einer Niederlage aber war alles ungewiß.

Eigentlich hatte ich im Herbst 1939 als Stipendiat für ein Jahr an ein College in Cambridge gehen sollen, und es war meine heimliche Absicht gewesen, solange die Nazis herrschten, nicht wieder nach Deutschland zurückzukehren. Dieses Vorhaben hatte Hitler mit seinem Krieg vereitelt. Und so führte mich mein Weg zunächst ins Pfarramt.

Am 3. September 1939 wurde ich ordiniert. Mitten in die Feier hinein traf die Nachricht, daß Frankreich und England Deutschland den Krieg erklärt hätten. Damit hatte der Zweite Weltkrieg endgültig begonnen. Sogleich nach dem gemeinsamen Mittagsmahl brachen alle auf. Die meisten von uns haben sich nie wiedergesehen. Ich trat eine Woche später meine erste Pfarrstelle an.

In einer schleswig-holsteinischen Kreisstadt, die in dem Ruf einer typischen Beamtenstadt stand, hatte ich nach- und nebeneinander zwei eingezogene Pfarrer zu vertreten, in den umliegenden Dörfern und in der Stadt selbst. Es war noch ein Stück heiler Welt, das mir hier begegnete. Die Soldaten gingen nicht an die Front, sondern »rückten ins Feld«, und mit klingendem Spiel marschierten sie durch die Stadt zum Bahnhof – das war die Art und Sprache von 1914. Im Unterschied zu 1914 aber hatte der Krieg die Kirchen nicht gefüllt, und es fanden auch kaum Kriegstrauungen statt. Doch zwischen »Christengemeinde« und »Bürgergemeinde« bestand immer noch ein enges Band. Die Kirche bildete die organisierte religiöse Dimension der bürgerlichen Gesellschaft. Sie war noch so sehr in die Gesellschaft eingebettet, daß sie darüber ihre Identität, die Fremdheit ihrer Botschaft und Gestalt, zu verlieren drohte. Wer als Einwohner gemeldet war, gehörte fast selbstverständlich auch zur kirchlichen Parochie, und so beließ man es meistens beim Wohnen.

In den Landgemeinden, die ich mitzuversorgen hatte, sah es nicht anders aus. Wie einst in meiner Kindheit der Vater meines Freundes, wurde ich noch im Kutschwagen zu den Gottesdiensten oder Amtshandlungen in die umliegenden Dörfer geholt. Da saß ich einmal nach einer Haustaufe bei der Kaffeetafel, mit meinen vierundzwanzig Jahren als Ehrenperson, neben der Großmutter. Als die Tassen und Teller abgeräumt waren, bevor die Gläser hingestellt wurden, kam der Augenblick, wo die Großmutter, sozusagen stellvertretend für die Familie, ihr Glaubensbekenntnis ablegte und damit zugleich die Garantie für die eben bei der Taufe gelobte christliche Erziehung des Kindes gab. Das hörte sich etwa so an: »Ach, Herr Pastor, der Frühling kommt und der Frühling geht, der Sommer kommt und der Sommer geht, der Herbst kommt und der Herbst geht – es muß ja ein höheres Wesen geben.« Zu mehr reichte es nicht. Und das war sogar schon viel, fast die Ausnahme. Doch auch das gehörte hier zur heilen Welt – anders war es in dieser Gegend kaum je gewesen: Der große Pan war noch nicht tot und Jesus Christus noch nicht auferstanden.

Bei den Amtshandlungen herrschte meistens noch eine freundliche Menschlichkeit. Viel machte mir dagegen die scheinbar völlige Wirkungslosigkeit der Gottesdienste in den Dörfern zu schaffen, diese im wahrsten Sinne des Wortes stumme Trostlosigkeit, die über ihnen lag.

Falls man überhaupt sagen konnte, daß wir an der Universität für das Pfarramt ausgebildet worden seien, dann höchstens für das »Predigtamt«. Die evangelische Kirche galt als die »Kirche des Wortes«, und als solche erwies sie sich vor allem durch ihre mündliche Verkündigung. Die verbale Auslegung der Heiligen Schrift, in erster Linie als Predigt im sonntäglichen Gottesdienst und sodann als Ansprache bei den Amtshandlungen, galt als Kern des Pfarramts. Der Pfarrer war zum »verbi divini minister«, zum »Diener des göttlichen Wortes«, ordiniert worden. Hierauf konzentrierte sich alle Hoffnung und Erwartung. Hier entschied sich das Ja oder Nein zum Angebot des Evangeliums, der Glaube oder Unglaube der Hörer und demnach der berufliche Erfolg oder Mißerfolg des Pfarrers. Hier war daher auch die theologische Existenz am anfälligsten, die Enttäuschung am tiefsten, die

Resignation am größten, der Neid am mächtigsten.

Was ich später einmal in einem Rundfunkkommentar, um der Deutlichkeit seiner Tendenz willen gewiß überspitzt, geschildert habe, das habe ich damals erfahren: ». . . Derweil sitzt in einem Dorf ein Pfarrer in der Sakristei seiner Kirche. Vor sich hat er die Agende und sein Predigtkonzept liegen. Noch einmal geht er den Gottesdienst durch, der gleich beginnen soll. Aber während er mit den Texten beschäftigt ist, horcht er, ohne daß es ihm recht bewußt wird, hinaus auf das Klappen der Kirchentür. Unwillkürlich zählt er mit: einmal, zweimal, dreimal – er kommt bis zwölf. Das eine Mal war es ihm, als habe es etwas länger gedauert, bis die Tür sich wieder geschlossen hatte. Vielleicht sind da zwei gekommen, vielleicht sogar drei. Dann hört er, wie die Orgel einsetzt. Als sie zum letzten Vers des Eingangsliedes gelangt – vom Gemeindegesang ist kaum etwas zu hören –, tritt er hinaus an den Altar und beginnt mit der Liturgie. Später steht er dann auf der Kanzel. Mit einem Blick hat er die Gemeinde umfaßt – es sind nur elf, die gekommen sind. So wie heute, wird dieser Pfarrer auch am nächsten Sonntag hier auf der Kanzel stehen, und auch am übernächsten, Sonntag für Sonntag, mit derselben Botschaft auf derselben Kanzel vor derselben Gemeinde . . .«

Die größte Anfechtung bereitete mir nicht die geringe Zahl der Gottesdienstbesucher, sondern die Erkenntnis, daß ihre Zahl überhaupt nicht davon abzuhängen schien, was ich sagte. Ich hatte das Gefühl: Wenn ich am nächsten Sonntag von der Kanzel nur Tatütata sagen würde, kämen am übernächsten nicht weniger Leute, aber auch nicht mehr, wenn ich wie ein Engel vom Himmel redete. Hier vollzog sich nicht, wie uns eine übertriebene »Theologie des Wortes Gottes« hatte einreden wollen, eine bewußte Entscheidung zwischen Glaube und Unglaube, sondern Gepflogenheit ohne Erwartung. Ich empfand das Ausbleiben von Verständnis und Einverständnis als die Versagung von Gemeinschaft. Weil niemand zustimmte, aber auch keiner widersprach, fühlte ich mich isoliert. Und darunter litt ich am meisten.

In der Stadt sah es zwar etwas anders aus. Dennoch kam ich

mir alles in allem vor wie einer, dem man falsche Versprechungen gemacht hatte. Ich gab mir größte Mühe, aber nichts änderte sich. Mein Wort richtete augenscheinlich nichts aus. Ich lag auf dem Rasen des Pfarrgartens in der noch warmen Spätherbstsonne und grübelte über meine theologische Existenz nach: Hatte ich dazu Theologie studiert?

Auch die theologisch-wissenschaftliche Arbeit, die ich neben dem Pfarramt weiter zu treiben suchte, gab mir auf diese Frage keine ermunternde Antwort. Ich hatte mir eine neutestamentliche Doktorarbeit geben lassen. Es handelte sich um eine traditionsgeschichtliche, mithin vornehmlich philologisch-historische Untersuchung. Vorerst aber blieb es nur bei dem Vorsatz und die Wissenschaft daher auf der Strecke, nicht, weil mich die Gemeindearbeit zu sehr eindeckte, sondern weil ich zu dem gestellten Thema keinerlei Neigung verspürte. Mir war im Grunde nicht wichtig, wie das Neue Testament entstanden war, sondern was schließlich in ihm stand.

Eines Sonntagsmorgens in der Adventszeit – ich war noch kaum ein Vierteljahr im Pfarramt – schaute ich, bevor ich zur Kirche hinaufging, schon im Talar, noch rasch die Post durch, die damals auch am Sonntag ausgetragen wurde. Darunter fand ich zu meiner Überraschung zwei Briefe aus Wien, der eine von meinem Doktorvater, der andere von der Hochschulbehörde. Sie enthielten die Anfrage, ob ich bereit sei, zum nächsten Trimester als Assistent an der Universität und als Inspektor des Evangelischen Theologenheims nach Wien zu gehen. Dies waren die üblichen Anfangsstufen einer wissenschaftlichen Laufbahn. Damit schien mich, nach dem entgangenen Stipendium in Cambridge, der Weg nun doch wieder in die Wissenschaft zu führen. Für einen Augenblick zögerte ich, ob ich bleiben oder gehen sollte. Die Bindung an die Gemeinde erwies sich, trotz der erlebten Enttäuschungen, als fester denn vermutet; zudem winkte der zuständige Propst mit einer Pfarrstelle am Dom. Aber dann entschied ich mich doch für das Angebot aus Wien.

Für anderthalb Jahre stand nun die Wissenschaft im Vordergrund meiner theologischen Existenz. Als Assistent hatte ich vor allem am »Theologischen Wörterbuch zum Neuen Testament« mitzuarbeiten, dazu das Neutestamentliche Proseminar abzuhalten. Als »Inspektor« des Evangelischen Theologenheims war ich eine Art Tutor; ich hatte mit den Studenten allmorgendlich nach der gemeinsamen Andacht eine wissenschaftliche Übung zu halten und sie insgesamt bei ihrem Studium zu beraten. Der Umgang mit den Studenten brachte mir Freude; die Arbeit am Wörterbuch aber, das Korrigieren, Kollationieren und Lektorieren, fand ich staubtrocken und langweilig. Manches Zitat aus einem antiken Schriftsteller habe ich, wenn ich es partout nicht hatte finden können, ungeprüft abgehakt – darüber ist die Welt nicht untergegangen.

Zu meiner Dissertation kam ich auch in Wien wieder nicht, und zwar auch hier nicht, weil ich mit zuviel anderer Arbeit eingedeckt war, sondern weil das Thema mir immer weniger behagte. In meiner Unlust zur Doktorarbeit meldete sich punktuell eine grundsätzliche Skepsis an, nicht gegenüber der wissenschaftlichen Theologie, wohl aber gegenüber dem herrschenden theologischen Wissenschaftsbetrieb, und diese Skepsis sollte im Laufe der Jahre immer mehr zunehmen. Daß mein Doktorvater, ein ebenso frommer Mann wie politischer Tor, nach dem Kriege sein Amt verlor und bald darauf in einem Kloster starb, hat von mir eine Bürde genommen – ich hätte die mir von ihm gegebene Arbeit wahrscheinlich niemals zu Ende gebracht.

Neben meiner wissenschaftlichen Tätigkeit, für die ich angestellt war und bezahlt wurde, predigte ich ab und an in den Gemeinden in und um Wien und trieb überdies, als Universitäts-Assistent mir von Berufs wegen verboten, Studentenseelsorge. Einmal, nach der Taufe unseres ältesten Sohnes, dessen Pate er war, fragte mein Doktorvater mich, ob die »Verkündigung« nicht vielleicht noch mehr meiner Begabung entsprechen würde als die »reine Wissenschaft«. Dabei dachte er nicht einfach an ein Pfarramt, sondern an eine Aufgabe, die beides, Verkündigung und Wissenschaft, religiöse Erfahrung und theologische Reflexion, stärker miteinander verbinden würde. Im Rückblick erscheint mir dies als Zeichen einer

Menschenkenntnis, die sonst ganz und gar nicht seine Sache war.

Vorläufig jedoch wurde ich jeder Entscheidung enthoben, und vielleicht nicht nur vorläufig, sondern sogar endgültig. Denn Pfingsten 1941, kurz vor dem Beginn des Rußlandfeldzugs, wurde ich als Soldat zur Wehrmacht eingezogen. In der Nacht, während des Transports im Güterwagen, las ich Hans Carossas »Rumänisches Kriegstagebuch«. »Raube das Licht aus dem Rachen der Schlange«, lautete sein Motto – daran wollte ich mich halten. Doch dachte ich dabei nicht an die politische Rettung anderer, sondern nur an meine eigene, private: Ich wollte mir auch als Soldat soviel persönliches Leben wie nur irgend möglich zu bewahren trachten.

Zu jener Zeit hatte meine theologische Existenz ihre größte Enge erreicht. Aber die Entwicklung dahin war schon seit langem im Gange.

3. Rückzug in die Sakristei

Im Laufe der Jahre, spätestens seit dem Ausbruch des Krieges, war die Bekennende Kirche von den Nazis immer stärker aus der Öffentlichkeit in die Anonymität gedrängt worden – ähnlich, wie es heute in der DDR und in anderen totalitären Staaten mit den Kirchen geschieht. Dies bedeutete für mich eine noch bedrängendere Erfahrung der Unsichtbarkeit Gottes.

Zugleich bedrückte mich als jungen Menschen das Ausbleiben des beruflichen Erfolges. Ich kam mir überflüssig vor, wie einer, der abseits am Wegrand stehen mußte, während alle anderen an ihm vorbei einem erkennbaren und anerkannten Ziel zustrebten. Dieses Gefühl, nicht gefragt zu sein, während meine Altersgenossen gleichzeitig alle gebraucht wurden, hat mich unter der Naziherrschaft bisweilen mehr beschwert als die rein physische Angst.

Wie war in dieser Situation noch die Bewahrheitung und Bewährung christlicher Gotteserfahrung möglich? Was konnte ich als Christ jetzt noch tun?

Meine Antwort auf diese Herausforderung bestand im religiösen *Rückzug auf das Objektive*, und das bedeutete zugleich die Verengung der Motivation meiner theologischen Existenz *vom Pastoralen zum Priesterlich-Sakralen.* Ich klammerte mich an jene Elemente des Christentums, die von den Zeitläuften unabhängig zu sein schienen, die auch dann noch fortbestehen, wenn ein öffentliches Engagement nicht mehr möglich erscheint, und denen man zutrauen darf, daß sie objektiv noch etwas bewirken. Das Gebet, die Meditation, das Sakrament, die geistliche Ordnung des persönlichen Lebens und das unveränderliche Ritual im Jahreslauf der Kirche – das allein schien mir im Strom und Sturm der Zeit noch festzustehen und mich festzuhalten.

Hinzu kam, daß ich für das Theologenheim, das ich zu leiten hatte, nach einer Lebensordnung suchte, die mehr als nur eine Hausordnung war. Es war eine buntgemischte Gesellschaft, die sich darin zusammenfand, die nicht nur aus den Gebieten der ehemaligen österreichisch-ungarischen Donaumonarchie, sondern auch noch aus einigen anderen Balkanländern stammte. Zudem waren die meisten Studenten älter als ich, der ich noch nicht oder gerade fünfundzwanzig Jahre zählte.

Und so trat ich der »Michaelsbruderschaft« bei. Sie bildete den festen Kern innerhalb der »Berneuchner Bewegung«, die nach dem Ersten Weltkrieg entstanden war und sich eine Erneuerung der kirchlichen Liturgie sowie der privaten Frömmigkeit zum Ziel gesetzt hatte. Die »Michaelsbrüder« wollten miteinander ein geistlich geordnetes, ein sowohl dem Altar als auch der Gemeinschaft zugewandtes Leben führen.

Bei meinem Eintritt in die Bruderschaft spielte natürlich auch meine etwas versponnene Sehnsucht nach dem »großen Gehorsam« und seiner Erfüllung in einer monastischen Lebensform eine Rolle. Auf einer Freizeit unseres »Konvents« lebten wir einmal einige Tage in einer Berggemeinde ähnlich zusammen, wie ich mir das klösterliche Leben vorstellte. Es war uns ernst damit, blieb aber im Grunde doch nur ein Spiel – nicht anders, als wenn ein Student, der eine Woche lang unter Tage arbeitet, sich einbildet, das Leben der Bergarbeiter zu teilen.

Da eine der Säulen der Bruderschaft für eine Weile bei einem Stab in Wien stationiert war, ergab es sich, daß wir in einem kleinen Kreis von Brüdern eine Zeitlang ziemlich regelmäßig die »Deutsche Messe« feierten. Meistens zelebrierte sie jener leitende Bruder selbst. Er tat es meisterhaft, in einer kultisch vollendeten Form. Nie wieder habe ich einen Liturgen sich so gewandt am Altar bewegen, sich derart stilvoll wenden, verneigen, die Arme erheben und ausbreiten, die Hände falten und öffnen sehen. Da geschah es einmal, als er gerade die Abendmahlselemente konsekrieren wollte, daß er feststellen mußte, daß in dem Kelch kein Wein vorhanden war. Doch geschickt verstand er diese peinliche Panne zu überspielen – denn der Kult ist ein religiöses Drama, und ein Drama muß nun einmal klappen. Er gestaltete das notwendig gewordene Herbeiholen des Weines aus der Sakristei zu einem kultischen Akt, als ob dies zum vorgeschriebenen Ritual gehörte. Im Vergleich dazu war Jesu Weinwunder auf der Hochzeit zu Kana ein Stammtisch.

Hinterher kam dann aber doch die Frage nach dem Schuldigen auf. Und der war ich. Denn ich war als Ortsansässiger für die Vorbereitung der Messe verantwortlich gewesen. Ich entschuldigte mich damit, daß der Kelch, mit einer Serviette bedeckt, bei meinem Kommen bereits in der Sakristei dagestanden habe, und weil auf dem Teller daneben schon die Oblaten gelegen hätten, hätte ich angenommen, daß auch der Wein schon eingegossen gewesen sei, und deshalb die Serviette nicht aufgehoben und eigens nachgeschaut. Das Entsetzen der Brüder um mich herum war groß, aber, wie ich erst allmählich begriff, nicht, weil ich mich versehen und meine Pflicht als Mesner verletzt hatte, sondern weil ich jetzt, bei meiner Erklärung des Vorfalls, von Teller und Serviette gesprochen hatte. Dies erst war mein eigentlicher Sündenfall. Denn in der Sprache der Liturgie heißt es nicht »Teller«, sondern »Patene« und nicht »Serviette«, sondern »Velum«. Horaz fiel mir ein: »Odi profanum vulgus et arceo – ich hasse das gemeine Volk und halte es fern . . .«

Die Hinwendung nach »innen« und der Rückzug auf das »Objektive« bestimmten vorerst weiterhin, vor allem während meiner Zeit als Soldat, meine Existenz als Christ und Theologe. Das regelmäßige Stundengebet, der wechselseitige Austausch im kleinen Kreis der Brüder, das sakramentale Leben und die gottesdienstliche Feier waren es, die mir den Krieg überstehen halfen. Dabei leitete mich auch hier wieder der innige Wunsch zu überleben, diesmal nicht leiblich, sondern geistlich. Und das prägte sowohl mein Denken als auch meine Frömmigkeit. Ich fühlte mich sozusagen im theologischen Wartestand.

Was die Frage des Überlebens betraf, dachte ich nicht nur an den Krieg, sondern auch schon an die Zeit danach, falls die Nazis tatsächlich den Krieg gewinnen sollten. Es war gleichsam eine Vorübung für den Ernstfall, wenn ich die Theologie womöglich nicht mehr als Beruf würde ausüben können. Ich kann mich an diese Überlegungen nicht erinnern, ohne dabei an die Pfarrer meines Alters zu denken, die in der DDR leben und nun bald schon ein halbes Jahrhundert unter einer totalitären Herrschaft »theologisch existieren« müssen – und ich frage mich dann immer, wie ich wohl ein solches Theologenleben bestehen würde, ob ich es überhaupt bestanden hätte.

In jenen Jahren hat meine theologische Existenz ihre größte Enge, aber nicht zugleich auch ihre größte Dichte erreicht. Vor allem habe ich, während ich »gregorianisch gesungen« habe, nicht gleichzeitig »für die Juden geschrien«, wie Dietrich Bonhoeffer es gefordert hat. Er hat interessanterweise ungefähr zur gleichen Zeit in dem von ihm geleiteten Predigerseminar der Bekennenden Kirche in Finkenwalde eine feste geistliche Lebensordnung einzuführen versucht, übrigens keineswegs zur Freude aller Kandidaten – aber er hat eben auch »für die Juden geschrien«, indem er sich aktiv am organisierten politischen Widerstand beteiligt und so das Licht aus dem Rachen der Schlange zu rauben versucht hat.

Für mich bedeutete der theologische Rückgriff auf das Objektive zugleich den Rückzug ins Private und damit ein Schuldigwerden an der gottgebotenen Menschlichkeit. Dieses Versagen im Humanen hat der Theologengeneration, der ich angehöre, eine tiefe Wunde ins Gewissen gebrannt und sie zu lebenslänglicher Scham verurteilt. Aber wahrscheinlich ist es immer noch leichter, sich ein Leben lang zu schämen, als ein kurzes »Tausendjähriges Reich« lang tapfer zu sein.

Die Zeit meines Rückzugs nach innen, ins Private und auf das Objektive, erweist sich im Nachhinein nicht nur als eine Zeit der Verengung, sondern zugleich als eine Zeit der Sammlung und Vorbereitung auf eine neue Ausweitung und profiliertere Selbstverwirklichung. Von da an hat mein theologischer Weg mich, zwar nicht auf gerade aufsteigender Bahn, aber doch Stufe um Stufe, in eine immer größere Weite und Freiheit geführt.

4. Theologischer Libero

Nach dem Kriege erging es mir ähnlich wie einem Seemann, für den nach langer Liegezeit im Hafen die Seefahrt endlich wieder aufgeht. Alles, was sich in den Jahren der Verengung an theologischer Kraft und Erwartung in mir gestaut hatte, brach sich jetzt Bahn. Daß eine theologische Existenz, wenn sie lebendig ist, wie alles Dasein nicht gleichförmig verläuft, sondern »pulsiert«, habe ich damals erfahren.

Zunächst fing ich dort, wo der Krieg mich übriggelassen hatte, wieder als Gemeindepfarrer an. Aber das war nur ein *theologischer Übergang*. Darauf wies schon die Art meiner Beschäftigung hin. Ich war nicht in ein festes Pfarramt eingebunden, sondern fungierte als eine Art *pastoraler Libero* in einem parochialen Ausnahmezustand: Eine oberbayrische bürgerlich-konservative lutherische Diasporagemeinde wurde von einem sozial und konfessionell gemischten Flüchtlingsstrom überflutet. Fast von selbst ergab sich daraus eine ungeschriebene Aufgabenteilung: Mir als Preußen fiel vor allem die Betreuung der in Bayern eingefallenen »Preußen« zu. Während ich mich früher unter dem Eindruck scheinbaren pastoralen Mißerfolges gefragt hatte, wozu ich eigentlich Theologie studiert hätte, stellte sich mir diese Frage jetzt überhaupt nicht. Ich tat einfach, was mir täglich vor die

Hände kam. Und das war ein buntes Durcheinander, ein geistlich-weltliches Gemisch, so, wie ein Pfarramt früher einst gewesen war, jetzt nur noch einmal ausnahmsweise, solange die weltlichen Instanzen noch nicht wieder voll funktionierten. Das reichte von der Beratung vergewaltigter Flüchtlingsfrauen oder der Beschaffung von Kinderwagen und -wäsche für andere Flüchtlingsfamilien über die Seelsorge in deutschen Lazaretten und Kriegsgefangenenlagern und Gottesdienste ebenso für eine alliierte Militäreinheit wie für ehemalige Nazis in einem Internierungslager bis zu Besuchsfahrten durch die oberbayrische Diaspora, abgesehen von den feststehenden pastoralen Pflichten wie Predigt, Kasualien und Unterricht – dazu die Gründung eines interkonfessionellen religiösen Bildungswerkes zusammen mit den Katholiken, überdies alle vierzehn Tage die eigene »Arbeitsgemeinschaft«, für die ich bei ihrer Entstehung nichts anderes versprochen hatte als »jedenfalls jedesmal etwas Interessantes«.

Alles in allem: eine prallvolle pastorale Rundumexistenz. Dabei konnte es nicht ausbleiben, daß ich bisweilen zwischen die Fronten und ins kirchliche Abseits geriet: zum Beispiel, wenn ich Leuten, die jetzt sogleich wieder in die Kirche eintreten zu müssen meinten, dies auszureden suchte, weil sie die meisten kirchlichen Dienste, falls ihnen denn wirklich so daran gelegen sei, auch ohnedies empfangen könnten, oder wenn ich bei der Anmeldung von Amtshandlungen in konfessionsverschiedenen Familien die Entscheidung nach dem religiös aktiveren Teil zu treffen versuchte und manchen deshalb zum katholischen Pfarrer weiterschickte. Auf den Dekan, mit dem ich die Amtsräume teilte, muß ich als eine Art theologischer Vagant gewirkt haben – wie wenn ein Schuldirektor einen Gaukler als Sportlehrer engagiert hat. Nach einem knappen Jahr mußte ich dann auch weichen.

Aber ich befand mich ohnehin im Aufbruch. Den Anstoß hatte wieder ein unerwarteter Brief gebracht. Diesmal war es die Aufforderung gewesen, auf der nächsten Vertrauensstudenten- und Studentenpfarrerkonferenz, der ersten nach dem Kriege, einen Vortrag zu halten. Das gestellte Thema war mir geradezu auf den Leib geschrieben: »Der Christ und die

Theologie« – ebendarum war es mir von Anbeginn meines Theologiestudiums gegangen. Und so bin ich denn Studentenpfarrer an der Universität meiner Heimatstadt geworden und es fünf Jahre lang geblieben.

In diese Zeit fällt jene Phase meiner theologischen Existenz, die ich in der Schilderung meines Hinwegs zur Theologie als meine *theologische Erweckung* bezeichnet habe. Die Verzögerung meiner theologischen Entwicklung hing, wenigstens teilweise, mit den Zeitumständen zusammen. Die durch den Kirchenkampf und den Krieg verursachte Einengung hatte bei mir nicht nur zur religiösen Verinnerlichung geführt, sondern gleichzeitig auch einen großen theologischen Nachholbedarf hinterlassen. Diesen geistigen Hunger teilte ich mit den Studenten, von denen die meisten gerade aus Krieg und Gefangenschaft zurückgekehrt und mit mir fast gleichaltrig waren. Damals habe ich mich mit Theologie geradezu vollgestopft. Dabei war ich nur mäßig an der akademisch-theologischen Binnenproblematik interessiert. Mir ging es im Grunde immer nur um die eine und selbe Frage nach der Wirklichkeit Gottes in der Wirklichkeit der Welt: wie der christliche Glaube in dieser Zeit glaubwürdig bewahrheitet und konkret bewährt werden könne.

Bei alldem leitete mich zunächst ein ganz persönliches Motiv. Der Zeitgenosse – das war zuerst ich selbst. Es ging mir in erster Linie nicht um Bekehrung und Mission, auch nicht nur um die vielzitierte »intellektuelle Redlichkeit«, sondern um die Wahrheit des christlichen Glaubens. Ich wollte *glauben und verstehen* – in diesem Wunsch faßte sich für mich meine gesamte theologische Existenz zusammen. Ich hätte auch dann Theologie getrieben, wenn ich einen anderen Beruf gehabt hätte.

Zugleich aber war meine theologische Fragerichtung nun doch auch veranlaßt durch den täglichen Umgang mit den Studenten. Niemals vorher und nachher habe ich so intensiv in und mit einer Gemeinde gelebt. Vielleicht war es überhaupt die fruchtbarste Zeit meines pastoralen Wirkens. Bis heute begegne ich auf Vortragsreisen ehemaligen Mitgliedern meiner Studentengemeinde. Sie bekleiden zum Teil wichtige öffentliche Stellungen und Ämter. Ich glaube, daß man den Beitrag, den die Evangelische Studentengemeinde (ESG) der ersten beiden Nachkriegsjahrzehnte zum gesellschaftlichen Kräftehaushalt der Bundesrepublik geleistet hat, schwerlich überschätzen kann. Künftige Geschichtsschreiber werden ihn berücksichtigen müssen, wenn sie das ganze Spektrum der mobilen Kräfte im Nachkriegsdeutschland ins Visier bekommen wollen.

Im Zentrum des Lebens der Studentengemeinden stand damals die Bibel – um sie scharte sich alles. Die Bibel in der eigenen Situation zu verstehen, ihre Wahrheit zu erkennen und neu in die Gegenwart zu übersetzen – darum ging es. Und so traf mein eigenes theologisches Interesse aufs glücklichste mit meinem pfarramtlichen Auftrag zusammen. Es war die Zeit, in der ich auch von Berufs wegen so überzeugt Theologe war wie niemals wieder. Auf die Frage, ob ich, wenn ich noch einmal zu wählen hätte, wieder Theologe würde, hätte ich damals ohne Zögern mit einem vollen Ja geantwortet.

Aber die Antwort auf die Frage, ob ich endgültig im Pfarramt bleiben oder in die akademisch-theologische Wissenschaft gehen sollte, stand immer noch aus. Ich hatte mir eine neue Doktorarbeit geben lassen, diesmal eine kirchengeschichtliche Untersuchung über Luthers Geschichtsdeutung. Die Themenstellung war durch die eigene geschichtliche Situation bestimmt. An Hand konkreter Beispiele sollte ich untersuchen, wie Martin Luther historische Ereignisse theologisch beurteilt habe. Daran gefielen mir sowohl die *theologische Fragestellung* als auch das Verlangen nach *weltlicher Konkretion* und der Bezug auf die *gegenwärtige Situation.* Aber die historisch-kritisch-philologische Seite der Arbeit hatte mir auch diesmal nicht behagt. Der gelehrte Fußsack war zwar prallvoll mit Luther-Zitaten, jedoch arm an Auseinandersetzung mit anderer Fachliteratur und historischen Einzelfragen. Mir war es gleichgültig, ob Martin Luther einen Brief am 2. oder 3. Mai geschrieben hatte. Das gehörte nicht zu meinem Interesse, Gott und die Welt zu erkennen – dieses Interesse aber gehörte sehr wohl zu einem zünftigen Historiker!

Sogleich nach meiner Promotion schrieb ich die Dissertation allgemeinverständlich für einen größeren Leserkreis um und veröffentlichte sie als Buch, aber absichtlich nicht als Monographie in einer wissenschaftlichen Reihe. Mein Heidelberger Doktorvater war trotz allem nach wie vor dafür, daß ich mich in Kirchengeschichte habilitierte, meinte aber zugleich, daß ich es nicht mein Leben lang an der Universität aushalten, sondern eines Tages noch »etwas anderes« tun würde – er tippte in Richtung Politik und Kultur. Dies andere war bereits im Gange.

Schon seit Beginn des Jahres 1950 arbeitete ich fest am »Sonntagsblatt« mit, das neben der Evangelischen Studentengemeinde, dem Kirchentag, den Evangelischen Akademien und der anderen großen protestantischen Wochenzeitung »Christ und Welt« zu den Zeichen eines christlichen und kirchlichen Neubeginns nach dem Kriege zählte.

Eines Tages war ich vom Chefredakteur nach Hamburg eingeladen und von ihm gefragt worden, ob ich bereit sei, die Zeitung »theologisch zu durchsäuern«. Ich war dazu bereit, aber nur unter der Bedingung, daß ich es nebenamtlich und befristet tun könnte. Ich hatte bis dahin keinerlei besonderes journalistisches Interesse verspürt. Selbst vom »Sonntagsblatt« wußte ich nur vom Hörensagen. Ehe ich zur ersten Vorbesprechung fuhr, hatte ich mir von einem Studenten einige Exemplare des Blattes ausleihen müssen, um es kennenzulernen. Vom Journalismus im allgemeinen hatte ich nur vernommen, daß man mit ihm nebenbei allerhand Geld verdienen könne. Und das brauchte ich dringend. Denn unsere Möbel waren in Wien zurückgeblieben, und wir sollten für Auslösung, Transport und Reparatur soviel Geld bezahlen, wie ich es von meinen Gehalt als Studentenpfarrer niemals hätte aufbringen können. So war mein erstes Motiv, warum ich zum Sonntagsblatt gegangen bin, alles andere als theologisch. Im Familienkreis sangen wir damals, in Abwandlung eines Liedes aus dem »Kleinen Hofkonzert«: »Nur einen Sommer lang bleib' ich beim Sonntagsblatt; dann hab' ich Geld genug, dann hau' ich wieder ab.«

Daß aus einem Sommer dann über fünfundzwanzig Jahre geworden sind, hatte freilich keinen pekuniären Grund mehr – daß sich das Sonntagsblatt an diesem Punkt am stärksten von allen anderen Zeitungen und übrigen Medien unterschied, hatte ich bald heraus. Mein Bleiben bei der Zeitung geschah auch nicht aus journalistischem Interesse, sondern allein aus theologischen Motiven. Wenn es denn tatsächlich stimmt, daß ich einen klaren und auch für normale Zeitgenossen verständlichen theologischen Stil schreibe, so hängt dies nicht mit meinem rein zufälligen journalistischen »Job« zusammen, sondern hat einen ausgesprochen theologischen Grund.

Als Theologe bin ich – mehr als mancher Redakteur – sozusagen von Kindesbeinen an dazu angehalten worden, »ad hominem«, zum Menschen hingewandt, zu reden, das heißt die Wahrheit nicht allgemein, obenhin und immer gleich, sondern jeweils pointiert in die jeweilige Situation hinein auszusprechen, sie nicht einfach als Flaschenpost treiben zu lassen, sondern als einen genau adressierten und ausreichend frankierten Brief aufzugeben. In dieser Richtung liegt denn auch die theologische Motivation, die mich veranlaßt hat, schließlich endgültig und hauptamtlich zum Sonntagsblatt zu gehen und dabei zu bleiben. Hier meinte ich, wie nirgendwo sonst, die Gelegenheit gefunden zu haben, so Theologie zu treiben, wie ich es verstand: Gott und die Welt zu erkennen und von dem Erkannten die Zeitgenossen in Kenntnis zu setzen.

Theologe und Journalist – das erscheint vielen als eine seltsame, widerspruchsvolle Verbindung. Der Journalist schreibt, wie sein Name besagt, für den *Tag*; der Theologe hingegen soll – so meint man wenigstens – das *Zeitlos-Ewige* bedenken. Für mich jedoch hat diese Verbindung gerade die tägliche Probe aufs Exempel für die Wahrheitsfähigkeit des christlichen Glaubens bedeutet. Daß es das Ewige nur im Jetzt, die Sache Gottes nur in den Sachen der Welt, die Taten Gottes nur in den Tatsachen der Geschichte, Theologie mithin nur im Welthorizont gibt – das mußte sich in einer Zeitung, die sich selbst als »Wochenzeitung des deutschen Protestantismus« versteht, noch mehr erweisen als in der Kirche oder an der Universität.

Der Austausch mit den Kollegen in der Redaktion konfrontierte mich ständig mit dem, was wir Theologen abstrakt die »Welt« zu nennen pflegen. Diese eine abstrakte Welt teilte sich für mich auf einmal in lauter verschiedene konkrete Welten und empfing dadurch deutlichere Konturen. Damit drang – abgesehen davon, daß ich für Organisation, Planung, Pleite und Personal der Zeitung mitverantwortlich war – eine Fülle konkreter Welterfahrung auf mich ein. Was ich auf diese Weise empfing, war »Teilhabe an der Situation«, und solcher Teilhabe bedarf es, wenn das von der Kirche überlieferte Evangelium in der Situation Präsenz und Relevanz erhalten soll. Was ewig gilt, mußte à jour, für den Tag und auf den Tag genau, ausgesagt werden, um seine ewige Geltung zu erweisen.

Mein Verlangen nach »Orthopraxie«, nach konkreter Bewahrheitung und Bewährung der christlichen Gotteserfahrung in der täglichen Welt- und Lebenserfahrung, war das ausschlaggebende Motiv, warum ich der Universität schließlich den Abschied gegeben habe und endgültig zum Sonntagsblatt gegangen bin.

Dieser direkte theologische Grund für mein lebenslanges Bleiben beim »Deutschen Allgemeinen Sonntagsblatt« wurde aber noch übertroffen von dem indirekten, daß ich hier, wie in keinem Amte sonst, je länger desto mehr Zeit und Freiheit erhielt, um in der Weise Theologe zu sein, wie es mir vorschwebte. Damit hatte sich auch die Frage, ob ich endgültig in den Kirchendienst treten oder an die Universität gehen, also vornehmlich praktisch-theologisch oder wissenschaftlich-theologisch arbeiten sollte, fast von selbst entschieden. Die Lösung der Alternative bestand in der engen Verbindung beider Seiten: Weil ich den Zeitgenossen die Weltdeutung des christlichen Glaubens so konkret und verständlich wie möglich machen wollte, mußte ich selbst so gründlich wie möglich wissenschaftliche Theologie treiben – denn: je gründlicher, desto einfacher und klarer! Aus diesem Grunde habe ich auch den Ruf an eine Universität, überhaupt jedes Angebot einer anderen Stellung – vom Funkhausdirektor über ein politisches Mandat bis zum Kirchenpräsidenten – am Ende stets abgelehnt. Nicht, als ob mich keine andere Aufgabe gelockt hätte – manchmal entschied ich mich erst im allerletzten Augenblick dagegen –, aber keine andere Position schien mir so viel Zeit, Raum, Gelegenheit und Freiheit für meine theologische Existenz zu bieten wie eben meine Stellung beim Sonntagsblatt.

Der Weg, den ich mit meiner endgültigen Entscheidung für das »Deutsche Allgemeine Sonntagsblatt« eingeschlagen hatte, hat mich immer weiter über die Grenzen des Blattes hinausgeführt. Meine berufliche Stellung als theologischer Chefredakteur bildete mehr und mehr nur noch einen Teil dessen, was ich als *theologischer Libero* im Raum der Kirche und vor ihren Toren zu tun hatte. Der Herausgeber des Sonntagsblatts hat mich deshalb einmal als »Theologen auf freier Wildbahn« und der Autor einer Fernsehsendung als »Theologen auf eigene Gefahr« bezeichnet.

Ich selbst beschreibe meine Schriftstellerei und Vortragstätigkeit, überhaupt meine gesamte theologische Arbeit am liebsten so: Wie alle möglichen großen und kleinen, guten und bösen Gerüchte, in offiziellen und inoffiziellen Kanälen, schwarzen und roten, öffentlich und insgeheim, durch die Welt laufen, so auch das große und gute Gerücht von Gott. Ich möchte helfen, dieses Gerücht – die »gute Nachricht«, die Jesus von Nazareth den Menschen von Gott gebracht hat – publik zu machen, das heißt, es zu »veröffentlichen«, unter die Leute zu bringen, in der Welt zu verbreiten – wie es in dem von Jesus am Kreuz gebeteten Psalm heißt: »Ich will deinen Namen meinen Brüdern erzählend kundtun.« (22,23)

Solche theologische »Publizistik« meint noch etwas anderes als die heute viel geforderte und oft auch schon gut dargebotene »Theologie für Nichttheologen«. Dahinter steht wieder meine Überzeugung, daß in unserer Zeit das Priestertum aller Gläubigen endlich auch in der Theologie gelten müsse, daß fortan jeder Christ, gleichen Ranges mit dem theologischen Fachmann, seine Gotteserfahrungen in der Welt machen, über sie nachdenken und sie weitererzählen sollte. Zu dieser *theologischen Emanzipation der Nichttheologen* möchte ich gerade als Theologe beitragen: Es geht mir nicht nur um Theologie *für* Nichttheologen, sondern um Theologie *von* Nichttheologen.

Ich möchte meine Zeitgenossen animieren, geleitet von der christlichen Tradition über Gott und die Welt nachzudenken und dabei ihre selbständigen Glaubenserfahrungen zu machen. Ich will sie nicht im üblichen Sinne »bekehren«, sondern ihnen *Anstöße in Richtung auf die »Transzendenz«* geben, damit sie ineins auf den Weg zu Gott und zu sich selbst gelangen.

Mit meiner theologischen Arbeit hoffe ich auch einen Beitrag zum geistigen Kräftehaushalt der Zeit zu leisten, auf der Seite der Einnahmen: wovon der Mensch lebt und was ein Mensch braucht, um als ein Mensch zu leben. Auf die Frage, warum ich Theologe sei und bliebe, könnte ich mit den Worten antworten, die der vietnamesische buddhistische Mönch Thich Nhat Hanh auf der ersten Weltkonferenz der Religionen für den Frieden 1970 in Kyoto gesprochen hat: »Wir werden nicht durch ein neues System, eine neue Doktrin gerettet werden. Wir werden durch den Menschen gerettet werden. Wie kann der Mensch neue Kräfte sammeln? Für mich ist das die Aufgabe der Religionen.« Darin besteht für mich heute auch die Rechtfertigung der Theologie als einer öffentlichen und gesellschaftlichen Angelegenheit. Wenn die Kirche dies leistet, dann ist sie ihre Steuern wert.

Durch den Impuls zu »Publizität« und »Kommunikation« hat meine theologische Existenz einen immer stärkeren »evangelistischen« Zug erhalten. Ich verstehe mich als einen *Evangelisten ohne Bekehrungsabsichten*; ich möchte insonderheit ein »Evangelist für die Verständigen unter den Verächtern der Religion« sein. So habe ich es bei meinem Ausscheiden aus der Chefredaktion des »Deutschen Allgemeinen Sonntagsblatts« ausgesprochen. Es war der positive und persönliche Grund für meinen vorzeitigen Rücktritt.

Seitdem bin ich vollends in die Weite gelangt und habe – wenigstens äußerlich gesehen – die letzte Stufe theologischer

Freiheit erreicht. Die nächste bestünde nicht mehr im Glauben, sondern im Schauen. Mit ihr erfüllte sich Gellerts Liedvers:

»Dann werd' ich das im Licht erkennen,
Was ich auf Erden dunkel sah,
Das wunderbar und herrlich nennen,
Was unerforschlich hier geschah,
Dann schaut mein Geist mit Lob und Dank
Die Schickung im Zusammenhang.«

Damit träte Gottes Offenbarung endgültig aus der Zweideutigkeit heraus, und der Jakobskampf wäre ausgestanden. Aber das wäre dann schon keine Theologie mehr.

ZWÖLFTES KAPITEL

Die Rückreise: Wohlan, noch einmal?

1. Gott zum Beruf haben?

Wann immer ich theologische »Oberbrüder«, Kirchenmänner wie Professoren, privat oder öffentlich, gefragt habe, ob sie, wenn sie die Wahl hätten, wiederum Theologen würden, haben sie prompt, ohne Ausnahme mit Ja geantwortet. Und wenn ich dann weiterfragte, ob sie es auch noch ein drittes oder gar viertes Mal tun würden, haben sie auch dies bejaht. Erst auf mein Bohren hin erklärte sich ein Bischof bereit, beim fünften Mal Staatsmann, und ein Theologieprofessor, beim sechsten Mal Jurist zu werden.

Die theologischen »Unterbrüder« und jüngeren Jahrgänge zeigen sich da viel zurückhaltender. Wieviel Pfarrern bin ich in den letzten Jahren begegnet, die mir auf meine Frage, ob sie noch einmal Theologen werden wollten, rund heraus erklärten: Nie wieder! Hier hat sich innerhalb einer Theologengeneration ein auffälliger Stimmungswandel vollzogen – mag sein, daß sich heute schon wieder ein neuer anbahnt.

Während des Krieges und des Kirchenkampfes im »Dritten Reich« hat uns Ina Seidels Roman »Lennacker« viel bedeutet. Er hat uns sozusagen pastoralen Trost gespendet, indem er uns mit Stolz auf unseren Beruf erfüllte. Die Dichterin erzählt in ihm in zwölf Lebensbildern die Geschichte eines protestantischen Pfarrergeschlechts, der Lennackers. Der jüngste Lennacker-Sproß ist gerade aus dem Ersten Weltkrieg heimgekehrt und weiß nicht, was er tun soll, ob er auch Pfarrer werden soll wie alle seine Vorfahren – oder was sonst? Da träumt er, während einer Krankheit, in den zwölf heiligen Nächten zwischen Weihnachten und Dreikönigstag die Lebensschicksale seiner zwölf Vorfahren, von der Reformationszeit bis in die Gegenwart hinein. Als er aus seinen Träumen erwacht und sich auf dem Weg der Genesung befindet, ist er sich über seinen eigenen Weg schlüssig: Er wird nicht, wie alle seine Vorfahren, Pfarrer werden, sondern Arzt.

Daß Ina Seidel den letzten Lennacker nicht wieder Pfarrer werden läßt, habe ich ihr damals übelgenommen. Heute würde ich es, obwohl bislang der erste und einzige Theologe in meiner Familie, wahrscheinlich wie der junge Lennacker halten und nicht wieder Theologe werden. Jedenfalls könnte ich auf die Frage, ob ich noch einmal Theologe würde, weder mit einem glatten Ja noch mit einem glatten Nein antworten. Wahrscheinlich müßte ich differenzieren und erwidern: *Auf jeden Fall wieder Theologie der Sache nach – aber auf keinen Fall noch einmal Theologe von Beruf!*

Hinter dieser Antwort steckt ein Bündel von Erfahrungen und Motiven, wobei sich in die persönlichen Beweggründe ständig die grundsätzliche Frage mischt, *ob ein Mensch überhaupt Gott zum Beruf haben kann.*

Natürlich hat ein Theologe, genau genommen, nicht Gott zum Beruf, wenigstens nicht unmittelbar, höchstens mittelbar. Sein Beruf besteht vielmehr in der Verantwortung für die Erhaltung, Aneignung und Weitergabe der christlichen Überlieferung in der Gesellschaft, entweder primär pastoral als Dienst in der Kirche oder primär wissenschaftlich als Forschung und Lehre. Trotzdem hat es der Theologe in den Augen seiner Umwelt in besonderer Weise, anders und mehr als die anderen Christen, mit Gott zu tun. Da hilft auch keine Berufung auf das evangelische Kirchen- und Amtsverständnis: daß alle Christen »die Kirche« seien und der Pfarrer lediglich stellvertretend, aus Gründen der Arbeitsteilung, von Berufs wegen tue, was von ihrer Berufung her alle Christen tun könnten und sollten. Der Pfarrer steht nun einmal, nach allgemeinem Urteil, für das Glauben und Handeln der Kirche; er ist der Repräsentant ihrer Präsenz in der Gesellschaft. Da die Kirche aber, was immer sie sonst in den Augen der Zeitgenossen sein mag, auf jeden Fall etwas mit Gott zu tun hat, gilt auch der Pfarrer vorzugsweise als »Gottesmann«.

An dieser Einschätzung hat auch der soziale Wandel wenig geändert. Im Gegenteil, weil der Pfarrer heute nicht mehr von vornherein, auf Grund seines Amtes, Autorität besitzt, sondern sich seinen Status in der Gesellschaft erst durch seinen persönlichen Einsatz erwerben muß, wird er eher noch mehr als Bürge der christlichen Glaubenstradition herausgehoben. Mögen wir uns noch so sehr dagegen sträuben, wir Theologen gelten nun einmal als Gottes spezielles Bodenpersonal.

Empfindet nicht auch der einzelne Theologe selbst seine berufliche Existenz als eine Ausnahmesituation, und ist es nicht eben dies, wogegen sich die jüngeren Pfarrer vor allem wehren? Mag auch, grundsätzlich und konsequent gedacht, der Theologe in keiner anderen und schon gar nicht in einer näheren Beziehung zu Gott stehen als irgendein Christ sonst – seine Gottesbeziehung ist nun einmal für ihn zugleich der Gegenstand seines Berufes, für den er nach A 13, A 14 oder noch mehr bezahlt wird, mit Dienstwohnung, Altersversorgung und Beihilfe für Beamte. Gewiß, ein Christ ist immer im Dienst, aber ein Theologe ist darüber hinaus immer auch noch im Beruf. Der Unterschied zwischen einem christlichen Nichttheologen und einem christlichen Theologen ähnelt dem zwischen einem Deutschen, der nur privat im Ausland lebt, und einem, der Deutschland im Ausland offiziell vertritt. Beide sind deutsche Landsleute und Staatsbürger mit gleichen Rechten und Pflichten, der Diplomat aber gilt nun einmal in besonderer Weise als der Vertreter seines Landes. Und eben an diesem offiziellen Status des Theologen stoße ich mich.

Der nächstliegende Grund für mein Zaudern, noch einmal Theologe zu werden, mag jener *Überdruß am Beruf* sein, wie er sich fast bei jedem Menschen gegen Ende seiner Laufbahn einstellt. Es ist die Routine, die müde macht und die die Neugier tötet – die nicht als Lust, sondern als Qual empfundene ewige, tägliche Wiederkehr aller Dinge. Es ist alles schon einmal dagewesen: Ich beginne ein theologisches Buch zu lesen und wittere bereits nach den ersten Seiten, woher der Geist weht und wohin er fährt. Die Gewohnheit droht zur Gewöhnung zu werden.

Nicht, daß die Frage nach Gott mich nicht mehr bewegte und die Erfahrung Gottes mich nicht mehr beglückte und bedrängte – aber die berufliche Beschäftigung mit Gott macht mir zu schaffen, dieses ständige Bedenken, Bereden und Beschreiben: weiße Blätter mit Buchstaben, Wörtern und Sätzen füllen müssen, die etwas, das nicht mit Augen zu sehen und nicht mit Händen zu greifen ist, in Worte zu fassen suchen, damit Menschen es dennoch vernehmen.

Von Jesus von Nazareth heißt es, daß er das Evangelium vom Reich Gottes gepredigt und allerlei Krankheiten geheilt habe. Das Heilen der Krankheiten haben – wenigstens bislang – die Ärzte übernommen, und den Theologen ist nur die Predigt geblieben. Man hat ihnen zwar das Wort gelassen, und »das Wort sie sollen lassen stahn« – aber eben nur das Wort, immer nur das Wort! Mit dem Wort allein aber ersäuft man in »Metaphysik«. Gewiß, auch der »Physikus« denkt über Leben und Tod und über den Sinn seines Heilens nach – aber er *tut* das, worüber er nachdenkt, eben auch, während unsereiner immer nur »sinnt«.

Ich frage mich, ob mein Überdruß an der Theologie als Beruf nur einer subjektiven Stimmung entspringt oder nicht zugleich ein Ausdruck des geschichtlichen Augenblicks ist: Spiegelt sich in meinem privaten Gefühl der ständigen theologischen Wiederholung und täglichen beruflichen Routine vielleicht nur individuell ein *Erschöpfungszustand* wider, in dem sich die christliche Theologie im Abendland insgesamt befindet?

Auf die gegenwärtige abendländische Theologie scheint mir das Wort des Predigers Salomo zuzutreffen: »Es gibt nichts Neues unter der Sonne.« Bei vielen, meinem Empfinden nach sogar den meisten theologischen Problemen kann man sich des Eindrucks nicht erwehren: Hier sind alle nur möglichen Fragen schon so oft gestellt und alle nur denkbaren Argumente schon so häufig hin- und hergewendet worden, daß bislang noch nicht Bekanntes nicht mehr in Aussicht steht. Das meiste ist schon so ausgedacht, daß manches nur noch »ausgedacht« wirkt.

Die abendländische Theologie scheint mir heute, ähnlich

wie die »klassische Physik«, in gewissem Sinne zu einem *Abschluß* gekommen zu sein. Positiv drückt sich dies in dem Bewußtsein aus, daß man wieder auf die Anfänge des Verstehens zurückgeworfen ist. Die elementaren Fragen tauchen neu auf. Aus der Wissenschaft aber kommen immer nur die Elemente, gleichsam die Elementarteilchen, nicht aber das Elementare. Wohl soll die Wissenschaft sich mit dem Elementaren befassen, aber sie kann es selbst nicht erzeugen. Das gilt auch für die Theologie als Wissenschaft.

An dieser Stelle hat mein Plädoyer für eine neue zeitgenössische Erfahrungstheologie berufliche Konsequenzen. Hier schlagen die von mir vorgetragenen diesbezüglichen Argumente bis in meine eigene theologische Existenz durch: daß die Religion das Elementare und deshalb Primäre, die Theologie das Reflexe und deshalb Sekundäre ist und daß es eine Erneuerung der Theologie daher nur aus der Religion gibt; daß die Gotteserfahrung den beherrschenden Platz in der Theologie einnimmt, Gotteserfahrung sich aber immer nur in Welterfahrung ausspricht, und daß die Theologie hiermit in die Nähe der Weisheit rückt und zu einer Kunst für alle Christen wird. Zu diesen Überzeugungen gesellt sich meine Hoffnung, daß die Gottes- und Welterfahrungen der Nichttheologen die Theologie der Theologen auffrischen und beleben möchten. Diese Überzeugungen und Hoffnungen müssen sich fast von selbst negativ in Bedenken gegen mein eigenes Dasein als Theologe wenden, positiv jedoch zu dem Wunsch verdichten, nicht noch einmal Theologe von Beruf zu werden, sondern Theologie nur als »Hobby« zu betreiben.

Den Wunsch, *Theologie als Hobby* zu betreiben und nicht als Beruf auszuüben, muß ich unbewußt schon lange in mir getragen haben – als Gegenstimme zu meiner frühzeitigen Skepsis gegenüber dem akademisch-theologischen Wissenschaftsbetrieb. Zum erstenmal bewußt geworden ist mir dieser Wunsch bei einem Krankenhausaufenthalt, in der Begegnung mit dem mich behandelnden Chirurgen. Dieser pflegt sich, wenn er abends aus der Klinik nach Hause kommt, an seinen Flügel zu setzen und stundenlang zu spielen. In seiner Jugend hat er geschwankt, ob er Pianist oder Arzt werden sollte. Er hat sich für den Arztberuf entschieden, ist aber gleichzeitig, obwohl er die Musik nur in seiner Freizeit betreibt, ein so glänzender Pianist geworden, daß er manchmal sogar öffentlich spielt.

Als jener Chirurg mir dies von sich erzählte, regte sich in mir spontan der Wunsch: Das möchte ich auch – am Tage einen handfesten Beruf haben, Arzt, politischer Publizist oder meinetwegen auch Banker sein und in der Freizeit dann, am Abend, am Wochenende und in den Ferien, Theologie als Hobby treiben. Von den üblichen Hobbies würde sich diese Freizeitbeschäftigung hoffentlich dadurch unterscheiden, daß ihr Gegenstand und Gehalt von selbst auch in die Berufsarbeit am Tage einfließen würden, was man von einem Bastler, Jäger oder Briefmarkensammler so ohne weiteres wohl kaum sagen kann.

Wenn ich die Theologie nicht wieder als Beruf, sondern als Hobby betreiben möchte, dann leitet mich dabei vor allem das Verlangen nach einer Art Selbstexperiment. Ich möchte sozusagen am eigenen Leibe ausprobieren, wie das ist: an Gott glauben und solchen Glauben im Leben praktizieren, ohne daß man Gott gleichzeitig zum Beruf hat. Freilich habe ich mich im Verdacht, daß dieses Verlangen nach »freiberuflicher« Praktizierung des christlichen Glaubens nicht mein einziges Motiv bildet. Außer diesem Hauptmotiv gibt es mindestens noch ein sehr kräftiges Nebenmotiv. Das ist mein Wunsch nach *existentieller Entlastung*.

Als ich mein Amt als Kirchentagspräsident an den Münchner Politologen Kurt Sontheimer übergab, sagte ich in der Sitzung des Kirchentagspräsidiums zu ihm: »Herr Sontheimer, Sie werden es viel leichter haben als ich. Sie brauchen nur ›Gott‹ zu sagen, und sofort wird die Gemeinde jubeln: ›Was? Sontheimer, der bekannte Politologe, der Professor in München, der früher an der Freien Universität in Berlin war, der zur SPD gehört, der in der ›Zeit‹ schreibt und im Fernsehen in politischen Sendungen auftritt, der hat ›Gott‹ gesagt? Laßt uns den Herrn preisen!‹ Ach was, Sie brauchen nicht ›Gott‹, Sie brauchten nur ›Go‹ zu sagen – das würde schon genügen.

Wenn unsereiner dagegen als Theologe von Gott redet und sogar noch ausdrücklich versichert, daß er seinen Glauben allein Jesus Christus verdanke, dann macht dies überhaupt keinen Eindruck. Die einen hören gar nicht hin, die anderen aber kommen mit der Elle und messen nach, ob der Glaube ausreicht, ob auch alles da ist: Dreieinigkeit, Gottessohnschaft, Jungfrauengeburt, leibliche Auferstehung, leeres Grab, Himmelfahrt und so weiter.«

Wenn ein Theologe von seiner Gotteserfahrung erzählt, dann hält man dies für so selbstverständlich, für so »selbstredend«, wie wenn ein Jurist von einem gewonnenen Prozeß oder ein Chirurg von einer gelungenen Operation berichtet. Ein Theologe tut damit eben nur, was seines Amtes ist, was seiner Rolle entspricht, wofür er schließlich bezahlt wird. Mehr noch, sein Glaube erscheint mit seinem Berufsinteresse verquickt: er muß von Berufs wegen glauben und von Amts wegen sogar ein bestimmtes Quantum an Glauben erfüllen – und so gerät er noch leichter als andere Christen in den Ideologieverdacht.

Wenn aber ein Nichttheologe, ein prominenter Politiker oder mächtiger Wirtschaftsboß, ein tüchtiger Arzt oder angesehener Wissenschaftler, ein bekannter Schriftsteller oder berühmter Schauspieler, von Gott spricht – ja, er braucht nur ein Bibelwort zustimmend zu zitieren –, dann hört jeder sofort aufmerksam hin. Sein gesellschaftliches »Standing« gibt der Wahrheit eine öffentliche Stütze; sein Ansehen kommt dem, was er über den unsichtbaren Gott sagt, zugute. Wie oft habe ich deswegen, wenn ich bei den Sitzungen des Kirchentagspräsidiums um mich blickte, unwillkürlich die Nichttheologen unter den Mitgliedern beneidet: Einen Beruf haben wie sie und dennoch an Gott glauben und von solchem Glauben reden – das muß doch überzeugen!

Aber wenn es sich wirklich so verhielte, dann müßte es in mancher Bank, Behörde, Firma, Gesellschaft oder Universität mehr Christen geben. Da dies jedoch nicht der Fall ist, wandelt sich meine neidvolle Betrachtung der Nichttheologen in eine kritische Anfrage an mich selbst: Immer wenn ich mich nach einem anderen Beruf sehne, habe ich mich im

Verdacht, ich könnte mir davon nicht nur die »freiberufliche« Praktizierung meines Glaubens, sondern zugleich auch eine größere Glaubwürdigkeit erhoffen. Indem ich mich auf dem Felde eines weltlichen Berufs bewegte und bewährte, empfingen vielleicht auch meine Glaubensüberzeugungen von dorther einen Bonus – in der Weise: Wer ein tüchtiger Arzt, anerkannter Wissenschaftler oder erfolgreicher Schriftsteller ist, kann auch in dem, was er glaubt, nicht völlig unrecht haben.

Aber gerade derartige Erwartungen lassen den Wunsch, Theologie nur als Hobby zu betreiben, als eine Fluchtbewegung, als das Verlangen nach existentieller Entlastung erscheinen: Wer die Theologie zum Beruf hat, spürt die Anstrengungen und Belastungen, die alles Reden von Gott mit sich bringt, heftiger und auswegloser als einer, der Theologie nur am Feierabend als Hobby treibt. Gerade die peinliche Tatsache, daß sein »Lebensunterhalt«, und zwar ebenso das tägliche Brot für seine Familie wie sein persönliches Erfolgserlebnis, an seinem Reden von Gott hängt, treibt ihn in Anfechtungen, Zweifel und Bedrängnisse, die er sonst so nicht hätte, und gibt seinem Reden jenen schmerzhaften Ernst, der ihm gebührt: Sein Leben hängt daran, ob er von Gott redet – nicht erst sein ewiges, schon sein irdisches.

Der entscheidende Grund, warum ich zwar von Herzen wieder Theologie treiben, aber nicht noch einmal von Beruf Theologe werden möchte, ist weniger theologischer als biographischer Natur – sofern man beides überhaupt scheiden kann.

Ein Theologe ist nicht nur immer im Beruf, er befindet sich auch dauernd auf dem Prüfstand. Er wird stets neu über den TÜV (Theologischer Überwachungs-Verein) geschickt. Ich aber habe keine Lust mehr, meinen Glaubensstand ständig öffentlich von anderen prüfen und benoten zu lassen! Ich würde endlich auch einmal gern ein normaler Christ sein und meines Glaubens fröhlich und ungehindert leben.

Eines Sonntagabends hatte ich mich mit dem Herausgeber des »Sonntagsblatts« zum Essen getroffen. Der Bischof leitete das Gespräch, wie er es gern tat, mit einer mokanten Bemerkung ein: »Mein lieber Scholli, neulich habe ich wieder den Kopf für Sie hinhalten müssen.« Auf meine Frage, was es denn diesmal gewesen sei, erzählte er, daß man ihn auf einer Pfarrerkonferenz gefragt habe, ob er glaube, daß Jesus Christus Gottes Sohn sei. Wie es sich für einen Bischof geziemt, hatte er dies bejaht. Darauf hatten die »Amtsbrüder« ihn weiter gefragt, warum er dann Z. als Theologischen Chefredakteur des »Deutschen Allgemeinen Sonntagsblatts« dulde, der auf solche Fragen immer mit einem »Ja – aber« zu antworten pflege.

Für gewöhnlich ließ ich solche Einleitungen unserer Gespräche als eine Art liturgischen Introitus gelassen über mich ergehen. Diesmal aber geriet ich – ich weiß nicht, aus welchem Grunde – in Zorn und antwortete dem Bischof etwa folgendermaßen: »Wenn ich 1933 dem Wunsch meines Vaters gefolgt wäre und Jura und Volkswirtschaft studiert hätte und wie er ins Bankfach gegangen und dort denselben beruflichen Level erreicht hätte wie jetzt als Theologe, dann wäre ich heute wahrscheinlich Vorstandsmitglied einer Bank oder in irgendeiner ähnlichen Position. Angenommen nun, ich hätte dabei auch dasselbe Quantum an Glauben wie heute – was meinen Sie, wie sich die Kirche dann um mich bemühen würde? Man würde mich in die Synode berufen, womöglich gar zum Präsidenten wählen, mich als frommes Zugpferd vor allerlei kirchliche Aktivitäten spannen, und ich dürfte dann sogar im Ravensberger Land auf der Lutherischen Konferenz einen Vortrag halten. Nun aber, nur weil ich Narr mich 1933 für die Theologie entschieden habe, meint jeder, mich theologisch anpinkeln zu können. Das kann ich Ihnen sagen: Wenn einer unserer vier Söhne auf den Gedanken kommen sollte, Theologe zu werden, dann werden meine Frau und ich so lange auf ihn eindreschen (so töricht redete man damals noch!), bis er Atheist ist.«

Tatsächlich haben sich dann drei unserer vier Söhne mit dem Gedanken getragen, Theologie zu studieren, und meine Frau und ich hatten alle Mühe, sie von solchem Tun abzubringen. Daß sie dennoch ihren Christenglauben behalten haben, ist ein »donum superadditum«, eine zusätzliche Gnadengabe Gottes, nicht unser Verdienst.

Immer wieder erlebe ich es, wie ängstlich und nachgiebig die »Amtskirche« reagiert, sobald recht- oder rechtsgläubige Christen sich angegriffen oder auch nur kritisiert fühlen und aus der Kirche auszuwandern drohen – um sie wirbt man, für sie schreiben Synodale Leserbriefe, ihnen reisen sogar Ratsmitglieder nach. Diejenigen jedoch, die von jenen Recht- oder Rechtsgläubigen angegriffen, verleumdet und beleidigt werden – als Ketzer, Verräter, Verleugner oder Abtrünnige –, nimmt man nicht mit der gleichen Entschiedenheit und Liebe in Schutz. Man redet ihnen nur gut zu und beruhigt sie und sich selbst damit, daß sie ja stark genug seien, um derartige Angriffe auszuhalten und derlei Schmähungen zu ertragen und überdies auch noch Verständnis für die Zurückhaltung der Kirchenleitung aufzubringen.

Auf diese Weise werden die »Schwachen« zu den Starken in der Kirche – diese Schwachen sind aber nicht jene »geistlich Armen«, »Ohnmächtigen«, »Kleinen« und »Demütigen«, derer sich Jesus von Nazareth angenommen und die in Schutz zu nehmen er seinen Jüngern geboten hat. Das »Zusammenhüten der Gemeinde«, wie die Bischöfe gern und zu Recht ihre Aufgabe zu bezeichnen pflegen, geschieht meistens zu Gunsten der angeblich Schwachen und auf Kosten der vermeintlich Starken. Und immer hüten die Bischöfe die Herde ein bißchen nach rechts rüber.

Vielleicht ist mein Urteil theologisch einseitig. Biographisch aber halte ich es für gerechtfertigt. Ich habe in meinem Beruf als Theologe ein tiefes »Trauma« erlitten. Ich fühle mich erniedrigt, gedemütigt, beleidigt, entehrt – nicht durch die Atheisten, Gottesleugner, Spötter und Zweifler: sie waren, obwohl gottlos, meistens sehr menschlich; vielmehr durch die Rechtgläubigen, Strenggläubigen, Allgläubigen, Rechtsgläubigen, durch die, die reiner Lehre sind und darum Gott zu schauen meinen, und ihre kirchlichen Beschützer. Ich bin an jener Stelle verwundet worden, die mein Innerstes ausmacht, um deretwillen ich überhaupt in meiner Schwermut am Leben geblieben bin: in meinem Glauben an Gott.

Daß ich Jesus von Nazareth seinen Gott glaube, obwohl die Welt so ist, wie sie ist – das war jenen nicht genug, und darum haben sie mir den Glauben insgesamt abgesprochen. Wer nicht daran glaubt, der muß dran glauben!

Aus diesem Grunde möchte ich nicht wieder Theologe von Beruf werden – wie auch keiner wieder Rangiermeister würde, wenn er beim Rangieren zwischen die Puffer geraten ist und fast zerquetscht worden wäre. Und wer will es einem solchen Manne verübeln, wenn er auch seinen Söhnen davon abrät, Rangiermeister zu werden?

Darum: Jederzeit wieder Theologie der Sache nach – aber bitte nicht noch einmal Theologe von Beruf!

Insgeheim freilich traue ich diesem Wunsche selbst nicht ganz. Es geht mir mit dem Christen und dem Theologen in mir ähnlich wie Thomas Manns Tonio Kröger mit dem Zwiespalt zwischen dem Bürger und dem Literaten. Wie Tonio Kröger alles Künstlerisch-Literarische zutiefst verdächtig ist, so habe ich mein Leben lang in meinem tiefsten Innern einen heimlichen Verdacht gegen alles Beruflich-Theologische gehegt. Und wie Tonio Kröger sich nach dem Bürgerlichen, nach dem Menschlichen, Lebendigen und Gewöhnlichen, sehnt, so ich mich nach dem Christlichen, welches für den Glauben ja auch nichts anderes als das Menschliche, Lebendige und Gewöhnliche ist: »Noch einmal anfangen, aufwachsen gleich dir, rechtschaffen, fröhlich und schlicht, regelrecht, ordnungsgemäß und im Einverständnis mit Gott und der Welt, geliebt werden von den Harmlosen und Glücklichen – frei vom Fluch der Erkenntnis und der schöpferischen Qual leben, lieben und loben in seliger Gewöhnlichkeit! . . .«

Aber auch wenn ich die Theologie nicht wieder als Beruf ergriffe und nicht noch einmal ein »Gottesmann« von Profession würde – von dem Verlangen, Gott in der Welt zu erfahren, käme ich nicht los, und das Bemühen, über solche Erfahrung nachzudenken und anderen davon zu erzählen, vermöchte ich nicht aufzugeben. Was aber heißt dies anderes als »Theologie« – gleichgültig, ob nun als Hobby oder als Beruf? Und so muß ich, der Theologe und Christ, mit dem Literaten und Bürger Tonio Kröger fortfahren: »Noch einmal anfangen? Aber es hülfe nichts. Es würde wieder so werden, – alles würde wieder so kommen, wie es gekommen ist, denn etliche gehen mit Notwendigkeit in die Irre, weil es einen rechten Weg für sie überhaupt nicht gibt.«

Aber was heißt das eigentlich: Noch einmal anfangen? Noch einmal Theologe von Beruf werden oder nicht? Wie kann man überhaupt so fragen, dieweil man weiß, daß jeder nur *ein* Leben hat und Wiederwahl daher ausgeschlossen ist?

Die Frage »Wohlan, noch einmal?« ist nur eine Denkfigur – so, wie der Apostel Paulus einmal den Fall setzt: »Ist aber Christus nicht auferstanden ...«, oder wie Historiker manchmal die Frage stellen: Was wäre, wenn beziehungsweise wenn nicht? Solche Eventualfragen sind nicht durchweg verboten, aber sie sind nur erlaubt, wenn sie den Frager nicht zu müßigen Phantasien verführen, sondern ihn dazu anhalten, das, was wirklich ist, besser zu erkennen.

Im Fall der Frage: Noch einmal Theologe von Beruf? geht es um die bessere Erkenntnis meiner gegenwärtigen theologischen Existenz, nicht um das Ausspähen gar nicht vorhandener künftiger Möglichkeiten. Und da lautet die Antwort: Eine Lösung des Zwiespalts zwischen dem Christen und dem Theologen in mir ist nicht in Sicht, aber eine Erlösung von diesem Zwiespalt steht in Aussicht.

In meiner Brieftasche trage ich einen Zettel bei mir, der inzwischen schon vergilbt und zerknittert ist. Vor mehr als dreißig Jahren habe ich mir einmal die Liedstrophe abgeschrieben, die, als einziges außer dem Namen, auf Sören Kierkegaards Grabstein auf dem Assistenzkirchhof in Kopenhagen steht:

»Noch eine kleine Zeit,
So ist's gewonnen,
So ist der ganze Streit
In nichts zerronnen;
Im Rosensaale darf ich
Ohn' Unterbrechen
In aller Ewigkeit
Mit Jesus sprechen.«

Daß Sören Kierkegaard, dieser schwermütige Mensch, dieser entschiedene Christ, dieser radikale Denker, dieser konsequente Theologe, dieser glänzende Literat, dieser kompromißlose Kirchenkämpfer, ausgerechnet diesen so »pietistisch«, »fromm« und »kirchlich« klingenden Liedvers als Inschrift für seinen Grabstein gewählt hat – das hat mich mein Leben lang als das weit überragende Vorbild meines eigenen kleinen inneren Widerstreites und äußeren Streites begleitet, nicht als etwas unübertroffen Heldisches, sondern als etwas zutiefst Menschliches und darum Christliches.

Ich habe in meinem Leben viel gearbeitet und manchmal auch gekämpft. Aber das schwerste Stück Arbeit und der härteste Kampf stehen mir noch bevor: ich muß noch alt werden, und ich muß noch sterben.

2. Es ist an der Zeit

Wenn man fünfzig geworden ist, beginnen die Gedanken an den Tod sich einzustellen. Richtiger, sie steigen aus der Verborgenheit des Unbewußten, wo sie schon längst vorhanden waren, herauf und breiten sich über das bewußte Leben aus. Eines Morgens ertappt man sich dabei, daß man in der Zeitung die Todesanzeigen zu lesen beginnt und sich an den Daten der Verstorbenen die eigene Lebenserwartung ausrechnet: Wie lange noch? Gewiß, der Tod ist jederzeit nahe, aber jetzt ist er näher. Jeder Tag mehr bedeutet einen Tag weniger. »Wehe, es will Abend werden, und die Schatten werden lang.« (Jeremia 6,4)

Ich will die Situation nicht dramatisieren. Mich hat keine Torschlußpanik gepackt. Das Alter ist für mich auch nicht, wie Romano Guardini es einmal nennt, der »über Jahre ausgebreitete Tod«, wenigstens bis jetzt noch nicht. Doch dies findet immerhin statt: Man stellt den Tod nicht mehr weg, sondern man stellt sich auf ihn ein, auch wenn man nicht weiß, wann er selbst sich einstellen wird. »Dein Blick spurt im Nebel: die auf Widerruf gestundete Zeit wird sichtbar am Horizont.« (Ingeborg Bachmann)

Es gibt freilich eine unerlaubte »Übertreibung« des Todes. Noch lange nach der neuzeitlichen Kehre der allgemeinen Lebensrichtung vom Jenseits zum Diesseits haben nicht nur Christen eine Art Todes- und Ewigkeitskult gepflegt. Das Sterben war jeglichen Glaubens liebstes Kind, und alle Lebenskunst wurde zur Sterbekunst. Der Tod wurde idealisiert und philosophisch, politisch und poetisch so überhöht, daß er sich fast von selbst »verewigte«, nicht nur der Heldentod auf dem Schlachtfeld oder der Märtyrertod für eine Idee, sondern auch der gewöhnliche zivile Tod, der Exitus im Bett. Der Augenblick des Sterbens wurde zum Höhepunkt des Lebens hinaufstilisiert, in dem der Mensch sich nicht mehr vertreten lassen kann, in dem es sich entscheidet, ob er endgültig ganz er selbst ist. Die Christen zitierten in diesem Zusammenhang gern Luther, die Idealisten Schiller, die Ästheten Rilke, die Existentialisten Heidegger. Diese Gewichtung des Todes galt allgemein als »christlich«. In Wahrheit ist sie es keineswegs. Der christliche Glaube kann den Tod so hoch unmöglich schätzen! In der Bibel wird der Tod an keiner Stelle idealisiert, sondern entweder schlicht als Tatsache hingenommen oder aber als Feind bekämpft.

Ich selbst bin durch ein fast skurriles Erlebnis von dem bürgerlich-christlichen Todes- und Ewigkeitspathos befreit worden. Eines Tages hatten wir auf dem Friedhof eine freie Grabstelle entdeckt, nahe bei unseren Familiengräbern am Hang gelegen und idyllisch mit vier kleinen Tannen bestanden. Wir ließen uns den Platz vom Obergärtner reservieren. Und da wir auf dem Friedhof bekannt waren, lehnte er die angebotene Anzahlung ab. Ab und an ging ich nun dorthin, um angesichts des eigenen künftigen Grabes über Leben und Tod, Zeit und Ewigkeit nachzudenken. Am liebsten hätte ich mir dort eine Bank aufstellen lassen. Aber dazu wäre ein ärztliches Attest nötig gewesen, und das konnte ich nicht beibringen. Als ich eines Tages wieder auf den Friedhof kam, fand ich an der Stelle, wo ich einmal zu ruhen gedachte, ein frisches, noch mit Kränzen bedecktes Grab vor. Das war ein heilsamer Lernschock. Damit fühlte ich mich wieder kräftig in das Leben zurückverwiesen.

Diese Entmythologisierung des Todes ist christlich. Denn der christliche Glaube gibt primär nicht Antwort auf die Frage nach dem Tod des Menschen, sondern nach dem Grund und Ziel seines Lebens. Vom Leben des Menschen kann sinnvoll und glaubhaft aber nur reden, wer auch seinen Tod einschließt. Nicht auf die wahre Sterbekunst, sondern auf die richtige Lebenskunst kommt es an, wozu dann freilich auch das Sterben gehört.

Der christliche Glaube an Gott gibt ineins Antwort auf beides, auf das Leben und auf das Sterben des Menschen.

Die Bibel schaltet das Bedenken des Todes nicht allem Leben vor, sie fügt den Tod freilich auch nicht als ein Anhängsel an das Leben an, sondern sie sieht beides, Leben und Sterben des Menschen, zusammen, in einer und derselben Fluchtlinie. In der *Todes*situation wird die *Lebens*haltung des Menschen offenbar, worauf er sein Leben gegründet hat. Entsprechend ist auch die Todesangst des Menschen keine andere Angst als die, die ihn sein Leben lang beherrscht hat, und umgekehrt ist die Lebensangst des Menschen dieselbe Angst, die ihn auch im Angesicht des Todes überfällt.

Man kann heute häufig die Meinung hören, der moderne Mensch fürchte sich nur noch vor dem Sterben, aber nicht mehr vor dem Tode. Das glaube ich nicht. Ich behaupte, daß wir uns zwar vor dem Sterben fürchten, weil wir wissen, wie qualvoll, schmerzhaft, einsam und unwürdig es sein kann – vor dem Tode aber haben wir Angst, weil er nicht irgend etwas, sondern schlechthin das Nichts ist, der äußerste Gegensatz zu unserem Verlangen nach Identität und Bleiben. Eine gescheite Freundin hat dies einmal so ausgedrückt: »Man begibt sich ungern in so ungewisse Verhältnisse.«

»O Welt, ich muß dich lassen« – das alte Volkslied gibt, spontan und unbewußt, genau jene Stimmung wieder, die die Psychoanalyse dann rational erforscht und bewußt gemacht hat. Es ist der Neid der Alten und der Sterbenden auf die Überlebenden. Es fällt uns schwer, uns die Welt und die Menschen ohne uns vorzustellen und trotzdem ohne Neid zu sein. Das Haus, in dem ich wohne, und die Straßen, durch die ich gehe – ohne mich. Den Waldrand oder das Meer, auf die ich abends, wenn der Mond scheint, blicke – ohne mich. Die Frau, die ich liebe, lachend mit anderen – ohne mich. Die Kinder, ganz mit sich selbst und längst schon mit den eigenen Kindern beschäftigt – ohne mich. Die Freunde, die Nachbarn, die Kollegen, die Amsel vor dem Fenster und der Hund neben dem Schreibtisch – ohne mich. Der Welt und den Menschen zuschauen, ohne daß man selbst dabei ist, und ihnen das Leben gönnen, ja sie segnen und sprechen: Es ist gut so – wer das vermag, der hat die wahre Lebens- und Sterbekunst ineins gelernt.

Die totale Verhältnislosigkeit bedeutet die absolute Verlassenheit, das völlige Alleinsein, die schlechthinnige Anonymität, die Abwesenheit jeglicher Liebe. Ein Zustand aber, in dem wir überhaupt nicht mehr geliebt werden, in dem keiner mehr an uns denkt, in dem unsere Namen schließlich ganz und gar vergessen sind, selbst von jenen, die uns einstmals nahe waren, weil auch sie längst nicht mehr sind – wenn irgend etwas, dann bedeutet dies das totale Nichts. Das totale Nichts aber ist für uns ein unvorstellbarer Zustand. Und eben dieser unvorstellbare Zustand ist es, der uns den Tod zu einem so unvorstellbaren Vorgang macht.

Überlegenheit über den Tod kann der Mensch mithin nur durch eine Kraft gewinnen, die ihm seine Lebens- und Todesangst in einem überwinden hilft. Wie aber ist das möglich? Ich denke so: Wenn der den Menschen beherrschende Affekt die Angst ist, dann kann der diesem entgegengesetzte, ihn überwindende Affekt nur ein Vertrauen sein, welches stärker ist als seine Angst. Das aber kann wieder nur das Vertrauen auf jenen Grund des Daseins sein, dem sich alles Leben verdankt, der die ganze Schöpfung, das Leben *und* das Sterben in ihr, gründet. Hier wird wieder die Gotteserfahrung Jesu von Nazareth für mich wichtig. Auch in dieser »Hinsicht«, das heißt in der Sicht auf den Tod und das Nichts, gilt: Ich glaube diesem Jesus seinen Gott.

Was mir angesichts des Nichts Kraft zum Vertrauen und im Falle des Todes Hoffnung auf das ewige Leben gibt, ist nur mittelbar die Tatsache, daß Jesus von Nazareth von den Toten auferweckt ist. Unmittelbar ist es die Gotteserfahrung, die er »erbracht« hat, wozu seine Auferweckung nur eine nachträgliche Bezeugung, aber keine zusätzliche Offenbarung bildet.

Der christliche Glaube an das ewige Leben liefert keine Lehre über das Vorhandensein einer jenseitigen Welt und das Dasein des Menschen in ihr, sondern er bedeutet die Radikalisierung des christlichen Gottesglaubens, seine in die Unendlichkeit ausgezogene Perspektive. Wer im Namen Jesu von Nazareth »Gott« sagt, der sagt »ewiges Leben«, oder er sagt nicht Gott, wenigstens nicht im Namen Jesu von Nazareth. Das Sterben bietet nur den äußersten Ernstfall für das, was christliche Gotteserfahrung beinhaltet: schlechthinnige Abhängigkeit, Unverfügbarkeit des Daseins, Schöpfung als Gnade, verdankte Existenz.

Den Grund meiner Hoffnung auf ein ewiges Leben bildet mithin mein Glaube an die »durchgängige« Treue Gottes: Er ist derselbe Gott am Anfang und am Ende meines Lebens – »der Herr wird vor euch herziehen und der Gott Israels euren Zug beschließen« (Jesaja 52,12). Wie Gott das erste Wort in meinem Leben gehabt hat, so wird er auch das letzte haben. Im Tode spricht er zu mir Amen.

Zum Tod »Adieu« sagen – darin bewährt sich christliches Gottvertrauen auch im Sterben. Denn »Adieu« heißt auf deutsch »Gott befohlen«. Ich sage dies nicht in müder Resignation, sondern in lebendiger Hoffnung und neugieriger Erwartung. Denn ich sage nicht: Er wird's wohl *machen*, sondern: Er wird's *wohl* machen.

Der Tod droht heute zum Erben Gottes zu werden. Früher war Gott es, der alles vermochte, der überall war und ewig währte; heute ist es der Tod. Darum ist es nur konsequent, wenn man vom »Tode Gottes« spricht. Es gibt hier in der Tat nur ein Entweder–Oder: entweder Gott oder der Tod. Aber mir soll der Tod nicht zum Erben Gottes werden!

Der Glaube hat sich allzeit viele und vielfältige Bilder und Vorstellungen vom ewigen Leben in einer jenseitigen Welt gemacht – die Bibel ist voll davon. Mit diesen biblischen Bildern und Vorstellungen vom ewigen Leben verhält es sich wie mit der Kadenz in einem Klavierkonzert oder wie mit den Variationen über ein musikalisches Thema: es ist dem Interpreten jeweils freigestellt, wie er das Thema variieren will. Ein jeder ist hier ein Solist, der seine Variationen nach seiner Kunst und seinem Geschmack spielen darf. Er muß sich dabei nur an das Thema halten. Das Thema aber ist im christlichen Glauben immer nur eines: die von Jesus von Nazareth verkündete Zuwendung Gottes zu den Menschen und darum Grund zum Vertrauen – bis ans Ende.

Mir haben sich bislang vor allem zwei Bilder bewährt.

Das eine ist die Gestalt des aus der Sintflut geretteten Noah: Noah überlebt nicht, weil er, wie Odysseus, ein listenreicher Archenbauer ist, sondern weil Gott ihm die Treue hält und ihn durch die Flut hindurchträgt. Ich denke, daß das Sterben für jeden von uns seine Sintflut ist, und ich hoffe, daß Gott auch dann bei mir bleibt und mir durch die Wasser des Todes hindurchhilft, daß er sich weiterhin zu mir verhält, auch wenn ich mich zu keinem anderen mehr und kein anderer mehr sich zu mir verhalten kann.

Und das andere Bild: Ich sehe vor mir einen langen, dunklen Tunnel, durch den ich hindurch muß, aber am Ende dieses langen, dunklen Tunnels wird es bestimmt ganz hell sein.

Mehr vermag christlicher Glaube weder über den Tod noch über das ewige Leben zu sagen. Wohin Gott durch den Tod uns führt, bleibt ein Geheimnis. Mit einem Geheimnis aber kann man leben, wenn man Vertrauen hat. Über ein Geheimnis kann man auch nachdenken, aber man kann es nicht enträtseln. Wenn der Tod für uns aus einem menschlichen Rätsel zu einem göttlichen Geheimnis wird, dann sind wir ein Stück weiter, dann haben wir vielleicht überhaupt die uns mögliche letzte Lebensstufe erreicht.

Die Einstellung zum Tod bestimmt die Lebenseinstellung im Alter. Wichtiger als die Feststellung, daß das Leben im Alter zum Ende kommt, ist die Einsicht, daß es im Alter zum End-gültigen gelangt. Der Wunsch, daß mir dies gelänge – aber wer kann hier schon für sich einstehen? –, war mit ein Grund, warum ich »rechtzeitig« aus der Chefredaktion des

»Deutschen Allgemeinen Sonntagsblatts« ausgeschieden bin. Ich möchte die Zeit, die mir bis zu meinem Austritt aus der Zeit bleibt, weder »vertun« noch »vertreiben«, vielmehr das treiben und tun, was mir, sei es als Arbeit oder in der Freizeit, »wesentlich« erscheint. Darum wollte ich meine Lebenszeit nicht länger mehr verkaufen, sondern sie auskaufen. Dabei bin ich mir wohl bewußt, daß ich dazu nur imstande bin, weil ich zu den »Privilegierten« gehöre, die es sich leisten können, für ihre Freiheit »pekuniäre Opfer« zu bringen.

Wenn ich die bislang von mir mehr erwartete als schon gewonnene Lebenserfahrung im Alter auf eine knappe Formel bringen soll, so kann ich sagen: *Konzentration durch Distanz.*

Sehr bald schon nach meinem Ausscheiden aus dem »Deutschen Allgemeinen Sonntagsblatt« habe ich eine leise *Distanz* zu dem verspürt, was mich bis dahin tagtäglich beziehungsweise allwöchentlich beschäftigt hatte und was mir wohl stets wichtig, aber eigentlich nie wesentlich erschienen war. Durch diese Distanzierung ist mir das, was man »das Leben« zu nennen pflegt, im einzelnen vielleicht etwas ferner gerückt, auf die Entfernung insgesamt aber durchsichtiger geworden. Zwar kenne ich nach wie vor die neuesten theologischen Veröffentlichungen und letzten geistigen Entwicklungen, aber an ihnen hängt nicht mehr das Bleigewicht der Ewigkeit. Daher nehme ich sie auch nicht mehr mit der einstigen Neugier zur Kenntnis. Ich lese kein theologisches Buch mehr mit dem feuchten Finger. Dennoch traue ich mir zu, nicht nur im allgemeinen, sondern auch im Fachlich-Sachlichen, trotz Abnahme im Detail, weiter und klarer zu sehen. Ich ahne jetzt wenigstens, worauf es »letztlich« ankommt.

Darum bringt die Distanzierung zugleich eine *Konzentration* des Lebens mit sich. Das Alter ist die Zeit nicht der Ausweitung, sondern der Einkehr und Sammlung, nicht der Aktion, sondern der Meditation und Kontemplation, nicht der Planung, sondern der Erinnerung und Vertiefung, alles in allem, der Sichtung, Verarbeitung und Weitergabe von Erfahrung. Man kommt zwar aus den Teilen nicht heraus, aber dem Ganzen doch näher. Und das ist es wohl, was man seit alters im Unterschied zum Wissen »Weisheit« nennt.

Solche Lebensweisheit durch neue Erfahrungen Gottes in der Welt zu sammeln, zu sichten und weiterzugeben, habe ich mir für die nächsten Jahre als letztes Kapitel meiner theologischen Schriftstellerei vorgenommen. Auf diese Weise möchte ich vor allem mir selbst dazu verhelfen, daß die letzten Jahre meines Lebens nicht nur ein Auslauf sind, sondern ein Vorlauf werden. Endgültig altgeworden ist, ja schon zu sterben angefangen hat, wer in seinem Leben nichts Neues mehr erwartet, höchstens noch ungewollte Veränderungen um sich her, aber keine Wandlung mehr seiner selbst.

Nachweis der Zitate

S. 119 G. van der Leeuw, Einführung in die Phänomenologie der Religion, 2. Aufl., Darmstadt (1961), S. 214

S. 157 Martin Kähler, Der sogenannte historische Jesus und der geschichtliche, biblische Christus, Neudruck München (1953), S. 71f.

S. 158 Milan Machoveč, Jesus für Atheisten, Stuttgart/Berlin (1972), S. 92f.

S. 167 G. W. F. Hegel, Encyklopädie, Kritische Ausgabe von Lasson, Bd. V, Leipzig (1925), S.38

S. 180 Carl Friedrich von Weizsäcker, Die Verantwortung der Wissenschaft im Atomzeitalter, Göttingen (1957), S. 11

S. 182 Paul Matussek, Kreativität als Chance, München (1974), S. 281, 184f., 187

S. 189 G. W. F. Hegel, Religionsphilosophie, Kritische Ausgabe von Lasson, Bd. XII, Leipzig (1925), S. 148

S. 194 Friedrich Rittelmeyer, Aus meinem Leben, Stuttgart (1937), S. 304

S. 203 Hans Blumenberg, Kant und die Frage nach dem »gnädigen Gott«; in: Studium generale 7 (1954), S. 570

S. 203 Martin Heidegger, Identität und Differenz, Pfullingen (1957), S. 70

S. 204 G. W. F. Hegel, Religionsphilosophie, a. a. O., S. 201

S. 205f. Werner Heisenberg, Der Teil und das Ganze, München (1969), S. 190, 285

S. 207f. Thomas Mann, Joseph und seine Brüder, Stockholmer Gesamtausgabe, Berlin (1933), S. 425ff.

S. 211 David L. Edwards, Religion in der veränderten Welt, München (1975), S. 29

S. 228 Schleiermacher-Auswahl, Siebenstern Taschenbuch 113/14, München/Hamburg (1968), S. 116ff.

S. 228f. a. a. O., S. 1ff., bes. 29f.

S. 255 Theodor Haecker, Tag- und Nachtbücher 1939–1945, München (1947), S. 75

S. 259 Du hast mich heimgesucht bei Nacht. Abschiedsbriefe und Aufzeichnungen des Widerstandes 1933–1945, hrsg. von Helmut Gollwitzer, Käthe Kuhn und Reinhold Schneider, 3. Aufl., München (1962), S. 233

S. 281 Bertolt Brecht, Me-ti/Buch der Wendungen, Werkausgabe edition suhrkamp, Bd. 12, Frankfurt a. M., S. 485

S. 283 Zitiert nach Rolf Schäfer, Glaube und Werk – ein Beispiel aus der Gegenwart; in: Zeitschrift für Theologie und Kirche, 67. Jg. (1970), S. 380

S. 283f. Leszek Kolakowski, Der Mensch ohne Alternative, München (1967), S.216

S. 290 Elias Canetti, Masse und Macht, 2. Aufl., Hamburg (1971), S. 177

S. 315 Ernst Bloch, Atheismus im Christentum, Frankfurt a. M. (1968), S. 165

S. 322 Wiard Popkes, Christus traditus, Zürich (1967), S. 286f.

S. 326 Sören Kierkegaard, Die Wiederholung, Gesammelte Werke, hrsg. von E. Hirsch, 5. u. 6. Abt., Düsseldorf (1955), S. 69

S. 352f. München (1972), S. 109f.

S. 369 Paul Tillich, Auf der Grenze, Stuttgart (1962), S. 48f.

S. 369f. Peter L. Berger, Zur Soziologie kognitiver Minderheiten; in: Internationale Dialogzeitschrift, 2. Jg. (1969), S. 127ff.

S. 401 Zitiert nach Neues Glaubensbuch, hrsg. von Johannes Feiner und Lukas Vischer, Freiburg/Basel/Wien (1973), S. 27